通过战略联盟开展开放式创新

用于产品、技术、商业模式创造的方法

〔美〕雷费克·卡尔潘（REFIK CULPAN）◎编

吴 航◎译

The licensed translation◎Zhejiang University Press, 2017

ZHEJIANG UNIVERSITY PRESS

浙江大学出版社

图书在版编目(CIP)数据

通过战略联盟开展开放式创新:用于产品、技术、商业模式
创造的方法 /(美)雷费克·卡尔潘(Refik Culpan)编;吴航译
.—杭州:浙江大学出版社,2017.12
书名原文:Open Innovation through Strategic Alliances:
Approaches for Product,Technology,and Business Model Creation
ISBN 978-7-308-17521-0

Ⅰ.①通… Ⅱ.①雷… ②吴… Ⅲ. ①企业管理—经济合作
—研究 Ⅳ.①F273.7

中国版本图书馆 CIP 数据核字(2017)第 256605 号

浙江省版权局著作权合同登记图字:11-2017-310 号

First published in English by Palgrave Macmillan, a division of Macmillan Publishers Limited under the
title Open Innovation Through Strategic Alliances Edited By Refik Culpan. This edition has been
translated and published under licence from Palgrave Macmillan. The author has asserted his right to be
identified as the author if this Work.
The licensed translation ⓒ Zhejiang University Press, 2017

通过战略联盟开展开放式创新:用于产品、技术、商业模式创造的方法

[美]雷费克·卡尔潘(Refik Culpan) 编 吴 航 译

责任编辑	杨利军	
责任校对	陈 翮	
封面设计	闰江文化	
出版发行	浙江大学出版社	
	(杭州市天目山路 148 号 邮政编码 310007)	
	(网址:http://www.zjupress.com)	
排 版	杭州青翊图文设计有限公司	
印 刷	浙江新华数码印务有限公司	
开 本	710mm×1000mm 1/16	
印 张	23.75	
字 数	385 千	
版 印 次	2017 年 12 月第 1 版 2017 年 12 月第 1 次印刷	
书 号	ISBN 978-7-308-17521-0	
定 价	75.00 元	

作者简介

亚历山大·阿列克谢耶夫是阿姆斯特丹自由大学战略管理与创新助理教授,专攻服务管理、探索式创新与顶级管理。他在荷兰伊拉兹马斯大学的鹿特丹管理学院获得战略管理博士学位,其作品发表在《管理研究杂志》(2010),编著出版《新企业的性质》(Edward Elgar,2011)。

马克·巴尔曼是阿姆斯特丹自由大学经济与商务管理系助理教授,他在自由大学社会科学系获得博士学位,主攻基于阿姆斯特丹 IT 与新媒体群中的 IT 企业的知识动力学。目前其研究方向包括联盟组合、开放式创新与区域性创新。

史蒂夫·H. 巴尔是北卡罗来纳州立大学普尔学院教授。他在爱荷华大学获得博士学位,在以毕业生为主导的初创企业创业工作中担任主要的专家成员,这一工作利用了 NC 系统的 16 个大学校园与美国军方的资源。这个项目为超过 420 名学生提供了毕业教育,创造了超过 350 个高新技术新创企业,同时还合计资助这些新创企业超过 2.4 亿美元。

他主要的研究兴趣集中在技术商业化、个体与群体决策及新创企业等领域,并在包括《管理学会杂志》、《应用心理学杂志》、《管理科学》、《管理学杂志》、《决策科学与工程和技术管理杂志》等期刊上发表了大量作品。他曾就职于多个编辑委员会,并领导着美国南方管理协会。

约翰·贝尔是飞利浦研究中心战略与商务发展的负责人,凭借这个身份,他推动了战略方向研究、组合研究及战略伙伴角色研究(借助公共基金与开放式创新)的发展。此外,他也参与了推进飞利浦研究中心终端—终端的创新式 R&D 发展。在这之前,他曾是荷兰皇家飞利浦公司协作战略与联盟的副总监,在该职位任职时,他曾负责飞利浦联盟的潜在价值捕获。2003年 8 月,约翰担任荷兰雷德福奈梅亨大学战略联盟教授,并于 2013 年在荷兰蒂尔堡大学再度担任此职位。在加入飞利浦之前,约翰曾是普华永道的一位战略顾问。约翰在蒂尔堡大学开始其战略与国际惯例助理教授生涯,并在同一所大学获得参与式企业与国际拓展的(荣誉)博士学位。他在国际性与国家性期刊著作中发表了大量涉及战略联盟的作品。

苏希尔·巴蒂亚是一位世界闻名的优秀的企业家和创新者,发明了包括胶棒、会议/项目姓名牌、邮件标签、激光/复印标签、装订系统、洗发剂/消费品/食品包装装饰标签以及 DeCopier。巴蒂亚博士成立了数家公司,同时现任 JMD 制造企业的总裁和 CEO。JMD 的产品在食品、药品、电器、消费品和厕所产品中得到了广泛应用。电视和广播节目如美国广播公司的早安美国、美国有线电视新闻网络、全国广播公司、加拿大中文电台和全国公共广播电台都报道过他的成就,同时《华尔街时报》《波士顿邮报》《经济时报》及全球多家出版物都采访过他。现在,他同时在索耶商学院任教授,教授创新和产品开发相关课程。

文森特·勃洛克是瓦赫宁恩大学社会科学院管理研究专业的一名助理教授。其研究兴趣包括知识密集型企业与跨部门协作。他在生命科学领域的创业与创新管理科学期刊上发表了多篇研究成果。

何塞·C.卡西利亚斯是塞维利亚大学的一名助理教授(管理与营销专业)。他在塞维利亚大学国际管理专业获得了博士学位,也是该大学的家族企业成员。其现有研究集中在国际业务、家族企业、创业和增长。他是《家族企业中的国际化企业家》一书的作者,这本书由爱德华·埃尔加于 2007 年出版。他的一些研究已经在一些高影响力期刊上发表,如《创业》、《理论与实践》、《创业与区域发展》、《国际商业评论》、《世界商业杂志》、《家族企业评论》、《国际技术管理杂志》及《国际人力资源管理杂志》等。作者同时也在捷克共和国、玻利维亚、尼加拉瓜和萨尔瓦多等多地的 MBA 项目中执教过。

拉维·舍塔是菲利克斯大学管理与创业研究员。舍塔博士有 12 年的学术经历以及 22 年的企业工作经验。他带来了联结学术和企业工作的独特技巧;在 14 个不同国家有业务和生活经验;也在小型的风投初创企业和规模非常大的全球企业中工作过;其经历也包括了战略管理工作和运营管理。舍塔博士的独特技能包括战略分析、组合层级资源配置、合并和兼并、流程改善,以及小中大型组织的业务合作。他在诸如《经营者学会期刊》、《小企业管理学报》、《远景规划》、《管理研究新闻》、《中国科技管理学报》、《国际战略业务联盟杂志》及《国际商业与全球化杂志》等期刊上发表了 35 篇成果。

阿斯利·M.科藩是京都大学管理研究所企业战略(任瑞穗证券主席)和 Hakubi 前沿研究中心的助理教授。其研究方向包括企业战略、企业治理、经济史,尤其是发展中与新兴经济中的大型企业发展演化。她的成果在《工业与企业改革》、《管理学报》及《公司治理:国际评论》等杂志上发表。她还是《哈佛企业集团手册》(*Oxford*:*Oxford University Press*,2010)一书的联合作者。2010 年,她被授予京都大学最杰出女性学者的 Tachibana 奖。

雷费克·卡尔潘是宾夕法尼亚大学经济管理学院管理与国际经济专业的教授。他在战略管理、业务战略和跨国公司等领域发表了众多研究成果。

此外，卡尔潘博士也在国内和国际会议中发表了文章。他还是管理协会、国际经济协会和战略管理协会的成员。其著作《全球经济联盟：理论和实践》已被翻译为中文。另外，他编著的《跨国战略联盟》一书从全球战略的视角研究了企业间协作的问题。其文章发表在《国际商业战略联盟学报》《管理评论》《国际管理研究评论》《国际技术、知识与社会学报》《管理国际评论》，以及《商业评论》等期刊上。

卡尔潘教授是国际战略经济联盟期刊的创立者和 2009—2011 年间的负责人，也曾担任过其他几个期刊的主编。其最近的研究兴趣包括开放式创新、新兴市场跨国公司、合资和企业间协作。

罗伯特·德菲利皮是萨福克大学索耶商学院的战略与国际经济教授，也是创新与变革领导中心的负责人。他是创新领域的一名国际学者，并在卡斯商学院（伦敦）、布莱顿大学创新管理研究中心、澳大利亚昆士兰理工大学行业与创新 ARC 中心等拥有访问学者资格。他在耶鲁大学组织研究专业获得学士、硕士和博士学位。同时他还是"企业创新与创造性行业分布"系列图书的联合作者。德菲利皮也是《国际管理评论》的顾问编辑，还担任《媒体业务研究学报》的编辑主任。其作品发表在《管理学会评论》、《加州管理评论》、《研究政策》和《组织研究》等期刊上。

阿彼得·德曼是阿姆斯特丹自由大学知识网络与创新专业的教授。其主要研究领域是联盟和网络。此外，他还是源讯咨询公司的一名战略顾问。他也是战略联盟专家协会的全球委员会成员。德曼教授发表有一系列研究成果。

爱德华·德皮拥有阿姆斯特丹自由大学工商管理学硕士学位，其专长为战略和组织。为了完成其学位，他对知识密集型企业服务（KIBS）进行了研究，尤其是联盟组合调整和创新之间的关系。这一研究成果对本书做出

xii

了重要贡献。其研究兴趣包括初创企业、开放式创新和风险投资。现在,他担任卡琳皙的管理顾问,并被评为最佳荷兰在线经纪人。

科莱特·杜马斯是索耶商学院管理与创业专业的教授,也是创新和变革领导中心的负责人。杜马斯博士是变革领导、创新和创造力等领域的一名国际学者。她在麦吉尔大学、墨西哥格雷罗自治大学和华沙经济学院拥有访问学者资格。她在加利福尼亚圣塔芭芭拉菲尔丁研究生院获得了人类与组织系统博士学位、组织发展硕士学位。在其研究生涯中,杜马斯获得了超过 80 万美元的研究基金。她至今出版发表了超过 60 项学术研究成果。杜马斯博士一直是银行、财务机构、保险和制药公司、大学和非营利组织的顾问和指导。她帮助组织的变革领导项目开发和应用、创新能力与技巧构建,以及推动创造性协作。她还设计了引导高效参与和可持续产出的行动学习方案。

哈科·福克是壳牌全球解决方案国际化 BV 开放式创新的一名总经理。他在 2012 年加入公司,帮助了公司向更为开放的创新管理方向进行转变。在成功领导了变局者部门(早期阶段创新)和外部技术协调团队后,哈科正负责创新网络管理和一项创新学习项目,同时负责地区开放式创新中心。在加入公司前,哈科在 DSM 的 23 年中负责过多项业务,他也是 DSM VP 业务的负责人,以及 DSM 中国创新中心的主任,负责领导创造新业务的全球业务开发团队。在其之前的职位中,哈科是 DSM 的业务部主任和创新经理、DSM 食品的项目经理和业务经理,并在吉斯特的烹饪原料和研究部门中任不同职位。哈科的教育背景包括荷兰国立大学的化学硕士学位,以及荷兰鹿特丹管理学院的 MBA 学位。

穆罕默德·简恩瑟是伊斯坦布尔知识大学组织研究助理教授,工程学专家,计算机工程部门的主席。简恩瑟博士在计算机工程部门教授研究生课程，也在自然科学中心和社会科学中心教授不同级别的课程。其研究领域包括虚拟社区协作经验研究、创新动力和计算机社会经济系统模型、软件创新。其作品发表在《技术分析与战略管理杂志》、《国际工厂标准与标准化研究杂志》、《IEEE 计算机与通信》等期刊上。此外，简恩瑟博士也曾在国内和国际会议上发表作品。他是欧洲组织研究协会、社交网络分析国际协会和计算机机械协会的成员。他还是伊斯坦布尔创业圆桌会议的组织者和爱琴海地区学术—企业会议室的顾问。

中园宏幸是日本京都大学经济研究所和管理研究所的行业与经济组织助理教授。他在哥伦比亚大学担任过兼职教授，也在哈佛商学院和 MIT 国际研究中心担任过高级研究员。其研究兴趣包括行业组织、经济增长、经济史、业务史和企业战略。他最近的研究成果包括《大业务与国家财富》（哈佛大学出版社，1997 年，与阿尔弗雷德·昌德尔及佛朗哥·阿马托瑞合著）和《哈佛企业集团手册》（哈佛大学出版社，2001 年，与阿斯利·科藩及詹姆·林肯合著）。

玛丽安·杰琳克是威廉斯堡威廉与玛丽大学玛森商学院战略荣誉教授，在该学校任职 22 年。其早年学习经历包括达特茅斯塔克商学院、麦吉尔大学、纽约州立大学和凯斯西储大学。她也在荷兰埃因霍温理工大学和澳大利亚墨尔本大学担任过访问学者。她是超过 50 篇期刊论文和 5 本著作的作者或联合作者。从 1999 年到 2001 年，她担任国家科技基金会创新与组织变革项目的主任。她在加利福尼亚大学获得了博士学位，并在哈佛商学院获得了工商管理博士学位。

本哇瑞·凯迪亚，博士，是国际商务教育与研究中心（CIBER）主任。在 1989 年加入孟菲斯大学前，他在得克萨斯理工大学（1975—1978）和路易斯安那州立大学（1978—1989）教授国际商务和管理，同时也是商务研究部门

xiv

主任和管理部门主席。其研究成果发表在《管理学会评论》、《组织科学》、《管理学报》、《世界商业杂志》、《管理国际评论》、《商业视野》、《国际商务教学学报》、《国际商业评论》、《欧洲管理杂志》、《国际行政》、《商业与当代世界》、《国际市场评论》、《高技术管理研究》、《哥伦比亚世界商业杂志》、《加州管理评论》与《人事心理学》等期刊上。此外,他还编写了一些前沿研究著作中的部分章节。他在凯斯西储大学获得了博士学位。

理查德·库里是北卡罗来纳州立大学普尔管理学院 MBA 生物科学管理项目的教授和执行主任。库里博士也是创新管理研究中心的首席研究员。其现有研究集中在利用大数据分析创造营销和技术地图方面。他在北卡罗来纳大学查珀尔希尔分校、耶鲁大学、约翰·霍普金斯大学医学中心和马里兰大学担任过研究职位。他一直在 12 家初创企业的创立者团队中,其中 3 家已经上市,另外 3 家已经获得了上市许可。库里博士已经帮助这些公司获得了超过 2.21 亿美元的私人资本,并获得了超过 2400 万美元的研究资金支持。其中 6 家公司的价值已经在 IPO 中估值达到了 7.75 亿美元。

斯科特·莫迪是孟菲斯大学福格尔曼商务与经济学院的博士,其研究兴趣包括创新实践的战略管理、战略与国际联盟构建及管理、联盟组合,以及组织学习。斯科特现有多项研究待审核或出版。他还在北阿拉巴马大学获得了 MBA 学位,他于 2008 年至 2011 年在该校担任兼职教授并持续关注管理和营销。

安娜·M. 莫雷诺·梅内德斯是塞维利亚大学的战略管理助理教授(管理与营销部门)。她在塞维利亚大学获得博士学位。其现有研究集中在创业、增长、国际商务和家族企业方面。她也是 2007 年爱德华·埃尔加出版的《家族企业中的国际化企业家》一书的作者。她的一些研究发表在了高影响因子的期刊上,如《创业》、《理论与实践》、《创业与区域发展》、《世界商业

XV

杂志》《家族企业评论》《国际管理》以及《旅游与酒店规划发展》等。她也参加了在捷克共和国和尼加拉瓜等地的 MBA 项目。

保罗·穆格是北卡罗来纳州立大学普尔管理学院的 CIMS 执行主任。在进入北卡罗来纳州立大学前，他在 IBM 的研发社区工作了 37 年，担任过一系列的管理职位。他的关键成就包括引导 IBM 的特别工作组，该小组带来了公司最为成功的电脑——ThinkPad；在 1990 至 1992 年间指导团队获得了拉斯维加斯计算机分销商展览交易展的最佳创新奖。此外，他还因指导产品开发所取得的成果获得了 IBM 主席奖。其工作的目的是解决首席执行官郭士纳所提出的"进入市场时间危机"。穆格从 IBM 中——包括研究、软件、营销等部门——挑选出了其团队并展开工作，通过构建关键绩效指标、推动设计等手段成功完成目标。这一项目的成果是带动盈利产品开发新商业模式的产生，即整合产品开发模型（IPD）。

曳野孝是同志社大学商务研究所的博士，也是日本 Libarts 公司的首席运营官。其研究兴趣包括企业战略、企业结构、技术创新，尤其是开放式创新。其研究成果发表在《工业管理研究》和《同志社研究生院业务回顾》等期刊上。

贝萨·奥巴是伊斯坦布尔知识大学工商管理学院的组织研究教授。她在组织理论、战略管理和创新管理等学科教授多级别的课程。其研究兴趣包括信任的经验研究、治理、领导权和创新。其研究成果发表在《商业历史》《创业与区域发展》《技术分析与战略管理学报》和《公司治理》等期刊上。她还在土耳其拥有多家期刊。此外，她也在 EIASM（欧洲前沿管理研究机构）、EGOS（欧洲组织研究协会）和英国管理协会会议上有作品发表。

　　纳丁·罗贾克斯从 2009 年开始担任哈瑟尔特大学战略与创新管理助理教授。她的博士研究方向是联合国大学/MERIT 制药生物科技行业的企业间协作创新。在 2002 年至 2007 年,她在研究和学术方面担任多个职位。2007 至 2009 年,她担任 KPMG 顾问公司的战略顾问。罗贾克斯博士有多种成果发表,其研究也刊登在《远景规划》、《研究政策》、《哈佛商业史评论》、《英国管理学报》、《欧洲管理杂志》、《技术预测与社会变革》、《小企业经济学》和《加州管理评论》等杂志上。

　　布莱恩·吉姆克是阿姆斯特丹自由大学经济与工商管理中心的助理教授。其作品发表在《管理学报》、《管理决策》和《国际管理学报》等期刊上。其研究兴趣包括战略联盟的管理与绩效。

　　维姆·范哈佛贝克在鲁汶天主教大学学习心理学和经济学,并于 1995 年在巴塞罗那 IESE 商学院获得了工商管理博士学位。他现在是哈瑟尔特大学商务研究学院战略与创新教授,并在 ESADE 商学院(西班牙)和新加坡国立大学任"开放式创新"访问教授。其研究领域包括开放式创新、联盟和外部技术能力的获取、联盟管理,以及新业务开发与企业投资。他也教授战略、创新管理、企业投资、新业务开发和国际管理等课程。其作品发表在《组织科学与组织研究》、《研究政策》和《商业风险投资学报》等期刊上,同时他也是《工程技术管理与战略组织学报》杂志的主编。

　　范哈佛贝克是《开放式创新:新范式的研究》一书的作者之一(与亨利·切撒布鲁夫和乔·韦斯特合著),该书研究了与开放式创新相关的研究挑战。他正在拓展全球大学与企业之间的开放式创新相关研究。此外,他还创建了 Exnovate——一个利用外部资源使用技术进行创新的网络。2012 年,他与亨利·切撒布鲁夫共同创立了欧洲创新论坛。

　　安德烈·范·梅杰茀在瓦赫宁恩大学学习管理、经济和消费研究。

2011 年，他在战略管理和创新方面获得了 BSc 学位。在他的管理研究硕士阶段，他在瓦赫宁恩大学和慕尼黑理工大学学习创新管理。2013 年，他完成了管理博士研究，其主题是"新兴生物化学行业中的产品创新相关驱动要素"。

乔·韦斯特是加利福尼亚克莱蒙特大学应用生命科技研究所的创新与创业教授。他是开放式创新的奠基人之一，其文献、著作和顾问工作对开放式创新的普及起到了巨大的推动作用。作为一名国际知名的创新管理学者，韦斯特博士曾受邀前往五大洲的企业和学术机构进行演讲。他以《开放式创新：新范式的研究》一书的联合作者（Oxford,2006）和开放式创新社区的联合创办者（与亨利·切撒布鲁夫合办）而闻名。他的其他研究领域包括新能源、创业、知识产权、开源软件、国际商务，以及 IT 投资企业战略等。根据谷歌学术的资料，他的研究已经得到超过 3500 次引用。

在 2011 年退休前，韦斯特在圣何塞州立大学担任了 9 年助理教授，随后在卢卡斯商务研究学院担任教授。他在加州大学欧文分校、佩珀代因大学和日本坦普尔大学任教过。韦斯特在加利福尼亚大学、加州大学欧文分校取得博士学位，在麻省理工学院获得了跨行业科学 BS 学位。在转向学术之前，他也在软件行业拥有作为工程师和创业者的杰出经历。

艾米尔·沃本是瓦赫宁恩大学社会科学系战略管理研究助理教授。他的研究领域是战略管理，尤其是基于资源的视角、组织间关系、食品生产和协同、学术衍生、合并和兼并，以及它们对公司创新的影响。他的研究应用得到了多家生物基公司的关注。

理查德·R.杨是哈里斯堡校区供应链管理教授和 MBA 项目执行主任，拥有里德学院运营管理 BS 学位、奥尔巴尼大学 MBA 学位和宾夕法尼亚州立大学博士学位。在深入学术研究之前，他在美国 Hoechst 集团担任高级供应链管理负责人,这家公司是德国 Hoechst AG 在美国的子公司。杨博士声名远扬,并在化学和塑料、钢铁和煤炭、电子通信、工业化与自动化部件、国际航空、铁路、消费品等行业的企业,以及州政府与美国军方等领域开展了顾问服务。他也是特许物流与运输研究所的成员,以及富布莱特德国研究会议的参与者。

序

自从十年前"开放式创新"一词出现以来,关于开放式创新的研究迅速发展。开放式创新理念的提出正是由于组织意识到仅凭自身的努力很难高效开展创新工作。现在的很多创新都是由企业与供应商、顾客、合作伙伴共同合作完成的。开展外部合作有很多益处,包括加快产品和服务开发速度、降低产品开发和工艺改善成本、进入新的市场并获取新技术、降低企业经营管理风险。开放或合作型创新开始于知识密集型产业,如生物技术和计算产业,但是目前在传统产业也得到了应用。

一旦组织决定开放其创新过程,组织应该综合考虑各种组织措施来参与合作。一些组织过程是完全开放的,如 Linux 在持续开发电脑操作系统过程中所采用的开放式创新方法。任何拥有电脑专长的人都能够对 Linux 内核源码开发做出贡献。然而,大多数开放式创新过程并不是完全开放的。不如说,企业设计出了一种鼓励特定供应商、顾客、合作伙伴积极参与创新合作实现创新目标的机制。一种通行的组织措施就是组建跨组织网络,企业依靠网络中的外部供应商提供定制化的资源和投入,宝马公司使用的就是这种方法。有时候,与外部供应商结成的供应商网络是自发形成的,如由苹果和一些利基产品制造商应用开发者所组成的开发"生态系统"。一种利于合作创新的非常高明的、新的组织方式就是合作社区。Blade. org,一个由超过 200 家计算机服务器市场上的企业组成的社区,已经运营了 5 年多,社区内的临时企业以志愿的方式开发出了无数的新解决方案。纵览这些案例可以发现一条主线:与外部伙伴合作开发出各种类型的创新。

此书的 14 章重点介绍了组织参与开放式创新的多种战略联盟类型。

案例来自广泛的公共和私营部门，代表了各种不同类型的产业，包括生物化工产业、计算机软件产业、教育产业、能源产业、消费品产业。此书所涉及的创新也包括多种类型，如产品创新、技术创新和商业模式创新。作为主编，雷费克·卡尔潘整合了 32 位学者的国际研究团队的研究成果，折射出了具有国际视野的多种文化视角的成果。此书中存在多个值得思考的问题。我相信本书对于学术界和实业界的读者都有益处。

查尔斯·雪

战略和组织领域荣誉教授

宾夕法尼亚州立大学

目　录

第一章 开放式创新:联盟研究的启示

乔·韦斯特

本章关注了潜在的重点研究领域:战略联盟与开放式创新的交叉区域。[1]尽管这两方面的研究一直在单独发展,分别有着各自不同的研究假设与问题,但在其表征、理论预测及管理实践等方面却存在天然的紧密联系。正如主编雷费克·卡尔潘在第二章的注释中谈到的那样,两种研究共同持有类似的假设,即创新是协同性的(通常也是互补性的),同时这类协作对于企业创新的价值创造和获取也是至关重要的。

过去的研究将战略联盟定义为两个组织间的合作协定。这类联盟使得组织能够聚集资源,但同时它们也需要(固有的不完全的)契约约定、信任建立措施及持续监督来限制利益的不完全一致带来的潜在的消极影响(Gulati,1995,1998;Gomes-Casseres,1996;Das,2005)。尽管这类典型联盟通常发生在两个组织之间,但是企业也同样能够与其他的学校、非营利研究机构或是政府研究部门展开战略合作(Baum,Calabrese 和 Silverman,2000)。

更大型的企业通常更致力于构建与供应商、消费者甚至是直接竞争对手的多重联盟。对于这类企业而言,存在的一个重大挑战是如何有效管理这些联盟组合,以保证技术或市场的多样性,甚至是利用合作伙伴间的竞争来减少机会主义行为。然而,现有的关键困难不仅是需要有效管理单个协作伙伴的行为,更重要的是如何处理新增的、减少的与协作中的同一联盟组合中的协作伙伴的行为(Lavie,2007)。这些多重联盟使得我们能够通过设定类似合作者的数量、地位或连通性等变量,对任何从属于更大创新者网络

1

的公司的角色(及其成功之处)展开研究(Powell 和 Grodal，2005)。

相当部分研究对于战略联盟的兴趣集中于它们在分散创新成本与传播创新收益的作用上。尽管这类联盟通常允许双方从中学习，但它们在无形中却创造了一种"学习竞赛"，在这种竞赛中，每一方都致力于更快地从另一方获取知识以使对方在这种协作中处于劣势地位(Hamel，1991；Hagedoorn，Link 和 Vonortas，2000；Kale，Singh 和 Perlmutter，2000；Hagedoorn，2002)。

在此架构下，同时也是基于对实现创新企业间合作的兴趣，联盟一词开始与开放式创新相关，反之亦然。从这里开始，对开放式创新的关注就集中在了这类企业间的合作上，这类合作使得企业有能力通过利用超越其组织边界的创新发明和商业化道路来提高其创新绩效(Chesbrough，2003，2006；West，Vanhaverbeke 和 Chesbrough，2006)。

那么什么是开放式创新呢？依据亨利·切撒布鲁夫的最新定义，它是指"一种基于超越组织边界的有意识管理的知识流的分布式创新进程，并依靠货币性与非货币性的手段来和组织的经济模式协调同步"(Chesbrough 和 Bogers，2014，即将出版)。相关研究已向我们展示出组织是如何管理知识流的流入和流出，如何寻求协作伙伴及他们所提供的创新，以及(较低程度上)当知识被资源化后是如何得到利用的。[2]

研究人员已明确了三种相区别的开放式创新协作模型：外部知识资源流入模式、借助第三方的创新货币化流出模式，以及包括二者的混合模式。流入模型即采购外部创新，是研究或实践中最为常见的一种，而当两家企业寻求建立研究与开发的联盟时，更倾向的选择是混合模型(Gassmann 和 Enkel，2004；West 和 Bogers，即将出版)。混合模型能将两家企业纳入协同合作之中。在展开合作之后，双向的知识流将每家企业单独的创新尝试结合在一起。而在第二种模型中，互动耦合过程则包含了超越一家单独企业边界的参与式创新(Piller 和 West，即将出版)。

当然，也并不是所有的联盟都是开放式创新，同样也不是所有的开放式创新都涵盖联盟(见表 1.1)。创新联盟，即那些包含至少一方协作者创新的发展或商业化的联盟，会很明确地展开穿过组织边界的有意识的分布式创新进程。而因为开放式创新需要新思维或新实践"来获取组织更好的产出"（Vanhaverbeke,West 和 Chesbrough,即将出版）,那些并不含有类似创新的联盟就与开放式创新的定义不相符了。

表 1.1 组织间协作模式

	开放式创新	非创新协作
战略联盟	创新联盟	其他联盟
组织间交易	创新竞争	商品采购及部件标准化

尽管开放式创新与创新联盟存在重叠,但也不是所有的开放式创新都涵盖联盟。从定义上讲,联盟包括了公司(或其他组织)间的协作,因此开放式创新也很可能意味着有在个体、社区或其他分析层面的协作(West 等,2006)。例如,相当多的文献已指出了企业是如何通过创新竞争实现来自个体的创新外包的(如 Jeppesen 和 Lakhani,2010)。

然而即便外部合作伙伴是企业,仍然存在多种不借助联盟实现开放式创新的组织间协作模式。天然地,联盟含有不随时间间断中止的意味(Parkhe,1993)。在一种相关—对抗—交易型的维度上(Robinson, Kraatz 和 Rousseau,1994),联盟都是明确相关的(Gulati, 1995; Dyer 和 Singh, 1998)。然而,一些开放式创新模式也包含有独立的交易而非持续不断的合作关系。一个类似的例子是创新大赛,如那些某某大奖系列的高风险的创新竞赛,它们所获的公众识别度远超过其提供的现金奖励(Ledford,2006)。同样,正如备注中所述,很多类似平台中存在赞助方将技术提供给了一些冒充的提供商,结果是回报极少甚至根本一无所获。

至此,只有一个开放式创新的子集含有联盟——一种两个组织之间致力于持续创新协作的契约,而这完全符合对创新联盟的研究。实际上,考虑到过去 25 年以来创新研究者对于研究与发展协作的强烈兴趣,同时也有开放式创新研究对于公司—公司协作的偏见(West 等,2006),二者之间很可能存在相当值得考量的重叠部分。

本书余下的 13 章明确地提出了这些重叠的部分(见表 1.2)。接下来,我将对这些章节进行总结和相关评述。

开放式创新中的联盟

不管是在其最初的概念中,还是在第一个十年中与它相关的著作里,开放式创新的研究一直都集中于两个企业间的二元协作(West 等,2006;Vanhaverbeke 等,2014)。而现在,为研究与开发企业间联盟和其他相关的协作创新都直接指向了开放式创新的目标及其准则。类似的企业协作的研究可以来自一方或双方企业的视角,也可以是以其包含的公司、项目或是个体的层面来进行。

在第二章里,卡尔潘研究了联盟与开放式创新的更广泛进程之间的重合部分。他列举出四类协作:众包、第三方服务、大学伙伴协作与企业间联盟。第一种协作通常(也不总是)与个体的合作相联系,而第二种(如后文讨论的那样)常常因其中的非正式联系而不被认可为一种联盟。大学伙伴协作(在下文及第八章中有所论及)是一种特殊的联盟模式,而企业间协作则符合了大部分战略联盟文献的描述。在近期的分类中,卡尔潘确认了八种不同结构的模式,其中三种(合资公司、股权和风险投资)包含股权纽带关系,其他五种(许可、契约性研究与开发、网络、社区与公会)则不然,而这也解释了它们是如何映射到开放式创新进程的不同方面的。

表 1.2 各章讨论的核心问题

章节	作者	分析层次	核心问题
2	卡尔潘	整体	不同的联盟模式如何影响开放式创新实践?
3	罗贾克斯、贝尔、福克、范哈佛贝克	联盟	跨国公司在实施外部研究与开发协作时面临着怎样的挑战?
4	沃本、梅杰苒和勃洛克	联盟	什么是实现产业间的成功创新协作的相关驱动因素?
5	莫雷诺·梅内德斯和卡西利亚斯	联盟	创新中的开放是否会获致更强化的国际化?
6	杨	联盟	公司如何借助其供应链通过协作创新来提高绩效?

续表

章节	作者	分析层次	核心问题
7	德菲利皮、杜马斯和巴蒂亚	联盟	消费方和供应方如何创造出一种能够实现持续不断的协作创新进程的关系联盟?
8	舍塔和卡尔潘	联盟	大学联盟在开放式创新战略中扮演着什么样的角色?
9	杰琳克、巴尔、穆格和库里	网络	大数据如何克服联盟网络管理中的认知限制?
10	吉姆克、德皮、巴尔曼、德曼和阿列克谢耶夫	网络	构建联盟组合的途径如何影响特定组合的收益?
11	莫迪和凯迪亚	网络	联盟网络如何支持流入开放式创新?
12	木下、中园宏幸和科藩	网络	惯例和网络嵌入性如何妨碍企业开启其创新进程?
13	简恩瑟和奥巴	生态系统	生态系统与其他形式的外部协作怎样推动软件产业中的开放式创新?
14	卡尔潘	整体	联盟怎样与企业关于开放式创新管理决策产生作用?

前提与结论

　　成功实现更广泛的创新联盟和战略联盟的前提是什么?这个问题长期以来一直出现在联盟研究的文献里(如 Parkhe,1993;Doz,1996)。

　　在第三章里,罗贾克斯、贝尔、福克与范哈佛贝克对荷兰两家跨国企业(飞利浦和壳牌)的开放式创新进行了深入的案例研究,进而考虑了大型跨国企业(MNCs)在外部研究与开发伙伴关系管理中面临的挑战。他们明确了一系列实现 R&D 联盟的途径,从通过外部 R&D 伙伴关系有意获取直接产出的契约性 R&D,到有高度选择性的(有形的)战略伙伴关系的参与式 R&D。对于前者,他们强调了多元协作的重要性,而这种并不完全的契约使得在一个相当完整的制度结构中开启新协作更加易行。

　　在第四章中,沃本、梅杰苒和勃洛克研究了荷兰农业与化学产业中的 9 家企业所面临的困境。与 Christensen(2006)对数字功放产业所做的研究相当类似,他们研究了这些企业如何将化学原料从化石燃料转化为生物能量,这种转化跨越了传统产业的边界，也因与互补产业中的伙伴联盟而更可行。通过与每家企业代表进行访谈，他们明确了两种被其呼应者认为能获致成功的开放式创新的关键措施，即战略结盟和双方相关联的强度。

在能够预知联盟战略的成功作用之后，人们便提出一个相反的问题：联盟（或是成功的联盟）怎样影响企业的其他活动？

而在第五章里，莫雷诺·梅内德斯和卡西利亚斯研究了实施联盟战略是否会获致更强化的国际化。借助对 424 家西班牙大中型家具企业的调查，他们注意到了开放式创新活动与国际化程度包括出口倾向、出口强度与国外直接投资之间的强联系。通过对两次成功的调查进行回归分析，他们得出结论，认为早期的开放式创新预言了相对晚期的强化的国际化。

伙伴协作

联盟的研究中的一个基本问题是企业如何有效管理与其联盟伙伴的协作关系（Doz，1996；Koza 和 Lewin，1998）。本书中的六、七两章研究了企业怎样与长期被视作外部创新中的重要资源的供应商进行互动合作（von Hippel，1988；Chesbrough，2003；Gassman，Enkel 和 Chesbrough，2010）。

第六章中，杨依据一种风险与战略价值的二维矩阵，将 8 个供应方—消费方协作创新的微型案例划分到四个象限里。他得出的结论是，生产创新仅发生在高价值维度里，而流程创新（生产与大范围的采购同样如此）却能在所有象限中成功发生。正如一些其他关于联盟信任的研究（如 Dyer 和 Chu，2003）一样，它也向人们展示了信任在协作中是多么至关重要。更广泛地说，它展示出了这样一种价值，即采购中的互动性视角（来自削减成本的用户）保护了对促进这类创新必需的不同类型的协作。

在第七章里，德菲利皮、杜马斯与巴蒂亚检测了两家创新跨国企业——施乐公司与宝洁公司——间的独特伙伴关系。这种协作通过将打印服务外包实现了宝洁公司减少成本与提高整合度的目的，同时也基于施乐公司的"顾客导向整合"——一种企业对企业（B2B）的用户创新模式（Bogers，Afuah 和 Bastian，2010）。与此同时，作者们证明了一个事实，即这种制度结构会创造一种对类似持续协作创新进程和在其同步两类文化中所克服的风险的引致与管控。这类联盟在提高宝洁公司生产力的同时,减少了其纸张、能源和总体成本,而施乐公司获得了能够提供给其他消费者的解决方案。

尽管开放式创新典型地集中于两家企业间的协作,大学也同样能成为企业的一个重要合作伙伴。这类合作使得企业能够加速技术突破,但企业也必须面对在匹配私有利益与公共科技的激励、目标和文化时令人望而却步的困难(Perkmann 和 Walsh,2007;Perkmann 和 West,2012)。

在第八章里,舍塔与卡尔潘研究了商学院 R&D 协作在企业总体开放式创新战略中所扮演的角色。在明确了企业与大学间的共同利益和潜在冲突之后,他们考虑到了更大范围的包含企业、大学和政府的"三螺旋"协作架构(Etzkowitz 和 Leydesdorff,2000)。随后他们提出了一种升级版的技术—商业化模型,而这无疑指明了大学研究在创造、开发技术创新中的中心角色,同时又体现了政府在资助早期的探索性工作中所具有的伴随作用。

网络与相关形式

开放式创新相关研究已考量了联盟与联盟网络的角色地位,并对包括公会、生态系统、平台和社区在内的多种特殊网络形式进行了区分(West,2014)。本书的这部分探讨了企业是如何对联盟组合与外部生态系统进行有效管理的。

联盟组合的构建与管理

一个给定的企业联盟组合决定了其商业关系网络形式(Duysters, De Man 和 Wildeman,1999)。从焦点企业的立足点出发,这种网络就好似管理一系列的二元联盟(尽管这些网络中的合作者也很可能有其单独所属的联盟)。那么如何最有效地管理这类组合就成了联盟研究中一个关键的理论与管理实践上的问题(Ireland,Hitt 和 Vaidyanath,2002)。本书有两章探讨了可预测类似组合管理成败的相关因素。

在第九章中,杰琳克、巴尔、穆格与库里解释了当考虑到一个企业组合中战略联盟的创造和管理时,可以怎样应用"大数据"分析来做更系统性的决策。尤其值得一提的是，他们注意到了这类决策如何克服让管理决策产生偏差的认知限制与决策困境。他们的论述描述了一家位于北卡罗来纳州的由工业基金赞助的研究中心，以及这个研究中心怎样使用其数据分析技术帮助客户区分潜在的技术、合作伙伴、市场、原料及生产技术。

在第十章里，吉姆克、德皮、巴尔曼、德曼与阿列克谢耶夫关注了新创企业怎样管理上行与下行的商业伙伴关系。他们对四家荷兰的信息通信技术服务公司展开了研究：其中两家一直发展新技术，而另两家公司则致力于发展新市场。他们从这些成功的组合战略中区分出了每一种战略的目标。总体而言，他们论证了更成功的企业如何使用一种更系统、更具前瞻性的同时也更集中的方式，构建包含联盟与其他商业伙伴关系的大型的多样的组合。

网络对于成功的影响

在一个给定的产业或区域里，组织间的联盟模式定义了其网络。在美国，这类联盟在嵌入区域技术群中的企业里是相当常见的（Owen-Smith 和 Powell，2004）。而在其他国家，企业对垄断的供应方和协作方进行管理，就像日本的财阀或企业集团所做的那样（Gerlach，1992；Dyer，1996）。

在第十一章中，莫迪与凯迪亚研究了基于企业实力所构建的联盟网络在寻求根本性创新来源中所扮演的角色。与 Chesbrough(2006)的开放式创新漏斗模型相契合，他们展示了一种辨别和分析企业如何借助根本性创新以有效利用流入的知识流的框架。这种结构框架分析了三个层面的知识流——转移、转化与转换，它们贯穿了商业化进程的四个阶段——概念化、孵化、繁殖与再繁殖。

在第十二章里，木下、中园宏幸与科藩分析了大型日本跨国企业实践开放式创新的特殊挑战。由于潜在的创新企业面临着高进入壁垒，以及制度和财政上的制约，相关子公司协作集团更有优势，这些大型跨国企业更倾向于以类似集团的形式开展开放式创新。特别是与开放式创新相一致的是，它们能够阻止附属子公司将那些不适合母公司经济模式的技术商业化。作者展示出这种制约怎样将松下公司的开放式创新限制在那些新经济领域，而它们却并未完全嵌入集团技术与市场中。

生态系统管理

最后,在一些产业中,网络是企业间相互独立从而形成更大模式的一部分;而该模式即可被归结为一种生态系统[3](Adner,2012;Adner 和 Kapoor,2010)。一种常常出现于信息通信技术生产产业中的特殊生态系统,即平台,包含了一种特殊的企业网络技术生产架构,进而使得企业的互补产品能够与该架构兼容(Gawer 和 Henderson,2007;Gawer,2009)。

在第十三章里,简恩瑟与奥巴研究了私人软件公司对外部生态系统的利用。在注意到软件工程和制度状况的独特点后,他们对封闭的、开放的以及混合的创新战略进行了对比。最后,他们探讨了企业对关键问题——是否、什么、怎么样及和谁一起——的解答怎样影响到在一个给定软件架构中不同层次的创新协作。

未来的机遇

本书一直试图将战略联盟与开放式创新相关研究进行汇总。在第十四章中,卡尔潘讨论了联盟是如何作为企业所有的开放式创新战略的大型三方架构的一部分,进而如何将价值结构与价值创造、价值捕获连接起来。在第二章中区分出的 8 种联盟模式目前是开放式创新管理工具箱中的一种,也是一种能引致价值创造与成功的开放式创新的管理流程。第二章同时分析了十大足以动摇开放式创新研究人员的挑战,而这些研究者恰好对开放式创新进程及其与联盟研究相重叠部分十分感兴趣。

以前文所述为基础,我在这里针对联盟研究怎样启发开放式创新(反之亦然)给出我自己的看法。

联盟对开放式创新研究的启示

无论是开放式创新研究的外部或内部人员,都曾表达出对于开放式创新缺乏理论根基的担忧(如 Vanhaverbeke 等,2014)。开放式创新是一种现象,同时也是一种管理范式(Chesbrough,2006),但其因果机制及理论预测却的确是从其他经济与管理研究流派中引入的。

对战略联盟的研究逐渐为组织如何集聚创新能力与其他资源的问题创造了一种重复性的收敛性的视角。相对于联盟的其他机制、成功联盟的前提、成员间的联盟如何成功缔结以及成功联盟的指标等问题，这类研究始终都是有关联盟话题的首要之选（Koza 和 Lewin，1998）。对这两方面的努力进行对比之后，本书中的研究人员辨析出一系列有利于开放式创新研究者向更早开始的更成熟的联盟研究进行学习的机遇。

合作关系的内在视角

由于例外情况极其罕见（如 Chiaroni，Chiesa 和 Frattini，2010），我们对通过开放式创新研究企业创新活动的内在机理的情况也就知之甚少（West 和 Bogers，2014）。正如第三章提醒我们的那样，几十年内的联盟研究一直在对这些话题进行探讨，因而随着 21 世纪企业开放式创新管理的新实践，很可能现在是一个将视线从联盟研究做进一步提升的好机遇。

持续性的合作关系管理

开放式创新文献更倾向于关注事务型或是一次性的协作，缺少关于开放式创新进程的纵向视角。第七章展示了长久的联盟如何提供一种纵向视角，以及涉及激励、动机和合作双方联盟管理的困难，这些更深刻的视角又如何同时得到发展。

不同的协作结构

依据开放式创新协作，这些多年的战略协作 R&D 可以作为一个连续体的一端，而另一端则是作为一种中间选择与简单的（非联盟的）交易的契约型 R&D。第三章分析了一个给定群体中的契约、政府与其他制度结构存在的差异，因而尽管不同的研究人员对开放式创新的研究结构各异，他们却很可能从第三章中获得启发。

合作与否

开放式创新研究倾向于假设，开放式创新的采用发生于企业级别而非技术或是项目层面。联盟研究已经探讨了企业何时会选择联盟而何时不选择的相关因素(如 Hamel,1997)。我们并未假设一家已有一种联盟组合的企业会针对所有的项目、生产或技术采取联盟的手段,那么何以在开放式创新研究中我们会持有这样的假设呢?

合作的启示

在最开始的十年里大量联盟研究都集中于大型企业间的 R&D 协作,例如出现在产业公会或是国内与国外制造业间的协作(如 Hamel,1991)。对于这类联盟的一个主要关注点是它们从类似经验启发中学习及发展的内在能力。开放式创新始终更与技术导入(或是围绕特定技术的技能转移)相关,而非发展的内在能力。同样的,开放式创新更常关注吸纳能力(West 和 Bogers,2014),而不是产生这种能力。这是协作实践变革(从能力构建转向采购)之后缺乏考量的后果,还是仅仅由于没有学者展开对此的研究呢?

机遇

尽管启示对企业来说是很好的学习途径,却可能不如企业的联盟伙伴那样有学习价值。创新联盟会顾及合作双方的学习发展,它们创造出一种"学习竞赛",在这种竞赛中,每一方都致力于更快地从另一方获取知识以使对方在这种协作中处于劣势地位(Hagedoorn, Link 和 Vonortas, 2000;Hagedoorn,2002;Kale,Singh 和 Perlmutter,2000)。这里的问题回应了先前的顾虑:是开放式创新中缺乏动机呢,还是仅仅因为它们没有得到应有的研究呢?

网络的分析

对于理解扩展企业协作的网络视角,其重要性长期以来就为开放式创新学者所认可(如 Vanhaverbeke 和 Cloodt,2006;West,2014)。然而,在这类研究中所使用的工具和方法(如 Owen-Smith 和 Powell,2004)却并不是如此。这类手段和分析技术(例如嵌入与社会网络分析)拥有启发开放式创新研究并给予其一种更系统地观察有关企业进行外部协作管理的视角的潜在可能。特别是，由于开放式创新被区分为三种模式——流入的、流出的及混合的，通过定向知识流的使用来构建一种定向图（Gloor，Laubacher，Gynes 和 Zhao，2003）使得类似指向在开放式创新网络分析中得以有效利用成为可能。

开放式创新对联盟研究的启示

不仅联盟研究能够启发开放式创新研究，而且反过来该命题依旧成立。接下来我分析了开放式创新能够在战略联盟研究中应用的几个领域。

商业模式的作用

商业模式和联盟式创新对于企业商业模式的重要性都是开放式创新的核心概念（Chesbrough，2006）；然而，这个前提却在实际研究中严重地被忽略了（Chesbrough 和 Bogers，2014；West 和 Bogers，2014 年即将出版）。第十四章显示了价值创造和价值占有对于理解联盟收益的重要性。在考虑到商业模式实验与创新相关联的几种方法的同时，该章也揭示出类似分析如何从开放式创新的视角中获益。

小型与中型企业

近来，开放式创新研究人员一直都在关注小型与中型企业（SMEs）实践开放式创新的差异（见 Vanhaverbeke 等，2014 年总结）。这类研究明确了更小型的企业如何各有差异地实践开放式创新，而这种差异一方面源于它们的需求与能力，另一方面也关系到其战略与决策的制定流程。针对类似企业的联盟研究（如第七章）可能会从这类研究中获益。

服务创新

第七章和第十章探讨了那些寻求创新式服务发展与商业化的企业，这些创新式服务针对这类企业的价值创造和价值捕获提供了多种机制。在最近的一本著作中，Chesbrough（2011）揭示出当开放式创新在服务中得到应用时，开放式创新进程如何被转换成探索用户化与个性化的机会，进而以一种有形商品几乎不可能达到的方式来满足用户需求。

生态系统与平台应用

对于特定的产业和商品等级而言,价值创造与价值捕获的进程通常嵌入在连接焦点企业与其供应方网络的生态系统或平台之中(Chesbrough 和Appleyard,2007;Rohrbeck, Hoelzle 和 Gemünden,2009;West,2014)。类似生态系统与平台于这些产业而言具有相当重要的战略意义,但战略研究却极大地忽视了激励与政府相较于其他网络形式的不同。正如第十三章所阐述的,生态系统的引入为协调联盟合作伙伴的不同利益带来了更多机会(同时也是压力)。与此同时,生态系统(例如苹果手机软件商店)越来越频繁地利用非正式机制进行协作与发展,进而也为理解联盟(或更广泛的协作)怎样不经过深层次的正式契约而得以实践提供了新的机遇。

二者如何共赢

在一些相重叠的领域,战略研究与开放式创新两种研究都是不完全的,它们都能从一种对协作机制与进程中产生的更深的理解中获得启发。

开放战略

对开源软件的研究业已证明实践开放式创新的企业如何从更高层次的开放中获益(如 Simcoe,2006;West 和 O'Mahony,2008)。一些关于联盟研究的总结探讨了开放能够提升知识流与联盟产出的层次(如 Dyer 和 Chu,2003)。然而,仍然有很多能从更深入的研究中获益的研究主题,如在联盟架构下的开放慢化剂。举个例子,Chesbrough 和 Schwartz(2007)总结道,当开放式创新联盟远离企业核心技术时其开放层次会更高。

不确定性的调节效应

在协调小型创新者与寻求创新流入的成熟企业间的关系时,协作风险投资是一种相当重要的机制,它同时也能更好地协调联盟伙伴间的利益与力量。对于处于高不确定性环境中的企业而言,这类投资似乎更加引人注目(van de Vrande，Vanhaverbeke 和 Duysters，2009)。与此同时，企业也能够利用资产联盟作为实际措施来将外部技术融入自身(Vanhaverbeke，van de Vrande 和 Chesbrough，2008)。

结　论

正如本章所提到的那样，本书始终致力于证明开放式创新研究与战略联盟研究之间的天然兴趣共性。这两类研究同样关注组织间协作，同样(经常)关注这类组织怎样通过协作以实现创新创造与商业化。即便如此，这类联盟远非完善，为了探索与开发这种重叠所展现出的机遇，大量的研究工作仍有待完成。

注　释

1.过去的十年里，本人的开放式创新协作与大量其他学者的研究对本章内容产生了很大的影响，这些学者包括马塞尔·博热，亨利·切撒布鲁夫，李纳斯·达兰德，斯科特·加拉格尔，卡里姆·拉哈尼，卡洛琳·西马德，维姆·范哈佛贝克以及大卫·伍德。我也非常感谢主编雷费克·卡尔潘的邀请，以及范哈佛贝克对早期版本的反馈和意见。

2.对于最近有关开放式创新的文献综述，可见 Dahlander 和 Gann (2010)，West 和 Bogers(2014 年即将出版)，以及 Chesbrough 和 Bogers (2014 年即将出版)。

3.部分生态系统包含(或构建于)不适用于上述联盟定义的次正式企业间关系。例如，很多针对个人计算机(苹果、微软)、开源系统(Linux)和服务平台软件(谷歌、雅虎)的第三方开发者，他们在产品开发中与平台赞助商并没有合同式关系，甚至于赞助商并不知道其生态系统中的全部成员。

参考文献

[1] Adner, Ron. (2012). *The Wide Lens: A New Strategy for Innovation*. New York: Penguin.

[2] Adner, Ron, and Kapoor, Rahul. (2010). "Value Creation in Innovation Ecosystems: How the Structure of Technological Interdependence Affects Firm Performance in New Technology Generations." *Strategic Management Journal* 31 (3): 306-333.

[3] Baum, Joel A. C., Calabrese, Tony, and Silverman, Brian S. (2000). "Don't Go It Alone: Alliance Network Composition and Startups' Performance in Canadian Biotechnology." *Strategic Management Journal* 21 (3): 267-294.

[4] Bogers, Marcel, Afuah, Allan, and Bastian, Bettina. (2010). "Users as Innovators: A Review, Critique, and Future Research Directions." *Journal of Management* 36 (4): 857-875.

[5] Chesbrough, Henry. (2003). *Open Innovation: The New Imperative for Creating and Profiting from Technology*. Boston: Harvard Business School Press.

[6] Chesbrough, Henry. (2006) "Open Innovation: A New Paradigm for Understanding Industrial Innovation." In Henry Chesbrough, Wim Vanhaverbeke, and Joel West (eds.), *Open Innovation: Researching a New Paradigm*. Oxford: Oxford University Press, 1-12.

[7] Chesbrough, Henry. (2011). *Open Services Innovation: Rethinking Your Business to Grow and Compete in a New Era*. San Francisco: Jossey-Bass.

[8] Chesbrough, Henry W., and Appleyard, Melissa M. (2007). "Open Innovation and Strategy." *California Management Review* 50 (1): 57-76.

[9] Chesbrough, Henry, and Bogers, Marcel. (Forthcoming 2014).

"Explicating Open Innovation: Clarifying an Emerging Paradigm for Understanding Innovation." In Henry Chesbrough, Wim Vanhaverbeke and Joel West (eds.), *New Frontiers in Open Innovation*. Oxford: Oxford University Press.

[10] Chesbrough, Henry, and Schwartz, Kevin. (2007). "Innovating Business Models with Co-development Partnerships." *Research-Technology Management*(1): 55-59.

[11] Chiaroni, Davide, Chiesa, Vittorio, and Frattini, Federico. (2010). "Unraveling the Process from Closed to Open Innovation: Evidence from Mature, Asset-Intensive Indus-tries." *R&D Management* 40 (3): 222-245.

[12] Christensen, Jens Frøslev. (2006). "Wither Core Competency for the Large Corporation in an Open Innovation World?" In Henry Chesbrough, Wim Vanhaverbeke, and Joel West (eds.), *Open Innovation: Researching a New Paradigm*. Oxford: Oxford University Press, 35-61.

[13] Dahlander, Linus, and Gann, David M. (2010). "How Open Is Innovation?" *Research Policy* 39 (6): 699-709.

[14] Das,T. K. (2005). "Deceitful Behaviors of Alliance Partners: Potential and Prevention." *Management Decision* 43 (5): 706-19.

[15] Doz, Yves L. (1996). "The Evolution of Cooperation in Strategic Alliances: Initial Conditions or Learning Processes?" *Strategic Management Journal* 17 (SI): 55-83.

[16] Duysters, Geert, De Man, Ard-Pieter, and Wildeman, Leo. (1999). "A Network Approach to Alliance Management." *European Management Journal* 17 (2): 182-187.

[17] Dyer, Jeffrey H. (1996). "Does Governance Matter? Keiretsu Alliances and Asset Specificity as Sources of Japanese Competitive Advantage." *Organization Science* 7(6): 649-666.

[18] Dyer, Jeffrey H. , and Chu, Wujin (2003). "The Role of Trustworthiness

in Reducing Transaction Costs and Improving Performance: Empirical Evidence from the United States, Japan, and Korea." *Organization Science* 14(1): 57-68.

[19] Dyer, Jeffrey H., and Singh, Harbir. (1998). "The Relational View: Cooperative Strategy and Sources of Interorganizational Competitive Advantage." *Academy of Management Review* 23 (4): 660-679.

[20] Etzkowitz, Henry, and Leydesdorff, Loet. (2000). "The Dynamics of Innovation: From National Systems and 'Mode 2' to a Triple Helix of University-Industry-Government Relations." *Research Policy* 29 (2): 109-123.

[21] Gassmann, Oliver, and Enkel, Ellen. (2004). "Towards a Theory of Open Innovation: Three Core Process Archetypes." R&D Management Conference, Lisbon, July 6-9.

[22] Gassmann, Oliver, Enkel, Ellen, and Chesbrough, Henry. (2010). "The Future of Open Innovation." *R & D Management* 40(3): 213-221.

[23] Gawer, Annabelle (2009). "Platform Dynamics and Strategies: From Products to Services." In Annabelle Gawer (ed.), *Platforms, Markets and Innovation*. Cheltenham, Edward Elgar, 45-76.

[24] Gawer, Annabelle, and Henderson, Rebecca. (2007). Platform Owner Entry and Innovation in Complementary Markets: Evidence from Intel. *Journal of Economics and Management Strategy* 16 (1): 1-34.

[25] Gerlach, Michael L. (1992). "The Japanese Corporate Network: A Blockmodel Analysis." *Administrative Science Quarterly* 37 (1): 105-139.

[26] Gloor, Peter A., Laubacher, Rob, Dynes, Scott B. C., and Zhao, Yan. (2003). "Visualization of Communication Patterns in Collaborative Innovation Networks-Analysis of Some W3C Working Groups." In *Proceedings of the Twelfth International Conference On Information and*

Knowledge Management, ACM, 56-60.

[27] Gomes-Casseres, Benjamin. (1996). *The Alliance Revolution*: *The New Shape of Business Rivalry*. Boston: Harvard Business School Publishing.

[28] Gulati, Ranjay. (1995). "Does Familiarity Breed Trust? The Implications of Repeated Ties for Contractual Choice in Alliance. " *Academy of Management Journals* 38(1): 85-112.

[29] Gulati, Ranjay. (1998). "Alliances and Networks. " *Strategic Management Journal* 19 (4):293-317.

[30] Hagedoorn, John. (2002). "Inter-firm R&D Partnerships: An Overview of Major Trends and Patterns Since 1960. " *Research Policy* 31(4): 477-492.

[31] Hagedoorn, John, Link, Albert N. , and Vonortas, Nicholas S. (2000). "Research Partner-ships. " *Research Policy* 29 (4): 567-586.

[32] Hamel, Gary. (1991). "Competition for Competence and Inrerpartner Learning within International Strategic Alliances. " *Strategic Manmagement Journal* 12 (S1): 83-103.

[33] Hennart, Jean-Francois, and Reddy, Sabine. (1997). "The Choice between Mergers/ Acquisitions and Joint Ventures: The Case of Japanese Investors in the United States. " *Strategic Management Journal* 18(1): 1-12.

[34] Ireland, R. Duane, Hitt, Michael A. , and Vaidyanath, Deepa. (2002). "Alliance Management as a Source of Competitive Advantage. " *Journal of Management* 28 (3): 413-446.

[35] Jeppesen, Lars Bo, and Lakhani, Karim R. (2010). "Marginality and Problem-Solving Effectiveness in Broadcast Search. " *Organization Science* 21(5): 1016-1033.

[36] Kale, Prashant, Singh, Harbir, and Perlmutter, Howard. (2000).

"Learning and Protection of Proprietary Assets in Strategic Alliances：
Building Relational Capital." *Strategic Management Journal* 21 (3)：
217-237.

[37] Koza, Mitchell P. , and Lewin, Arie Y. (1998). "The Co-evolution
of Strategic Alliances." *Organization Science* 9 (3)：255-264.

[38] Lavie, Dovev. (2007). "Alliance Portfolios and Firm Performance：A
Study of Value Creation and Appropriation in the US Software
Industry." *Strategic Management Journal* 28 (12)：1187-1212.

[39] Ledford, Heidi. (2006). "Kudos, Not Cash, Is the Real X-Factor."
Nature 443 (7113)：733.

[40] Owen-Smith, Jason, and Powell, Waiter W. (2004). "Knowledge
Networks as Channel and Conduits：The Effects of Spillovers in the
Boston Biotechnology Community." *Organization Science* 15 (1)：
5-21.

[41] Parkhe, Arvind. (1993). "Strategic Alliance Structuring：A Game
Theoretic and Transaction Cost Examination of Interfirm Cooperation."
Academy of Management Journal 36(4)：794-829.

[42] Perkmann, Markus, and Walsh, Kathryn. (2007). "University-
Industry Relationships an Open Innovation：Towards a Research
Agenda." *International Journal of Management Review* 9 (4)：
259-280.

[43] Perkmann, Markus, and West, Joel. (2012). "Open Science and
Open Innovation：Sourcing Knowledge from Universities." Available
at Social Science Research Network：http：//ssrn. eom/abstract =
2133397. Last Revision：April 10,2014. Accessed on April 12, 2014.

[44] Piller, Frank, and West, Joel. (2014). "Firms, Users, and Innovation：
An Interactive Model of Coupled Open Innovation." In Henry
Chesbrough, Wim Vanhaverbeke, and Joel West (eds.), *New Frontiers
in Open Innovation*. Oxford：Oxford University Press, 29-49.

［45］Powell, Walter W. , and Grodal, Stine. （2005）. "Networks of innovators." In Jan Fagerberg, David C. Mowery and Richard R. Nelson （eds. ）, *The Oxford Handbook of Innovation*. Oxford: Oxford University Press, 56-85.

［46］Robinson, Sandra L. , Kraatz, Matthew S. , and Rousseau, Denise M. (1994). "Changing Obligations and the Psychological Contract: A Longitudinal Study." *Academy of Management Journal* 37 (1): 137-152.

［47］Rohrbeck, René, Hoelzle, Katharina, and Gemünden, Hans Georg. （2009）. "Opening Up for Competitive Advantage—How Deutsche Telekom Creates an Open Innovation Ecosystem." *R&D Management* 39 (4): 420-430.

［48］Simcoe, Tim. (2006). "Open Standards and Intellectual Property Rights." In Henry Chesbrough, Wim Vanhaverbeke, and Joel West (eds.), *Open Innovation: Researching a New Paradigm*. Oxford: Oxford University Press, 161-183.

［49］Van de Vrande, Vareska, Vanhaverbeke, Wim, and Duysters, Geert. （2009）. "External Technology Sourcing: The Effect of Uncertainty on Governance Mode Choice." *Journal of Business Venturing* 24 (1): 62-80.

［50］Vanhaverbeke, Wim, and Cloodt, Myriam. （2006）. "Open Innovation in Value Networks." In Henry Chesbrough, Wim Vanhaverbeke, and Joel West (eds.), *Open Innovation: Researching a New Paradigm*. Oxford: Oxford University Press, 258-281.

［51］Vanhaverbeke, Wim, van de Vrande, Vareska, and Chesbrough, Henry （2008）. "Understanding the Advantages of Open Innovation Practices in Corporate Venturing in Terms of Real Options." *Creativity and Innovation Management* 17 (4): 251-258.

［52］Vanhaverbeke, Wim, West, Joel, and Chesbrough, Henry. （2014）.

"Surfing the New Wave of Open Innovation Research." In Henry Chesbrough, Wim Vanhaverbeke, and Joel West (eds.), *New Frontiers in Open Innovation*. Oxford: Oxford University Press.

[53] von Hippel, Eric. (1988). *The Sources of Innovation*. New York: Oxford University Press.

[54] West, Joel. (Forthcoming 2014). "Challenges of Funding Open Innovation Platforms: Lessons from Symbian Ltd. " In Henry Chesbrough, Wim Vanhaverbeke, and Joel West (eds.), *New Frontiers in Open Innovation*. Oxford: Oxford University Press.

[55] West, Joel, and Bogers, Marcel. (Forthcoming 2014). "Profiting from External Innovation: A Review of Research on Open Innovation. " *Journal of Production Innovation Management*.

[56] West, Joel, and O'Mahony, Siobhán. (2008). "The Role of Participation Architecture in Growing Sponsored Open Source Communities. " *Industry and Innovation* 15 (2): 145-168.

[57] West, Joel, Vanhaverbeke, Wim, and Chesbrough, Henry. (2006). "Open Innovation: A Research Agenda. " In Henry Chesbrough, Wim Vanhaverbeke, and Joel West (eds.), *Open Innovation: Researching a New Paradigm*. Oxford: Oxford University Press, 285-307.

第二章　开放式创新商业模式
与企业间合作的意义

雷费克·卡尔潘

自从切撒布鲁夫于 2003 年(Chesbrough,2003)发表其著作以来,开放式创新就逐渐成了管理文献中的一个热门话题。其结果是,开放式创新不再仅存于概念化的范围,同样也被广泛应用于数不胜数的企业实践。切撒布鲁夫(2003)谈到,当涉及新思维、新知识或创造力的开发时,采用封闭式创新范式的企业基本向内聚焦;封闭式创新的概念并不像完全封闭的城堡或筒仓那样。这种说法的隐藏逻辑暗示了一种致力于垂直整合集中的、内在的研究与开发的需求。但是由于不同企业间存在的对重要技术和其他资源的相互依赖,这种隐藏的逻辑一直受到来自电子商务与社会媒介引起的时代变革的挑战。在信息经济时代,企业处在更开放、更快节奏的全球环境中,使得它们能够为外部与内部利用创造新想法,或是从企业外部或内部获取新创意。这些来自外部创意的可能性与质量改变了上述的类似逻辑,而这种逻辑一度创造了内部的、集中式的 R&D 筒仓式构造,如今同样的逻辑和促进了企业对分布式知识的利用与共享的开放式创新范式在共同发展。在现代,企业必须在一个不确定的世界中管理创新,因而它们必须采用一种开放式创新范式与灵活的战略,与此同时,它们也必须通过出售其内部技术的多种方式、共享创意与知识产权(IP),以及利用与集聚战略联盟与协作伙伴的外部知识以实现其联盟。

开放式创新的基本理念是企业通过与外部资源的协作寻求企业边界以外的新知识与新应用,这些外部资源包括了供应商、消费者、独立组织,而有时甚至还包括企业的竞争对手。来自外部资源的新思维可能在企业中埋下种子,促使其内部创新进程的实现(由外而内地),或是内部开发的创新在外部环境中为新的应用与利用方式所采用(由内而外地)。开放式创新的主要含义指一种转变的范式,即创新式思维的衍生以及从"封闭式创新"向"开放式创新"转换的实践。前者鼓励企业依赖于内部知识进行衍生以有效控制创新进程,而后者则假设企业能够也应该利用外部创意以获致内部创意的产生,同时以此拓展开发其产品、技术或商业模式的内外部途径。

开放式创新范式创造了一种环境,其中的企业在探索创新与机遇时会欣然采用来自外部企业的实践活动。伴随着网络技术、虚拟技术与云企业的迅速发展,越来越多的企业正寻求与世界各地其他企业形成战略联盟或协作伙伴关系,借此达成其战略上的主动,同时也通过绕开相对缓慢而成本更大的内在能力、生产力及资源优势构建进程来加强其竞争力,进而获致创新与新市场。协作式安排能够帮助企业降低成本,并在知识衍生中获得所需的专业知识与技术,而带有专业能力与专业技术的战略联盟则使不确定性环境中的企业对创新进行有效管理,以及当企业处于陌生的国际市场时能够寻求机遇。

的确,对于很多寻求行业中颠覆性或根本性创新的努力而言,战略联盟已经变得如此重要,以至于它们已经成了开放式创新范式、动态价值命题和商业战略的一个核心元素。越来越多的企业正融入不止一个协作式战略中。而为了与其他独立企业组建其独有的联盟,更多的企业也正投入到一个包含动态协作联盟网络的多元协作式战略的竞争之中,其目的则在于刺激其进行高速的价值创造创新。现在,几乎所有的创新都需要某些针对(在一个互补性生态系统中的)开发或商业化的协作安排模式,尽管这类尝试的失败率相当高。然而,并不意外的是,很多竞争者已经常在类似新产品和技术开发领域进行协作,以此构建其创新能力。

很多学者都谈到,我们需要理解开放式创新的潜在的前提、程序与结果(Allarakhia, Kilgour 和 Fuller, 2010;Chesbrough, 2006, 2010;Chiaroni, Chiesa 和 Frattini, 2009;Dahlander 和 Gann, 2010;West 和 Wood, 2013)。在本章中,我将展开有关协作与企业间关系的主要理论争议的探讨;而在随

后的章节里,我也将对不同经济运行领域中开放式创新范式的一些更有实践意义的益处进行回顾。通过对涉及供应关系和转包、众包、企业间关系、创新网络以及商学院 R&D 协作的特定事例的关注,我还尝试将协作的基本原理与不同的战略联盟形式或结构联系起来。

本章从对不同开放式创新商业模式的阐述开始,以此加强我们对其意义和应用的理解。更确切地说,开篇讨论了企业间为实现开放式创新的目的而采用的企业间合作方式。尽管上个十年以来有关开放式创新的文献并不在少数(Antikainen, Mäkipää, Ahonen, 2010；Chesbrough, 2003；Grönlund, Sjödin 和 Frishammar, 2010；Ili, Albers 和 Miller, 2010；Snow 和 Culpan, 2011),但致力于开放式创新的特定商业途径的分析仍然相对缺乏(Hoegl, Lichtenthaler 和 Muethel, 2011；Kutvonen, 2011)。为此,本章引入并对一些能促进开放式创新成功实现的企业间合作进行了对比,以此对现有文献形成补充。剩下的内容也是本章的基础,它展示了对战略联盟架构下开放式创新的多种描述、分析与案例研究。

本章结构如下。首先,定义了开放式创新及其多种模式。其次,通过考量开放式创新的起源、阶段、政府作用与其影响,系统地解释并比较了不同的开放式创新商业模式。最后,强调了企业间合作对于实现开放式创新的重要意义,并总结了对于未来研究与应用的几点建议。

创新与战略

自从创新被视作获取竞争优势的强有力手段以来,它就始终是商业战略的一个中心考量。为了获取或保持竞争优势及保证超额利润的实现,企业历史性地变得相当迫切地去将大量资源分配给其 R&D 应用；这在某些行业(例如机器、制药、防务、电子及信息系统等行业)比在其他行业(例如不动产、旅游及工具制造等行业)中更为真实。然而,在经济学者和管理者中一直存在一个普遍的信念,即商业战略应以某种形式结合产品、技术或商业流程来进行创新。Afuah(2009)曾声明,战略创新应结合新博弈战略以获取竞争优势。此外,Quinn 等(1997,19)也曾表明,"知识构建、创新与科学技术优势对于经济增长和竞争优势获取而言都是极其重要的要素"。同样地,依据多年的研究与企业案例分析,Christensen 和 Raynor(2003)分析认为,创新是一种能够实现持续有益增长的可预测的进程。企业的商业战略通常将增长和竞争优势视作其长期成功的基本要素。博斯公司的研究表明,几乎所有的企业都遵循三种基本的创新战略模式——需求导向、市场导向与技术驱动,而每一种模式都有其独特的实现开放式创新、贴近用户与出售公司服务的手段(Jaruzelski 和 Holman,2011)。

随着开放式创新时代的到来,封闭式创新变得日益耗费成本而对期望战略获利毫无助益;因此,企业更应该选择替代性的途径以实现超越其边界的知识与技术构建或共享。顺着这样的思路,Chesbrough 和 Appleyard(2007:57)提出了如下观点:传统商业战略一直引领企业保持防御性姿态以应对价值链中的竞争与强力,这种做法意味着对竞争营造屏障更为重要,而不是提升开放程度。然而,最近的企业甚至是全行业,例如软件行业,都在尝试借助开放式创新协作创造力治理的新式商业模式。类似尝试所取得的一些显著的成功构成了对传统战略观念的挑战。

开放式创新是新式战略思维的奠基石,越来越多的企业也已进行尝试将开放式创新融入其商业战略中获益,而它们又为其他企业提供了原型。对开放式创新的利用像是战略式流行一样,超出了特殊行业如软件行业,扩散到各类经济中。这点将在下一部分得到更为详尽的阐述。

变革的竞争与创新概念

在历史上,创新的发展曾因知识发展、发明创造与商业化进程的分离(空间与时间两方面的)而受到很大阻碍。其结果是,重大技术开发的创新循环周期常常用"年"来衡量。然而在现代经济环境中,创新已成为竞争优势与高速技术变革的一个主要来源,而复杂的用户期望也为高速的创新开发提供动力。在高速率的全球性行业里,一家企业通常并不是独自开发与应用新知识来创造新产品、新服务与新技术(Chesbrough,2010;Dodgson,Gann 和 Salter,2006)。OI 是指在企业观念衍生的方式中,以及在那些观念被引入市场的途径中产生的根本性变革。在封闭式创新的传统模式里,企业通过单独工作、创新开发内部管理等方式实现观念衍生。而在新式 OI 模型中,企业边界变得可渗透,例如诺基亚、高通和甲骨文公司都已找到了利用外部创意同时并不影响内部 R&D 的方式。无论新知识与创造式观念在何种技术与经济环境中被发展,通过对它们的发掘利用,采取开放式创新模式的企业就能够压缩创新循环周期并提高创新发生的频率,同时将其作为强化战略优势的要素。这并不是说开放式创新对所有的企业或行业都适用。但是,开放式创新却为产品、技术或商业模式开发中的知识创造与应用提供了显著的可选择的平台。

为了将有前景的研究成果转换为符合企业需求的产品与服务,企业仍需付出相当巨大而复杂的努力(Chesbrough,2003)。在这个技术高速发展——从发现干细胞到信息与通信革命,再到替代性能源的发现——的时代,对于企业而言,对协作的需求变得相当明确而必要,以使其在产品与技术的开发和商业化竞赛中能够整合企业的知识基础与创新能力。在这个意义上,OI 实践能够通过一系列理论得到关于竞争性优势的解释,例如资源整合理论(Barney,2001;Peteraf,1993;Wernerfelt,1984)、企业动态能力理论(Teece,2007,2009;Winter,2003;Zollo 和 Winter,2002),以及知识管理理论(Bhatt,2001;Hedlund,1994;Sanchez 和 Heene,1997;Teece,1998)。

Munsch(2009)曾定义过开放系统的三种主要益处:(1)相较于在内部的应用,新观念能够通过更大范围的参与者和更多的视角实现更大的收益;(2)由于至少一方参与者的介入,企业经济和财务风险能够减缓,同时通过竞争企业也能参与到更大规模的市场中;(3)借助生态系统中其他合作伙伴或参与者的特殊贡献,企业贴近市场的速度得到了大大提高(49)。也可以为其再加上第四点:作为大型企业参与协作的结果之一是,一方企业的产品和(或)技术得到了广泛的认可与应用,进而为与竞争对手竞争的企业提供了相当的优势(例如提供给苹果 iPad 与 iPhone 的超过 75 万的可用应用数量)。

虽然如此,为了获得并保持开放式创新的获益状态,管理意识与协作战略方向的转变仍然必不可少,企业也必须对新观念敞开大门以刺激其原初产品、进程或商业系统的发展。创造力不是也不应该被定义在企业的边界范围之内。引致创新的新观念可能来自不同的外部协作者,包括供应商、用户、相关行业的企业,甚至是竞争对手。事实上,协作创新战略处在永远变化之中,企业因而需要不断地适应变化中的环境。最后,正如本章及后面章节所强调的那样,企业需要配置不同的 OI 模式来协调在这个高速率的充满不确定性的世界中不断变化的需求。

开放式创新主要模型与模式

开放式创新主要模型

作为开放式创新已经被认可的成果,这种新战略的几种模型与模式渐渐形成。一些企业已经主动从外部环境中获取创新观念(选定的专业或是一般大众),而另一些企业则组成了协作网络或是协作联盟。也仍然有一些企业将它们的知识产权(也就是专利)转让给其他企业来实现新药物、商品或技术的商业化。大体上,无论是利用流入的创新观念进行企业内在创新,抑或作为一种向其他企业提供知识产权的外在创新进程,或者作为二者的结合形式,开放式创新都能成为很好的利用资源,正如表 2.1 显示的那样。

Enkel 等(2009)曾定义了 OI 中可分化的三种核心模型:由外而内流程、由内而外流程,以及混合式流程(一种前两者结合的模型)。

由外而内的流程指代借助供应商、用户与引进的外部知识来丰富企业本身的知识的方式(Enkel 等,2009)。一批学者(Laursen 和 Salter,2006;Lettl,Herstatt 和 Gemuenden,2006)声明这类进程能够促进企业创新。Enkel 等(2009)则谈道,"由外而内的进程反映了企业的经验,即知识创造的发生地并不必然等同于创新的所在地"(313)。事实上,在他们对 144 家企业的研究中,Enkel 和 Gassmann(2008)发现知识源通常是客户(78%)、供应商(61%)与竞争对手(49%),而后是公共与商业研究机构(21%)。此外,他们还写道:"令人意外的是,其他来源的大部分已经得到了应用(65%),也就是非用户、非供应商及来自其他行业的合作伙伴。在这一进程中,我们能够日益发现创新网络、用户整合的重要性，如众包、大众化定制和用户社区整合，以及创新中介的使用，如意诺新、九西格玛或 yet2. com。"(Enkel 等，2009,313)

表 2.1　开放式创新模式与特殊模式

开放式创新模式	生态系统中的开放式创新模式			
	第三方应用	众包	企业间合作	商学院 R&D 协作
由外而内流程	□	□	□	□
由内而外流程			□	□
混合式流程			□	□

　　由内而外的流程指代通过将创意转移给市场、销售知识产权与技术而获益。在这种流程中，企业试图将其知识与创新外部化，以超越内部发展的速度将创意引入市场。而且在某些时刻，企业未经使用的知识产权也能在与其他企业的合作中得到应用。通过许可证使用、合资经营、资产分派等方式，企业能够将市场扩展至传统范围以外，进而获得更多利润。相当多的大型跨国企业都使用类似的授权策略。除此之外，更新式的商业模式如企业创投(Vanhaverbeke 等，2008)、新创企业与资产分派(Chesbrough,2007)以及跨行业创新(一方特有技术在新市场中的商业化)等，也已经得到了很大发展。

　　混合式流程指代了前两种流程的综合。基本上它表示在(主要的)互补方之间借助企业间协作进行合作创造，而其中的每一方都需要为合作的成功贡献一些资源与资产。Enkel 等人(2009)提出，建立了混合流程的企业结合了由外而内流程(获取外部知识)与由内而外流程(将创意引入市场)，并由此实现了创新的参与式开发与商业化。学者们指出，这类模型的案例通常都包含了开源项目开发(Von Hippel 和 Von Krogh,2006)，利用社区(Lakhani 等，2008)、消费者(Hienerth,2006；Lettl 等，2006)、终端用户(Franke 和 Shah,2003)、大学或研究组织(Perkmann 和 Walsh,2007)的并行生产，以及跨行业的合作(Gassmann 和 Enkel,2010)。此外，Enkel 等人(2009)在研究中指出，在所有 R&D 项目中，

35％都出现了企业对于外部知识的整合,同时企业也通过不同方式利用了可能的外部合作伙伴。举例来说,83％的企业主要选择了非竞争性市场与技术领导者,79％的企业选择了世界性大学,而61％的企业选择了区域性企业(Enkel等,2009)。

在对于使用上述三种模型的封闭测试中,我们能够观察到多种应用模型,包括第三方应用、众包、企业间合作以及与商学院的合作,正如在表2.1中显示的生态系统下的开放创新模式架构那样。通过明确与上述三种OI模型相关联的生态系统下的创新模式概念,更为广泛层面的OI实践应用也得以阐明。

创新战略与创新生态系统匹配

正如Adner(2006)谈到,大多数突破式创新并不是独立发生的,它们需要互补性的创新以吸引消费者。以此为前提,Adner(2006)将创新生态系统定义为"企业将其个体的提供物融入连贯的面向客户的解决方案的协作式安排"(98)。此外,Adner和Kapoor(2010)认为,成功的创新企业通常都能利用生态系统中其他创新者的努力;他们又补充,外部创新者面临的挑战同样影响焦点企业的效益。为了给予证明,他们首先通过追踪生态系统中的输入与输出流区分了附属于焦点企业、下游组件(附属于企业的用户)的上游组件,依据相互依赖的结构描绘了外部环境的特征。学者们假定,外部创新挑战的影响不仅取决于创新等级,也同样由它们在生态系统中与焦点企业的相对位置决定。他们确认了一种外部挑战与焦点企业的相对位置引发的关键的不对称性,即来自上游组件的创新挑战越大,技术领先者的收益就越高,而当来自下游组件的创新挑战加强时,其收益则在减少。他们进一步主张,作为一种与管理生态系统互存的战略,垂直整合的效应以超出技术生命循环进程的速率在增长。而当以全球半导体光刻设备产业在1962年发端至2005年间的9次显著技术衍生为架构时,他们重新探讨了其观点,随后,他们发现了关于其言论的强有力的实证。

开放式创新模式

依据创新生态系统的概念，创新途径的多重模式是可以实现的。随着越来越多的企业对开放式创新范式的采用，我们需要区分创新生态系统的不同模式并加以分析，进而更好地理解这一普遍性发展并加以有效应用。为了实现这一目的，我们需要明确四种主要的开放式创新模式：(1)通过对利益方(不包括企业间合作)的涵盖，利用创新生态系统以实现第三方应用的开发与利用，(2)以欢迎公众提供创意为形式的众包，(3)构建企业间合作以协同新产品或技术的发行，(4)企业—大学R&D协作。然而需要指出，这些不同的模式在概念上完全能够同时发生。此外，为了简单易懂，我们将通过有代表性的事例来对这些模式进行单独分析。

通过生态系统利用创新以实现第三方应用的开发与利用

创新生态系统意指焦点企业或是主要企业与其互补方(如供应商、承包商、消费者)相互依赖的系统。Adner和Kapoor(2010)通过对影响企业绩效的新技术相互依赖结构的研究，强调了创新生态系统下的价值创造。作为补充，West和Wood(2013)借助对塞班系统的研究指明了演变中的创新生态系统。他们在"通用运算平台的成功研发中"区分出两大关键要素，即"技术标准工艺的建立，以及对由针对互补产品的第三方应用提供者所组成的生态系统的管理"。这些创新生态系统在如今的信息与计算机技术产业(ICT)中更加成为一种现实，但是创造平台的构建却是全行业的普遍主题。事实上，Gawer(2011)曾指出，"行业平台是技术上的构造块(可以发展成技术、产品或服务)，起到基础性的作用，它们由一系列独立企业组织产生(有时被称为行业'生态系统')，而大批企业得以借此发展一系列相关联的产品、技术与服务"(287)。

第三方应用在ICT板块中尤为普遍，在这些行业里，无数程序被编写出来适配企业而不是应用提供者开发出的操作系统。例如，与微软系统共同发展的几大软件应用初期也并不是由微软公司开发的，而苹果产品和Linux

系统也提供了相似的案例。

第三方应用可以是独立程序,也可以是为现有母程序添加额外功能的插件程序。前者的种类无穷无尽,而后者的种类则受到适用范围的限制。在一个典型系统中,独立的第三方应用包含有相当多的程序。网络浏览器如 Opera、Safari 和 Firefox,电子邮件客户端如 Thunderbird、The Bat!,或是 Pegasus,都是一些常见的独立应用的代表。第三方应用在信息与通信设备上尤其普遍,像是智能手机、媒体播放器、平板电脑与游戏机等设备。这些应用包括了种类相当多的工具,包括地图、导航系统、电影与媒体播放器、社交程序、天气以及财经信息等。苹果公司是拥有第三方应用最多的企业,至今已有超过 75 万个应用可供 iPhone、iPad 与 iPod 等产品使用。仅仅是那么多可用应用的绝对规模,就已经带给苹果公司相对于其竞争对手的竞争优势,而这也指出了开放式创新的一个战略优势。利用第三方来开发附加应用使得公司的核心或原型软件不耗成本而更为便利。消费者被提供了广泛的功能应用选择,这增加了对于核心产品和将成本向竞争产品转移的需求。结果,技术企业鼓励应用开发者带来贴近用户的新产品也就不足为奇。事实上,这对于企业与其应用开发者而言实在是一个双赢局面。

这种创新生态系统模式代表了一种关于开放式创新的特殊说法,即开放式创新能够不给企业其他资源带来额外压力而获益。想一想一位智能手机生产者独立开发上千应用可能需要耗费的资源和时间。不适当借助类似的开放式创新机制,没有企业能够有效控制如此众多的应用。此外,不仅仅是节省成本,创造力获取也强调了开放生态系统。尽管这种开放式创新模式更多地应用于 ICT 企业,但它却借助无数的行业平台阐明了价值的创造与捕获。这种模式证实了一种成功的 OI 应用,其中存在着技术企业与第三方应用开发者之间明显的协同关系。这就是为什么当后来者进入市场时,正如智能手机领域的微软,它们需要付出大量努力促使第三方应用开发者为其产品适配应用:更多的应用转换成了消费者对其产品更多的认可。在这类开放生态系统中,企业能和作为互补方的第三方应用开发者展开合作,从而使双方受益。例如,在美国视频游戏产业,那些能够内部生产游戏(保证主机安装后能够运行大量游戏)和能够鼓励第三方游戏开发(保证游戏数量更快增长)的企业一直都相当成功。

众包：欢迎全体公众提供创意

创造式新观念是创新的基础，它们也可能有不同的来源。在这一众包模式中，企业欢迎任何人对其新产品或服务研发提供建议，并承诺一旦予以采用即给予奖励。为了阐明这种特殊模式，宝洁公司的经验给我们上了重要一课。宝洁公司运转着一个名为"联系＋开发"的在线站点，任何人都能在上面发表关于公司新产品的建议。宝洁公司将这种创新战略描述如下："宝洁的'联系＋开发'开放式创新战略已经建立了超过 1000 份与创新伙伴的行动协议。'联系＋开发'使我们能够引入世界各地合作伙伴的伟大创意，并将之与我们的 R&D 和品牌价值结合并更快地带入市场。"(www.pg.com,2010)在第七章，德菲利皮、杜马斯与巴蒂亚借用施乐公司—宝洁公司的创新协作案例更为深入地解释了这一点。

宝洁公司声称，超过 50% 的首创产品包含有明显的与外部创新者的协作。公司征求各种有前景的产品、技术、商业模式、措施、商标或设计，或是任何能帮助提升消费者体验的事物。宝洁公司同样为现有品牌的长久发展而寻求创意。如果某处存在有前景的创意，"联系＋开发"团队就会去与其创造者协同合作。其结果是，借助这一开放式创新平台，宝洁公司打造了例如静电除尘器与德玛依、玉兰油这样的著名品牌。

这种商业模式非常类似于前文描述过的第一种模式，但是它们在两方面有所不同。首先，这种商业模式可以被所有企业利用，而不仅仅是在技术主导型的 ICT 行业里(如苹果、谷歌、三星和微软)。其次，这种模式里并没有明显的起步平台，但是任何可行的有关产品或服务的创新都会得到认可。结果，大量创意创造者能够为创造性产品提供建议，这些建议就有可能被传至企业的 R&D 评估和商业化进程。当然，在这些大量建议之中，很可能只有少数在商业化或应用上可行。Afuah 和 Tucci(2012)谈到，在特定的条件下，众包将远距离发现转换为近距离发现，提升了问题解决的效率和效力。"在这种条件下，企业可以选择将问题解决众包而非在内部处理，抑或将之转移给特定的供应方。这些条件有赖于问题的特征、解决所需的知识、受众

以及将要被评估的解决方案。"(Afuah 和 Tucci,2012,335)

除此之外,众包模式为企业获取了大量创意,而几乎或根本没有付出成本。它事实上能从世界各地的任何人那里获取新观念,这些新观念又转换成为企业致力以求的创新知识资源。尽管这是开放式创新的一个重要来源,但我们在本书中主要关注的却是接下来的两种模式。

构建企业间合作以生成新创意与知识

正如 Chesbrough(2006)指出,所谓的"开放式创新模式"大体上要求企业在其自身的商业模式中充分利用外部创意和技术,同时允许其他企业利用自己闲置的知识。"这需要每一家企业开放其商业模式,以促进更多外部创意与技术的输入以及内部知识的输出。形成更为开放的商业模式后,开放式创新即带来了创新成本减少、更快进入市场和与其他企业分担风险的机会等一系列收益。"(Chesbrough,2006,xii)根据 Chesbrough(2006)的研究,开放商业模式既创造价值同时又捕获部分价值,在企业与其协作方之间创造了一种独特的创新工作机制。

这种开放式创新模式包含了三种 OI 模式,即由外而内的、由内而外的或是混合模式。企业也能与同行业或跨行业的其他企业协作以获取新知识。在这种协作模式下,企业通过与其他创新者进行协作寻求并利用创新知识资源。或者,企业也能共享其闲置知识资源,例如已注册但未利用的专利,或其他未被利用的研究结果,它们也可能被其他企业利用以取得更为成功的应用。此外,希望与其他方展开协作的企业同样可以采取包含流入与流出交换的混合模式。以这种方式,企业便可以开发利用其他主体的能力。这类商业模式为参与方创造了双赢局面,使其都能享有更低的创新成本、更快地进入市场以及分担风险。事实上,对于高通(蜂窝电话技术领域)、健赞(生物技术领域)、芝加哥(音乐舞台制作与电影领域)这样的企业而言,它们早已从使用这种模式中获益良多。

这类借助企业间合作的模式更为普遍而广泛,相较于其他模式,它要求企业构建企业间的联系并将其作为企业更常用的商业战略。这种模式远非指网站或是协作式产品开发团队的构建,而更要求将变革精神融入企业的结构与文化,以将开放式创新吸收为组织的一种持续不断的进程。

　　这种创新协作有时包含了企业网络的构建,进而通过协作实现特殊产品或技术的开发或强化。Snow 等(2009,2011)将之称为一种"协作式企业社区"。在这种模式里,领导企业邀请并组织一系列企业参与创新项目的协作。借助企业社区,为数众多的企业集聚协作并利用开放式创新模式。Snow 及其同事谈道,"在知识得到广泛分布的情况下,创新点变为企业社区而非单个企业。技术的发展和复杂性推动一些企业发起行动,另一些企业则积极参与,一种社区式组织即得以形成,其中的企业参与创新协作并期望从中获益"(Snow,Strauss 和 Culpan,2009,59)。为了详细阐明这一特殊模式,在这里我们有必要利用 IBM 的 Blade.org 进行说明。

　　　　Blade.org 是一种关注叶片服务器平台的开发与应用的协作式企业社区,后者是一种 20 世纪 90 年代末发展起来的创新式服务器技术。Blade.org 由 IBM 与其他七家创始企业在 2006 年初建立,意在为消费者增加可行的叶片平台"解决方案",以及加快将它们引入市场的进程。从最初的八家创始企业开始,该社区已经发展到超过一百家企业,其中包括来自世界各地的主导叶片硬件与软件的提供方、开发方、销售伙伴以及终端用户。(Snow,Strauss,和 Culpan,2009,62)

　　如上所述,企业社区的构建促进了创新的启动,加速了产品或服务的商业化进程,并推动了在成员企业间更广泛的相互合作应用。Snow 和 Culpan(2011)提出,协作式企业社区是在以知识为导向的行业中得到迅速利用的一种组织形式,在这类行业里,持续创新变成了一种战略上的必要。

企业—大学 R&D 协作

　　厂商长期以来一直同公众与私人研究机构进行协作以开发新产品和技术;然而,开放式创新范式的出现改变了这种关系,舍塔和卡尔潘在第八章进行了详尽阐述,他们同时也探讨了组合伙伴的扩展。企业与大学有一种共同的对于新知识开发的兴趣,这些新知识能通过协作应用于新技术和产品的创造(关于这点,我们也可以论及其他政府和私人研究机构,但在本书中我们将仅关注企业—大学协作)。借助参与知识管理各阶段(创造、转换与应用)的协作,企业与大学相互补助而相互受益。

尽管如此,当通过 OI 视角观察企业—大学协作时,明显的困难还是出现了。第九章探讨了在由美国与其他几国的政策和实践构成的框架下引发的我们对于开放式创新的思考。除此之外,Perkmann 和 Walsh(2007)写道,尽管行业与科学原则的差异存在于这类协作中,但这种协作关系的组织与管理仍然对于它们所能引致的收益有直接而重要的影响。

开放式创新的企业间合作

正如上文所强调的,企业间合作必然成为开放式创新最为普及的模式。在这里,我将说明适用于开放式创新的企业间合作的性质及多种形式。企业间合作大体可以被分为两类:一类即股权联盟,其中包括股权合资企业(简称为合资企业)、股权所有者(从另一家企业购买部分股权的企业),以及风险资本(VC)投资;另一类即非股权联盟,包括了许可证、双边 R&D 协议、网络组织、协作企业社区与公会,见图 2.1。尽管这类企业间合作可能由于不同原因而产生(例如市场渗透与增长,与强敌进行竞争,与开发供应或生产者合作),在这里我将其共同目的统一设定为创新,无论是产品还是技术创新。很明显,股权投资为投资者提供了被投资企业的某种权力与控制力,结果,更多投资意味着更多控制。在合资企业(JV)中,股权更大的母公司即可以施加更大的影响。在一家合资企业中,母公司创造了一个新的法律主体,然而对于股权所有者和 VC 投资,投资企业完全按照其股权投资份额来施加影响。

当在股权参与之外还考虑到参与者数目的时候,企业间合作也可以被视作二元合作或多元合作,正如表 2.2 所示。在本研究中,二元与多元合作也将顾及合作者的股权份额。基于股权合作,必然可能存在仅由两家合作企业组成的合资企业;一些风险资本企业(VC)向新创企业投资来开发新技术(例如英特尔向互补性的新创企业投资),另一种合作类型被称为股权所有,即企业接收来自另一家企业的共享(如雷诺公司对日产公司 44% 的股权

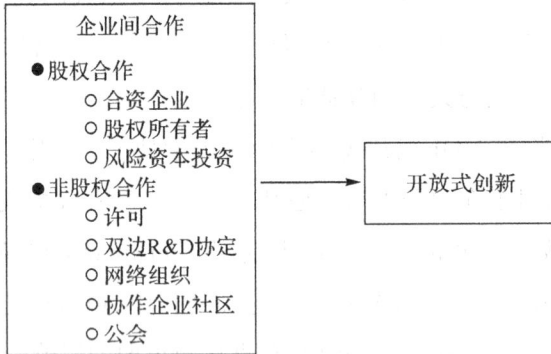

图 2.1 朝向开放式创新的多种企业间合作

的购买)。基于非股权合作,也可能存在双边 R&D 协议、网络组织、协作企业社区及公会。所有这些协作式协定都能够被用于新创意或知识的开发或共享,以使参与合作的企业能够获取创造新产品与技术的能力。

此外,如表 2.3 所示,我从四个维度来对朝向开放式创新的企业间合作模式进行考量:(1)来源,(2)阶段,(3)治理模式,(4)影响。这些维度分别展示了企业间合作的不同特征,并在下文中得到了详细的探讨。为了完全理解这类企业间合作的动力、关系和产出并对开放式创新进行评估,这些特征必须得到详细说明。在我们的分析中,我们依据 OI 进程(即知识流的导向)来处理联盟类型,而不论它们是否处于由外而内或由内而外的进程中。企业能够采用任意进程,但是由外而内的进程更常被用作获取新创意与知识的措施。

表 2.2 企业间合作与伙伴参与

	股权投资	非股权参与
二元合作者	二元合作者的合资企业 股权所有风险 资本投资	许可 R&D 协定
多元合作者	多元合作者的合资企业	网络组织 协作企业社区 公会

36

表 2.3　朝向开放式创新的企业间合作及其性质

企业间合作	OI 来源	OI 阶段	OI 治理	OI 影响
合资企业	合作企业的知识库与知识资产	开发与应用(由内而外的)	由母公司任命并控制合资企业的 CEO 与 BOD	母公司共享的新产品或技术的衍生物
股权所有	目标或投资公司的知识资产	知识交换与合作开发(双向的)	基于企业所有的股权的管理力	联合知识资本化以开发新产品或技术
双边 R&D 协定(由外而内的)	从另一家企业获致新创意与知识	基本价值链活动的开发与应用	参与方对知识共享及其产出协议的认可;半结构化	利用另一家企业的创意与知识;共同受益
许可	许可所有者的知识库与知识资产	知识共享应用	许可协定为双方设立标准	利用另一家企业的创意与知识;共同受益
双边 R&D 协定(由内而外的)	与另一家拥有新创意与知识的企业的协作	捐赠企业的资产性知识的商业化	参与方对知识共享及其产出协议的认可;半结构化	利用企业闲置知识资源;共同受益
网络组织	会员企业的知识资产	开发与应用(双向的)	网络中心协调关系;半结构化	共享联合产出的知识与创新收益
协作企业社区	技术互补企业组成的网络	开发与应用(双向的)	焦点企业通过协定启动并控制结构;完全结构化	会员企业间的资源与收益共享;成本与风险降低
公会	大量会员企业的知识资产	开发与应用(双向的)	共同协定调配关系	会员间的知识共享;能力构建

开放式创新来源

在企业间合作中,产生开放式创新的创造式创意可以从合作企业开发或获取。这意味着焦点企业拥有多种借助股权或非股权类企业间合作开启开放式创新的选择,正如表 2.2 所示。然而需要指出的是,当企业寻求外部知识与技术以与其自身资源结合时,它们仍然会面临很大困难。Chesbrough(2006)确认了在使用外部信息中的下述关键要素:身份管理与保护、风险管理、确认可用的不显著的来源、培育双向市场(联结丰富的创意源与潜在购买群体),以及根据容量有效调整。明确了这些要素,企业便可以为其开放式创新选择某种特别来源，或是结合选择多种来源。当然，行业特征同样影响被应用的来源类型。例如，一家信息与计算机技术行业的新创企业可能寻求来自合资企业的财务支持，而新材料科学与干细胞研究方面的企业则可能通过与大学的协作以实现有形产出。

创新的阶段

如上所述，开放式创新理论认为，新创意衍生的进程不应被限制在企业的内部能力与资源中。这种衍生通常属于创新发展的早期阶段。然而经验告诉我们，并非所有的新创意都产生创新；因此在其发展的应用阶段，企业需要开发某些机制或系统对新创意进行严格的检测，并决定哪些项目能保证更深远的探索或是对初始项目进行修正。

开放式创新也可以在发展进程稍晚的阶段得到应用，这在很多技术与制药企业中被普遍实践。这关系到企业从另一家企业获取知识产权（IP）并将之转换为商业化的新产品或服务的能力。在这种模式中，开放式创新帮助企业将原型或重新开发的技术转换成商业化产品。正如 Chesbrough（2006）提到，大公司中存在很多闲置的专利，这些专利完全可以借助与其他企业的协作而得到商业化应用。至此，创新进程可以出现在两个阶段，即创意开发与创意应用阶段。

开放式创新治理

依据股权所有份额与参与方数量（可能在一个 OI 进程中由两家协作的企业转变为大量的参与方）不同，开放商业模式的治理形式也就复杂多变了。在带有股权投资的 OI 模式里，投资方期望能对目标企业施加控制。例如一家合资企业，即一个由两家企业建立的独立法人主体，处于其母公司的控制之下；同样的，一家由投资者与合资企业建立的新创企业也受到其创始方的管控，其中参与方的关系及其权力、责任都得到了清晰的区分。在第三章中，罗贾克斯等人指出了借助 R&D 合作成功实现开放式创新的完整要素与路径,而吉姆克等人则在第十章中阐明了联盟组合在投资新创企业与风险创新中的角色与作用。

在非股权协定事例中,合作关系通过契约得以阐明,即对每一方所涉及的贡献、期望、责任与收益的权利和义务的详尽说明。依据非股权协定形式,参与方有可能在其契约中具体地说明其所期望的创新共享将会影响其资源付出、角色、责任以及收益。例如在协作企业社区事例中,必然需要清楚表达创造社区与参与方的目的;此外,管理结构与流程也需要得到详细解释。在协作企业社区的构建中,主导企业及参与创立的企业实际扮演着为总群体奠基并制定游戏规则的关键角色。Snow 等(2009)针对企业社区的产生与发展给出了下列说明:

> 对于社区构建,一种含有共享技术和经济利益的精心制作的说明提高了企业的兴趣,使它们更愿意并更能参与其构建⋯⋯对于社区发展,重要的治理结构设计要素包括内部章程、代表性企业,以及对于社区安全的承诺,这种安全意指商业活动、管理服务与志愿委员会的安全环境,在此环境下,技术与商业工作得以展开,社区的公有知识产权(共享知识的贮藏之处)也得以维护。(61)

上述说明展示出企业社区的一种完全结构化的设计,它明确描述了个体成员和委员会在社区技术与市场活动运转中的角色及其期望。

在一份共享 IP 知识的二元协作的协定中,参与方将签署一些协议,以明确各自角色和责任以及对预期创新的成本与收益的分配方法。尽管设计复杂的协定能够最小化日后潜在的冲突,但参与方之间的潜在分歧不可避免。因此,正如一些学者(Culpan,Johnson 和 Ariño,1998;Gulati,1995;Reuer 和 Ariño,2007)所言,参与方之间的信任在确保合作关系稳定及协作式合资目标的实现中起到了至关重要的作用。这一特殊内容将在第十四章得到详细研究。

开放式创新的影响

OI 模型提供了可选择的平台，使得企业在由外而内的创新中，能够在不给其资源带来压力的条件下刺激创造式创意的产生，或是在由内而外的创新中，企业能通过其闲置知识资源而获利。在以上任意一种创新中，战略联盟模式的参与方都能从新产品和技术或是利用其合作伙伴的新创意及知识而获益。通过这类协作，企业得以更系统地利用其知识经验以获取较高回报与竞争优势。De Jong 等（2008）认为，"企业创造出多种路径，以将新创意引入市场并在外部知识探索中创新机遇"（4）。此外，通过构建创新的协作式关系，企业减少了获取必要的推动创新进程的知识成本，同时也分担了发展风险。采取了由外而内创新的企业同样会因闲置知识产权成本的减少而获得利润。

对于意在借助企业间合作以实现开放式创新的企业而言，明确某种模式可能的作用及其在何种架构下能够更有效是相当重要的。对一些共有的开放式创新战略合作及资产的明确，如表 2.3 所示，研究人员与管理人员得以评估其在商业生态系统中的效用。

讨　论

如前文所述，通过企业间合作，开放式创新为企业提供了非传统的但能有效产生创新产品、技术或商业模式的平台。然而仍有两点值得关注。首先，开放式创新不会也不应该替代传统的内部 R&D 工作，它更应被视作一种对新创意与知识内部开发的补充。如果企业完全停止其内在创新而将所有创造性产品与市场外包，它就将在很长一段时间内失去其竞争优势。然而那些通过企业间合作融合了内外部创新的企业，相较于仅仅采取封闭式创新模型和模式的企业，总是处于更具优势的地位。

其次，开放式创新包含了必然的挑战与风险。例如，有效推行 OI 模型需要管理思维上的变革以吸收来自外部的协作式知识。我们将在第十四章中对这些困难进行更深入的探讨。而在与合作者(尤其是多元合作者)的合作项目中困难依然存在,包括不同的管理看法、目标、期望以及不同的管理文化。正如 Chesbrough(2006)中肯地谈到,OI 应用的主要阻碍之一即管理人员中的"别在这儿开始"症状,结果形成了对外部创意的抵制。如果员工把开放式创新特别是由外而内的开放式创新视作威胁,他们就会产生抵触。在测试了三种开放式创新形式后,Hoegl 等(2011)总结,员工对内部创新的偏袒态度经常妨碍开放式创新战略的成功施行。他们同时发现,同时追求输入与输出开放式创新的企业获得了最高的销售回报。但是相比于向外转移其技术而没有从外部资源中获取相当技术的企业来说,采取传统封闭式创新所获的销售回报仍然较高。这些发现证明,企业仅仅关注输入创新同样是不利的,其风险极高。但是也需要注明,他们的研究对象为一些德国公司,而很多德国公司为私人企业并对企业间合作保持谨小慎微的态度,所以在涉及创新衍生时,公司管理人员很可能持一种更保守的想法。无论如何,他们的研究强调了当实施开放式创新战略时,改变员工的态度变得相当有必要。企业应该保有一些执行人员,他们拥护创新,设计合适的激励措施与组织结构以促进开放式创新的发展。除此以外,开放式创新同样需要组织文化的支持。为确保 OI 进程的成功推进,企业必须设有明确的价值与标准,以此支持开放思维、从外部来源获取新创意并积极与外部世界进行信息交换。

在 OI 模型中还有一些其他困难与风险。首先即合作伙伴风险,即企业在合作项目中依赖其协作伙伴的诚意与承诺。然而合作却可能存在困难,尤其因合作者多元而各自持有不同的目标、期望、组织文化与管理看法,特别是涉合作项目、存在失去资产性知识的风险或是创造潜在竞争对手的可能时。此外,Adner(2012)指出了两类创新合作中的风险:合作创新风险与应用风险。"合作创新风险指企业的成功对其他创新的成功商业化的依赖程度,而应用风险则指合作者需要在终端用户有机会估算出全部价值命题前采取企业创新的程度。"(Adner,2012,6)在第十四章中,我们将会更深入地探讨开放式创新应用及其有效管理的问题。

在今天,开发新产品与技术的进程耗资巨大、形式复杂而风险颇高,也更需要企业对可替代的模型与途径进行考量。构建企业间合作提供了一种听起来可供选择的方法，用以替代传统的新产品和服务的研究与开发、将其引入市场或改进现有产品与服务。例如，最近在波音梦想客机787上出现了意外火灾，迫使波音公司寻求航空行业以外的帮助来确定两块故障锂电池的精确位置。最终，时任波音公司CEO吉姆·麦克纳尼决定分别向通用汽车公司和通用电气公司的CEO租借其最好的电池以解决此问题。

本章至此，通过分析朝向开放式创新的不同的企业间合作，我们为认识类似模式及性质的应用提供了有益视角。尽管OI商业模式一直是相关研究的主题，本研究却另辟蹊径地将企业间合作的模式及特性作为开放式创新的主要模式来处理。这种处理方法给研究人员与管理人员带来的意义可以总结如下。

对于研究人员，这种处理方法能够刺激更深入的研究，并进一步考量适合行业特性的模型与在一般模型(例如在双方、少数参与方或大量参与方之间的协作)中参与者的数量。了解了不同的企业间合作治理形式(如合资企业、多样化的商业群)，就能将更多的治理形式作为竞争式工具引入开放式创新中。此外，随着对在企业间转移的知识与经验的潜力及挑战的研究，本书中的后续章节便能为OI成功总结出一些普遍性结论。

对于管理人员，现有研究分析了将多种企业间联盟形式(如开办合资企业、外购其他公司股权、构建创新者—风险资本合作、许可、构建企业社区、发展网络组织以及公会)作为开放式创新工具的情形。因此，管理者必须更好地理解这些联盟的性质，包括知识来源、知识衍生阶段、联盟治理形式，以及合作的根本收益，并仔细权衡每一种特殊企业间合作的合适与否。这样，管理人员就能够制定更全面的决策，以此作为一种可行的获取竞争优势的战略选项。

总之，第二章考量了商业安排的不同模式、来源、阶段、治理形式与应用，并为开放式创新提供了一种关于不同企业间合作的系统性对比。此外，本章为后续章节借助企业间合作及大学—企业协作对开放式创新进行更详尽的研究打下了基础。例如，企业间合作的研究将被放在特殊行业(见第四、五、十四章)和国家(见第五章)之中，以完全理解它们并认识到它们的潜在收益与效果。而涉及同行或不同行企业间,以及企业与其他研究组织(例如大学)间的协作时,对其新创意与知识创造(见第八章)的多重因素的研究同样相当有趣。并且,了解企业间合作的不同 OI 完成的成功速率(见第三、十一章)也很吸引人。

在最末章节(第十四章),我们将更深入地阐述为获致开放式创新的战略联盟的主要挑战与阻碍,并对开放式创新的商业战略、管理因素与未来趋势进行探讨。

注 释

1. 本文作者就乔·韦斯特与杰夫·蔡对本章初期文稿的富有洞见性的评论向其致谢。

参考文献

[1] Adner, R. (2012). *Wide Lens: A New Strategy for Innovation*. New York: Portfolio/Penguin.

[2] Adner, R. (2006). "Match Your Innovation Strategy to Your Innovation Ecosystem." *Harvard Business Review* 84 (4): 98.

[3] Adner, Ron, and Kapoor, R. (2010). "Value Creation in Innovation Ecosystems: How the Structure of Technological Interdependence Affects Firm Performance in New Technology Generations" *Strategic Management Journals* (3): 306-333. doi: 10.1002/smj.821.

[4] Afuah, A. (2009). *Strategic Innovation*. New York: Routledge.

[5] Afuah, A., and Tucci, C. L. (2012). "Crowdsourcing as a Solution to Distant Search." *Academy of Management Review* 37 (3): 355-375. doi: 10.5465/amr.2010.0146.

[6] Allarakhia, M., Kilgour, D. M., and Fuller, J. D. (2010). "Modelling the Incentive to Participate in Open Source Biopharmaceutical Innovation."

R&D Management 40 (1): 50-66. doi: 10. 1111/j. 1467-9310. 2009. 00577. x.

[7] Antikainen, M. , Mäkipää, M. , and Ahonen, M. (2010). "Motivating and Supporting Collaboration in Open Innovation." *European Journal of Innovation Management* 13 (1): 100-119. doi: http://dx. doi. org. ezaccess. libraries. psu. edu/10. 1108/14601061011013258.

[8] Barney, J. B. (2001). "Resource-Based Theories of Competitive Advantage: A Ten-Year Retrospective on the Resource-Based View." *Journal of Management* 27 (6): 643-650. doi: 10. 1177/014920630 102700602.

[9] Bhatt, G. D. (2001). "Knowledge Management in Organizations: Examining the Interaction between Technologies, Techniques, and People." *Journal of Knowledge Management* 5 (1): 68-75. doi: 10. 1108/13673270110384419.

[10] Chesbrough, H. (2010). *Open Services Innovation: Rethinking Your Business to Grow and Compete in a New Era*, 1st ed. Hoboken, NJ: Jossey-Bass.

[11] Chesbrough, H. W. (2003). *Open Innovation: The New Imperative for Creating and Profiting from Technology*. Harvard Business School Press.

[12] Chesbrough, H. W. (2006). *Open Business Models: How to Thrive in the New Innovation Landscape*. Harvard Business School Press.

[13] Chesbrough, H. W. , and Appleyard, M. M. (2007). "Open Innovation and Strategy." *California Management Review* 50 (1) : 57-76.

[14] Chiaroni, D. , Chiesa, V. , and Frattini, F. (2009). "Investigating the Adoption of Open Innovation in the Bio-pharmaceutical Industry: A Framework and an Empirical Analysis." *European Journal of Innovation Management* 12 (3): 285-305. doi: http://dx. doi. org. ezaccess. libraries. psu. edu/10. 1108/14601060910974192.

[15] Christensen, C. M. , and Raynor, M. E. (2003). *The Innovator's Solution: Creating and Sustaining Sucessful Growth.* Boston, MA: Harvard Business School Press.

[16] Cullen, J. B. , Johnson, J. L. , and Sakano, X (2000). "Success through Commitment and Trust: The Soft Side of Strategic Alliance Management." *Journal of World Business* 35 (3): 223-240. doi: 10. 1016/ S1090-9516(00)00036-5.

[17] Culpan, R. (2008). "The Role of Strategic Alliances in Gaining Sustainable Competitive Advantage for Firms." *Management Revue* 19 (1-2): 94-105.

[18] Dahlander, L. , and Gann, D. M. (2010). "How Open Is Innovation?" *Research Policy* 39 (6): 699-709. doi:10. 1016/j. respol. 2010. 01. 013.

[19] Das, T. K. , and Teng, B. -S. (1998). "Between Trust and Control: Developing Confidence in Partner Cooperation in Alliances." *The Academy of Management Review* 23 (3): 491. doi: 10. 2307/259291.

[20] De Jong,J. P. J. ,Vanhaverbeke, W. , Kalvet, T. ,and Chesbrough, H. (2008). *Policies for Open Innovation: Theory, Framework and Cases.* Vision Era. Net.

[21] Dodgson,Gann, D. ,and Salter, A. (2006). "The Role of Technology in the Shift towards Open Innovation: The Case of Procter & Gamble." *R&D Management* 36 (3): 333-346. doi: 10. 1111/j. 1467-9310. 2006. 00429. x.

[22] Enkel, E. , Gassmann, O. , and Chesbrough, H. (2009). "Open R&D and Open Innovation: Exploring the Phenomenon." *R&D Management* 39 (4): 311-316. doi: 10. 1111 /j. 1467-9310. 2009. 00570. x.

[23] Franke, N. , and Shah, S. (2003). "How Communities Support Innovative Activities: An Exploration of Assistance and Sharing among End-Users." *Research Policy* (32): 157-178.

[24] Gassmann, O., and Enkel, E. (2010). "Creative Innovation: Exploring the Case of Cross-Industry Innovation." *R&D Management* 40 (3): 256-270.

[25] Gawer, A. (2011). *Platforms, Markets and Innovation*. Edward Elgar Publishing.

[26] Grönlund, J., Sjödin, D. R., and Frishammar, J. (2010). "Open Innovation and the Stage-Gate Process: A Revised Model for New Product Development." *California Management Review* 52 (3): 106-131.

[27] Gulari, R. (1995). "Does Familiarity Breed Trust? The Implications of Repeated Ties for Contractual Choice in Alliances." *Academy of Management Journal* 38 (1): 85-112. doi:10.2307/256729.

[28] Hedlund, G. (1994). "A Model of Knowledge Management and the N-form Corporation." *Strategic Management Journal* 15 (S2): 73-90. doi:10.1002/smj.4250151006.

[29] Hoegl, M., Lichtenthaler, U., and Muethel, M. (2011). "Is Your Company Ready for Open Innovation?" *MIT Sloan Management Review* 53 (1): 45-48.

[30] Ili, S., Albers, A., and Miller, S. (2010). "Open Innovation in the Automotive Industry." *R&D Management* AQ (3): 246-255. doi:10.1111/j.1467-9310.2010.00595.x.

[31] Jaruzelski, B., and Holman, R. (2011). "The Three Paths to Open Innovation." *Strategy Business*. May 23. http://www.strategy-business.com/article/00075? gko=el 727 (accessed October 22, 2013).

[32] Kutvonen, A. (2011). "Strategic Application of Outbound Open Innovation." *European Journal of Innovation Management* 14 (4): 460-474. doi:http://dx.doi.org.ezaccess.libraries.psu.edu/10.1108/14601061111174916.

[33] Laursen, K., and Salter, A. (2006). "Open for Innovation: The

Role of Openness in Explaining Innovation Performance among U. K. Manufacturing Firms. " *Strategic Management Journal* 21 (2): 131-150.

[34] Lettl, C. , Herstatt, C. , and Gemuenden, H. G. (2006). "Users' Contributions to Radical Innovation: Evidence from Four Cases in the Field of Medical Equipment Technology. " *R&D Management* 36 (3): 251-272. doi:10. 1 1111/j. 1467-9310. 2006. 00431. x.

[35] Munsch, K. (2009). "Open Model Innovation. " *Research Technology Management* 52 (3): 48-52.

[36] Perkmann, M. , and Walsh, K. (2007). "University-Industry Relationships and Open Innovation: Towards a Research Agenda. " *International Journal of Management Reviews* 9 (4): 259-280.

[37] Peteraf, M. A. (1993). "The Cornerstones of Competitive Advantage: A Resource-Based View. " *Strategic Management Journal* 14 (3): 179-191. doi:10. 1002/smj. 4250140303.

[38] Baruch,J. J. , and Zien, K. A. (1997). *Innovation Explosion: Using Intellect and Software to Revolutionize Growth Strategies*. Simon & Schuster.

[39] Reuer, J. J. , Ariño, A. (2007). "Strategic Alliance Contracts: Dimensions and Determinants of Contractual Complexity. " *Strategic Management Journal* 28 (3): 313-330. Doi: 10. 1002/smj. 581.

[40] Sanchez, R. , and Heene, A. (1997). *Strategic Learning and Knowledge Management*, 1st cd. New York: John Wiley & Sons, Inc.

[41] Snow, C. C. , Culpan, R. (2011). "Open Innovation through a Collaborative Community of Firms: An Emerging Organizational Design. " In T. K. Das (ed.), *Strategic Alliances for Value Creation* (pp. 279-300). Charlotte, NC: Information Age Publishing.

[42] Snow, C. C. , Strauss, D. R. , and Culpan, R. (2009). "Community of Firms: A New Collaborative Paradigm for Open Innovation and an

Analysis of Blade. org. " *International Journal of Strategic Business Alliances* 1 (1): 53-72.

[43] Teece, D. J. (1998). "Research Directions for Knowledge Management". *California Management Review* 4 (3): 289-292.

[44] Teece, D. J. (2007). "Explicating Dynamic Capabilities: The Nature and Microfoundations of (Sustainable) Enterprise Performance. " *Strategic Management Journal* 28 (13): 1319-1350. doi: 10. 1002/ smj. 640.

[45] Teece, D. J. (2009). *Dynamic Capabilities and Strategic Management: Organizing for Innovation and Growth*. Oxford University Press.

[46] Von Hippel, E. , and Von Krogh, G. (2006). "Free Revealing and the Private-Collective Model for Innovation Incentives. " *R&D Management* 36 (3): 295—306. doi: 10. 1111/j. 1467-9310. 2006. 00435. x.

[47] Wernerfelt, B. (1984). "A Resource-Based View of the Firm. " *Strategic Management Journals* (2): 171-180. doi: 10. 1002/smj. 4250050207.

[48] West, J. , and Wood, D. (2013). "Evolving an Open Ecosystem: The Rise and Fall of the Symbian Platform. " In R. Adler, J. E. Oakley, and B. S. Silverman (eds). *Advances in Strategic Management* (vol. 30 Collaboration and Competition in Business Ecosystems) (pp. 27-67). Emerald Group Publishing, Bingley, the U. K.

[49] Winter, S. G. (2003). "Understanding Dynamic Capabilities. " *Strategic Management Journal* 24 (10): 991-995. doi:10. 1002/smj. 318.

[50] Zollo, M. , and Winter, S. G. (2002). "Deliberate Learning and the Evolution of Dynamic Capabilities. " *Organization Science* 13 (3): 339-351. doi:10. 1287/orsc. l3. 3. 339. 2780.

第三章　通过R&D合作开展开放式创新：现实的障碍与成功的途径

纳丁·罗贾克斯,约翰·贝尔,哈科·福克,维姆·范哈佛贝克

引言

本章的目的在于,对一些通过R&D合作开展开放式创新的相关实现障碍进行描述,以及对于企业而言与不同的合作方合作时如何在内部成功地应对这些挑战。在过去的十年里,OI一直都是学术出版物与研究的热门话题。多位作者都曾论及企业的开放式创新活动,并描述了多种OI选项,例如R&D合作、技术许可、合作项目等等,以及这些选择对大企业的创新绩效的主要影响(Chesbrough,2003;Chesbrough,Vanhaverbeke和West,2006;Dahlander和Gann,2010)。除去这种关注度,OI研究中直到最近仍有多个主题未得到探讨:OI活动与协作战略的联系;开放式创新与企业内部运转(如法律部门、IP管理)的联系;以及开放式创新与成功实施这类行动所必要的变革之间的联系(Chesbrough,Vanhaverbeke和West,即将出版);等等。简而言之,现有OI文献过于狭隘地关注于OI管理和内部组织。尽管存在这些不足,围绕战略联盟形成的大量文献还是提出了很多有意思的观点,特别是关于企业能够采取何种内在措施以提高其联盟成功的可能性(相关的重要成果参见Draulans,De Man和Volberda,2003;Dyer,Kale和Singh,2001;Kale,Dyer和Singh,2001;Kale和Singh,2009)。它们中的大部分都指出,学习联盟的经验,在同一个组织单元中整合联盟知识进行管理运转,

以及在企业的联盟组合中选择最好的实践方式,对于企业而言都是至关重要的(Anand 和 Khanna,2000;Dyer 和 Singh,2001;Kale,Singh 和 Bell,2009)。

在本章中,我们将从战略联盟文献中提炼出这些重要视角,进而对通过R&D 合作开展的开放式创新、企业能够采取何种内在措施以应对不同研究与技术伙伴的管理障碍展开研究。特别是,我们已经对两家与多种技术伙伴开展开放式创新的大型跨国企业进行了调查,即皇家飞利浦公司(总部位于荷兰,主要业务为卫生保健、照明、家用电器)与英荷壳牌公司(一家荷兰—英国的能源与石化产品全球集团公司)。两家企业的 OI 管理者都接受了半结构化的访谈。下列是被问到的一些问题:

• 通过 R&D 合作开展开放式创新战略在您公司的地位?

• 您识别出了几种研究伙伴?

• 在与这些不同研究伙伴的协作中出现了什么挑战,您是如何在内部应对的?

随后,访谈内容转化成书面文字并得到了受访者的认可。其后访谈内容得到了深入的分析,其结果为我们提供了相当丰富的认识,尤其是关于这些企业选择的典型 OI 伙伴类型,它们分析了不同协作 OI 战略伙伴的合作意义,在与不同类型伙伴的协作中出现的问题以及它们内部是如何应对这些困难以提高协作式创新的成功概率。图 3.1 和表 3.1 大体上总结了我们的主要发现,并构成了本章余下内容的基础。

本章结构如下:在下一部分,我们首先描述了不同的 R&D 伙伴类型,以及企业典型使用的用以区分研究伙伴与其协作 OI 战略的意义的方式。接下来,我们识别出了一系列与特殊 OI 伙伴(如小型与中型企业或大学)协作时的障碍。依据从战略联盟文献中获取的一些重要认识,我们随后阐述了企业内部如何应对这些困难,例如,从其 R&D 合作关系中提炼出最好的实践形式并加以利用,并借此提升其 OI 活动的成功概率。最后,我们从大型跨国企业借助多主体协作协定(MPCAs)提升与战略供应方的 OI 联系效率的实践中得出了更多详细的内容。

OI 伙伴类型和伙伴分类方式

飞利浦与壳牌公司都有一段与其他类型伙伴协作的长久历史，不论其目的是创新与否。举例说，壳牌公司一直活跃在全球的油气行业中，长期与不同国家的区域性企业开展了探索与生产活动上的协作。就开放式创新而言，通过搜索与审核、技术许可购买、与大学的双边研究协定、与供应方的创新协作、利用如九西格玛的技术匿名中介服务（开放式创新中介为其他企业提供并组织了开放式创新能力）等方式，两家公司始终积极寻求外部技术知识，并通过对外许可和分拆将闲置的内部技术知识外部化。尽管飞利浦公司多年来一直以其由内而外的 OI 活动而著称，但在拍卖了许多专利后，公司的 OI 战略更多转向了由外而内的模式，并寻求来自企业边界之外的创意、概念、商业模式与服务。这些创意、技术与技术组件等都实现了内在化——也就是说，与飞利浦的内部能力相结合——并进一步发展为适应用户需求的技术上的解决方法。例如在一份最近的报道中，飞利浦公司宣告了与乌得勒支大学就 MR-HIFU 开展的合作，以及利用超频技术开启肿瘤/肿瘤细胞研究，这也是公司施行的加强其在卫生保健领域活动的由外而内 OI 战略的一个很好的例子。

在壳牌公司，OI 焦点已从主要与能源领域的企业协作转变为（完全地）寻求来自相关或不相关行业的创意，例如航天、游戏与医学等行业。公司支持这种战略转变的方式，即设立一种名为"壳牌变局者"的单元，它扮演着天使投资人的角色，寻求企业内部与外部的全新技术创意，并帮助个体投资者形成一种能将新创意或技术的价值展现给利益相关方的确切观念。例如在游戏行业，壳牌公司正在接触显卡生产商，如英特尔和英伟达，以寻求图像化展示从水库扫描中获取的大量（以千万亿字节算）地球物理学数据，这种方式帮助壳牌公司得到了一种对于地表的精确观察。而在与航天领域企业的协作中，壳牌公司也获得了大大提高其运转和应急设备可靠性与安全性的经验。

当我们检视两家公司的 OI 活动时，能够区分出几种不同的潜在研究伙伴类型：大学或研究机构（如麻省理工学院或弗劳恩霍费尔）的独立科学家，已经或有意愿组建新创企业（SME）的独立科学家，大型企业和供应商。针对每一种技术伙伴，大型企业通常都会设置区分制度，以根据它们对协作 OI 战略的意义来进行相应的选择（其他公司采用的类似区分制度案例可见 De Man，Van der Zee 和 Geurts，2000）。图 3.1 展示了类似的依据战略意义对 R&D 关系的区分制度。该图被设为一个连续体，中间的关系可以在左侧联系较弱的契约式 OI 协定与右侧完全嵌入的战略研究伙伴之间来回变动。随后，我们也将对图中的两种类型合作的一些特征进行描述。

通过契约开展 OI 的企业通常同相当多元的技术伙伴（如大学、SMEs、大型企业或供应商）签订很多协定，每次与单个合作伙伴开展少量独立的项目。这些合作伙伴在各自行业可能是顶尖的，企业也可能与它们在那些领域进行项目合作，但是这种合作关系既不需要重建，也不必拓展至其他领域。这些短期的契约式关系类似于松散的购买—供应关系，即企业明确表示其涉及转包的技术需求，合作伙伴则依据契约条款履行其职责。鉴于契约式 OI 关系对于企业协作 OI 战略并非必不可少，它们并没有得到很多管理上的关注，更多时候则是在业务单位得到应用，例如采购（De Man，Van der Zee 和 Geurts，2000）。

契约式R&D	R&D合作	战略R&D合作

针对短期项目		针对长期项目
众多合作者		较少合作者
		较多研究项目、程序或架构协议
转包研究		联合R&D
松散的关系		强而有效的内嵌关系
较低的管理关注层次		较高的（顶层）管理关注层次

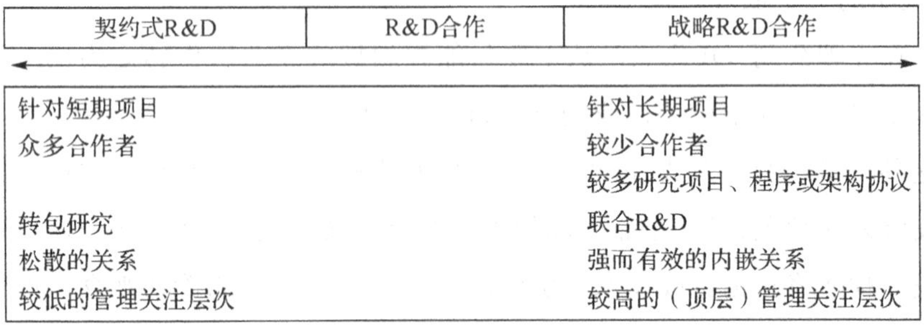

图 3.1　基于战略重要性的 R&D 关系分类方式

在图谱的另一端，我们能得到战略 R&D 合作。大多数情况下，企业只有少数的战略伙伴。通常副总经理会被安排处理普通伙伴的合同，而总经理则亲自负责特殊技术伙伴关系的管理与培养。企业通常会在其组织与沟通结构中整合这些战略技术伙伴，在该结构中，各管理层级的核心人员都与伙伴企业的相同地位的人员紧密联系。战略伙伴对于协作 OI 战略至关重要，与这些伙伴的关系也根据长期战略技术目标和共同获益的未来协作式研究方案而进行管理。保有战略伙伴之后，企业便得以与其共同开展一系列为期数年的研究项目或长期 R&D 规划(De Man 等,2000)。

在本节中，我们区分了多种 R&D 伙伴类型，以及企业依据战略意义区分这些技术伙伴开展 OI 实践的方式。大型跨国企业通常拥有广泛的技术伙伴与 OI 联系组合，其中的不同伙伴则对协作 OI 战略具有不同的效用，包括很多契约式伙伴和很少的战略伙伴(也可见 De Man 等,2000)。在下节里，我们将阐述我们对与不同 OI 伙伴的 R&D 合作管理障碍的研究成果。

R&D 合作的实现障碍

很多 OI 经验研究显示，企业越来越多地通过和不同技术伙伴的大量合作加强其内部创新活动(Chesbrough, 2003; Deeds 和 Rothaermel, 2003; Hagedoorn,2002)。借此，企业得以获取广泛分布而且通过其他方式无法实现的外部创新创意、技术和知识库。一些研究也指出，参与 R&D 合作的企业普遍在创新与财务绩效上胜过其他企业，另一些研究也显示，正是合作组合的多样性对创新与财务绩效产生了明显的强烈的正面影响(Baum, Calabrese 和 Silverman, 2000; De Man 和 Duysters, 2005; Faems, Van Looy 和 Debackere,2005)。除了通过 R&D 合作开展 OI 产生的重要的正面效应，一些研究也逐渐揭示出与大量伙伴开展前沿合作的负面效应(相关研究可见 Das 和 Teng, 2000; Dyer 等, 2001; Faems, De Visser, Andries 和 Van Looy,2000; Kale 等,2001; Kelly, Schaan 和 Joncas, 2002; Kogut, 1989)。这些作者指出，鉴于不同的 OI 伙伴需要不同的管理方法，与大量不同类型的伙伴开展协作给企业带来了相当高的管理复杂性。每种技术伙伴都带来了不同的某种实现障碍，如果企业希望能从通过 R&D 合作的 OI 参与中得到前述的某些收益，这些障碍就必须得到有效管理(Kelly 等,2002)。基于我们的访谈结果，接下来我们将对与大学/研究机构、SMEs、大型企业和供应商 R&D 合作可能产生的相关的实现障碍进行描述(见表 3.1)。

表 3.1 基于 R&D 合作的开放式创新：伙伴类型与实践挑战

大学或研究机构	中小企业	大型公司	供应商
有专长或研究领域，IP 得到保护并不对合作企业开放；有关注 IP 保护的许可工作人员，因此减缓了项目进程	不同的业务操作方式；不同的业务语言；不同的创新价值期望	有技术路线图，协作研究项目需与此相适应	购买一供应模型仍然普遍，但很难在协作模型（供应商按要求提供但不对在合作中创造亲近感负责）中适用
有一系列很严格的规则和程序	缺乏信任，害怕被不公正对待，对知识和创意的过度保护	不希望其核心技术为竞争对手所用	
进程主导而非结果主导	缺乏商业化流程方面的知识和需求	追求廉价而迅速的技术方案与排外性；二者矛盾	
对知识公开有不同的看法	缺乏一般意义上的资源	有其他方面的优先性考虑	
最高层可能会施加消极的影响			
对（财务的）回报有不同的期望			

　　研究者们已明确了一些涉及公共—私人研究协作的管理因素，并将企业与大学/研究机构间的文化差异及官僚固态作为这些合作中会产生障碍的一些主要原因（具体可见 Siegel，Waldman，Atwater 和 Link，2003）。我们的研究也发现了与现有文献相类似的结果（见表 3.1）。首先，我们发现一些大学/研究机构是过程主导而非结果主导型。企业通常更期望从它们的付费中获取独特的基于协定的研究结果，而大学/研究机构则常常更重视研究过程本身，即便这种过程可能不会产生任何的创新创意或技术。其次，大学/研究机构通常致力于其研究结果的发布及与学术界的共享，然而企业则期望利用这些新创意或技术取得竞争优势，进而从这种知识垄断中获益更多。这些差异表明，技术知识发布和不同的工作方式是研究型组织与企业文化差异的行为表现，而这种文化差异即可能引发相当的协作障碍。第三，考虑到组织制度与流程的官僚性和固定性，我们也发现了与现有研究（Siegel 等，2003）相似的结果。一些顶尖的大学/研究机构保有一系列的固

定规则和流程,它们不时给协作带来障碍。在访谈中提到的上述规则之一,举例而言,即有关大学/研究机构对所有在其研究过程中产生的知识/创意标识所有权,而其合作伙伴则至多持有利用这些知识的技术许可权利。第四,很多大学/研究机构的授权者对特殊领域的知识产权有一种强烈的保护欲望,因此合作方并不能真正接触到与之合作的大学/研究机构核心研究层面的知识产权,这使得协作更加困难,研究项目进度也被大大放缓(Siegel 等,2003)。第五,大学/研究机构希望能从它们的努力工作中获取更多的经济补偿,但企业已经以实物形式给予了各类伙伴(如供应商、研究人员)便利。至于最后的一种障碍,被访谈者提到,顶尖的大学/研究机构已经收到了太多的项目提议和研究需求,因而企业想引起它们的关注变得相当困难。

至于大企业与中小企业(SMEs)间的 OI 联系管理问题,许多研究者已经识别出足以妨碍 SMEs 与大型企业展开协作的确切特征(见 Doz,1998;Slowinski,Seelig 和 Hull,1996;Van de Vrande, De Jong, Vanhaverbeke 和 De Rochemont,2009)(也可见表 3.1)。大体上,SMEs 在财务与人力资源等方面远不及其大型伙伴,而这可能导致摩擦和延误,例如小企业并不像其合作伙伴那样在项目中投入相当的管理努力(Van de Vrande 等,2009)。在较小的企业中,它们会采用一种与大型企业迥然不同的商业模式,这种差异甚至可能导致双方的合作失败(Botkin 和 Mathews,1992;Child 和 Faulkner,1998;Kelly 等,2002;Mohr 和 Spekman,1994)。大型企业通常对其商业活动设有大量流程、规则和程序,而 SMEs 则更多受到企业家的领导,他们则更具有一种非正式的、出于直觉的领导风格(Slowinski 等,1996)。与 SMEs 协作的另一方面的障碍,如被访谈者所述,即 SMEs 通常对其创新创意、专利或技术的经济价值抱有过高的期望。由于对商业化进程的需求和将创意转化为商用产品所需的巨额费用的认识不完全,SMEs 倾向于对其经济补偿持有不切实际的期望,进而在其与大型企业的合同谈判中引起纠纷。在访谈和其他文献(Gulati,1995;Hagedoorn,Roijakkers 和 Van Kranenburg,2008;Kelly 等,2002;Parkhe,1998)中可发现的最后一项障碍,即 SMEs 对于大型企业伙伴的不信任,它们在合作中倾向于保护其技术知识资产以至于导致研究项目延缓。

我们区分出的第三种管理障碍源自是"大型企业"（见表 3.1）。尽管很多学者已经论及大型企业与 SMEs 间协作的障碍，但考虑到大型企业间 R&D 合作相关因素的文献几乎没有。我们的访谈指出，当涉及大型企业间的研究协作时，很多管理障碍同样会出现。首先，大型企业有其独立的技术规划和优先研究，而它们明显并不愿意轻易将其搁置。事实上，这意味着合作项目只有通过向大型企业的技术规划靠近来保持大型企业对该项目的兴趣。其次，当涉及它们并不想为第三方所利用的核心技术和研究成果时，很多大型技术伙伴更倾向于排他。即便研究合作的目的是以相对廉价而迅速的方式开发新产品，这种排他性的协作也会出现困难，因为合作伙伴需要参与这种知识共享，以此加速项目进程（见表 3.1）。

至于与供应商的 OI 联系，相关文献已指出，企业越来越多地尝试将供应商纳入其研究和产品开发进程，以此获取供应商的特殊能力和专门技术，并提升其创新要件设计和制作的效率（Burt 和 Soukup，1985；Kamath 和 Liker，1994；Ragatz，Handfield 和 Scannell，1997）。一些学者也认为，这种增长的将供应商纳入 R&D 活动的趋势引发的并非全是积极效应，甚至在很多案例中，这种做法既没有降低成本或缩短开发时间，也没有带来更高的成品质量（McCutcheon，Grant 和 Hartley，1997）。Wynstra、Van Weele 和 Weggeman(2001)曾指出，只要企业能有效管理供应商的融入，并处理好这类协作中最重要的因素，将供应商纳入 R&D 就能够为企业带来收益。大体上他们提出，供应组织中存在某种问题源，因此这种做法并非对协作式创新模式永远都适合（Wynstra 等，2001）。与此类似，我们的被访谈者也提到，有时他们的供应商很难从购买—供应关系（即根据预定说明和合同送货）跨越至一种共同获益的协作式研究关系，在后一种关系中，双方在时间、资源和知识投入以及满足对方技术需求等方面因地位平等而协作积极（见表 3.1）。

在本节里，根据我们的访谈结果，我们区分出一系列涉及与不同 OI 伙伴研究合作的设立与完成的重要管理障碍。我们在之前的小节中指出，根据技术伙伴在协作层次上实现战略 OI 目标的重要性的不同，其对于企业的意义层级也是不同的。某个特殊技术伙伴的战略意义层级越高，OI 实现障碍明显愈加为患。然而,尽管与战略伙伴协作时 OI 实现障碍可能会更大,但同时解决困难的机动空间也更大了。这些伙伴类型明显与 VPs 相关,并深深嵌在组织结构(其中耗费在解决这些问题上的管理精力和资源数量相当多)之中。在下一节,我们将检视多种有效处理 OI 实现障碍的方式,这些方式引致更高可能的合作成功性。

如何在内部应对 OI 实现障碍:R&D 合作进程与 OI 管理部门

在之前的部分,我们阐述了不同类型的 OI 合作伙伴产生的不同的实现及管理障碍。此外,研究合作关系(即合同、合作或战略合作)的强度也对实现障碍的数目及其可被成功解决的可能有所影响。尽管开放式创新文献并没有提出如何内在管理并组织 OI,战略联盟文献却已经对联盟战略的有效实现背后的大量关键要素进行了研究(Draulans 等,2003;Duysters,Kok 和 Vaandrager,1999;Dyer 等,2001;Kale 等,2001;Kale 和 Singh,2009;Kelly 等,2002)。特别是,这些联盟研究者已指出,联合的企业需要从其先前的联盟经验中学习,在一个专门的独立联盟部门集聚联盟知识并进行管理,并开发和利用组织中最好的联盟实践以增进新联盟成功的可能。根据访谈结果,我们也取得了与战略联盟文献相一致的结论,本节中我们确认了一些有效应对 OI 实现障碍的方法,即企业通过设立内部工具系统、进程和功能,帮助自身成功地应对不同类型的技术伙伴并有效利用与管理其 OI 合作。

战略联盟文献已明确了联合中的企业为进入战略联盟所能提前准备的一系列内部组织形式,它们的内部进程与功能提高了这些协作联系的成功可能。Kale 与 Singh(2009)描述了联盟形成和管理流程,其中的不同阶段也得到了区分:选择、形成、管理和评估。在每一阶段,企业都能开发出一系列支持联盟进程并提高其效率的工具。例如在第一阶段,伙伴选择工具能帮助企业选择适合其战略、组织、文化、知识库及工作方式的联盟伙伴,进而获致更多的伙伴能力和参与承诺(见 Beamish,1987;Dacin,Hitt 和 Levitas,1997;Kelly 等,2002;Shah 和 Swaminathan,2008)。这些工具对于企业在战略、运营、技术和文化层面评估其伙伴具有相当重要的意义。飞利浦的被访谈者同样强调了这些自我开发工具帮助企业选择技术伙伴的重要性。在之前对 OI 实现障碍的阐述中，我们已经谈过，考虑到其不同的文化、态度和工作程序，一些特殊类型的研究伙伴（如大学和 SMEs）可能为协作带来困难。飞利浦的伙伴选择工具帮助公司通过与相似的（例如开放的思维定式、灵活的流程、对知识共享的开放态度等）企业进行协作而克服了这些障碍。在合作之始的高度相似显著地提升了成功的概率（Beamish，1987；Draulans 等，2003）。

在联盟形成和管理阶段，持续发展联盟工具系统，包括建立有效联盟管理/交流结构的合同样板和指标，同样能在支持战略联盟的有效建立与管理方面起到重要作用（Hakansson，1993；Kale 和 Singh，2009；Kelly 等，2002）。在访谈中，OI 管理者描述了他们的战略供应程序，在程序中这些重要 OI 联系得到了合适的管理层级的有效管理，并因此提高了这些研究合作的成功率。通过建立和管理与供应商的技术合作，企业充分利用与构建了与战略供应商之间的有效协作及交流结构，在这样的体系中，企业得以明确合作组织内的不同等级得到了良好沟通（如从首席技术官层面到操作层面）。同样，R&D 合作的战略目标在 CTO 层面得到讨论和确认，随后又在合作组织中被转换为中层管理目标及操作任务，并最终在较低的层面得以执行（Gulati，Lawrence 和 Puranam，2005；Gulati 和 Singh，1998）。面对与大学/研究机构合作的相关困难，企业得以利用标准化结构合同，因此独立研究项目能够以弹性方式被简易地添加到原有 R&D 协议中，并借此加速与大学/研究机构的（不时得到放缓的）OI 合作进程。

在联盟过程中区分联盟—评估阶段的企业成功参与新战略联盟的概率更高，企业在联盟过程中与不同的伙伴进行联系，从这些联盟经验中学习（对于特定的联盟方法，见 Draulans 等，2003；Kale 和 Singh，2009）。我们的访谈提到评估研发伙伴和推断最佳的 OI 实践是开放式创新过程中的重要过程。企业评估研发伙伴和推断最佳的 OI 实践的经验能够在企业内部广泛传播。飞利浦和壳牌在寻求技术合作上都拥有丰富的经验，并且突出了学习和知识管理过程的重要性（Anand 和 Khanna，2000）。在与中小企业或大学/研究机构的交互过程中，这两家企业获得了大量的经验，企业内部特定的员工在处理这种类型的技术伙伴关系时也非常熟练，拥有自己的交流语言，开发出了与这些 OI 伙伴相关的知识和能力。例如，这些员工对于大学/研究机构特定的研究主题、工作方式、工作规则和程序非常了解，他们能够帮助企业内部的研究人员找到最佳的项目合作伙伴。由于企业与所有大学/研究机构的接触对于这些员工来说都是熟悉的，因此这些员工能够帮助企业寻找到先前接触过的大学/研究机构，使得现有的知识和最佳创新实践能够扩散至所有参与开放式创新实践的员工中。

典型的知识管理流程和最好的战略联盟实践通常都出自某个集中的联盟管理或最好的实践部门，这个独立的组织单元聚集并传播联盟知识，同时在企业的所有协作式活动中确保某种协作方式的应用。多位学者都曾强调，设有独立联盟管理部门的企业相较而言在战略联盟上更为成功，正是这些部门推动了联盟知识与最好的实践在全组织的扩散（相关研究案例可见礼来公司与惠普公司研究，Dyer 等，2001；飞利浦公司研究，Kale 等，2009；一般的联盟部门创新绩效影响研究，Hoang 和 Rothaermel，2005）。飞利浦公司和壳牌公司都设有独立的 OI 管理部门，在这些部门中，所有的 OI 经验和知识（对特殊的技术伙伴而言普遍而特殊）得到储存、捕获并被转入企业流程、最好的实践与工具系统中（长期未得到开发利用），而这些标准化流程也通过训练和指导将全部管理员工纳入 OI 活动。至于在组织内创造指向OI 的意识和承诺，这些包含在企业所有开放式创新活动中的特殊部门同样起到了关键的作用（也可见 Kale 和 Singh，2009）。

战略联盟文献中已有相当丰富的大型组织内的成功联盟部门案例，以及这些部门在推进联盟活动中所扮演的特殊角色（Dyer 等，2001），而我们的研究则得出 OI 管理部门的另一重要作用。现有开放式创新管理文献对内部如何组织与管理 OI 并没有提供多少相关观点，例如：人力资源部门如何支持开放式创新活动？企业能够开发哪些选择和训练流程以提高在 OI 方面的组织能力？这些问题长期未得到回答，但是我们的研究指出，OI 管理部门能在将这些部门引入开放式创新以及合作开发 OI 支持工具与流程等方面起到重要作用。在这些方面，我们的访谈显示，OI 管理部门正与规则制定部门进行协作以产生更新、更富弹性的 IP 战略、合同和商业模式，进而更好地适应 OI 活动。这种内部协作引致了与 SMEs 协作的一些标准化商业模型的开发，即只需列出简单的清单，仅仅几周内一个标准化合同就能产生。对于企业而言，如果 OI 知识和专业技术广泛分散在企业各处而非集中于单个独立部门，在其开放式创新战略中联合各个部门就变得相当困难。这个重要角色的作用超越了 Dyer 曾定义的内部协作角色作用（Dyer 等，2001），即联盟部门能调动内部资源来完成其工作，而现有的 OI 部门则成为刺激及协调创新工具/进程开发以促进 OI 活动在组织内扩散的驱动要素。

我们在本节中指出，通过在 R&D 合作的选择、形成、管理和评估阶段开发并应用足够的 OI 流程，推动 OI 管理部门利用 OI 活动的最佳实践，促进与内部其他部门的支持工具的合作开发等，大型企业得以应对与其技术伙伴相关的一些应用困难。在本章的下一部分，我们将更详尽地描述一种最佳实践——战略供应商计划——来阐明其工作方式。

最佳实践展示：战略供应商计划/MPCAs

在前一部分，我们已接触过战略供应商计划，即企业与少数重要的供应商保持长期的战略 R&D 合作关系，以此通过多元 OI 项目将这些初期专业技术的重要来源纳入其产品开发之中。这种技术联系可以归到图 3.1 的右侧。对比之下，当拥有很多其他供应商时，大型企业会设立单独的一次性合作开发协议，来代替正在进行的特殊研究项目。很多大型跨国企业借助所谓的总括协定或多元项目协作协定（MPCAs），构建了与其战略供应商的可重复的 OI 联系。借此，这些企业得以确保其供应链的高度弹性，即每种新合作开发项目都能轻易整合至总括协定中，进而加速了协作进程。通过利用这类最佳实践，企业能够明显提升其战略供应合作关系的成功率。在本节中，我们将更加详尽地解释 MPCAs 的工作方式。MPCAs 的实例来自飞利浦和壳牌公司之外一家希望保持匿名的大型跨国企业。

MPCA 是一种由多元经济单元与单个战略供应方在所有 OI 项目中实施的总括协定。一份 MPCA 能够通过与大多数大规模研究项目相区分的主要阶段进行定义：

- 定义:在这一阶段,市场研究团队的输入将用户需求与R&D项目规格联系起来。

- 创造:这是主要的R&D流程,特定商业领域的所有创造与特定的技术/供应方联系起来。

- 整合与实践:在最后阶段,通过试点和测试将满足用户需求的技术方案提升至商用层面。

这三个阶段与不同的OI协定紧密联系。例如在第一阶段,企业需要明确用户需求,即由市场/销售部门和R&D部门来决定用户需求以及满足需求的潜在技术。随后企业通过多种渠道(例如通过技术新媒介,如九西格玛)向多个供应方发出公开简报;供应商则通过公开的方式表达其能解决现有技术问题的方案。如果企业需要更多地了解某个供应商提出的创意或潜在技术解决方案,即可以通过协商一次单向保密协定(CDA)与该供应商展开交涉。这样,企业避免了对从供应商获取的事物如化学物质的分解,而是能够直接将其利用在企业应用的测试中。随后企业需要进行一系列的协商,并对双方是否一致认可这些条款和条件进行评估。一旦供应商被选定,协作就可以展开。在该节点(即第二和第三阶段),R&D合作方拟定一份双向CDA,其中技术知识在一种技术讨论子协定(technical discussion subagreement,TDS)中得到共享。随后企业设立包含多元R&D项目的长期合作程序,并确定技术上与商业上的成功要素;如果该OI联系最终成功,市场部门就此进行接管,并为获取新技术进一步探索潜在市场。

上述全部流程通常需要一到三年完成,同时附属了一系列决定了拓展协作或维持现有R&D合作的关键成功因素。自从MPCAs替代了大型企业与其战略供应商之间并非完全共享的长期OI联系之后,这就成了一个关键点。如果企业在某个时间点不再对R&D合作感兴趣(即如果不同技术得到开发,或是竞争者已经用同类产品进入了市场),它们就必须对其战略伙伴的投入给予一定补偿。如果这点并未包含在MPCAs中,大多数供应商很可能根本不再愿意向该技术进行投入。同样,一旦供应商同意在总括协定或MPCA架构之中成为战略OI伙伴,它们就必须遵循协定的细则,这就好比说,供应商无法再进行"市场投机"(play in the market)。战略供应商必须从相对松散的购买—供应关系转入牢固的协作式互动模式。因此,适当提前透露出经济期望(底线,利润)并采取适当措施推动双方的有益性与协作式行为就变得尤为重要。只要 MPCA 合约有效,价格安排就倾向于提前得到协商并始终保持。当原材料价格上涨时,这可能对供应商不利,因此在大多数案例中,相关条款都包含在 MPCA 里,即规定战略供应商可以适当修改价格以避免原材料成本超过其承受范围。至于大型跨国企业及其战略供应商间 OI 联系的 IP 所有权,通常由供应商保有,而企业则持有利用这些技术的权利。换句话说,只要该技术不被应用于企业的优先业务,跨国企业允许供应商将之以许可形式提供给其他企业。

结 论 与 启 示

基于对两家大型跨国企业(即壳牌公司和飞利浦公司)的调查,本章描述了一系列关于与不同类型技术伙伴的 R&D 合作参与 OI 进程的重要管理问题,并提出了一些企业能够在内部实现有效 OI 联系的方法。大型跨国企业通常会与大学/研究机构、SMEs、其他大型企业和它们的供应商构建 OI 联系。依据其战略意义,这些技术联系在相对松散但有组织的 R&D 合约(低战略意义)与牢固的长期战略 OI 合作(高战略意义)之间变动。很多企业使用伙伴选择方案以表示它们的技术伙伴对于实现协作 OI 目标的重要性。在本章中,我们只探讨了类似方案的一个案例,但实际上这类案例相当丰富(De Man 等,2000)。大型跨国企业通常拥有多种 OI 合作组合,即它们拥有少数的战略伙伴(可以是大学/研究机构、SMEs、其他大型企业及供应商)以及大量的合约伙伴。每一种伙伴都有相关的 OI 实现障碍需要得到克服,只有这样企业才能从开放式创新中真正获益(Kelly 等,2002)。尽管这些 OI 实现障碍通常并不是高层管理者关注的焦点,但战略技术伙伴相关问题确实是协作事项中的重点。在上述这些方面,我们的访谈结果与现有文献基本一致。而涉及大型跨国企业与其他大型 OI 伙伴的技术合作时,现有研究并没有提供多少材料。我们发现,大型伙伴面临的挑战需要这些企业坚持其内部技术规划和 R&D 程序,而大型合作方的协作项目仅需要它们适应这些规划与程序以使其初步工作得到顺利开展。

现有 OI 文献并没有对如何克服 OI 联系中的实现障碍，或是如何在内部为 OI 活动做最好的准备等问题进行整合。同样，我们广泛征引了战略联盟文献（Dyer 等，2001；Kale 等，2002；Kale 和 Singh，2009）并指出，如果企业建立了一种包含与 OI 进程每一阶段（即选择、形成、管理和评估）相对应的工具系统的内部 OI 管理流程，它们很有可能成功克服这些 OI 实现障碍。此外，内部 OI 管理部门的建立实现了对公司内 OI 最佳实践（如 MPCAs 对于战略供应商而言）的捕获和利用，并因此产生了更高的 OI 战略成功率。除了在战略联盟文献中得到确认的这类独立部门的重要性（即在企业内形成了 OI 意识和承诺），我们的研究也得出这些部门额外的一种功能，关注 OI 实现与管理的 OI 研究者可能对此尤为有兴趣：OI 部门可以在刺激和协同其他内部部门（如法律部门）的协作中扮演关键性角色，进而产生企业更需要的 OI 支持工具与流程。

尽管本研究提出了一些有意思的新视角，但也同样有其局限，其中最重要的莫过于此次访谈仅仅在两家大型跨国企业中开展。本章明确显示出，对大型跨国企业实施和利用的 OI 最佳实践进行更深层次的研究是多么必要。这种研究将指明企业为提高其 OI 联系效率所需开发的流程及工具，并在如何有效管理与组织通过 R&D 合作的开放式创新问题上显著提升我们的现有认识。

注　释

1. 通讯作者：Nadine. Roijakkers@UHasselt. be.
2. 本章作者特别要注明壳牌公司和飞利浦公司对本章的贡献。

参考文献

[1] Anand, B. , and Khanna, T. （2000）. "Do Firms Learn to Create Value? The Case of Alliances." *Strategic Management Journal* 21 （3）：

295-315.

[2] Baum, J., Calabrese,T., and Silverman, B. (2000). "Don't Go It Alone: Alliance Network Composition and Startups' Performance in Canadian Biotechnology. " *Strategic Management Journal* 21 (3): 267-294.

[3] Beamish, P. (1987). "Joint Ventures in LDCs: Partner Selection and Performance. " *Management International Review* 27 (1): 23-27.

[4] Botkin, J., and Mathews, J. (1992). *Winning Combinations: The Coming Wave of Entrepreneurial Partnerships between Large and Small Companies*. New York: Wiley.

[5] Burt, D., and Soukup,W (1985). "Purchasing's Role in New Product Development. " *Harvard Business Review* 63 (5): 90-97.

[6] Chesbrough, H. W. (2003). *Open Innovation: The New Imperative for Creating and Profiting from Technology*. Boston: Harvard Business School Press.

[7] Chesbrough, H. W., Vanhaverbeke, W., and West, J. (2006). *Open Innovation: Researching a New Paradigm*. Oxford: Oxford University Press.

[8] Chesbrough, H. W., Vanhaverbeke, W., and West, J. (Forthcoming). *Exploring the Next Wave of Open Innovation Research*, Oxford: Oxford University Press.

[9] Child, J., and Faulkner, D. (1998). *Strategies of Cooperation: Managing Alliances, Networks, and Joint Ventures*. Oxford: Oxford University Press.

[10] Dacin, M., Hitt, M., and Levitas, E. (1997). "Selecting Partners for Successful International Alliances: Examination of US and Korean Firms. " *Journal of World Business* 32 (1):3-16.

[11] Dahlander, L., and Gann, D. M. (2010). "How Open Is Innovation?" *Research Policy* 39 (6): 699-709.

[12] Das, T., and Teng. B. (2000). "Instabilities of Strategic Alliances:

An Internal Tension Perspective. " *Organization Science* 11 (1):
77-101.

[13] De Man, A. -P. , and Duysters, G. (2005). "Collaboration and
Innovation: A Review of the Effects of Mergers, Acquisitions and
Alliances on Innovation. " *Technovation* 25 (12): 1377-187.

[14] De Man, A. -P. , Van der Zee, H. , and Geurts, D. (2000). *Competing
for Partners*. Amsterdam: Prentice-Hall.

[15] Deeds, D. , and Rothaermel, F. (2003). "Honeymoons and Liabilities:
The Relationship between Age and Performance in Research and
Development Alliances. " *Journal of Product Innovation Management*
20 (6): 468-484.

[16] Doz, Y. (1988). "Technology Partnerships between Larger and Smaller
Firm: Some Critical Issues. " *International Studies of Management and
Organization* 17 (4): 31-57.

[17] Draulans, J. , De Man, A-P. , and Volberda, H. (2003). "Building
Alliance Capability: Management Techniques for Superior Alliance
Performance. " *Long Range Planning* 36 (2): 151-166.

[18] Duysters, G. , Kok, G. , and Vaandrager, M. (1999). "Crafting
Successful Strategic Technology Partnerships. " *R&D Management* 29
(4): 343-351.

[19] Dyer, J. , Kale, P. , and Singh, H. (2001). "How to Make Strategic
Alliances Work. " *MIT Sloan Management Review* 42 (4): 37-43.

[20] Faems, D. , Van Looy, B. , and Debackere, K. (2005). "Inter-
organizational Collaboration and Innovation: Toward a Portfolio
Approach. " *Journal of Product Innovation Management* 22 (3): 238-
250.

[21] Faems, D. , De Visser, M. , Andries, P. , and Van Looy, B. (2010).
"Technology Alliance Portfolios and Financial Performance: Value-
Enhancing and Cost-Increasing Effects of Open Innovation. " *Journal*

of Product Innovation Management 27 (6): 785-796.

[22] Gulati, R. (1995). "Does Familiarity Breed Trust? The Implications of Repeated Ties for Contractual Choice in Alliances." *Academy of Management Journal* 38 (1): 85-112.

[23] Gulati, R., Lawrence, P., and Puranam, P. (2005). "Adaptation in Vertical Relationships: Beyond Incentive Conflict." *Strategic Management Journal* 26 (5): 415-440.

[24] Gulati, R., and Singh, H. (1998). "The Architecture of Cooperation: Managing Coordination Costs and Appropriation Concerns in Strategic Alliances." *Administrative Science Quarterly* 43 (4): 781-814.

[25] Hagedoorn, J. (2002). "Inter-firm R&D Partnerships: An Overview of Major Trends and Patterns since 1960." *Research Policy* 31 (4): 477-492.

[26] Hagedoorn, J., Roijakkers, N., and Van Kranenburg, H. (2008). "The Formation of Subsequent Inter-firm R&D Partnerships between Large Pharmaceutical Companies and Small, Entrepreneurial Firms: How Important Is Inter-organizational Trust?" *International Journal of Technology Management* 44 (1-2): 81-92.

[27] Hakansson, L. (1993). "Managing Cooperative Research and Development: Partner Selection and Contract Design." *R&D Management* 23 (4): 273-285.

[28] Hoang, H., and Rothaermel, F. (2005). "Effects of General and Partner-Specific Experience on Joint R&D Project Performance." *Academy of Management Journal* 48 (2):332-345.

[29] Kale, P., Dyer, J., and Singh, H. (2001). "Value Creation and Success in Strategic Alliances: Alliancing Skills and the Role of Alliance Structure and Systems." *European Management Journal* 19 (5): 463-471.

[30] Kale, P., Dyer, J., and Singh, H. (2002). "Alliance Capability,

Stock Market Response and Long-Term Alliance Success: The Role of the Alliance Function." *Strategic Management Journal* 23 (8): 747-767.

[31] Kale, P., and Singh, H. (2009). "Managing Strategic Alliances: What Do We Know Now, and Where Do We Go from Here?" *Academy of Management Perspectives* 23 (3): 45-62.

[32] Kale, P., Singh, H., and Bell, J. (2009). "The Network Challenge: Strategies for Managing the New Interlinked Enterprise." In P. Kleindorfer and Y. Wind (eds.), *Relating Well: Building Capabilities for Sustaining Alliance Networks*, pp. 353-363. London: Pearson Press.

[33] Kamath, R., and Liker, J. (1994). "A Second Look at Japanese Product Development." *Harvard business Review* 72 (6): 154-170.

[34] Kelly, M., Schaan, J.-L., and Joncas, H. (2002). "Managing Alliance Relationships: Key Challenges in the Early Stages of Collaboration." *R&D Management* 32 (1): 11-22.

[35] Kogut, B. (1989). "The Stability of Joint Ventures: Reciprocity and Competitive Rivalry." *Journal of Industrial Economics* (2): 183-198.

[36] McCutcheon, D., Grant, R., and Hartley, J. (1997). "Determinants of New Product Designers' Satisfaction with Suppliers' Contributions." *Journal of Engineering and Technology Management* 14 (3): 273-290.

[37] Mohr, J., and Spekman, R. (1994). "Characteristics of Partnership Success: Partnership Attributes, Communication Behaviour, and Conflict Resolution Techniques." *Strategy Management Journal* 15 (2): 135-152.

[38] Parkhe, A. (1998). "Understanding Trust in International Alliances." *Journal of World Business* 33 (3): 219-240.

[39] Ragatz, G.L., Handfield, R. B., and Scannell, T. V. (1997).

"Success Factors for Integrating Suppliers into New Product Development." *Journal of Product Innovation Management* 14（3）: 190-202.

[40] Shah, R. H., and Swaminathan, V. （2008）. "Factors Influencing Partner Selection in Strategic Alliances: The Moderating Role of Alliance Context." *Strategic Management Journal* 29（5）:471-494.

[41] Siegel, D. S., Waldman, D. A., Atwater, L. E., and Link, A. N. （2003）. "Commercial Knowledge Transfers from Universities to Firms: Improving the Effectiveness of University-Industry Collaboration." *Journal of High Technology Management Research* 14（1）:111-133.

[42] Slowinski, G., Seelig, G., and Hull, F. （1996）. "Managing Technology-Based Strategic Alliances between Large and Small Firms." *Sam Advanced Management Journal* （2）:42-47.

[43] Van de Vrande, V., De Jong, J., Vanhaverbeke, W., and De Rochemont, M. （2009）. "Open Innovation in SMEs: Trends, Motives, and Management Challenges." *Technovation* 29（6-7）: 423-437.

[44] Wynstra, F., Van Weele, A., and Weggeman, M. （2001）. "Managing Supplier Involvement in Product Development: Three Critical Issues." *European Management Journal* 19（2）: 157-167.

第四章 生物化学行业开放式
创新联盟的相关驱动器

艾米尔·沃本,安德烈·范·梅杰苒,文森特·勃洛克

引 言

本章关注在生物化学领域与生物质相关的开放式创新战略联盟的相关驱动器。在全世界,人们正努力尝试实现从当代以化石能源为基础的经济向更为可持续的以生物能源为基础的经济的跨越(De Jong 和 Jorgensen,2012),这些尝试实际上主要受到了应对逐渐增长的社会危机的驱动,例如气候变化、能源紧张、资源紧缺及期望从经济增长机遇中获益的想法(Odegard, Croezen 和 Bergsma, 2012; Sanders, Langeveld 和 Meeusen,2010)。该进程被称为"生物质物价稳定措施"(Wubben, Runge 和 Blok,2012),即指经由创新产品和/或流程保证生物质得以应用于商业目的并从中创造价值。生物质包括从陆地或海洋作物,或是从林业、农业、食品行业及其他生产部门的残余物中所提炼出的材料(Koppejan 等,2009)。生物质产品已经在建筑、绝缘、包装、自动化和消费品等行业得到了应用。一份对于欧洲市场完全或部分的生物质产品的调查分析显示,2005 年共有 780 种生物质产品,其生产总值累计达 450 亿欧元(Nowicki 等,2008)。生物质可以被应用于非食用用途,如材料、化学品、交通燃料及能源等(Annevelink 和 Harmsen,2010)。欧洲的生物质产品潜在市场规模据计算可达每年 315 亿欧元(Nowicki 等,2008)。巴西作为新兴工业国家,显示出持续增长的生物

质经济的重要意义,而这种经济正基于其从甘蔗中提炼的生物乙醇对石油的系统性替代。生物质被期望变得更为可用,以满足持续增长的生物基经济需求(Dornburg 等,2008)。在当代,生物质已被转换成了超乎想象的多种多样的生物质产品和应用(Harmsen 和 Bos,2011)。

生物化学行业是农业与化学行业交叉产生的一门新兴行业(Janssens,Aramyan 和 Van Gallan,2011;Enzing 等,2008;Nowicki 等,2008),也被称作"绿色化学行业"或"生物质化学行业"(Harmsen 和 Hackmann,2012)。它通常被描述为一个在化学和材料生产中使用生物质的工业流程部门(WTC,2011)。生物化学行业的兴起所受到的驱动力来源于持续的技术创新、不断增长的对生物质高度稳定物价的兴趣(Annevelink 和 Harmsen,2010;WTC,2011),以及生物燃料在应用于生物基产品生产中所取得的成功。在欧洲,多种生物燃料在能源平衡中被证明是无害的,结果形成了在R&D中向更具附加值经济行业的转变,例如生物化学行业。甚至有评论认为其能够替代大部分当代的石油化学行业(WTC,2010,2011)。而企业也正利用跨行业联盟以实现所需的行业集中,以促进生物化学行业的经济发展。

将生物质转换为市场产品需要不同部门(如农业和化学行业)和不同主体(如生物质供应方、技术开发方、商业合作方)的协作。鉴于生物化学行业相对年轻,特别是行业中的联盟关系尚未得到发展,本章从企业间相关视角对旨在推动生物化学行业发展的开放式创新活动进行了探讨。相关文献已指出,新行业如生物化学行业的发展能够利用跨行业的开放式创新联盟,但对这一论点的支撑证据仍然相当缺乏。传统上,农业食品行业和化学行业完全不相关(Boehlje 和 Bröring,2011),它们有其单独的企业、集中区域和研究机构。考虑到农业企业和化学企业间协作的重要性(Blaauw,Haveren,Scott 和 Bos,2008),以及研究这类关系文献的匮乏,本章的目的即为回答下述关键的研究问题:从企业间联系的视角来看,什么是影响开放式创新绩效的跨行业驱动因素?

为此,考虑到农业食品和石化产业在荷兰是两大经济(出口)行业,而这两类行业中的企业也从这种逐渐兴起的行业(即生物化学行业)中识别出了机遇(VNCI,2011;WTC,2011;SER,2010;Communicatie Energie Transitie,

2009;Nowicki 等,2008),我们对荷兰生物化学行业开展了九次案例调查分析。

　　本章结构如下。第一部分包含对开放式创新和战略联盟的拓展性文献回顾,随后提出了三个研究命题;而第二部分展示了研究的理论框架;第三部分解释了我们的研究方法;第四部分展示了我们的发现和成果;最后,第五部分总结了我们的结论与建议。

文献回顾

　　如前所述,跨行业联盟的概念可能有助于已有行业向生物化学行业的理想发展,而后者的特征则是创新与新业务开发。明确开放式创新和战略联盟的跨行业驱动因素对提升企业创新绩效也相当重要。因此,我们也对开放式创新、战略联盟和战略网络的概念进行简要的回顾。

开放式创新

　　从 20 世纪 70 年代末起,产品生命循环周期就一直被用来解释传统行业中多种产品的兴起和衰落(Gort 和 Klepper,1982;Utterback 和 Suarez,1993;Utterback,1994)。然而,这种模型并不能解释在传统独立行业中创造了某种新交叉联系的新行业的兴起(Klepper,1997),即为何已建立的企业与新兴的企业竞相抢占新行业的市场份额。一个例子是基于网络的"新经济",这种经济形式即处于已有行业的交叉范围。

　　在相关文献中,通过阐明现有行业的合并、再合并与最终消亡,行业集中模型的多种形式解释了行业的兴衰(可见 Curran,Bröing 和 Leker,2010;Hacklin,2008;Lei,2000)。行业的集中可能引发新行业的兴起,并最终代替已有行业或在其交叉处形成对传统行业的补充(Hacklin,2008)。依附于互补融合的企业可以选择在新经济中扮演更积极的角色,也可以主要关注传统经济业务。相比之下,已有行业中的企业很可能最终被新兴经济部门取代,或者称为替代融合,它们只能通过参与新领域的开放式创新以获得新生。创新即企业从替代性行业融合中获取新生的关键因素。

对于创新的需求一直有多种解释，包括为实现经济发展、竞争优势和协作成功（Lee，Olson 和 Trimi，2010；Smith，2010；Cooper，2001；Freeman 和 Soete，1997；Utterback，1994；Drucker，1986；Schumpeter，1934）。然而，创新进程却可能在不同的开放度中得以开展，可能是封闭式的，也可能是开放式的。施行封闭式创新的企业在内部边界范围内对创新进行管理，独立进行 R&D 投资以获取并开发出独特的创意，随后独立制造、销售、配送并为其产品提供售后服务（Chesbrough，2003）。从 20 世纪末开始，借助开放式创新方法，企业能够改进新产品生产与投入市场的创新进程（Chesbrough，2003；Chesbrough，2005；Christensen，Olesen 和 Kjaer，2005）。参与开放式创新的企业"利用有意识的知识输入和输出加速内部创新，并为获取创新的扩展性用途有选择地扩展市场"（Chesbrough，2006，1）。

然而，当行业正发生转化时，企业通常缺乏必要的知识和能力成功地参与新兴经济的创新进程（Bröring 和 Leker，2007；Bröring，Cloutier 和 Leker，2006；Stieglitz，2003），因为这些必要的资源分布于不同的行业之中（Bierly 和 Chakrabarti，1999）。因此，企业需要将创新进程开展至其边界之外以获取外部资源（Bröring，2010）。在跨企业层面，开放式创新管理要求合作企业间实现协作，以此开发、组织及构造合作创新活动（Bossink，2002）。在上述进程中，企业与其伙伴关系的发展可能形成由内而外（输出创新）、由外而内（输入创新）或是混合式进程（Enkel，Gassmann 和 Chesbrough，2009；Smith，2010）。为了实现联盟中创新的合作开发与商业化，合作企业必须构建一种融合了由内而外与由外而内进程的混合式创新进程（也称为联合创新）（Enkel 等，2009）。这些相关的相互资源交换对于混合式创新进程的成功而言至关重要。

根据一些研究人员所述（Cockburn 和 Henderson，1998；Granstrand，Bohlin，Oskarsson 和 Sjoberg，1992；Arora 和 Gambardella，1990），企业已不再仅仅依赖于内部或外部的（封闭式或开放式）创新采购战略，而是寻求一种平衡战略。这样做的原因是过于开发可能对企业的创新带来消极影响，而另一方面，这样做也可能导致控制力、知识、内部知识资产和核心能力的损失（Enkel 等，2009）。然而，过于封闭同样会影响创新周期与进入的市场时间。因此,开放式创新应与内部创新战略相协调以成功实现创新。

总之,为了实现创新的合作开发和商业化,合作企业需要通过联盟开展其开放式创新战略,其特征是资源的相互交换,并与企业内部 R&D 战略相协调。企业必须构建战略联盟,以联结各行业中的价值链,进而实现在新兴的跨行业经济中的创新。因此我们断定,在生物化学行业合作创新项目中的企业能够从跨行业联盟中获益,并提出了如下命题:

命题一:跨行业混合式/协调式创新进程与生物化学行业合作创新项目中的企业创新绩效正相关。

战略联盟

与开放式创新观点相一致,战略管理研究者也认可战略联盟在填补创新发展的资源、技术及消费缺口方面的重要作用(Batterink,2009;Eisenhardt 和 Schoonhoven,1996)。联盟被定义为"两个或以上企业间包含产品、技术或服务的交换、共享或联合开发的愿景的长期约定安排"(Gulati,2007,1)。相关研究已证实,联盟网络中的直接(可见 Stuart,2000;Deeds 和 Hill,1996)或非直接联盟关系(可见 Owen-Smith 和 Powell,2004;Ahuja,2000)都提升了企业的创新绩效。

联盟研究人员将互补资源和合作联盟视作竞争性优势的相关驱动因素。例如 Dyer 和 Singh(1998)曾谈到,企业能够通过创造企业间的关系租金获取相对于其他企业的竞争性优势。Wubben 等(2012)也将这种关系租金作为联盟或网络的特征之一,并研究证实其为生物质创新的相关驱动因素之一。合作企业在技术和知识资源上应形成互补,以此创造推动生物质创新发展的关系租金。互补资源是联盟伙伴的独特资源与能力,这些互补资源"共同衍生出远超过单个企业能力总和的竞争优势"(Dyer 和 Singh,1998,666-667)。合作企业也应保有互补的甚至是重叠的技术与市场知识、能力和资源(Emden,Calantone 和 Dorge,2006)。互补能力也被认为是成功联盟伙伴选择的关键要素之一(Barnes,Pashby 和 Gibbons,2002)。此外,合作企业间的技术与能力互补也被证明是发展生物质创新的企业间关系的一个重要方面(Wubben 等,2012)。

就伙伴校准而言,联盟中的企业应在战略与联系两个层面上实现校准,以促进有利于生物基创新发展的关系租金的形成。战略校准需要关注联盟合作伙伴的参与动机和目的,这两者也不应互相冲突(Emden 等,2006)。相关研究也发现,在战略层面上,发展生物基创新的成功合作伙伴在二者上并不冲突(Wubben 等,2012)。其中动机是指参与联盟的原因,而目的则指企业更详尽的期望。互补的、不冲突的,其至是一致的(Bremmers 和 Sabidussi,2009)目标已经在伙伴选择中得到了经验上的认同(Barnes,Pashby 和 Gibbons,2002;Bailey,Masson 和 Raeside,1998)。

就关系校准而言,我们提炼出三个重点:协调的文化、变革的开放度以及长期关系约定(Emden 等,2006)。首先,合作企业应具备相协调的企业文化(Emden 等,2006)。其次,与开放式创新观点相同(Chesbrough,2003),合作伙伴对待其网络目标和任务的态度应该灵活,需要对变革持开放的态度以成功实现创新(Lee,Olson 和 Trimi,2010;Odenthal,Tovstiga,Tambe 和 Van Oene,2004)。第三,合作伙伴都应该致力于实现长期关系(Emden 等,2006)。强调了长期关系约定的重要性之后,一些研究也将开放式创新项目中的承诺作为成功的重要因素之一(Bremmers 和 Sabidussi,2009;Bonney,Clark,Collins 和 Fearne,2007)。

总之,联盟中的伙伴校准与开放式创新绩效正相关。它也应在战略和联系层面上得以实现。因此,我们提出如下命题:

命题二:联盟中合作企业的战略与关系校准都与生物化学行业合作创新项目中的企业创新绩效正相关。

战略网络

当企业构建并维持联盟状态时,它们总是处在直接与非直接的企业间关系网络中(Schilling 和 Phelps,2007),尽管对于最理想的网络结构存在至少三种不同的观点。第一种观点被称为结合视角(Coleman,1988,1990),该观点认为当合作伙伴间存在强联系时,社会资本投资价值最大。与该观点相对的观点则认为,网络中止会促使合作伙伴更愿意进行缄默知识共享(Coleman,1988,1990)。因此,强联系的收益实际反映在鼓励更复杂及资产性信息交换的创新轨道上(Hansen,1999;Tsai 和 Ghoshal,1998)。

　　第二种视角由 Granovetter(1973,1985)提出,该观点阐述了强联系与弱联系的区分,并将强联系与更密集的网络结构联系在一起。强联系是指密集而频繁的联系,表现为大量的信息资源以及更好的相互理解。企业间的强联系构成了信息流,但企业却更愿意保留这部分冗余的信息。而弱联系的企业则更倾向于保留多样性知识与信息,这增加了它们发现新创意的机会,但同时也增加了企业间知识流动的困难。

　　第三种视角也被称为联结视角(Adler 和 Kwon,2002),该观点认为关系的结构配置,尤其是结构洞中的成本在推动创新的社会资本价值中扮演着重要角色(Burt,1992,1997)。联结关系是指"跨越了结构洞的联系"(Reagans,Zuckerman 和 McEvily,2004,103)。这种联系联结着被结构洞分离的企业,也将创新信息与新机遇相联结起来。强联系强化了结构,而联结关系则能够跨越这些结构洞。稀疏的网络具有更多的结构洞,并提供了广泛的非冗余信息源(Adler 和 Kwon,2002)。有趣的是,Burt(2000)也认可网络结构的收益,并强调"网络结构对于实现深藏在结构洞中的价值而言相当必要"(410)。而以上三种对于最理想网络结构的视角也并不是完全对立的。

　　近来的研究在一种联系组合中结合了强联系与联结关系的要素(Levin 和 Cross,2004;Obstfeld,2005),进而推动了创新进程(Tiwana,2008)。联结关系实现了获取(结构洞跨越中的)知识、能力和观点的多样性,但却缺乏对它们进行整合的能力。相比之下,强联系则恰恰相反。强联系(如信任、互惠、封闭式互动)实现了多样性知识的整合,而联结关系则使能力可被获取。同时含有强联系与联结关系的联盟就拥有了获取知识、观点和能力的多样性安排,同时也形成了有利于实现创新的知识整合机制(Tiwana,2008)。我们对网络文献进行梳理之后得出,强联系与联结关系的结合能对创新绩效产生积极作用。因此,我们提出如下命题:

　　命题三:关系纽带,特别是强联系与联结关系的结合,与生物化学行业合作创新项目中的企业创新绩效正相关。

　　在提出上述三种命题之后,现在我们可以提出研究的理论框架。

理论框架

鉴于本章致力于从企业间联系视角明确生物化学行业企业创新绩效的关键跨行业驱动因素，我们的理论框架将基于创新管理、战略联盟和网络文献，以此详述下列三个变量：创新战略，伙伴校准，关系纽带（见图4.1）。

首先，依据创新管理文献，致力于创新合作开发和商业化的合作企业应建立一种开放式创新战略，该战略中的创新流程由输入和输出创新构成（即一种混合式流程）。这种开放式创新战略理论的特征是实际的资源交换（Chesbrough，2003）。更具体而言，开放式创新战略由互惠的资源交换得以实现（Enkel等，2009），同时由合作企业的内部创新实践进行协调（Enkel等，2009；Odenthal等，2004）。

其次，经过对战略联盟文献的梳理，我们关注于战略校准和关系校准（Emden等，2006）。战略校准需要综合考虑合作伙伴的动机和目的（Barnes等，2002；Bailey等，1998）。合作企业参与联盟的动机和目的应是相互补充的、不冲突的，甚至是完全一致的（Bremmers和Sabidussi，2009；Emden等，2006）。关系校准由对创新文化、承诺和期望的调整得以实现。合作企业应具备协调的企业文化（Emden等，2006；Bailey等，2010），企业文化则应对变革持开放态度以成功实现创新（Lee等，2010；Odenthal等，2004）。强调了长期关系之后，承诺对于开放式创新项目就变得十分必要（Bremmers和Sabidussi，2009；Bonney等，2007）。最后，企业应对网络中各方的角色与任务保有弹性态度。至此，如图4.1所示，这五种操作变量构成了伙伴校准的外部变量。

第三，考虑到最理想的网络结构有助于获致创新，当联结关系跨越了企业间的结构洞时，企业间的强联系就被假设为有利于创新的实现。根据Granovetter(1973)的观点，下列项目实施了强联系理论：时间量、亲近度、情绪强度，以及纽带中的交互性。联结关系的一个明显特征是非冗余(Burt，1992)，例如，相联系的主体在其背景、经验、知识和技能上都不相似。图4.1展示了理论框架的关键驱动因素及其联系，该框架也将在我们下一部分的讨论中得到应用。

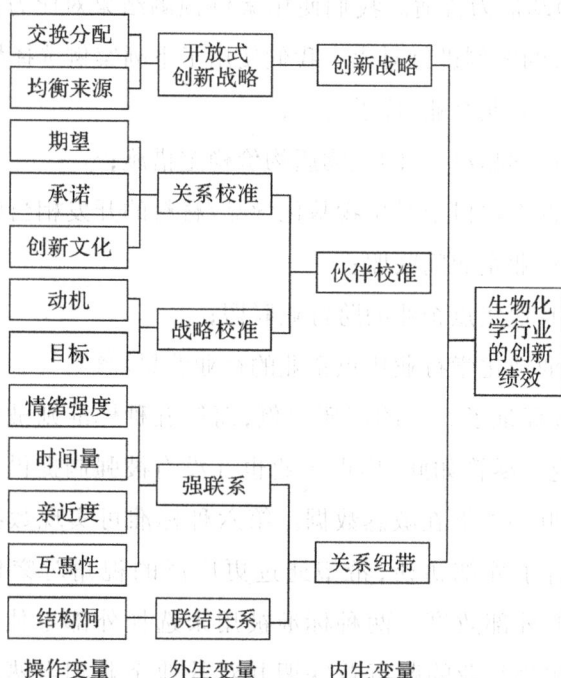

图 4.1　生物化学行业创新绩效的概念架构

研究方法

在我们的研究中,探索性研究十分必要,它们带来了对生物化学行业的创新联盟、良好数据的缺乏和机密性问题等方面的全新探讨。因此,我们选择了案例研究方法来搜集和分析经验数据。正如 Yin(2003)指出,当寻求理解特殊的真实现象时,案例研究方法非常合适,而类似调查和试验的严格研究方法则过于复杂。

我们的经验研究检视了多个已有的案例研究以获取关于相关驱动因素的建议,正如上文研究框架所展示的那样。这些案例在各自的研究中大致都服务于一个特殊目的,这使得它们具备了高度的价值和代表性(Eisenhardt,1989)。因此对本章而言,无论纯粹的案例报告还是理论发展都无法在经验数据基础之上完成,而拓展式案例研究(McCutcheon 和 Meredith,1993)却最为合适。我们使用案例预测结果对比方法(Yin,2003)选择了差异较大的案例进行对比。我们使用了下列案例选择标准:

(1)包含一家商业企业,位于荷兰;

(2)有针对化学品/材料的生物质物价稳定措施;

(3)在合作创新项目中对生物基化学品/材料的开发相当积极;

(4)参与跨行业企业间联盟;

(5)参与有其他焦点企业的跨行业联盟;

(6)具有农业或化学行业焦点企业的行业背景。

前四种标准保证了充足的同质案例,而第五种标准则被用来发展跨行业双边关系研究。尽管如此,焦点企业也并没有被强制提供有关单个特殊创新项目和/或联系的潜在敏感数据。第六种标准可实现数据集案例的多样性。我们进行了外部访谈,希望通过更广泛的视角对案例进行评价以提升案例研究的外部效度。两种标准被用来选择外部主体——在企业层面上参与生物化学行业的跨行业联盟并对其他企业相当熟悉。经过对研究主体的认真寻找,我们发现了九家创新企业满足上述标准。同时需要注明,我们所采用的标准在案例研究访谈完成前后都经过了严格的检测。唯一的分歧来自第五条标准;我们对大部分访谈对象的重点关注并没有集中在与另一家焦点企业的跨行业联盟上。对这类关系的商业敏感使得我们无法采访到企业核心的合作伙伴。因此,研究中并没有一个案例包含了对跨行业联盟中的核心企业进行的调查,尽管这在联盟研究中相当普遍。

最具价值的跨行业企业间关系在实现创新绩效上的特征经多次访谈和对相关文件的内容分析得以明确。在每家焦点企业,我们对负责并积极参与合作项目的相关人员进行了面对面的半结构化访谈。这些相关人员通常是总经理、研发经理或焦点企业新业务发展总监。我们同时使用了相关文献和文件来验证我们的访谈结果,并利用了雪球原则来发掘这些相对未开发研究领域的有效信息。我们将所得的研究成果与选定案例在内部研究效度上进行了横向与纵向的对比,并通过外部访谈从更广泛的视角对外部效度进行了评估。虽然他们只有在生物化学领域的零散知识,但我们也可勉强称此类外部访谈对象为"专家"。

　　这些访谈关注于焦点企业的跨行业联盟,它们在合作项目中与最有价值的合作伙伴共同实现创新。每一次访谈首先介绍了焦点企业和创新项目。随后通过问卷调查一系列可以反映出创新网络结构等信息的问题。在这些问题之中,第一个主要用来反映创新网络中的参与方类别,其次则是反映这些参与方周边最重要的单个合作伙伴。第三个问题被用来引出行业背景和在最有价值的项目伙伴中商业公司的项目角色。出于实际操作的原因,访谈余下部分被限制在探索创新网络中的一种重要商业关系上。三种关键的关系变量——包括创新战略、伙伴校准和关系纽带——也通过开放式的多选项问题得到测量。这份包含一系列问题的问卷被用来反映联盟创新绩效。

　　为了测量理论框架中的操作变量,从战略联盟和创新管理的现有研究中,我们直接获取了21个有效访谈问题。问卷为半结构式的,即其中包括了9个开放式问题和12个更结构化的多选项或范围问题。这种开放与封闭式问题的组合使我们获取了多项选择或范围问题的时间节省优势,以及开放式问题的弹性与内容有效性。通过访谈,12种操作变量的相关数据经由21个问题得到了检测,最终我们得到了大量开放式答案和37份个体李克特量表评分结果。最后,被访谈者被要求直接对问卷重要相关方面进行补充或讨论。

　　如表4.1所示,这些案例研究包括了荷兰农业或化学行业的总计九家焦点企业。由于涉及商业机密,我们必须将所有的合作企业匿名列出。每一家焦点企业都从广泛的创新网络中进行考量,这种网络包含了大量的外部参与方,如供应商、消费者和R&D机构。而有时甚至竞争对手也参与这一创新流程,如在生物基企业和生物聚合物企业案例中所显示的那样。焦点蛋白质企业被分为两个案例,分别标注为蛋白质企业(T)和蛋白质企业(P),即因该案例中包括了在技术与产品开发创新上两种不同的跨行业关系。因此,九家焦点企业共形成了十种关系。这些联盟形成的目的在于联结在生物基生产链流程中处于不同位置的企业。在其中七个案例中,联盟在生产链上成功地跨越了两到三级,而在生物基企业和生物复合材料企业中的联盟甚至跨越了整个供应链。

表 4.1　焦点企业与关键联盟伙伴

焦点企业	联盟伙伴	协作性质
制糖企业	生物化学企业	基础研究,甜菜到 PLA
马铃薯企业	赖氨酸企业	流程开发,马铃薯皮到赖氨酸
生物基企业	洗涤剂公司	商业化,菊粉到抗酸性产品
蛋白质企业(T)	生物技术公司	流程开发,马铃薯到蛋白质成分
蛋白质企业(P)	应用公司	产品和市场开发,蛋白质到食品和非食品应用
生物化学公司	造纸公司	流程开发,废纸到 PLA
生物技术公司	下水道公司	基础研究,下水道废纸到化学/材料
生物复合材料公司	亚麻公司	流程和产品开发,亚麻到复合产品
生物聚合物公司	植物公司	商业化,淀粉到生物可降解花盆
呋喃企业	造纸公司	基础研究,废纸到呋喃

我们需要对上述九种创新项目进行详细阐述。为了获取甜菜成分中的(剩余)价值,制糖企业参与了调查从甜菜到生物及塑料的生产流程的合作项目。马铃薯企业为开发出从马铃薯皮获取赖氨酸的生产流程参与到合作项目中。生物基企业为从技术和市场角度开发出一种生物基产品也参与到合作项目之中。蛋白质企业的子公司建立在合作项目基础之上,其内部生物精炼流程通过与一家生物技术企业(T)的协作得以完善,而其主成分产品则通过与一家产品开发方向的应用公司(P)的协作得到了完善。为了探索造纸厂纤维质残渣在作为生物塑料产品化学基础材料时的用途,生物化学企业也参与了一项合作项目。生物技术企业被囊括在一项调查从公共污水处理厂消除厕纸纤维质的成分稳定机制的合作项目中。生物复合材料企业参与了为复合材料行业开发亚麻质特殊纺织品的合作项目。生物聚合物企业则参与到关注可降解生物基花盆的开发与商业化的合作项目中。而呋喃企业则领导着一个关注纸制行业残渣利用和对其化学基础材料生产的非食用用途的合作项目。经过展示这些研究方法和成果,我们将转向对研究结果的分析。

研究结果

考虑到从二手文献、编码声明和37份个体李克特量表评分结果获取的数据的绝对数量,我们有必要有选择地进行数据展示。在这里,代表性定性信息将以不同形式得到展示。我们从此次研究背后的关键假设开始——跨行业战略联盟与生物化学行业合作创新项目中的企业创新绩效正相关。经过从创新模型四阶段(即知识开发、技术开发、产品开发和市场开发/商业化)对相关案例进行观察,一种良好的案例划分形式能够得到应用。制糖企业、生物技术企业、呋喃企业这三个案例暂时处于第一阶段(知识开发阶段),它们关注于商业化目标的可能性研究。两个案例(马铃薯企业、生物化学企业)暂位于技术开发阶段,它们已经成功开发了提炼生物质成分的技术。然而,这种技术至今仍然不具备商业可行性。只有生物复合材料企业的案例位于产品开发阶段,它已经创造出原型并开始了产品开发。最后,三个案例(生物基企业、蛋白质企业、生物聚合物企业)处于市场开发阶段,这一阶段包含了试点平台、放大、市场建立和例如生物基花盆或洗碗机等产品的商业化。所有的企业都与农业或化学行业中的其他企业构建了某种联盟,以此实现生物化学/生物材料创新,"与农业或化学企业的协作是生物化学行业兴起的必然结果"(外部方)。所有的被访谈者都觉察到,跨行业的商业公司将成为创新网络中最具价值的合作者。八家焦点企业直接参与到瞄准市场进入的项目中。创新绩效甚至也被新建立的联盟采用,正如它们在早前对绩效的采用一样。因此,这种结果证实了本章的关键假设,即生物化学行业合作创新项目中的企业创新绩效能够通过跨行业战略联盟得到提升。

这三种相关变量——创新战略、伙伴校准和关系纽带——的辨识度由访谈得到了检测。被访谈者被要求对创新流程中的伙伴协作进行详细阐述、描述他们与合作方合作时感受/觉察到的相关方面、具体说明实践的/操作的协作。在所有的案例研究中,创新战略与开放式创新绩效之间,以及伙伴校准与开放式创新绩效之间都显示出明显的联系。然而,结果带有相关方面的广泛多样性，因此大体上只能证明案例中关系纽带与开放式创新绩效间的相关性。

创新战略

作为创新绩效的第一种驱动器，创新战略的相关问题考量了联盟中开放式、交互式和平衡式创新战略的存在情况。因此，我们基于下述六类范围对合作项目中合作伙伴的资源配置层级进行了调查：知识、专业技术、信息、员工/支援、技术设备，以及专款/资金。总体来说，被访谈者在知识和专业技术的分配上取得了相当高的分数（平均值分别为 6.4 和 6.0）。"协作为我们免去了重复劳作的麻烦。"一位生物聚合物企业的被访谈者说道。三位被访谈者（来自生物基企业、生物复合材料企业、呋喃企业）指出，R&D 相关资源主要在早期阶段进行交换，而在此之后得到交换的仅仅是市场开发和商业化所需的资源。三位被访谈者（来自马铃薯企业、生物化学企业、呋喃企业）也强调了在获取伙伴所需材料时的媒介的重要性。总之，被访谈者大体上指出了合作项目中一方或双方在这六类资源上的高配置值（平均值：5.7）。他们同时谈到，多种因素，如创新阶段和企业规模，都可能影响合作项目中的资源配置层级。

交互式分配的测量借助了对联盟企业为合作项目所投入的特殊资源的调查。六位被访谈者大体上都觉察到了这类资源交互式配置关系（平均值≥5.5；1.0 表示仅有单向的贡献；7.0 表示双向的资源配置）。其中的四位被访谈者（来自制糖企业、生物基企业、生物聚合物企业、生物复合材料企业）对这种关系有较强的感知（平均值≥6.5），而三位被访谈者（来自生物技术企业、生物化学企业、蛋白质企业）对此的觉察度则相对较低（平均值≤4.5）。三位被访谈者（来自生物化学企业、制糖企业、马铃薯企业）指出，技术/流程开发通常位于联盟中，而联盟中的合作方则影响了资源配置的贡献："生物质供应企业通常在起步阶段利用资金和人员投入来开发生物质转换技术。"（来自一位来自马铃薯企业的被访谈者）显然，项目角色和兴趣影响了资源配置的层级（即可用专款/资金、人员、专业技术和知识）（来自呋喃企业和生物技术企业的被访谈者)。平均来看,资源配置是适度交互式的。

　　为了调查平衡式创新的来源情况,被访谈者也被问及焦点企业是否对合作创新项目之外的内部 R&D 活动进行了投入。七位被访谈者对此进行了确认:"致力于知识开发的内部 R&D 为未来的创新项目打下了基础。"(来自一位蛋白质企业的被访谈者)大体上,被访者们谈到,内部 R&D 活动相对于合作项目是一种更为广泛的架构。其他焦点企业则认为,它们的创新是完全开放的,在合作项目之外并没有采用内部 R&D 活动。

伙伴校准

　　依据我们的概念模型,伙伴校准是开放式创新绩效的第二种相关驱动因素。伙伴校准通过关系校准和战略校准得以进行。关系校准的测量需要调查期望、承诺和创新文化中的校准。调查结果显示,七位被访者在项目期望上被进行了校准(平均值≥4.7,1—7 表示校准由低到高),这涉及了期望校准的几个方面,如成本价格、市场规模、销售、项目持续时间和时间限制。焦点企业指出,它们粗略地觉察到了合作伙伴的项目期望(九家企业中的八家),而大多数企业(九家中的六家)强调,这些期望随项目的开展而更为特殊。在对焦点企业对其伙伴的承诺级别的调查中,被访者们大致给出了适中的答案(平均值:4.4):"联盟正在取得的成果是构建承诺的首要条件。"(来自一位马铃薯企业的被访谈者)四位被访者(来自生物化学企业、呋喃企业、马铃薯企业和蛋白质企业)将可供选择的有效性、伙伴网络和项目成功的级别作为影响承诺级别的要素。平均而言,被访者在承诺的伙伴校准上给出了较高了分数(平均值:5.4)。至于创新文化,八位被访者认为他们与其伙伴在创新文化上达成了一致,这种一致的达成通过开放式创新和学习得以实现(平均值≥5.0),其特征则由项目经验探讨和失败容忍共享而塑造。然而,五家焦点企业(制糖企业、马铃薯企业、生物基企业、蛋白质企业和生物技术企业)也指出,容忍并从失败中学习在商业化导向项目中得到了某种程度的限制。

　　对于战略校准的研究意味着对动机和目标校准的调查。七位被访者感知到了相当高的合作动机(也称作"合作目的")方面的伙伴校准(得分≥5.0)。三位被访者(来自制糖企业、马铃薯企业、生物技术企业)明确指出，他们持有一致的联合合作动机，而四位被访者(来自制糖企业、马铃薯企业、生物化学企业、生物基企业)则持有独立合作动机以及或多或少并不相似的相关兴趣。"与合作伙伴拥有完全相似的合作动机并不可能。因此，合作动机需要得到协调与共享。"(来自一位来自生物基企业的被访者)平均而言，五家企业在项目目标上有较高的伙伴校准值(平均值≥5.3)。四家企业(制糖企业、马铃薯企业、生物技术企业、生物聚合物企业)则分值适中(平均值：4.0)，来自这些企业的被访者较少或没有觉察到独立项目目标上的伙伴校准。

总之，在期望、创新文化和承诺方面的伙伴校准与关系校准平均结果在八个案例中分值较高(平均值≥4.7)。然而，动机与目标方面的战略校准平均值却在六个案例中较高(合理的)(平均值≥4.7)，在另外三个案例中却相当低(平均值≤4.3)。

关 系 纽 带

最后，关系纽带是开放式创新绩效的第三种相关驱动因素。关系纽带通过对一种将强联系与联结关系相结合的调研而得以考量。对强联系的研究调查了企业间的情感强度、联系频率、亲密度和互惠性。八位被访者认可合作中情感强度的(经常)存在(平均值≥5.5)，并强调在基础项目细节上的信任和遵守承诺是相当重要的。来自蛋白质企业的被访者同样强调了信任的重要性，这种信任对创新联盟的失败容忍产生了正影响。一位被访者认为，构建信任的时间由这家企业是否已位于焦点企业的网络中决定，而这个时间通常相当漫长。此外，项目细节在更低的组织级别更容易得到共享，这点也得到了强调。至于联系频率，所有被访者都表示，与合作企业之间经理级别的联系通常是每月一次或更少。生物基企业同时在 R&D 和商业化活动中开展了协作，它区分了销售部门间的临时联系和 R&D 部门间更为结构化的联系。四家焦点企业(制糖企业、生物基企业、生物技术企业和生物复合材料企业)强调,联系通过多种渠道得以实现,如间隔性的项目会议、视频会议、手机与邮件。总之,经理级别的联系似乎不高于每月一次,但影响联系频率的不同因素也被提及,这些因素包括了项目阶段、媒介参与、交流渠道和部门类型。

合作企业间的亲密度通过讨论的话题范围得到测量。四家企业仅与合作企业讨论工作或业务上的话题。亲密度被三位被访者(来自马铃薯企业、生物聚合物企业和生物技术企业)视为相当私人化的。"亲密度强烈依赖于个性。企业规模并不对此产生影响。"(来自一位生物聚合物企业的被访者)总之,仅有三位被访者认为亲密度对企业联系很重要。个性、企业背景和合作持续时间都是可能影响联盟亲密度的要素。相比之下,关系中的互惠性被六位被访者认为相当重要,这表明公平的收益和参与努力分配是联盟的重要方面(平均值≥6.0)。总之,在所调查的上述四种强联系方面,情感强度和互惠性被普遍认为对联系相当重要。

联结关系通过测量伙伴间存在的结构洞范围而得到研究。六位被访者认为其企业在技术和能力、背景和经验及专有技术和竞争力等方面与其合作伙伴非常不同(平均值≥5.3)。被访者们认为,联盟的主要特征即联结关键的结构洞,这种特征则由协作企业的关系纽带得以实现。联盟中的企业大相径庭,因而有了大量互补资源的存在。

研究分析

这一部分分析并描绘了由上述三个命题进行研究所得出的结论。命题一由案例研究中的大量数据得到了证实。命题一提出,跨行业混合式/协调式创新进程与生物化学行业合作创新项目中的企业创新绩效正相关。混合式创新进程涉及项目资源和互惠配置,战略平衡则指代同时在联盟和企业内部开展创新工作,见图4.2。

联盟中的开放式创新战略被证明在所有九个案例研究(十对关系)中都相当重要,同时由一家或多家联盟企业对合作创新项目进行资源配置得以实现。资源配置的互惠性(十对关系中的六对)与创新来源的战略平衡(十对关系中的七对),无论是在联盟内或联盟外,都被证实是开放式创新战略的重要方面。"开放式创新战略中的资源配置类似一种平衡,它在项目中往复变化。"(来自一位呋喃企业的被访者)因此,互惠性在最好的三个合作创新项目中都得到了适当强调。资源配置、互惠配置和平衡来源三个变量的平均值被发现相对过高(平均值分别为 5.7、5.1 和 5.8)。图 4.2 展示了六类被调查资源的单个平均资源配置值。很明显,在所有六种类别方面合作一方或双方都进行了物质投入(平均值≥5.0)。大多数被访者自发地将生物质材料分配加入项目之中,但这并不含在所强调的资源类别之内。有趣的是,图 4.2 显示出,知识、专业技术和员工/支持贡献通常都是单向的。

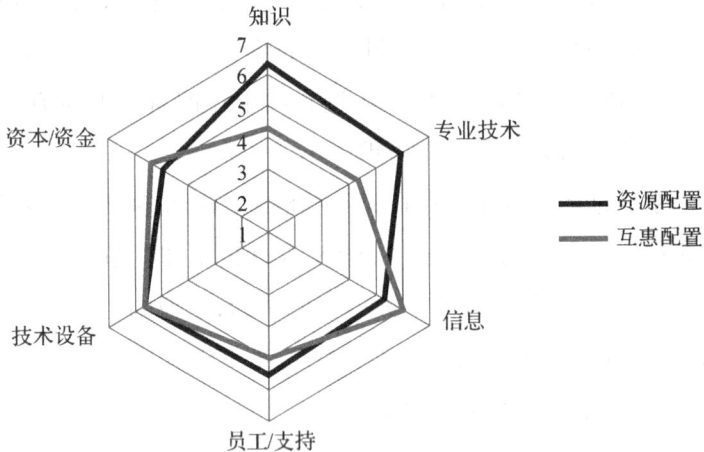

图 4.2　平均资源配置与互惠配置

命题二由案例研究中搜集到的数据得到了部分证实。该命题认为,联盟中合作企业的战略与关系校准都与生物化学行业合作创新项目中的企业创新绩效正相关。关于战略校准,六家焦点企业与其合作伙伴高度一致(平均值≥4.7),尤其是在动机而非目标上。独立项目目标必须进行协调,尽管由于联盟伙伴所处的链条位置不同,它们通常并不相似。从一种联系视角来看,八家焦点企业在期望、创新文化和承诺上与其伙伴保持了相当的一致性(平均值≥4.7),见图 4.3。尽管如此,一些在期望和承诺上的分数仍相当低,这使得所有联盟中的承诺平均分数降到了 4.4。相较而言,没有哪一家企业在创新文化上分数很低。

　　所有的联盟都位于图 4.3 的右上方区域,这意味着,大体上这些焦点企业都在战略与联系层面上与其合作伙伴达到了某种一致。缺乏这类一致伙伴校准的相反案例最终导致了生物基企业的破产。四位被访者强调了项目初始阶段的重要性,这一阶段正是达成战略与联系两个层面伙伴校准的关键。一些被访者同时也重点谈到了有形伙伴校准的重要性,例如在产品/流程创新(蛋白质企业)、产品价值(蛋白质企业、生物聚合物企业)、知识产权(生物聚合物企业)以及作为一种产品的剩余流量(生物化学企业、生物技术企业)等方面。

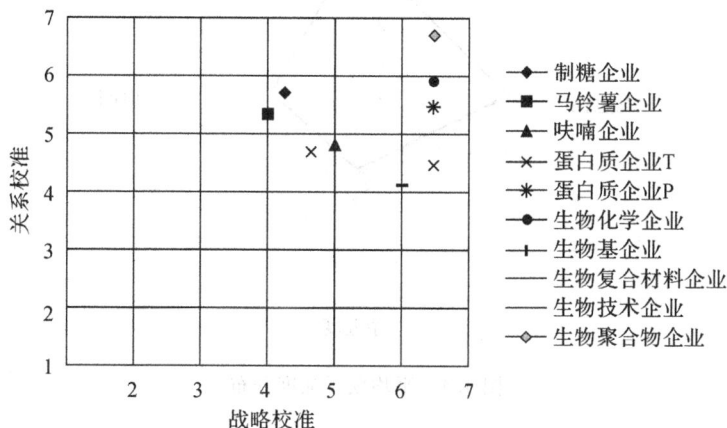

图 4.3　案例中的战略与关系校准

　　命题三也由案例研究的数据得到了部分证实。该命题提出,关系纽带,特别是强联系与联结关系的结合,与生物化学行业合作创新项目中的企业创新绩效正相关。图 4.4 在四个维度中展示了强化联系相关内容的结果。被访者们视情感强度和互惠性为这类联系的重要方面(总体平均值分别为:5.5 和 5.6),相比之下,时间长短和亲近度则没有受到同样的关注(总体平均值分别为:3.5 和 3.3)。

　　被访者们指出,联结合作企业结构洞的联系纽带相当重要。资源互补性尤其被视作创新项目的前提(平均值≥5.3)。"在合作终止后,我们才体验到合作伙伴的资源对我们是多么重要。"(一位来自生物素企业的被访者)因此,命题三的该部分得到了证实。另一方面,强联系与联结关系的结合却并没有得到最终证实。被访者们大体上将其关系纽带视为联结关系而非强联系(总体平均值分别为:5.4 和 4.8)。对数据的详细分析显示,在低分案例中,强联系并没有与弱联系形成互补,反而是相冲突的。为了构建连接纽带,可以强调联结关系纽带和(或)强联系纽带(情感强度、互惠性)是生物化学行业企业创新绩效的一个驱动因素。

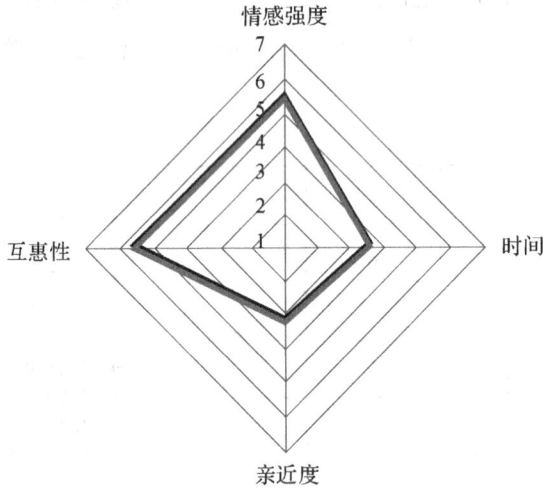

图 4.4　平均联系强度分布

结　论

本章的目的在于从联系视角发现开放式创新绩效的关键跨行业驱动因素。文献研究为我们得出了三个基本命题,并为我们提供了经验上的理论架构。我们选取了九个案例,并对每个案例中焦点企业的相关人员进行了访谈,由此广泛获取了二手资料,并与生物化学行业创新联盟的外部专家进行了相应的问题评估。对相关人员的访谈包含了开放式和封闭式问题,获得了关于生物和化学行业九种跨行业联盟的大量数据,而这些数据则来自二手资料、编码声明和超过 30 份个体回答。基于单行业和跨行业案例分析,我们首先可以得出,生物化学行业合作项目的创新绩效受益于跨行业战略联盟。九个案例中,每一个焦点企业都拥有来自其他行业的重要商业伙伴,以实现合作项目创新。

我们关注开放式创新绩效的三种相关驱动因素——创新战略、伙伴校准和联系纽带。对于第一种,我们已发现资源配置、互惠配置和一种与内部创新采购战略的战略平衡对于创新而言至关重要。有趣的是,资源配置的互惠性被认为并不如合作企业的资源贡献和(外部的—内部的)平衡式创新战略那样普遍。第二种驱动因素也在案例研究中得以确认。动机被证明为较之目标更强的一个操作变量。期望、承诺和创新文化似乎是联系纽带的重要操作变量,尤以创新文化为首。至于第三种,填补结构洞的联系纽带反映了初期联系纽带的精确实现。但是相对于联结关系,被访者们更点出了强联系对公司绩效潜在的负面影响,其结果是,仅有情感强度和互惠性被视作反映强联系的合适变量。最后,强联系变量用虚线展现在了修改后的框架里(见图 4.5)。总之,我们的研究指出,生物化学行业合作创新项目企业创新绩效的关键跨行业驱动因素包括创新战略、伙伴校准和合作企业间的联结关系。

在所有关于生物基稳定物价驱动因素的研究项目(如 Wubben 等,2012)中,我们的工作最先致力于从企业层面挖掘创新的跨行业驱动因素。尽管从这种涉及商业敏感的研究中搜集数据十分困难,我们仍建议未来的研究可以囊括焦点企业的完整创新网络——包括对核心合作伙伴和最次要网络伙伴的双向研究——减少普遍的手段偏见,并再现网络层级影响。的确,未来的研究能够被拓展得更大,能够涉及其他跨行业生物基案例(如制药和造纸行业)或拓展至其他国家以消除国别差异。

正在考虑进军生物化学行业的企业也需要关注这些驱动因素——包括创新战略、伙伴校准及联系纽带——尤其是伙伴的选择与跨行业联盟的实现。关于伙伴选择,本章指出,企业应当关注那些来自不同行业有着不同背景、经验、技能与能力及不同专业技术和竞争力的合作伙伴。生物化学领域的成功的合作应致力于填补结构洞。在伙伴选择过程中,企业可使用多种校准指标,如项目目标、合作目的、项目期望、承诺以及创新文化的兼容性。在此之后,企业需要进一步调查与其伙伴的情感强度和互惠性。此外,企业也要关注跨行业联盟中的战略与联系校准,避开那些带有冲突性个体项目

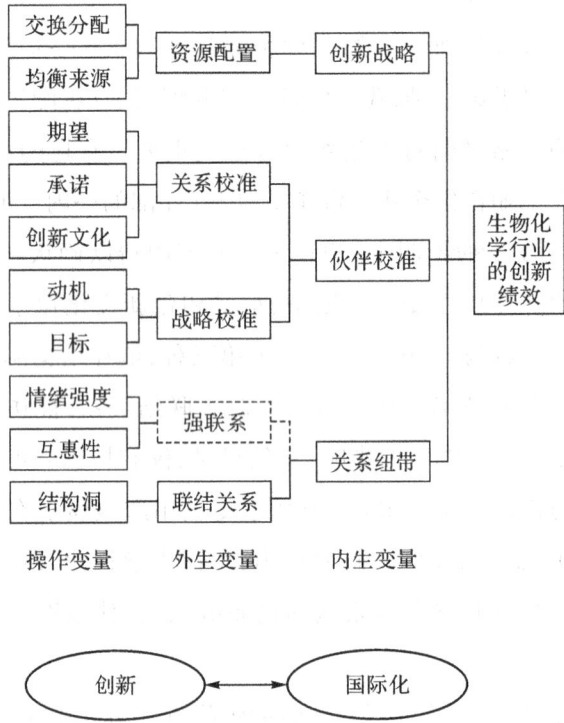

图 4.5 调整后的概念架构

目标和(或)合作动机的合作伙伴。另外,对期望、承诺和创新文化匹配的投资也不可或缺。在选择伙伴之后,有效率的开放式创新战略意味着资源需要在合作伙伴间转移,并与内部创新活动相协调。通过本研究,我们希望通过探索跨行业创新联盟的相关驱动因素为对此感兴趣的研究者和商务人士提供帮助。

致　谢

诚挚地感谢 ERDF-grant 通过 EU-Interreg IV-B NEW 项目 ABBOR(www. nweurope. eu 及 www. arbornwe. eu)提供的经济支持。

本章内容由作者个人负责。

参考文献

［1］Adler, P. S., and Kwon, S.-W. (2002). "Social Capital: Prospects for a New Concept." *Academy of Management Review* 21 (1): 17-40.

［2］Ahuja, G. (2000). "Collaboration Networks, Structural Holes, and Innovation: A Longitudinal Study." *Administrative Science Quarterly* 45 (3): 425-455.

［3］Annevelink, E., and Harmsen, P. (2010). *Bioraffinage: naar een optimale verwaarding van biomassa*. Wageningen, The Netherland: Wageningen UR Food & Biobased Research.

［4］Arora, A., and Gambardella, A. (1990). "Complementarity and External Linkages: The Strategies of the Large Firms in Biotechnology." *The Journal of Industrial Economics* 38 (4):361-379.

［5］Bailey, W. J., Masson, R., and Raeside, R. (1998). "Choosing Successful Technology Development Partners: A Best-Practice Model." *International Journal of Technology Management* (1): 124-138.

［6］Barnes, T., Pashby, I., and Gibbons, A. (2002). "Effective University-Industry Interaction: A Multi-case Evaluation of Collaborative R&D Projects." *European Management Journal* 20 (3):272-285.

［7］Batterink, M. (2009). *Profiting from External Knowledge: How Firms Use Different Knowledge Acquisition Strategies to Improve Their Innovation Performance* (Vol. 3). Wageningen, The Netherland: Wageningen Academic Publishers.

［8］Bierly, P., and Chakrabarti, A. K. (1999). "Managing through Industry Fusion." In Brockhoff, K., Chakrabarti, A. K., and Hauschildt, J. (eds.), *The Dynamics of Innovation: Strategic and Managerial Implications*, 3-26. New York: Springer.

［9］Blaauw, R., Haveren, J. v., Scott, E. L., and Bos, H. L. (2008).

"Biomass for the Dutch Chemical Industry." *Wageningen*：*Agrotechnology and Food Sciences Group（Report Agrotechnology and Food Sciences Group）*, 907.

[10] Boehlje, M., and Bröring, S. (2011). "The Increasing Multifunctionality of Agricultural Raw Materials：Three Dilemmas for Innovation and Adoption." *International Food and Agribusiness Management Review* 14 (2)：1-16.

[11] Bonney, L., Clark, R., Collins, R., and Fearne, A. (2007). "From Serendipity to Sustainable Competitive Advantage：Insights from Houston's Farm and Their Journey of Co-innovation." *Supply Chain Management：An International Journal* 12 (6)：395-399.

[12] Bossink, B. A. (2002). "The Development of Co-innovation Strategies：Stages and Interaction Patterns in Interfirm Innovation." *R&D Management* 32 (4)：311-320.

[13] Bremmers, H. J., and Sabidussi, A. (2009). "Co-innovation：What Are the Success Factors?" *APSTRACT：Applied Studies in Agribusiness and Commerce* 3 (1-2)：29-35.

[14] Bröring, S. (2010). "Developing Innovation Strategies for Convergence：Is Open Innovation Imperative?" *International Journal of Technology Management* 49 (1)：272-294.

[15] Bröring S., Cloutier, M. L., and Leker, J. (2006). " The Front End of Innovation in an Era of Industry Convergence：Evidence from Nutraceuticals and Functional Foods." *R&D Management* 36 (5)：487-498.

[16] Bröring, S., and Leker, J. (2007). "Industry Convergence and Its Implications for the Front End of Innovation：A Problem of Absorptive Capacity." *Creativity and Innovation Management* 16 (2)：165-175.

[17] Burt, R. (1992). *Structural Holes：The Social Structure of Competition*. Boston：Harvard Business School Press.

[18] Burt, R. S. (1997). "The Contingent Value of Social Capital."
Administrative Science Quarterly (22): 339-365.

[19] Burt, R. S. (2000). "The Network Structure of Social Capital."
Research in Organizational Behavior (22): 345-423.

[20] Chesbrough, H. W. (2003). *Open Innovation: The New Imperative
for Creating and Profiting from Technology.* Boston Harvard
Business School Press.

[21] Chesbrough, H. W. (2005). "Open Innovation: A New Paradigm for
Understanding Industrial Innovation." *Open Innovation: Researching
a new paradigm. Oxford*: Oxford University Press.

[22] Chesbrough, H. W. (2006). *Open Innovation: Researching a New
Paradigm. Oxford*: Oxford University Press.

[23] Christensen, J. F., Olesen, M. H., and Kjaer, J. S. (2005). "The
Industrial Dynamics of Open Innovation: Evidence from the
Transformation of Consumer Electronics." *Research Policy* 34 (10):
1533-1549.

[24] Cockbum, I. M., and Henderson, R. M. (1998). "Absorptive
Capacity, Coauthoring Behavior, and the Organization of Research in
Drug Discovery." *The Journal of Industrial Economics* 46 (2):
157-182.

[25] Coleman, J. S. (1988). "Social Capital in the Creation of Human
Capital." *American Journal of Sociology* (94): S95-S120.

[26] Coleman, J. S. (1990). *Foundations of Social Theory.* Cambridge,
MA: Belknap Press of Harvard University Press.

[27] Communicatie Energie Transitie (2009). *Bio-based economy in
Nederland; macro-econo-mische verkenning van grootschalige
introductie van groene grondstoffen in de Nederlandse
energievoorziening.* Sittard: Platform Groene Grondstoffen van
Energie Transitie.

[28] Cooper, R. (2001). *Winning at New Products: Accelerating the Process from Idea to Launch*, 3rd ed. Perseus Cambridge.

[29] Curran, C.-S., Bröring, S., and Leker, J. (2010). "Anticipating Converging Industries Using Publicly Available Data." *Technological Forecasting and Social Change* 77 (3): 385-395.

[30] De Jong, E., and Jorgensen, H. (2012). "Bio-based Chemicals Value Added Products from Biorefineries." *IEA-Bioenergy Task* 42. http://www.biorefinery.nl/ieabioener6ytask42/ (Accessed on April, 8, 2014).

[31] Deeds, D. L., and Hill, C. W. (1996). "Strategic Alliances and the Rate of New Product Development: An Empirical Study of Entrepreneurial Biotechnology Firms." *Journal of Business Venturing* 11 (1): 41-55.

[32] Dornburg, V., Faaij, A., Verweij, P., Langeveld H. , Van de Ven, G., Wester F., et al. (2008) *Biomass Assessment: Assessment of Global Biomass Potentials and Their Links to Food Water, Biodiversity, Energy Demand and Economy: Mam Report*. For the Netherlands Research Programme on Scientific Assessment and Policy Analysis for Climate Change, Netherlands Environmental Assessment Agency MNP, WAB report 500102 012.

[33] Drucker, P. F. (1986). *Managing for Results: Economic Task and Risk-Taking Decision*. New York: Perennial Library.

[34] Dyer, J. H., and Singh, H. (1998). "The Relational View: Cooperational Strategy and Sources of Interorganizational Competitive Advantage." *Academy of Management Review* 23 (4): 660-679.

[35] Eisenhardt, K. M. (1989). "Building Theories from Case Study." *Management Review* 14 (4): 532-550.

[36] Eisenhardt, K. M., and Schoonhoven, C. B. (1996). "Resource-Based View of Strategy Alliance Formation: Strategic and Social

Effects in Entrepreneurial Firms." *Organization Science* 7（2）：136-150.

［37］Emden, Z., Calantone, R. J., and Droge, C. (2006). "Collaborating for New Product Development: Selecting the Partner with Maximum Potential to Create Value." *Journal of Product Innovation Management* 23 (4): 330-341.

［38］Enkel, E., Gassmann, O., and Chesbrough, H. (2009). "Open R&D and Open Innovation: Exploring the Phenomenon." *R&D Management* 39 (4): 311-316.

［39］Enzing, C., van der Giessen, A., van Groenestijn, J., and van Dongen, M. (2008). *Bio-based Economy: Exploring the Opportunities for The Netherlands.* Delft: TNO/Inno Tact.

［40］Freeman, C., and Soete, L. L. (1997). *The Economics of Industrial Innovation.* Psychology Press.

［41］Gort, M., and Klepper, S. (1982). "Time Paths in the Diffusion of Product Innovation." *The Economic Journal* 92 (367): 630-653.

［42］Granovetter, M. (1985). "Economic Action and Social Structure: The Problem of Embeddedness." *American Journal of Sociology* 91 (3):481-510.

［43］Granovetter, M. S. (1973). "The Strength of Weak Ties." *American Journal of Sociology* (78):1360-1380.

［44］Granstrand, O., Bohlin, E., Oskarsson, C., and Sjoberg, N. (1992). "External Technology Acquisition in Large Multi-technology Corporations." *R&D Management* 22 (2): 111-134.

［45］Gulati, R. (2007). *Managing Network Resources: Alliances, Affiliations and Other Relational Assets. Oxford:* Oxford University Press.

［46］Hacklin, F. (2008). *Management of Convergence in Innovation: Strategies and Capabilities for Value Creation beyond Blurring*

Industry Boundaries: Contributions to Management Science. New Yord: Springer.

[47] Hansen, M. T. (1999). "The Search-Transfer Problem: The Role of Weak Ties in Sharing Knowledge across Organization Subunits." Administrative Science Quarterly 44 (1): 82-111.

[48] Harmsen, P. F. H., and Bos, H. L. (2011). "Communicatie biobased economy." Wageningen UR Food & Biobased Research. Report 1108.

[49] Harmsen, P., and Hackmann, M. (2012). Groene bouwstenen voor biobased plastics: biobased routes en marktontwikkeling. Wageningen UR Food & Biobased Research. Janssens, B., Aramyan, L., and Van Galen, M. (2011). Verbinding zoeken: verkenning innovatie en kennis op de raakvlakken van topsectoren. The Hague: LEI.

[50] Klepper, S. (1997). "Industry Life Cycles." Industrial and Corporate Change 6 (1): 145-182.

[51] Koppejan, J., Elbersen, W., Meeuwsen, M., and Bindraban, P. (2009). Beschikbaarbeid van NederLindse biomassa voor elektriciteit en warmte in 2020. Procede Biomass.

[52] Kwon, I. W. G., and Suh, T. (2004). "Factors Affecting the Level of Trust and Commitment in Supply Chain Relationships." Journal of Supply Chain Management (2): 4-14.

[53] Lee, S. M., Olson, D. L., and Trimi, S. (2010). "The Impact of Convergence on Organizational Innovation." Organizational Dynamics 39 (3): 218-225.

[54] Lei, D. T. (2000). "Industry Evolution and Competence Development: The Imperatives of Technological Convergence." International Journal of Technology Management 19 (7): 699-738.

[55] Levin, D. Z., and Cross, R. (2004). "The Strength of Weak Ties You Can Trust: The Mediating Role of Trust in Effective Knowledge

Transfer." *Management Science* 50 (11): 1477-1490.

[56] McCutcheon, D. M., and Meredith, J. R. (1993). "Conducting Case Study Research in Operations." *Journal of Operations Management* 11 (3): 239-256.

[57] Nowicki, P., Banse, M., Bolck, C., Bos, H., and Scott, E. (2008). *Biobased Economy: State-of-the-Art Assessment*. The Hague: LEI.

[58] Obstfeld, D. (2005). "Social Networks, the Tertius Iungens Orientation, and Involvement in Innovation." *Administrative Science Quarterly* 50 (1): 100-130.

[59] Odegard, I., Croezen, H., and Bergsma, G. (2012). *Cascading of Biomass. 13 Solutions for a Sustainable Bio-based Economy*. Delft: CE Delft.

[60] Odenthal, S., Tovstiga, G., Tambe, H., and Van Oene, F. (2004). "Co-innovation: Capturing the Innovation Premium for Growth." *Prism*(1):41-55.

[61] Owen-Smith, J., and Powell, W. W. (2004). "Knowledge Networks as Channels and Conduits: The Effects of Spillovers in the Boston Biotechnology Community." *Organization Science* 15 (1): 5-21.

[62] Reagans, R., Zuckerman, E., and McEvily, B. (2004). "How to Make the Team: Social Networks vs. Demography as Criteria for Designing Effective Teams." *Administrative Science Quarterly* (1): 101-133.

[63] Sanders, J., Langeveld, H., and Meeusen, M. (2010). *The Biobased Economy: Biofuels, Materials and Chemicals in the Post-Oil Era*. Taylor and Francis.

[64] Schilling, M. A., and Phelps, C. C. (2007). "Interfirm Collaboration Networks: The Impact of Large-Scale Network Structure on Firm Innovation." *Management Science* 53 (7): 1113-1126.

［65］Schumpeter, J. A. (1934). *The Theory of Economic Development*：*An Inquiry into Profits, Capital, Credit, Interest, and the Business Cycle.* London：Transaction Publishers.

［66］SER (2010). *Meer chemie tussen groen en groei*：*de kansen en dilemma's van een biobased economy.* Social Economic Council.

［67］Smith, D. (2010). *Exploring Innovation.* New York：McGraw-Hill Higher Education.

［68］Stieglitz, N. (2003). "Digital Dynamics and Types of Industry Convergence：The Evolution of the Handheld Computer Market." In J. F. Christensen and P. Maskell (eds) *The Industrial Dynamics of the New Digital Economy*, (pp. 179-208). Northampton, MA：Edward Elgar Publishing.

［69］Stuart, X E. (2000). "Interorganizational Alliances and the Performance of Firms：A Study of Growth and Innovation Rates in a High-Technology Industry." *Strategic Management Journal* 21 (8)：791-811.

［70］Tiwana, A. (2008). "Do Bridging Ties Complement Strong Ties? An Empirical Examination of Alliance Ambidexterity." *Strategic Management Journal* 29 (3)：251-272.

［71］Tsai, W., and Ghoshal, S. (1998). "Social Capital and Value Creation：The Role of Intrafirm Networks." *Academy of Management Journal* 41 (4)：464-476.

［72］Utterback, J. M. *Mastering the Dynamics of Innovation.* Boston：Harvard Business School Press.

［73］Utterback, J. M., and Suarez, F. F. (1993). "Innovation, Competition, and Industry Structure." *Research Policy* 22 (1)：1-21.

［74］VNCI (2011). "Biobased Economy：Benut complexiteit biomolecules." *Chemie Magazine*, June 2011.

［75］WTC (2010). *Naar Chemie*：*Essay* 2010. Wetenschappelijke en

Technologische Commissic voor de Biobased Economy.

[76] WTC (2011). *Naar groene chemie en groene materialen: kennis-en innovatieagenda voor de biobased economy.* Wetenschappclijke en Technologische Commissie voor de Biobased Economy.

[77] Wubben, E. F., Runge, N. A., and Blok, V. (2012). "From Waste to Profit: An Interorganizational Perspective on Drivers for Biomass Valorisation." *Journal on Chain and Network Science* 12 (3): 261-272.

[78] Yin, R. K. (2003). *Case Study Research: Design and Methods.* Thousand Oaks, CA; SAGE Publications.

第五章　开放式创新与国际化行为：基于西班牙企业的案例

安娜·莫雷诺·梅内德斯与何塞·卡西利亚斯

引　言

　　一直以来,国际化和创新就被视为相关联的两个概念。阶段模型(创新模型)文献的一个主要流派即持有类似的假设,即国际化可以被描述为一种创新行为,一种企业进行决策并尝试通过循序渐进的步骤将风险最小化的行为(Bilkey 和 Tesar,1977;Reid,1981;Czinkota,1982;Cavusgil,1980)。近年来,一系列探索创新与国际化战略是否互补或相互替代的新研究业已展开。Elena Golovko 和 Giovanni Valentini(2011)、Bruno Cassiman 和 Elena Golovko(2011)的调查表明,产品创新鼓励了小型与中型企业(SMEs)的出口行为,而 Kumar(2009)则发现了产品与市场多样化之间的负向联系。

　　然而,关于不同类型创新行为如何影响企业国际化决策的研究仍然相当匮乏。本章的目的即在于阐明,采取开放式创新战略的企业较之封闭式创新者更倾向于参与国际化进程。在开放式创新模式中,企业倾向于参与到可能含有国际合作伙伴的创新网络里。这些国际化联系的作用包括(1)开发企业管理国际关系的内部能力,(2)开发国际化相关能力,(3)使得企业能够识别并利用国际化机遇。因此,开放式创新能对企业的国际化产生积极作用。

　　基本上我们认为,开放式创新较之封闭式创新能鼓励更多的国际化行为。开放式创新既能通过"输入式开放式创新"（即一种企业通过构建外部网络获取新知识以衍生并开发出新产品或技术的方法），也能通过"输出式开放式创新"（企业将自身的知识传递给其他企业）实现企业创业创新（Chesbrough，2003）。总体而言，开放式创新战略认为，相关知识能够分布在世界各地，而任何新产品、新流程或服务都能潜在地在任何地理环境中得到应用。此外，开放式创新适应能力强的企业能够衍生出更好的网络化能力，而这种能力对于国际化扩展相当重要（Bianchi 等，2011；Bishop，2008）。

国际化正日益成为一种网络化进程。最近的国际经济文献指出，国际化的最重要决定因素即在于企业与国外合作伙伴、消费者、供应商等相关联的程度（Chetty 和 Stangl，2010；Johanson 和 Vahlne，2009，2013）。我们同样认为，那些将内外部 R&D 投入与含有不同合作伙伴的广泛联盟网络相结合的企业，通过出口和国外直接投资（FDIs）展现了更真实有效的国际化行为。开放式创新和国际化是相互影响的两种战略；较之封闭式创新者，开放式创新者寻求更为集中的国际化扩展。我们相信，作为不断适应的结果，开放式创新为这类企业带来了额外的国际化收益，包括地理与经济的多样性，以及新市场准入。

本章结构如下。在下一节，我们将讨论国际化与创新活动。随后我们从网络视角探讨了开放式创新与国际扩展之间的联系，并阐释了这种联系的决定因素。同样的，我们也提出了开放式创新较之封闭式创新而言对企业国际扩展的有益之处。接下来，我们给出了上述结论的经验证据，并对一份包括 424 家西班牙创新企业的样本进行了描述分析，以此评估 2005—2009 年间开放式创新活动对于国际增长的影响。最后一部分是关于结果的讨论及我们的结论。

国际化与创新

国际化与创新一直被视作相当相似的两种战略。伴随着乌普萨拉大学关于国际化进程研究（U-Model）的发展，另一种进程也同样显现出来（I-Model），相关的基础论文也将国际化视为一种经济创新进程（Lim,Sharkey

和 Kim,1991）。这些最初的模型大都基于 Rogers(1962)的创新应用次序模型。而这两类模型拥有很多共同点：二者都在缺乏信息的不确定环境中得以发展；为将风险控制并最小化，国际化与创新都形成了阶段性进程，按照累积性步骤逐渐发展；最后，二者都是长期性战略。

根据对国际化进程的经典观点，信息和资源的缺乏创造了不确定性，迫使企业降低其可容忍的决策风险。结果，对于其首次跨国投资，企业更倾向于选择不确定性较低的地理市场，或者按另一种说法，选择那些它们拥有更多信息的市场。对于次序模型有一种普遍的共同看法，即随着企业一步步进入下一阶段，其国际承诺也得到了强化。对增量国际化模型阶段描述的主要不同来自不同作者对该进程开始阶段所理解的阶段数目上的差异。Bilkey 和 Tesar(1977)及 Czinkota(1982)提出，在其初始阶段，经济体并没有展现出对于出口的兴趣，直到它们收到了来自国外合作伙伴的需求，而 Cavusgil(1980)和 Reid(1981)则声明，国际化观念起源于企业并随后传递至其国外伙伴。Bilkey 和 Tesar(1977)及 Czinkota(1982)认为，该进程来自企业外部，随后被传递至企业内部，这与 Cavusgil(1980)和 Reid(1981)的观点恰好相反(Anderson,1993)。

按照"国际新投资"观点(Oviatt 和 McDougall,1994)，创新也一直被视为加速国际化的关键。一些研究强调，那些"天生的全球性"企业(Knight 和 Cavusgil,2004；Weerawardena 等,2007)倾向于集中在技术行业。同样的，Oviatt 和 McDougall(1999)也认为，技术密集型部门对于变革更为开放，同时也更愿意创造新机遇。这些企业所利用的信息、知识和技术加速了国际化，并通常与适应特殊市场的战略相结合，使得企业能够探索其独特的创新能力(Madsen 和 Servais,1997；Ramos,Acedo 和 González,2011；Weerawardena 等,2007)。

综上所述，直到最近，国际化和创新才被看作独立的两种概念。然而，一系列新研究正关注国际化和创新是否相互补充或相互替代，以及它们可能如何相关。在这个意义上，本章假设国际化和创新的联系是双向的(见图 5.1)。

一方面，创新活动能够以多种方式强化国际化。首先，创新活动提升了

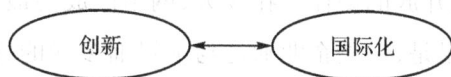

图 5.1　创新与国际化的双向影响

企业的生产力(Salomon 和 Shaver,2005)。过去的研究显示,较之非出口企业,出口企业在实行出口之后生产力实现了提高(Cassiman 和 Golovko,2011)。创新对国际化的第二个影响是获取更广泛市场的 R&D 支持。正如Autio、Sapienza 和 Almeida(2000)指出,高新技术企业会主动选择国际化以弥补明显的 R&D 成本(也可见 Preece,Miles 和 Baetz,1998)。同样的,Vernon(1966)也将国际化产品周期循环联系在一起。根据该研究,拥有新产品的新创和创新公司将通过出口来开拓其市场。因此,产品创新促使国际化为这类新产品与服务不断开发市场(Hitt,Hoskisson 和 Kim,1997)。其三,依据企业的资源依赖观点(Barney,1991),创新活动提升了企业的国际竞争优势,因而创新帮助企业在国际市场竞争中很好地利用其资源。最后,创新衍生出有利于国际化活动的新知识。正如 Autio,Sapienza 和Almeida(2000)指出,知识密集型企业能利用国际机遇,并更少地受到距离或国界的制约(也可见 Eriksson 等,1997,2000)。

　　另一方面,创新活动不仅对国际化行为产生积极作用,也对其他方面带来影响。国际化活动提供了重要的知识和学习来源;例如,Zahra,Ireland 和Hitt(2000)指出,国际扩展(进入多个国家并利用多种手段进入)提升了技术学习的宽度、深度和掌握了更多技巧。这种效应一直在多国家协作(MNCs)中得到深入研究。Ghoshal(1987)认为,国家的差异掩盖了不同的"软"资源,如国际组织关系或特定文化的知识。MNCs 能接触到更为广泛多样的知识源,而它们对不同创新系统有更深刻认识。对通过国际合作进行学习(Hamel,1991;Lyles 和 Salk,1996)与 MNCs 子公司间的知识流(Bartlett 和Ghoshal,1989;Gupta 和 Govindarajan,1991)的扩展研究业已展开。

网络、国际化与创新的开放性

　　自 21 世纪始,企业国际化与创新的进程发生了改变:从内向的、封闭的角度转向了外向的、开放的途径。在今天,网络已成为最重要的国际化与创新资源。这样的结果是,一些企业通过与大量而多元的合作伙伴的联盟、合资、组织公会及其他非正式联系开发了其网络能力,而它们的国际化与创新进程效益也得到了显著提升(见图 5.2)。

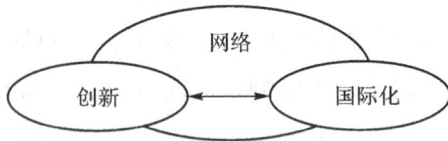

图 5.2 基于网络的创新与国际化

基于网络的开放国际化

无论从阶段模型角度(Johanson 和 Vahlne,2009,2013)或是国际新投资途径(Jones 和 Coviello,2005)来看,网络已然成为国际经济文献的核心特征。Johanson 和 Vahlne(2009)发布的最有影响力的文章中,有一篇文章的标题即可总结国际经济文献关注点的这种变化:"乌普萨拉国际化进程模型再探:从外来者不利到外部者不利。"有学者提出,"(1)市场就是企业之间以多样的、复杂的以及不可见模式相互关联的网络,(2)这些联系则提供了学习和信任及承诺构建的潜在机会,并以此构成了国际化的前提"(Johanson 和 Vahlne,2009:1411-1412)。

同时,"国际创业"理论同样强调了网络在理解国际新投资(INVs)和全球化企业中所扮演的角色(Jones 和 Coviello,2005)。INVs 的特色之一是,它们以一种加速国际化的方法参与到网络之中(Oviatt 和 McDougall,1994;Coviello 和 Munro,1995)。Larson 和 Starr(1993)指出,一种 INV 将会有意识地从其生命周期早期阶段起就开始管理其网络。Ellis(2000)总结道,国际化中的企业的网络联系受到了强社会或个体因素的控制。很多 INVs 的创立都基于其创始人在创立之前就已发展起来的网络。由先天和后天的学习而形成的一种相互作用有益于国际扩展的知识开发(De Clercq 等,2012)。Bruneel,Yli-Renko 和 Clarysse(2010)强调了管理团队创立之前的国际经验(先天学习)的作用,以及从关键交换伙伴(消费者、供应商、投资者等等)中进行跨组织学习的作用。

因此,网络在企业国际化进程中扮演了核心角色。来自不同国家、文化和机构背景的消费者、供应商、机构、政府、经销商、竞争者之间的联系网络提供了学习的机会。

基于网络的开放式创新

创新不再是一个独立的流程。企业开始在创新活动中利用其外部合作伙伴的观念和知识以开发新产品、服务及商业模式。开放式创新认为,内外部知识源能够得到结合以开发出更具价值的创新(Chesbrough,2013)。Ahuja(2000)提出,直接或间接的联结都能影响企业的创新能力。Shan,Walker 和 Kogut(1994)提出了由生物化学行业企业展现出的协作与创新的正相关性,而 Laursen 和 Salter(2006)则发现了绩效与广泛深入的外部创新源搜寻之间的曲线关系(倒 U 形)。

Chesbrough(2003b)提出,"关注点过于内向"的企业"更容易错过大量机遇,因为很多机遇都来自组织现有业务之外,或是需要与外部技术结合以为企业所利用"(Laursen 和 Salter,2006,132)。该假设已被应用在大量不同类型的企业中,包括制造部门(Chiaroni,Chiesa 和 Frattini,2011)、知识密集型产业(Hughes 和 Wareham,2010;Prugl 和 Schreider,2006),以及那些具有不同类型的合作伙伴、消费者、竞争对手等的企业(Chesbrough 和 Crowther,2006;Hienerth,2006)。

如上所述,被认为与开放式创新相关联的有两种流程:输入式开放式创新(表示外部知识的内部化应用),以及输出式开放式创新(表示内部知识的外部化利用)(Huizingth,2011)。Bianchi 等(2011)确认了三种类型的输入或输出式行动:(a)许可协定,(b)非股权联盟,(c)技术与科技服务(购买与供应)。这三类行动都含有与不同类型伙伴的联合行动,并以此开发和(或)利用潜在的创新(Lichtenthaler 和 Lichtenthaler,2009)。

基于网络的国际化与创新互动

网络对于企业而言是竞争优势的来源,而关系资本则可被看作创新和国际化的核心资产。Gassman(2006)指出,将开放式创新放在由全球化、技术强度、技术融合、新商业模式和知识利用所塑造的语境下可能更为适当。与此同时,跨国公司在全球大量国家的出现为创新提供了极具价值的知识来源(Barkema 等,1997;Rosenkopf 和 Nerkar,2001)。企业在国际范围开发其开放式创新的潜能取决于四种关键要素(OECD,2008):(1)创新的难易度(机遇条件),(2)保护创新的难易度(专属权条件),(3)对今天何种创新将成为将来创新的基础的判断(积累性),(4)对知识的多学科性和跨专业的复杂性的认识。

此外,Chetty 和 Stangl(2010)使用十个案例进行研究,对合作伙伴的类型、国际化和创新、增长中的或彻底的进程更为相关进行了一次有意思的分析。我们将分析结果总结在图 5.3 中。他们区分了十种伙伴类型——供应商、消费者、分销商、竞争对手、政府、财务部门、工业部门、大学、机构,以及社会主体——并对每一种类型对于国际化和创新活动发展的重要性进行了评估。

对于国际化和创新活动,Chetty 和 Stangl(2010)划分了四类带有不同网络结构的群组。第一组(彻底的国际化与彻底的创新)创造了多种网络联系,但其中最有影响的是与消费者和竞争对手的联系。对于该组,大学对创新活动很有帮助,而分销商仅仅与国际扩展相关。第二组(彻底的国际化与增长中的创新)为国际化和创新活动创造了很多重要的联系,但其中最具影响的当属与消费者和财务上的网络联系。第三组(增长中的国际化与彻底的创新)仅仅利用了消费者。第四组(增长中的国际化与增长中的创新)很重视消费者和社会联系。正如该研究所展示的那样,消费者联系对于国际化和创新而言最为关键。

经济合作与发展组织(OECD)在 2008 年进行的研究得到了同样的结论。这次研究提出,对于国际创新而言,与公司协作最为频繁的是消费者和供应商。意外的是,尽管大学和政府研究机构普遍被认为是公司创新的重要知识源,企业与它们的协作却不那么频繁,可能的原因是公共机构更为关注向上的研究活动(探索性的),因而或多或少对创新造成了影响(OECD,2008)。

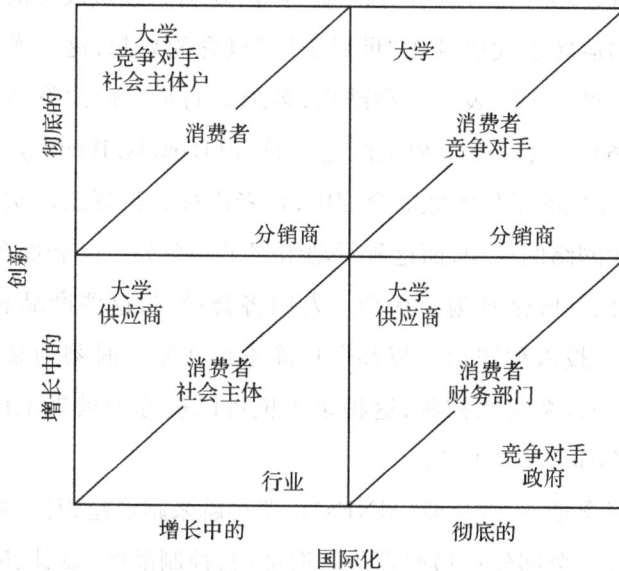

图 5.3 国际化与创新的相关合作伙伴

资料来源：整理自 Chetty 和 Stangl(2010)。

国际创新网络

企业正逐渐被纳入含有多种结构的国际网络中（Ahuja, Soda 和 Zaheer, 2012; Castro, Casanueva 和 Galan, 2013）。在企业国际化领域，多类网络结构已经得到了研究，包括群集、跨企业同部门的联盟（Gomes-Casseres, 1994; Das 和 Teng, 2002）以及全球供应方网络, 这种垂直结构式层级关系（Dyer 和 Nobeoka, 2000）促进了"世界工厂"现象的产生。这类结构最常应用在特定部门, 如智能电话和航空领域（Dyer 和 Nobeoka, 2000; Garcia-Pont 和 Nohria, 2002）。其他模型包括适应性经济（生态）系统（Miguel-Davila, Lopez 和 De Pablos, 2012）, 该系统含有多个单元, 它们以半结构化方式相互作用以实现共有目标, 例如由核心成员（苹果, 谷歌）进行安排的生产系统、协作生产社区（维基百科或 Linux）、创新网络（宝洁公司的扩展生态系统）以及市场平台（eBay）。

国际化创新网络涵盖了诸多 R&D 中心, 它们通过企业在不同国家与不同国际伙伴(供应方、竞争对手、代理商等等)在创新领域展开的协作得以运转。这些新的运转模式引领了"世界工厂"概念的兴起,这一术语由皮得·巴克利提出。世界工厂表示一种结构,多国家的企业借此将其全球战略通过产品与服务的创新、分配和生产进行整合(Bartels,Buckley 和 Mariano,2009)。在对他们的工作所做的介绍中,作者声称,"世界工厂实现了全球企业或全球企业网络的行动,而这种行动组织了一系列产品和服务的生产、分配、销售、设计、品牌化及创新活动。人们将会看到,这些产品和服务,以及它们的子部件、投入和知识产权都很可能不再在某一时刻为某一家企业所有,而是受到一种系统的控制,这种系统也可以被称为世界工厂"(Bartels,Buckley 和 Mariano,2009,1)。

关键的观念是,跨国企业(MNEs)正变得越来越像超距离网络。世界工厂过去被分为三个部分:(1)原设备制造部门,控制品牌、设计、R&D 和工程环节;(2)合同部门,提供制造和后勤服务;(3)仓储、经销和适配商。这类网络组织的一个基本目的即创造一种跨国联系,以使每一部分的定位差异创造出比较的、有竞争力的、技术上的优势。旨在提升动态比较优势的主要国家政策能够促进经济活动的开展,而国际创新也能影响一国的创新体系。跨国企业的创新网络展现了国际创新网络跨边界的节点,这些节点将跨国跨地区的科学、技术和生产系统的不同主体联结起来。国际创新网络促进了跨国的不同走向(内向的与外向的)的动态知识迁移。国际化 R&D 行动同样也对跨国公司在各自国家的竞争力产生了良性影响。

这些国际创新网络可以由某一大企业继续领导,其下则是由中小企业、私人 R&D 机构、大学、供应商等组成的群组。这些网络的例子之一是诺华公司使用的全球开放式创新模型。这家瑞士公司的创新战略的根本即占有位于不同国家(瑞士、英国、法国、美国、日本及印度)的强大内部 R&D 中心、内向与外向的许可、针对性的合并和并购以及外部协作。诺华公司在 59 个国家拥有超过八千名 R&D 协作人员;与超过 120 个国家和 280 个权威机构建立了外部协作,并资助了超过 150 家新创企业(OECD,2008)。

全球开放式创新网络也可以在 SMEs 中得到发展,而并不需要由一家大型 MNC 扮演领导角色。小型创业公司能够与其他不同定位的 SMEs

企业构建小型到中型合作的网络。这一进程有时也含在本地企业群的彻底转换中,即小型的简单的企业通过利用一种短期与长期的(例如,本地的与国外的)关联转向更为复杂的网络结构。从政策制定角度看,对于小型创业企业和本地区与地区间的相关深层转换的关注十分重要。有了世界工厂,价值链上的不同行动在发展中国家和工业化国家中得到了细分与配置。

基于西班牙制造公司的开放式创新与国际化

方法论

样本

我们使用了一份创新企业的样本,以对开放式创新与国际化行动之间的联系进行分析。样本来自西班牙企业战略调查(SBS)。相关对象包括了在制造产业至少拥有十名员工的西班牙企业,以此展开对其出口行动的研究。该调查针对有代表性的西班牙制造公司进行,其内容则包括企业规模、地理分布、部门活动等等。我们选择了资料在 2005 年与 2009 年有效的企业作为样本,以从动态视角对创新和国际化进程进行分析。数据库共包括了总计 1473 家企业在这两年的信息。为了便于研究,我们选择了在这两年中的某一年展开过 R&D 行动的企业。

我们的样本包含 424 家企业。在 2005 年,样本企业的平均规模为 610 名员工,其中位数为 258 名员工,因此根据欧洲指标,我们的样本主要由中型与大型企业构成。样本企业的平均年龄为 35 年(中位数为 31 年)。样本展示了广泛的制造部门分布,其中最为普遍的是化学行业与制药部门。样本特征总结见表 5.1。

变量

国际化变量。国际行为在两种维度中进行考量,它们分别代表了不同的操作方法论。前者指出口行为。我们确认了这一维度上的两个变量：(1)出口倾向(Calof，1994)，如果企业被调查期间有出口行为则记为 1，没有出口行为则记为 0；(2)出口力度(Bonaccorsi，1992)，即为出口价值与企业规模的商。第二个维度指代国外子公司的存在(FDIs)。与之前一样，我们使用二分变量来表示企业拥有境外子公司(记为 1)或没有(记为 0)，并使用两种变量来测量国外子公司的数目。所有的变量都针对 2005 年与 2009 年进行测量，这提供了关于企业在所测年代间的时空演化信息。

创新变量。为了测量开放式创新的使用情况，我们使用了两种独立的指标。创新的开放程度与内外部资源的结合情况，我们也确认了三种创新资源的使用选择。第一种包括内部 R&D 活动而没有外部介入；第二种企业完全参与到外部 R&D 活动中；第三种则是同时包含了内部与外部介入 R&D 活动的综合选项。因此，采用第三种选择的企业将会拥有最高的创新开放程度(Knudsen 和 Mortensen，2011)。

同样的，企业的创新活动开放程度也能通过内外部 R&D 支出平衡得到测量。为此，我们使用了一种集中指数：赫芬达尔指数，R&D 支出在内外部资源上大体平衡的企业集中指数较低(最低值为 5)，与之相对的则是 R&D 支出完全集中于外部或内部的企业(集中指数最高值为 1)。表 5.2 展示了样本企业的开放式创新活动。仅有略过半数(53％)的企业表明，它们同时开展了内外部 R&D 活动。最大的企业(规模上)相应地更倾向于(63.8％)完成开放式创新，而稍小的企业则更倾向于将 R&D 活动集中于内部或外部。仅有 37％的少于 10 名员工的企业参与到开放式创新中。至于企业年龄，创立时间更早的企业也更多地参与到了这类创新中(64.1％)，成立时间超过一百年的企业不在此列。最后，按照行业，下列行业代表了超过 60％的企业：(1)其他运输材料行业(80％)，(2)计算机与电子行业(72％)，(3)机动车行业(63.4％)。表 5.3 的前两列展示了卡方测试的结果，其中在企业的规模、年龄与行业上，开放式创新显现了明显的差异。

表 5.1 样本特征

规模	数量	比例
少于 50	56	13.2%
50~99	39	9.20%
100~249	106	25.0%
250~499	118	27.8%
500 以上	105	24.8%
年龄		
小于 10 年	49	11.6%
10~24	126	29.7%
25~49	161	38.0%
50~99	78	18.4%
100 年及以上	10	2.4%
行业		
肉业	8	1.9%
食品和烟草制品	31	7.3%
饮料	12	2.8%
纺织与服装业	16	3.8%
皮革和鞋类	5	1.2%
木产品生产	6	1.4%
造纸	10	2.4%
图像工艺	3	0.7%
化学工业和制药产品	61	14.4%
橡胶和塑料	28	6.6%
非金属矿产品	22	5.2%
铁和非铁金属	27	6.4%
金属产品	31	7.3%
农业和工业机械	41	9.7%
计算机、电器和光学设备	25	5.9%
机械和电气设备	27	6.4%
汽车	41	9.7%
其他运输设备	15	3.5%
家具制造	14	3.3%
其他制造行业	1	0.2%

表 5.2 企业特征与开放式创新活动

项目	内部 R&D	外部 R&D	内外部 R&D	均衡式 R&D	总计
少于 9 名员工	24	11	21	0.89	56
10~49 名员工	49	28	68	0.85	145
50~250 名员工	32	16	70	0.82	118
250 名以上员工	29	9	67	0.79	105
总计	134	64	226	0.83	424
9 年以下	20	7	22	0.84	49
10~24 年	36	18	72	0.82	126
25~49 年	48	34	79	0.85	161
50~99 年	25	3	50	0.80	78
100 年以上	5	2	3	0.86	10
总计	134	64	226	0.83	424
肉业	3	1	4	0.77	8
食品和烟草制品	10	6	15	0.83	31
饮料	5	2	5	0.84	12
纺织与服装业	6	2	8	0.84	16
皮革和鞋类	0	3	2	0.96	5
木产品生产	2	2	2	0.91	6
造纸	4	1	5	0.84	10
图像工艺	1	1	1	0.84	3
化学工业和制药产品	25	3	33	0.83	61
橡胶和塑料	9	6	13	0.86	28
非金属矿产品	10	3	9	0.83	22
铁和非铁金属	9	2	16	0.83	27
金属产品	7	8	16	0.85	31
农业和工业机械	16	4	21	0.86	41
计算机、电器和光学设备	6	1	18	0.80	25
机械和电气设备	11	1	15	0.81	27
汽车	3	12	26	0.80	41
其他运输设备	2	1	12	0.70	15
家具制造	5	5	4	0.91	14
其他制造行业	0	0	1	0.73	1
总计	134	64	226	0.83	424

表 5.3 企业开放式创新差异

因素	卡方检验	P 值	ANOVA	特设检定
规模	16.078	<0.01	0.008	1～4
年龄	20.064	<0.01	0.506	
行业	59.883	0.013	0.531	

第二种开放式创新使用情况指标变量是 R&D 支出在内外部资源间的分配情况(平衡式 R&D)。每一行业的指标平均值可见表 5.2。

该指标的总体平均值为 0.836。可以观察到,变量值与综合了内外部 R&D 源的企业比例间存在一定的相关性。为了确定是否不同行业的企业间也存在差异,我们引入了差异分析(ANOVA),其结果可见表 5.3。从该分析中能观察到由企业规模而引起的差异,尤其是在拥有少于 10 名雇员(内外部 R&D 成本更加不均衡)和多于 250 名雇员(更均衡的内外部 R&D 成本)的企业之间。

调查结果

在描述了案例中企业的特征,并对其创新活动(内部的、外部的,以及混合的)进行着重强调之后,我们现在将分析这类活动与国际化行为之间的关系,包括出口和国外子公司。表 5.4 中的行表示了创新源(内部的、外部的,以及混合的),列则展示了 2005 年和 2009 年的不同维度国际化行为。

表 5.4 开放式创新行动与国际化行动(静态)

	出口(1/0)	出口密度	MNC(1/0)	国外子公司数目
年份	2005	2005	2005	2005
内部 R&D	118	0.33	37	1.63
外部 R&D	61	0.31	18	0.72
内外部 R&D	215	0.38	82	2.85
总体	394	0.35	137	2.14
卡方检定	0.029	0.192	0.174	0.209

113

续表

	出口(1/0)	出口密度	MNC(1/0)	国外子公司数目
年份	2009	2009	2009	2009
内部 R&D	118	0.35	40	2.01
外部 R&D	60	0.29	17	0.66
内外部 R&D	221	0.42	95	2.10
总体	399	0.38	152	1.85
卡方检定	0.001	0.006	0.016	0.261

在出口倾向(出口企业比例)方面,我们观察到,带有开放式创新取向的企业相对而言也具备更高的出口倾向。2005 年有 394 家企业进行了出口业务(占总数的 92.9%),其中超出一半(54.5%)的企业都参与了开放式创新活动。这一数值在 2009 年增长为 55.3%。需要指出的是,这两个数值都超过了设有开放式创新中心的企业的 53.3% 的比例。

在出口密度(出口量占总销量的比例)方面,数据再一次表明,明显开发了内外部 R&D 活动的企业具备更高的出口密度;该数值在 2005 年是 35%,2009 年上升到 38%。在直接国外投资上,2005 年仅有 137 家样本企业声明有国外子公司,2009 年则有 152 家(32.3%)。其中,大约 60%(2005 年为 59.8%,2009 年为 62.5%)的企业都参与到了开放式创新中。最后,如果我们观察国外子公司的数量,大约每家企业平均会拥有 2 家国外子公司,而数据也表明结合了内外部 R&D 源的企业拥有更多的子公司(2005 年为 2.85 家,2009 年为 2.10 家)。

数据的卡方检测显示,在两个年份中,采取了与未采取开放式创新的企业在出口倾向上存在显著差异。在出口密度(出口量/总销量)上,差异只在 2009 年是显著的,这似乎表明开放式创新引入和在出口密度上发挥作用之间存在着时间差。另一个差异可见于拥有与未拥有 FDIs 的企业之间,其差异也在第二个年份是显著的。最后,卡方检测显示,在国外子公司数量上也没有显著差异。

这些数据分别指向我们所分析的两个年份。然而,创新和国际化都应被视作随时间而发展的进程,因此对开放式创新活动的发展如何影响案例企业的国际化行为演变进行分析非常重要。表5.5展示了出口密度以及企业采取的创新类型与其子公司数量的增长情况的关系。这样我们能够观察到,最高的增长率出现在对其创新活动采取了更为开放途径的企业中。然而,其差异也并不是非常显著(卡方检测)。

表 5.5　开放式创新行动与国际化行动(动态)

年份	公司出口密度 2005—2009	公司国外子公司数目 2005—2009
内部 R&D	6.08	0.13
外部 R&D	2.60	0.01
内外部 R&D	11.41	0.16
总体	8.45	0.13
卡方检定	0.749	0.883

第二个变量表明,开放式创新方法的应用是内外部R&D活动的平衡(均衡的R&D开支)。正如方法论中所解释的那样,我们已经使用熵值来对此进行检测。该指标的最低值(0.5)出现在R&D开支均匀地分配于内外部源时,而最高值(1)则是某家企业仅仅采用了单一类型的R&D活动(内部的或外部的)。

表5.6列出了企业规模和年龄的平均值。可以观察到,企业年龄方面不存在显著差异,而差异在企业规模上是显著的。最大的企业(超过250名雇员)得分最低,表明其内外部R&D开支更为均衡。同样的,尽管其差异也并不显著,数据还是表明开放式创新实践的采用倾向于与企业规模的增长相一致(熵值降低)。

表 5.6　基于企业规模和年龄的内外部 R&D 平衡

规模	N	平均	年龄	N	平均
少于 9 名员工	56	0.895	9 年以下	49	0.844
10～49 名员工	145	0.855	10～24 年	126	0.827
50～250 名员工	118	0.822	25～49 年	161	0.852
250 名以上员工	105	0.794	50～99 年	78	0.807
总计	424	0.836	100 年及以上	10	0.862
F 值		4.023	总计	424	0.836
卡方检验		0.008	F 值		0.831
Bonferroni 检验（组间差）		2—4，3—4	卡方检验		0.506

表 5.7 展示了检测内外部 R&D 平衡的熵值和案例企业国际化行为相关变量之间的相关性。

我们观察到，所有的相关性都是负值，这表明国际化与开放式创新活动的内外向输出平衡存在正相关关系。尤其明显的是，出口倾向上的相关性在 2009 年要比在 2005 年更为强烈；这就是说，在 2005 年发展开放式创新活动的企业更倾向于在四年后进行出口活动（延迟效应）。同样的影响（尽管其差异并不显著）也可以在出口密度上观察到。最后，关注企业国际化参与（出口密度和国外子公司数量）的增长状况，其结果再一次表明，当企业内外部 R&D 开支更为均衡时该增长更为显著。

表 5.7　开放式创新与国际化行动的相关性

项目	均衡式 R&D
出口（1/0）2005	−0.053
出口（1/0）2009	−0.113*
MNC2005	−0.102*
MNC2009	−0.100*
出口密度 2005	−0.006
出口密度 2009	−0.026
国外子公司数目 2005	−0.05

项目	均衡式 R&D
国外子公司数目 2009	−0.049
企业出口密度(2005—2009)	−0.082
企业国外子公司数目(2005—2009)	−0.035

讨 论 与 结 论

全球化和信息与通信技术的发展是最近二十多年的两大现象，二者并不是独立的，而是与企业国际化行为和其创新活动紧密联系的。此外，越来越多的信息与通信技术企业开始利用开放式创新（West 和 Gallagher，2006）；然而，这一趋势并不局限于该行业，而是在诸多行业中普遍展开（Gassmann，Enkels 和 Chesbrough，2010）。其结果之一即企业在其知识库发展环境的开放程度影响到了它们的全球竞争力。

在过去，占主导地位的组织化模型是等级制的，其中的组织化边界非常清晰，而活动的发展则主要是内生的。企业通过渐进的方式不断演变，其竞争所需的关键资源和能力或者来自企业外部或者来自企业内部，通过某一种独立路径发展。而现在，企业正在开放其组织化模式，这样其在新产品开发和现有产品商业化方面的内外部资源获取能力得到强化，竞争优势也得以提升。这一新现象强调了企业网络、开放式创新应用，以及对地理分散资源迅速获取能力的三者的重要性。

知识（关于技术和市场的）是竞争的关键要素。这些知识的增长是专业化的、分散的、充满不确定性的，企业也无法单独掌控它们在任一时间所需的全部资源。也因此，企业与其他公司、机构、供应方、代理等等一系列国际主体间的联系越多，企业在全球环境中的竞争力和弹性就越强。

在本章中，我们分析了开放式创新发展与企业国际化进程之间的关系。我们的假设是，借助平衡式内外部创新模式的企业更倾向于发展国际化活动。我们考察了创新与国际化之间的关系，对 2005 年至 2009 年间的 424 家西班牙企业创新进行了分析。该分析表明，正如我们假设的那样，在创新领域更开放的企业倾向于采取更频繁的国际化行为。同样，我们也观察到这一关系随时间而不断强化。

这一主题的研究对研究人员和实践者同样重要。通过充分地研究开放性在创新活动中的角色，我们的研究帮助缩小了创新与国际化进程之间的分歧（Wynarczyk，Piperopoulos 和 McAdam，2013）。我们提出了一种发展创新活动的新方法，相比于传统的国际化路径，这种方式将更有助于实现企业的国际化。对于实践者，我们的建议是，创新的开放程度会为国际化扩展战略带来现实收益。

企业网络的国际化开发对创新和国际扩展都非常有价值。创新所需知识分布于世界各地，而合理利用这些在地理上分布广泛的资源进行商业化创新的能力非常重要。高度专业化但也是全球化的市场商机的出现有利于天生全球化的企业和微型跨国组织的发展，它们通常与更复杂但在地理上更分散的代理网络相联系。企业群、垂直和水平网络、全球工厂以及国际化创新网络创造了新的、开放的组织化模型，进而产生了新的价值衍生生态系统。我们的工作强调了创新与国际化的互惠联系和互补性，这种联系则构建于与其他企业、供应方、代理、竞争对手以及全球其他机构和组织的联盟及网络之中。

参考文献

[1] Ahuja, G. (2000), "Collaboration Networks, Structural Holes and Innovation: A Longitudinal Study." *Administrative Science Quarterly* (45):425-455.

[2] Ahuja, G., Soda, G., and Zaheer, A. (2012). "Introduction to the Special Issue: The Genesis and Dynamics of Organizational Networks." *Organization Science* 23 (2): 434-448.

[3] Andersen, O. (1993). "On the Internationalization Process of Firms: A Critical Analysis." *Journal of International Business Studies* 24

(2)：209-231.

[4] Autio, E., Sapienza, H, J., and Almeida, J. G. (2000). "Effects of Age at Entry, Knowledge Intensity, and Imitability on International Growth." *Academy of Management Journal* 43 (5)：909-924.

[5] Barkema, H. G., Shenkar, O., Vermeulen, F., and Bell, J. H, J- (1997). "Working Abroad, Working with Others: How Firms Learn to Operate International Joint Ventured." *Academy of Management Journal* (40)：426-442.

[6] Barney, J. B. (1991). "Firm Resources and Sustained Competitive Advantage." *Journal of Management* (17)：99-120.

[7] Bartels, F. L., Buckley, P., and Mariano, G. (2009). "Multinational Enterprises' Foreign Direct Investment Location Decisions within the Global Factory." *United Nations Industrial Development Organization*, Vienna, 2009.

[8] Bartlett, C. A., and Ghoshal, S. (1989). *Managing Across Borders: The Transnational Solution*. Boston: Harvard Business School Press.

[9] Bianchi, M., Cavaliere, A., Chiaroni, D. Frattini, F., and Chiesa, V. (2011). "Organisational Modes for Open Innovation in the Bio-pharmaceutical Industry: An Exploratory Analysis." *Technovation* (31)：22-33.

[10] Bilkey, W. J., and Tesar, G. (1977). "The Export Behavior of Smaller Wisconsin Manufacturing Firms." *Journal of International Business Studies* (9)：93-98.

[11] Bishop, K. (2008). "Internationalisation and Cooperation Strategies in Knowledge-Based Ventures." *International Journal of Entrepreneurship and Innovation* 9(3)：199-207.

[12] Bonaccorsi, A. (1992). "On the Relationship between Firm Size and Export Intensity." *Journal of International Business Studies* 23 (4)：605-635.

[13] Bruneel, J., Yli-Renko, H., and Clarysse, B. (2010). "Learning from Experience and Learning From Others: How Congenital and Inter-organizational Learning Substitute for Experiential Learning in Young Firm Internationalization." *Strategic Entrepreneurship Journal* (4):164-182.

[14] Calof J. L. (1994). "The Relationship between Firm Size and Export Behavior Revisited." *Journal of International Business Studies* (25): 367-387.

[15] Cassiman, B., and Golovko, E. (2011). "Innovation and Internationalization through Exports." *Journal of International Business Studies* (42):56-75.

[16] Castro, I., Casanueva, C., and Galán, J. L. (2013, forthcoming). "Dynamic Evolution of Alliance Portfolios." *European Management Journal.*

[17] Cavusgil, S. T. (1980). "On the Internationalization Process of Firms." *European Research* (8):273-281.

[18] Chesbrough, H. (2003). *Open Innovation: The New Imperative for Creating and Profiting from Technology.* Cambridge, MA: Harvard Business School Publishing.

[19] Chesbrough, H. (2003b). "The Era of Open Innovation." *MIT Sloan Management Review* 44 (3):35-41.

[20] Chesbrough, H., and Crowther, A. K. (2006). "Beyond High Tech: Early Adopters of Open Innovation in Other Industries." *R&D Management* 36 (3): 229-236.

[21] Chetty, S. K., and Stangl, L. M. (2010). "Internationalization and Innovation in a Network Relationship Context." *European Journal of Marketing* 44 (11/12): 1725-1743.

[22] Chiaroni, D., Chiesa, V., and Frattini, F. (2011). "The Open Innovation Journey: How Firms Dynamically Implement the Emerging

Innovation Management Paradigm. " *Technovation*(31)：34-43.

[23] Coviello, N. (2006). "The Network Dynamics of International New Ventures. " *International Business Studies*(37)：713-731.

[24] Coviello, N. E. , and Munro, H. J. (1995). "Network Relationships and the Internationalization Process of Small Software Firms. " *International Business Review* 6 (4)：361-386.

[25] Czinkota, M. R. (1982). *Export Development Strategies*：U. S. *Promotion Policy*. New York：Praeger Publishers.

[26] Das, T. K. , and Teng, B. (2002). "Alliance Constellations：A Social Exchange Perspective. " *Academy of Management Review* (27)：445-456.

[27] De Clercq, D. , Sapienza, H. J. , Yavuz, R. I. , and Zhou, L. (2012). "Learning and Knowledge in Early Internationalization Research：Past Accomplishments and Future Directions. " *Journal of Business Venturing*(27)：143-165.

[28] Dyer, J. H. , and Nobeoka, K. (2000). "Creating and Managing a High-Performance Knowledge-Sharing Network：The Toyota Case. " *Strategic Management Journal*(21)：345-367.

[29] Ellis, P. (2000). "Social Ties and Foreign Market Entry. " *Journal of International Business Studies* (3)：443-469.

[30] Eriksson, K. , Johanson, J. , Majkgard, A. , and Sharma D. D. (2000). "Effect of Variation on Knowledge Accumulation in the Internationalization Process. " *International Studies of Management and Organization* 30 (1)：26-45.

[31] Eriksson, K. , Johanson, J. , Majkgard, A. , and Sharma, D. D. (1997). "Experiential Knowledge and Cost in the Internationalization Process. " *Journal of International Business Studies* 28 (2)：337-360.

[32] Garcia-Pont, C. , and Nohria, N. (2002). "Local versus Global Mimetism：The Dynamics of Alliance Formation in the Automobile

Industry." *Strategic Management Journal*(23): 307-321.

[33] Gassman, O. (2006). "Opening Up the Innovation Process: Towards an Agenda." *R&D Management* 36 (3): 223-228.

[34] Gassmann, O., Enkels, E., and Chesbrough, H. (2010). "The Future of Open Innovation." *R&D Management* 40 (3): 213-221.

[35] Ghoshal, S. (1987). "Global Strategy: An Organizing Framework." *Strategic Management Journal* 8 (5): 425-440.

[36] Golovko, E., and Valentini, G. (2011). " Exploring the Complementarity between Innovation and Export for SMEs' Growth." *Journal of International Business Studies*(42):362-380.

[37] Gomes-Casseres, B. (1994), "Group versus Group: How Alliance Networks Compete." *Harvard Business Review* 72 (4): 62-74.

[38] Gupta, A. K., and Govindarajan, V. (1991). "Converting Global Presence into Global Competitive Advantage." *Academy of Management Review* 16 (4): 768-792.

[39] Hamel, G. (1991). "Competition for Competence and Inter-partner Learning within International Strategic Alliances." *Strategic Management Journal* 12 (summer): 83-103.

[40] Hienerth, C. (2006). "The Commercialization of User Innovations: The Development of the Rodeo Kayak Industry." *R&D Management* (3): 273-294.

[41] Hitt M. A., Hoskisson, R. E., and Kim, H. (1997). "International Diversification: Effects on Innovation and Firm Performance in Product-Diversified Firms." *Academy of Management Journal*(39):1084-1119.

[42] Hughes, B., and Wareham, J. (2010). "Knowledge Arbitrage in Global Pharma: A Synthetic View of Absorptive Capacity and Open Innovation." *R&D Management* 40 (3): 324-43.

[43] Huizingth, H. (2011). "The Commercialization of User Innovations:

The Development of the Rodeo Kayak Industry." *R&D Management* 36 (3): 273-294.

[44] Johanson, J., and Vahlne J. E. (2009). "The Uppsala Internationalization Process Model Revisited: From Liability of Foreignness to Liability of Outsidership." *Journal of International Business Studies*(40):1411-1431.

[45] Johanson, J. E., and Vahlne, J. (2013). "The Uppsala Model on Revolution of the Multinational Business Enterprise: From Internalization to Coordination of Networks." *International Marketing Review* 30 (3): 189-210.

[46] Jones, M. V., and Coviello, N. E. (2005). "Internationalization: Conceptualising an Entrepreneurial Process of Behavior in Times." *Journal of International Business Studies* 36 (3): 284-303.

[47] Knight, G. A., and Cavusgil, S. T. (2004). "Innovation, Organizational Capabilities and the Born-Global." *Journal of International Business Studies* 35 (2): 124-141.

[48] Knudsen, M. P., and Mortensen, T. B. (2011). "Some Immediate—but Negative—Effects of Openness on Product Development Performance." *Technovation*(31):54-64.

[49] Kumar, M. V. S. (2009). "Relationship between Product and International Diversification: The Effects of Short-run Constraints and Endogeneity." *Strategic Management Journal*(30): 99-116.

[50] Larson, A., and Starr, J. A. (1993). "A Network Model of Organization Formation." *Entrepreneurship Theory and Practice* 17 (2): 5-15.

[51] Laursen, K., and Salter, A. (2006). "Open for Innovation: The Role of Openness in Explaining Innovation Performance among U. K. Manufacturing Firms." *Strategic Management Journal*(27):131-150.

[52] Lichtenthaler, U., and Lichtenthaler, E. (2009). "A Capability-

Based Framework for Open Innovation. Complementing Absorptive Capacity." *Journal of Management Studies* 46 (8): 1315-1338.

[53] Lim, J., Sharkey, T., and Kim, K. (1991). "An Empirical Test of an Export Adoption Model." *Management International Review* 31 (1):51-62.

[54] Lyles, M. A., and Salk, J. E., (1996). "Knowledge Acquisition from Foreign Parents in International Joint Ventures: An Empirical Examination in Hungarian Context." *Journal of International Business Studies* 27 (5): 877-903.

[55] Madsen, T. K-, and Servais, P. (1997). "The Internationalization of Born Global: An Evolutionary Process?" *International Business Review* 6 (6): 561-583.

[56] Miguel-Dávila, J. A., López, D., and de Pablos, C. (2012). "EI sector de la telefonfa movil como modelo de negocio abierto en im contexto de innovacion sistemica." *Universia Business Review* (36): 48-63.

[57] OECD. (2008). "Open Innovation in Global Networks." *Policy Brief*, November, 1-8.

[58] Oviatt, B. M., and McDougall, P. P. (1994). "Toward a Theory of International New Ventures." *Journal of International Business Studies* 25 (1): 45-64.

[59] Oviatt, B. M., and McDougall, P. P. (1999). "A Framework for Understanding Accelerated International Entrepreneurship." In Rugman, A. M., and Wright, R. W. (eds.), *Research in Global Strategic Management: International Entrepreneurship*, 23-40. Stamford, CT: JAI Press.

[60] Preece, S. B., Miles, G., and Baetz, M. C. (1998). "Explaining the International Intensity and Global Diversity of Early-Stage Technology-Based Firms." *Journal of Business Venturing* 14 (3):

259-281.

[61] Prugl, R., and Schreider, M. (2006). "Learning from Leading-Edge Customers at The Sims: Opening Up the Innovation Process Using Toolkits." *R&D Management* 36(3): 237-250.

[62] Ramos, E., Acedo, F. J., and González, M. R. (2011). "Internationalisation Speed and Technological Patterns: A Panel Data Study on Spanish SMEs." *Technovation* 31: 560-572.

[63] Reid, S. D. (1981). "The Decision-Maker and Export Entry and Expansion." *Journal of International Business Studies*(12):110-112.

[64] Rogers, E. M. (1962). *Diffusion of Innovations*. New York: Free Press.

[65] Rosenkopf, L., and Nerkar, A. (2001). "Beyond Local Research: Boundary-Spanning, Exploration, and Impact in the Optical Disk Industry." *Strategic Management Journal* 22 (4): 287-306.

[66] Salomon, R., and Shaver, J. M. (2005). "Export and Domestic Sales: Their Interrelationship and Determinants." *Strategic Management Journal* 26 (9): 855-871.

[67] Shan, W., Walker, G., and Kogut, B. (1994). "Interfirm Cooperation and Startup Innovation in the Biotechnology Industry." *Strategic Management Journal* 15 (5): 387-394.

[68] Vernon, R. (1966). "International Investment and International Trade in the Product Cycle." *Quarterly Journal of Economics*(80): 190-207.

[69] Weerawardena, J., Sullivan Mort, G., Liesch, P., and Knight. G. (2007). "Conceptualizing Accelerated Internationalization in the Born Global Firm: A Capabilities Perspective." *Journal of World Business* (42):294-306.

[70] West, J., and Gallagher, S. (2006). "Challenges of Open Innovation: The Paradox of Firm Investment in Open-Source

Software." *R&D Management* 36 (3): 319-331.

[71] Wynarczyk, P, Piperopoulos, P, and McAdam, M. (2013). "Open Innovation in Small and Medium-Sized Enterprises: An Overview." *International Small Business Journal* 31 (3): 240-255.

[72] Zahra, S. A., Ireland, R., and Hitt, M. A. (2000). "International Expansion by New Venture Firms: International Diversity, Mode of Market Entry, Technological learning, and Performance." *Academy of Management Journal* (43): 925-950.

第六章　供应链创新获取

理查德·杨

引　言

当企业需要采购设备、原材料和组件以供装配时,它们会主动地寻求创新。而当创新源自意外所得而非作为企业价值主张的重要部分时,所出现的状况就格外多。因此,供应链成了企业间创新流动的关键渠道。确实,创新可被视作某种相当特殊形式的信息,它可能包括短期或长期应用,也可能通过正式或非正式方式得到共享;然而,这通常是临时的,即尽管知识流与共享真实存在,但很多企业在面对消费者和供应商时并没有对此负责。企业需要承认并吸收开放式创新流的概念,尤其要将之与其供应商和消费者结合起来。

对于供应链的主导观点,即"供应链运转参考模型"(我认为这一受版权保护的模型需要得到资本化),要求合作企业间互通采购、制造、运输及反馈活动。通常认为供应链包括三种流动方式:物理的、信息的,以及资金上的。三种之中,鉴于信息对于成功的物理流的作用,信息流被认为最具影响力,也因此,信息流很大程度上包含了交易信息,或者按前瞻性的说法,未来交易信息。

开放式创新的概念并不新颖,尽管这一术语的出现可能归功于亨利·切撒布鲁夫(2003),但它已然推动企业从其他主体获取创新源以更快地改善其产品与流程——尤其是通过迈到其边界之外(Chesbrough,2007)。此

127

外，切撒布鲁夫也曾提出，创新也必须成为组织技术提供方的责任（Chesbrough,2012）。同时他也明确企业外部源的需求，对于这一点，企业外部的确存在一些现成的机遇，它们在很多方面已经得到了充分检验并可以被直接利用。这些现成的来源——特别是企业的消费者与供应商——都能在企业的供应链中被发现。

Tomas Kuhn(1970)曾发现，当领域外的人们对某种问题进行观察并得出结论时，很多伟大的发现由此诞生，其原因是这些人可能并不知道什么问题可问，随后，他将"范式"一词的使用进行了推广。供应链中的合作伙伴可能是一个极好的知识获取源，因为它们很可能不受焦点企业范式的制约同时又对它们的特殊运转动态足够了解，这样，焦点企业就不再需要为获取合适的专家而投入大量的时间与精力。

本章首先回顾了传统的物理、信息和资金流供应链模型，随后强调了知识流的重要性并将共享作为第四种流动方式。接下来，我们提供了八个公司案例，它们在其供应链中都与各自消费者、供应商之间进行了知识流共享。此外，我们将八个案例分析分解为一个矩阵模型，以此进一步阐明供应链的利用如何成为参与开放式创新的最有效方法。最后，本章强调了联系供应链上下游获取创新的重要性。

供应链管理

"供应链"一词一直有多重来源，包括托马斯·斯塔克坎普，克莱斯勒公司的前副总经理，他曾在 20 世纪 80 年代早中期试图留在克莱斯勒公司时使用了该词。在历史上，克莱斯勒公司始终居美国三大汽车制造商之列，并对其供应商的依赖度最高。斯塔克坎普意识到公司很容易受到其供应商绩效的影响，但更重要的是，这些直接的或一级供应商又严重受制于其各自供应商，专业上可以将之记为二级的（级^2）或多级的（级^n）。

在 20 世纪 90 年代中期，一些领导企业和至少一家研究型大学共同组建了供应链协会对供应链运转参考模型（或 SCOR）提出版权主张，我们的使用也需要相关声明，见图 6.1（供应链协会,2013）。协会首先提出，所有的企业都参与了四种基本活动:采购、制造、运输和反馈。在传统术语中,这意味着企业采购原料,制造产品,进行运输并将之销售给消费者。除此之外,还存在一种协调这些工作的首要的计划功能。随后,协会更深刻地认识到,供应商与消费者同样拥有采购—制造—运输活动,而成功的企业也的确有与其协作边界之外的其他组织进行协调的计划活动。反馈功能也包含在该模型中,它负责处理供应链中的反向流,在本章中,这种功能将被认为是一种创新机遇但并不在我们的关注范围之内。

因此,从供应的出发点来看,仅当我们确认那些企业从地球提取了原料或从中获益时,供应链就结束了。同样的,从消费的角度看,仅当产品或服务被消费时,供应链也随之终止。

SCOR 模型的第二大贡献是认可了三种平行流:物理的、信息的、资金的。尽管物理流可能最为明显,同时长期作为采购与分配活动工作的主要关注点,但另两种流动可能在实现顺利的经济运行中作用更大。没有信息流,物理流便无法有效进行,这类信息通常表示交易信息;然而从战略出发点来看,信息流也应包括技术上的数据和预测。鉴于资金是商品购买与投资的必要物,资金流也被作为供应链的一部分。通常物理流有效进行时,资金流能够产生最好的效果,但同时它也需要正确而及时的信息。图 6.2 展示了 SCOR 模型的这些流向因素。

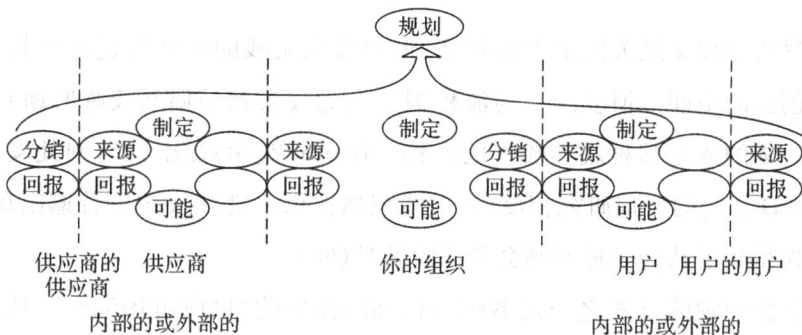

图 6.1 供应链运作偏好模型:重复行动

来源:供应链会议(2010),供应链运作偏好模型,许可获准,Cypress,TX。

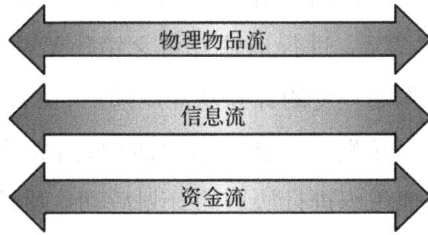

图 6.2　SCOR 模型流动

来源：供应链会议（2013），许可获准。

　　企业会向有助其与其他组织间进行业务开展的流程进行适当投资。在线订购、电子数据交换和整合应用——例如持续的规划、预测和补给（CPFR）——使得信息交换更为顺畅，同时产生了更具响应性的物理流。电子资金转账（EFT）也对资金流产生了同样的作用。

　　明显的问题是事实上是否存在与上述 SCOR 模型三种流向相平行的知识流与共享。虽然对于是否存在没有物理、信息与资金流的供应链还值得商榷，但声明知识流与共享的必然存在却还没有硬性的证明，然而如果将合作伙伴相关的价值主张重新进行正确定义，则知识流与共享就必须存在。

在供应链中寻找创新

　　尽管多数文献关注于产品创新，但对最优实践的开展与适应同样留有流程创新的空间。很多产品与流程创新上的成果都是偶然或临时所得，而非有规划的或是某种成熟流程的产物。Booth（2010）提出，"与到处发生而在 R&D 部门的普遍研究相反，它可能突然在供应链和公司里普遍出现（而这如果得到了认同及控制则会带来收益）"（69）。

　　机会识别的方式之一是 Kraljic（1983）提出的"供应市场细分"，他提出对于购买企业而言，供应市场中给定物品或服务的风险与其重要性是相应的。Bonoma 和 Shapiro（1983）进一步发展了细分的观点，并将供应能力也纳入该架构之中。近年来对于战略采购持赞同观点的学者也不少。其中尤其要提到的是 Cavinato（2006）和 Carter（2006）两位多产学者，他们强调供应链管理更需要战略上的支持而非交易上的。他们的理论基础是存在大量有助于供应商管理的资源,同时它们也需要被应用到企业最有价值的活动中去。

供应细分是确认供应链中的特殊创新类型存在之处的关键措施。表 6.1 列出了与这些与物品或服务的重要性和风险性相关的多种可能。

即便在供应链这一术语产生之前,试图将问题的解决方法拓展至供应链中其他直接相关企业的努力也已经展开。供应链伙伴间协作创新的关键在于信任,特别是随时间自然形成的信任。信任的本质并不容易理解;它时常不经意地产生但却轻易地丢失(Fawcett,Jones 和 Fawcett,2012)。

表 6.1　创新机遇类型

类型	相对较低的重要性或盈利潜力	相对较高的重要性或盈利潜力
高风险/单项目	瓶颈:可用部件通常只来自OEM;价格很少有用,购买方会寻求创新方式来规避瓶颈事项和服务的存在	关键:高新技术,通常为低容量和很难获得的材料与事项;持续开发和改善也需要特定资源
低风险/共同项目	常规:无所不在的、普遍的、很少有品牌偏好;购买或订单替代上的变异很难带来差异	杠杆:很多差异源需要适当价格和时间;特殊性通常由行业实践或公开标准制定

消费者服务工作通常并不会引致创新,但事实上对于问题解决的关注的确在很多情况下帮助了创新的实现。在整个供应链中,很多参与到供应—开发活动的企业都有相似的特征。它们自身很可能并没有主动追求创新,但无意中却实现了这一目的。

为了说明创新流如何得以实现,我们从一系列行业中选取了跨越几十年的八个案例进行分析。相应的独立变量将在随后提出并被总结在一些归纳理论中,这些理论在某种程度上强调了供应链理论在创新方面的应用。公司名字和可被识别的其他形式标记都在此被忽略。

案例 A:中型注塑模型成型机企业

A 企业生产一系列聚合物生产注塑模型成型机,并将之提供给南加州的小规模用户。在其用户之中有一家诊断设备的专业生产商,它需要精密注模塑胶件(特殊试剂容器的材料)以生产特殊试剂的容器,这些容器被用于多种环境,而其主要用途之一就是存放霉菌孢子。这些要求并不容易满足,而 A 企业因部分没有达到物理层面的特殊标准,已经面对重要的质量问题。由于与学习能力相关的转换成本的存在,A 企业并不会立即失去该业务。企业所需的解决方案被证实为来自其他部门的技术支持。最终,该部门提供了所需的特殊技术服务,问题也得到了最终解决。

解决问题可能会也可能不会被视作创新,A 企业的用户已经重新与其开展了业务,企业也因品质如一的高精度产品而广为人知。其业务量获得了成倍增长,塑胶件也成为其所提供的关键产品。此外,A 企业与其用户之间的联系也得到了加强。

案例 B:制药企业

案例 B 的情况与案例 A 相当相似。B 企业决定对其用在处方药上的塑料瓶做出改变。这些药瓶过去由高密度聚乙烯(HDPE)制成,此后则在联邦法律要求下加上了一个保护封套。由于药瓶与封套不兼容,现有产品没有达到质量标准。正如案例 A 中一样,B 企业的用户开始逐渐流失,而还有一大批产品无法上市。

尽管案例 B 与案例 A 的结果相似,但获取解决方案的情况却并不一样。B 企业从属于一家大型的多业务部门化学企业,该企业同时生产多种类型的塑料合成树脂。B 企业的管理部门与生产聚合物的子单位的技术服务部对此问题进行了解决。对专业树脂的最终改变造成了三赢的结果:(1)制药部门最终获取了符合联邦要求的封套,产品也得以最终上市,(2)药瓶生产商得到了一直困扰其关键用户的问题的解决办法,(3)塑料部门通过增加一位新客户提升了其销量。解决问题能够产生创新,而在此案例中,产生的更是一种连接供应链的信息共享的流程创新而非产品创新。

供应市场显示出很多企业都拥有生产模压塑料瓶的能力。这种物品对于 B 企业非常重要,因为没有它们产品便无法上市;这种物品即被称为杠杆物品。

案例 C：汽车 OEM 零配件制造商

一家汽车行业零配件生产商与其主要用户为减少浪费和控制成本进行了合作努力。一个重要举措是汽车企业需要向 C 企业派出十位工程师，他们的任务则是随时识别并处理浪费情况，包括采购—销售交易系统的重建。起初，从 C 企业采购的每个部件都代表了全天候的运营，这带来了数以百计的订单、货运和支付，C 企业雇用了超过十人来处理这些事项。

C 企业及其客户从事这一业务多年，也希望持续下去。支付流程的变革带来了支付订单的缩减，取而代之的是长期预测变为以每周为单位。随着时间发展，预测就变成了承诺。相比于每一笔订单付款，C 企业将每月进行一次运送，客户则通过 48 小时内的电子汇款进行支付。这一流程为各方带来了 70% 的运输成本缩减，以至于 C 企业逐渐将之应用到主要的供应商——一家镀锌钢卷生产商，也因此获得了更大的成本缩减。几年后，这些方式带来了得以持续的封闭式创新，也有利于将来的流程创新。

美国市场上有很多家汽车金属压膜供应商。成本控制是非常重要的，汽车行业也确实在关注。这给我们的启示是，高重要性的项目在市场中通常需要更低风险。该象限也因此可以被归类为杠杆的。

案例 D：塑料制造商

并非所有从消费者流向供应商的知识流都如前三个案例所示。D 企业是一家塑料泡沫产品的制造商，其制造技术在行业内也小有名气。有一段时间，D 企业为一家制造商业建筑定制门窗的公司提供特定部件；随后，该公司希望 D 企业能开发出一种防止窗户在运送过程中擦碰损坏的垫片。窗户一旦擦碰损坏便无法修复，也将延缓建筑工程的完成期，并造成重复生产和更高成本的重复工作，因此这类垫片对该公司相当重要。更严重的是，这类事故所造成的声誉损害在行业中是毁灭性的。

D 企业生产了出一种特殊的并且不昂贵的泡沫垫片，这种产品能够解决这一问题，最终提高了该公司的收益并为其带来了更好的声誉。然而，知识流非常容易流失，该公司其后便寻求更廉价的塑料垫片并取消了与 D 企业的业务关系。该公司看起来只是寻找到了一家成本更低的供应商,但实际上却是放弃了一处可能仍然拥有其他形式的有效解决办法的创新源。相对于创新中产生的价值,这种在单产品上的成本节省是微不足道的。

当其他来源的项目可行时,供应市场中的风险相当小,而直接获益机会也似乎非常低。消费者将这种项目视为常规的,但实际上它更近似杠杆的或甚至是决定性的。本案例的关键发现就是,这种误分类会导致对相关创新的忽视。

案例 E:航空航天组件生产商

很多企业拥有垂直的一体化经营模式,但它们却依赖外部供应商提供所需产品或服务。E 企业是一家生产使用在飞行器引擎上的特殊部件的公司,它恰好符合我们所描述的状况。企业拥有众多加工部件的小型供应商,它们提供了及时且价格合适的服务;然而,前者在战略上总要胜过后者。这些小型供应商的一个主要瓶颈是耗材的成本,尤其是使用在机床、铣床和自动车床上的耗材。E 企业的采购组发现了这一机遇,他们让这些小型供应商成为企业部件的正式买家,这一安排相当有优势,毕竟价格总是有效的。

这些小型供应商也发现了这一直接价值,并开始削减销售给 E 企业的产品成本。随后,E 企业告诉这些小型公司,它们可以使用这些合同为任一工程公司服务而不仅仅是为 E 企业服务。这种购买—销售的联系得到了持续加强,而小型供应商也能够在为 E 企业解决问题的过程中更为灵活,尤其是在涉及不可预见的周期缩减与部件生产时。E 企业的情况有些类似 C 企业,它能够明显提升其即时效益,其客户也增加了与该企业的订单。

尽管与 C 企业情况类似,但在管理上进行转变之后,这一安排被视作是小批量的,而未来的所有采购也将严格依据价格来决定。据我们最后了解到的消息,E 企业因失去协作联系招致了相当严重的供应延误,最终其订单也不断减少。

对于 E 企业供应商而言,这种工具实际上是一种瓶颈。E 企业的坚持所造成的影响也是一种流程创新而非产品创新问题。

案例 F:商业印刷企业

在一些情况下,明显的创新并没有朝向起初所期望的那样发展。F 企业是一家使用大量纸张的大型商业印刷公司,公司所使用的纸张每周都来自由多辆有轨车运送的巨幅卷筒纸。在过去,这些巨幅卷筒纸的外包装也使用同样的纸张,这就意味着因外包装损耗会带来一些纸张浪费。造纸厂认识到了这一问题,并希望通过为卷筒纸包装上一层沥青涂层纸来解决问题。F 企业考量了其影响,包括这种改变所带来的缩减成本与新增成本,最终终止了这一创新。沥青涂层纸最终被证实无法得到回收而只能成为有害废物,这意味着这样做的成本很可能要超过可能收益。

尽管能够从相当多的来源获取,但印刷纸对于 F 企业相当重要;因此作为一种成品,它也可被视作一种杠杆物品。而尽管巨幅卷纸筒不是 F 企业所需的产品,但如果 F 企业改变了对于沥青涂层纸采购的特殊需求,它就成了一种瓶颈物品,同时普通包装也就成了常规物品。

F 企业及其供应商一直保持了良好联系,但从这种情况中所学到的教训是,真正的创新产生于和购买方与销售方的工作关系而非某一活动的单向联系中。

案例 G:一家进口商

一家化学生产商严重依赖于其从欧洲进口成品与原材料的能力,而另一家表面上是其他市场上的竞争者的化学生产商,则严重依赖于出口。这两家企业所面对的共同风险是国际码头工人协会(ILA)所号召的在合同终止时可能的罢工行动。这次罢工可能影响所有从迈阿密到波特兰、缅因的港口。很多企业正考虑在罢工潮到达美国前将集装箱迁至哈利法克斯港,但这样所需的容量达到了该港口容量的 20 至 50 倍。

为寻求解决办法,G 企业意识到它并不是唯一一家受此影响并需要及时应对的企业。它提供了一种基本的创新想法:在非 ILA 控制的港口使用小型船只建立一条集装线路。困难则在于需要提供足够的运费来使得这一想法在经济上可行。G 企业接触了一些竞争者,并发现了一家拥有充足空间的企业。很快,它们达成了合作,并建立了一条集装线路,保证了 G 企业的船只能够满载着穿行在欧洲与北美之间。

使用上述矩阵对本案例进行分析,船运服务同样符合对产品运输及原材料获取所需流程的描述。一般情况下,船运行业在市场中有很多参与方,即船运服务可能被分类为常规的。然而,当港口容量受到限制时,正如这类有组织的罢工所造成的那样,容量就转变为一种瓶颈。

案例 H:一家电子元件生产商

该企业在微型电子部件的产生中使用一种特殊的有色金属,而且这种部件在计算机和电子通信设备生产商中的需求与日俱增。随着对该稀有元素的行业需求的提升,对企业全球性能力的要求也随之提升,H 企业及其关键供应商的工程师和冶金学家开始增进研究协作,期望减少对金属的耗损来提升效率。

随着协作的推进,客户和供应方都意识到,持续的创新依赖于长期合作关系的维持,于是关键供应商的管理层代表也被纳入了相应讨论中。另外,从其他供应方所获取的短期低价收益则可能带来潜在的有害影响。

这种有色金属在世界上仅有五个供应方:三个位于美国,另外两个位于日本和德国。供应市场主体有限带来的风险则提升了该金属的高潜在收益,正如在关键的象限中所表明的那样。

研究发现

产品创新

产品创新的关键形式似乎可以在分段供应矩阵的关键部分和杠杆象限中得到。对于关键的事项,可能是因为当购买方在供应市场中只有很少的选择时,长期的购买—销售关系就相对稳定。杠杆的事项可能受益于购买方企业决定参与到长期关系中。该发现的一个必然结果是,短期或暂时性的购买—销售关系更倾向于制约创新流。

流程创新

流程创新似乎在每个象限中都是可获取的,无论它们是不是关键的、杠杆的、瓶颈的或是常规的。尽管产品创新并不常在瓶颈的或常规的象限中被发现,但流程创新也为从长期关系中获取足够的信任提供了可能的机会。表 6.2 总结了在本章上述面对的产品(标记为 T)与进程(标记为 S)的创新案例。

表 6.2　产品与流程创新

类型	相对较低的重要性或盈利潜力	相对较高的重要性或盈利潜力
高风险/单项目	案例 E (S) 案例 G (S) 受限	案例 A (T) 案例 D (T) 实际 案例 H (T)
低风险/共同项目	案例 G (S) 一般 案例 D (T) 认知 案例 F (T)	案例 B (T) 案例 C (T)

注:运输被标记为一个过程,而不是一个产品。

供应商与客户

创新可以从两个方向得到推动,从客户向供应方或是从供应方向客户。由于供应链中的连续关系,也可能供应方的供应方或是客户的客户成为创新来源。然而如果没有适当的联系,这些潜在机遇永远不可能被实现。

关系驱动意味着不仅仅是购买与销售关系,在这种关系中典型的关键标准就是价格、交付日期和质量。考虑到只有这些标准能够对短期创新进行衡量,它们在短期项目的成功运作也就非常重要。这也就是说若创新来源于购买与销售关系,则通常是流程上的。产品创新则似乎不仅来源于这类购买与销售关系,也同样出现在工程和技术环节,带来的对应问题则是这些关系是如何发生的。从案例来说,这些关系似乎在一开始是商业兴趣的产物,但只有在经过一段时间的信任稳定和增长后,知识流和知识共享才最终发生。除此之外,依赖于商业兴趣的创新可能很脆弱、很容易丢失,正如案例 D 中所发生的那样。

创新即一种供应链流向

本章从对 SCOR 模型的简单讨论以及对供应链中几种流向的描述开始。在我们考量的几个案例中，客户和供应方之间的开放式创新有多种形式，包括产品上的或流程上的，见图 6.3。在这些案例中，SCOR 模型可能要适当修正以发现存在的创新。因此，管理者需要对图 6.3 中的知识流和知识共享价值非常明确，以此在新产品和流程的协作创造中获取客户和供应方的关键能力。

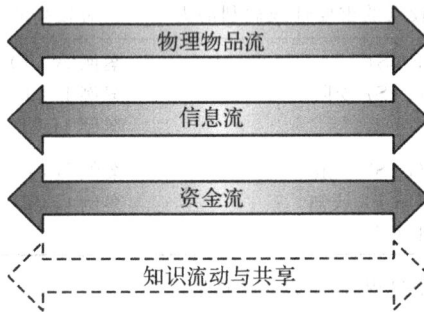

图 6.3　加入知识流与共享后的 SCOR 模型

总结与结论

尽管 Chesbrough(2003)发展了开放式创新的概念和企业从其他主体获取知识产权能力的需求，本章还是一直在强调，企业特定供应链中已经存在有利于流程创新变革的组织群，其中大部分都是企业现有供应链中的供应商和客户。沿着这一方向，Thomke 和 Von Hippel(2002)指出客户也是新价值的创新者。此外，Paton 和 McLaughlin(2008)提出，持续增长也基于有意义服务的识别、支持和培育，这种服务探索、开发也包含了企业内部及企业间的知识增值和转移。然而并非所有的供应链成员都起到了同样的作用；正如分段供应矩阵所表明的，其中一些可能是更好的创新参与者。

与前几章所阐述的内容相似，开放式创新可以在实现产品或流程创新，或同时在二者中起到重要作用。获取创新的关键就是借助供应链上下游的关系,但要注意这些关系经常可能隐藏在商业活动和少量信任之中。决定变更供应商或是失去客户通常将导致某种创新联系的中断;因此识别出任何采购或销售决定中的知识流就有了持续性需求。这种做法并不容易,因为创新有一种未来回报,因此管理决策也很难被评价。

最后,Chesbrough(2012)提出,企业不应尝试将创新领域限制在技术部门,影响供应链创新伙伴正在成为一种超出单一商业职责层次的努力。创新可以是从供应链中发现另一种流向,并以此实现更好的战略性产出。换句话说,创新的缺失即意味着企业很难获取来自其伙伴的全部价值。

尽管多数开放式创新文献都关注于横向关系中的企业间创新联盟,但正如本章用八个案例所表明的,知识流和知识共享可以发生在包含了企业客户和供应商的供应链产品与流程中,其重要性也必须得到强调。

参考文献

[1] Bonoma, T., and Shapiro, B. (1983). *Segmenting the Industrial Market*. Lexington, MA: Lexington.

[2] Booth, C. (2010). *Strategic Procurement*. London: Kogan Page.

[3] Carter, J. (2006). "Developing and Implementing Supply Chain Strategies." In Cavinato, J., Kauffmann, R, and Flynn, A. (eds.). *Supply Management Handbook*, 81-98. New York: McGraw-Hill.

[4] Cavinato, J. (2006). "Supply Management: ISM's Leadership View." In Cavinato, J., Kauffmann, R, and Flynn, A, (eds.). *Supply Management Handbook*, 1-15. New York: McGraw-Hill.

[5] Chesbrough, H. (2003). *Open Innovation: The New Imperative for Creating and Profiting from Technology*. Boston, MA: Harvard Business Review Press.

[6] Chesbrough, H. (2007). "Why Bad Things Happen to Good Technology." *The Wall Street Journal April* 28. hrtp://onlineAvsj-

com/articlc/SB117735510033679362. html (accessed October 6, 2013).

[7] Chesbrough, H. (2012). "Henry Chesbrough on Open Innovation." *CIO Journal*, September 24. http://deloitte. wsj. com/cio09/24/ henry-chesbrough-on-open-innovation (accessed October 6, 2013).

[8] Fawcett, S., Jones, S., and Fawcett, A. (2012). Supply Chain Trust: The Catalyst for Collaborative Innovation. *Business Horizons* (55):163-178.

[9] Kraljic, P. (1983). "Purchasing Must Become Supply Management." *Harvard Business Review*(Sep. -Oct.): 109-117.

[10] Kuhn, T. (1970). *The Structure of Scientific Revolutions*, 2nd ed. Chicago: University of Chicago.

[11] Paton, R. A, and McLaughlin. (2008). "Service Innovation: Knowledge Transfer and Supply Chain." *European Management Journal* 26 (2): 77-83.

[12] "Supply Chain Council." (2012). *Supply Chain Operations Reference Model*, v. 11. http://supply-chain. org/f/SCOR-Overview-Web. pdf (accessed February 26, 2014).

[13] Thomke, S. H., and von Hippel, E, (2002). "Customers as Innovators: A New Way to Create Value." *Harvard Business Review* 80 (4): 76-81.

第七章 施乐公司 & 宝洁公司联合创新的起源与演进：经验教训[1]

罗伯特·德菲利皮,科莱特·杜马斯,苏希尔·巴蒂亚

案例研究方法总结

本案例研究涉及施乐公司与宝洁公司的联合创新,在 2010 年 9 月至 10 月间,研究人员针对参与该联合创新的设计与实施环节的关键领导人进行了调查,本章正是基于此次调查的文档数据与访谈资料进行的分析。在访谈中,研究人员与施乐公司的四位高层管理员以及宝洁公司的两位高层管理员分别进行了接触,访谈主题与问题都预先交送到了每位被访谈者手中。每次访谈(平均时长为 60 分钟)中,研究团队会逐字逐句地进行记录,并在整个案例研究过程中识别关键主题与有价值的引证。随后,此次研究的后续材料将会交由施乐公司与宝洁公司的管理团队进行审核,这一过程也帮助我们更好地接触相关被访谈人员,同时更好地利用企业内部文档资料。

施乐公司用户导向的创新

创新并不是某件你能独自完成的事情。在整个创新过程中,你必须和价值链中的其他人或用户展开协作……你也必须乐于创新,当然同样也包括承担研究与探索中的风险。这些事物拓展了未知的边界,同时这也是个相当可怕的命题,因为你根本无法知道最后是否会取得成功。[2]

自 20 世纪 60 年代以来,施乐公司就一直被视作一家创新型公司,公司所取得的商业成果正来自其令人注目的种种创新产品。施乐公司在创新上的投资包括了下列项目:

• 从 2009 年开始的每年一笔 1.6 亿美元的研究与开发(R&D)投资(包括其合资企业富士施乐的研发投入);

• 位于美国、加拿大、欧洲与亚洲的主要研究中心;

• 55000 项世界专利,每周能够产生 10 项专利;

• 在 2006 年至 2009 年间,因其在创新上的贡献获得了超过 500 个奖项。

表 7.1 展示了关于施乐公司的一些历史资料。

施乐公司的创新成果举世瞩目,对此最好的说明就是其获得的为数众多的创新奖项。举例来说,施乐公司在 2006 年被授予了"产品开发与管理协会杰出创新企业"称号,一年之后,公司又被授予"美国国家科技奖章",以表彰其"在营销、材料、电子、通信与软件领域超过 50 年的杰出贡献,公司为相关需求行业创造了现代复印技术、电子印刷技术与打印技术"[3]。国家科技奖章是对美国创新公司授予的最高荣誉奖项,由美国总统亲自颁发,曾荣获该奖项的企业还包括 IBM、贝尔实验室、杜邦公司及陶氏化学公司。

表 7.1　施乐公司 2009 年简要资料介绍

成立	1906 年,罗契斯特,纽约,作为 Haloid 图像公司
总部	诺沃克,康涅狄格州
CEO	乌尔苏拉·伯恩斯(1980 年作为暑期工程实习生加入公司)
员工	53600 人
专利	9400 多项
2009 年收入	15.2 亿美元
大事记	1959 年,第一台白纸复印机;1963,第一台桌面白纸复印机;1970 年,施乐帕罗奥多研究中心成立;1977 年,第一台激光打印机;1981 年,施乐 8010 明星 PC,带有鼠标和桌面 GUI 系统;2009 年,乌尔苏拉·伯恩斯成为 CEO,也是公司第一位美国黑人女性领导

资料来源:http://www.xerox.com/about-xerox/company-facts/enus.html。

然而在施乐公司的历史创新成就之外,关于公司工程学与科学导向传统的批评之声也不在少数。过去,公司在发布产品后才会搜集用户反馈,主要是关于用户对于产品升级与/或对于后续系列产品可能加入的新性能的要求。施乐公司已然占据了广大的复印机与印刷机世界市场份额,因而即便其新产品并未给用户带来多少功能上的升级,公司的产品销售量仍然很可观。然而,随着市场竞争的加剧,公司必须开始重视用户导向的创新,即将用户参与置于创新过程中的更早阶段。与此同时,公司也意识到,用户也并非总是能够在技术上认识到他们的需求。因此,公司开始在其研发实验室中纳入用户,向他们展示可能的功能,并由此构建以用户为中心的开发过程。正如公司一名技术管理员说道:"我们的技术陈列中心展示的是技术而非产品。"[4]

苏菲·布鲁克(施乐公司的首席技术官与创新团队主席)相当简明地强调了用户导向创新的新目标:"消费者明白他们的痛点与需求,用户导向创新就是将他们与精通技术的研究人员结合起来。"[5]

用户导向创新(CLI)关注于与消费者共享知识,并希望以此加快将新技术引入市场的步伐。CLI团队在研究人员、工程师和消费者之间构建了联系。研究人员会频繁地从针对用户的直接工作中寻求机遇,并利用科学的方法去理解用户的需求与痛点。消费者同样被视作创新中的合作伙伴,CLI团队也鼓励"与用户共同梦想可能的未来"。

施乐公司经常通过向用户展示其技术,而非某种最终产品,开始其用户导向的创新。在这些对公司技术的初始介绍过后,公司会在梦想环节邀请一些代表,并对公司技术如何帮助解决他们工作环境中的及其客户的痛点进行探索。每年会有1500至2000名消费者参观施乐公司的四处国际研究中心,公司的技术员(参与创新的工程师与科学家)也被鼓励与其中的一些消费者进行面对面的接触。其他人员则与消费者进行为期一到两周的在线合作,观察他们如何利用现有技术,以及施乐公司如何通过提供创新满足他们的需求。图7.1和表7.2展示了施乐公司的财务绩效。

苏菲·布鲁克描述了用户参与施乐公司创新的三种途径:

> 我们在世界上的每一处研究中心都设有一处创新展示间。我们的工作就是将用户带入;通常这些用户都是来自其他公司的个体或团队

成员。我们会邀请这些用户分享他们的痛点所在，以及对于其现有业务的展望，随后相关研究人员会分享一些技术发展趋势和正在实验中的有趣项目，包括新的解决方案、服务或技术。在此之后，用户会与研究人员一同开始"梦想"这些技术如何应对他们现有的问题，以及如何能够为用户创造更好的未来。这就是我们的第一条路径：将用户引入我们的研究中心并开展梦想环节。

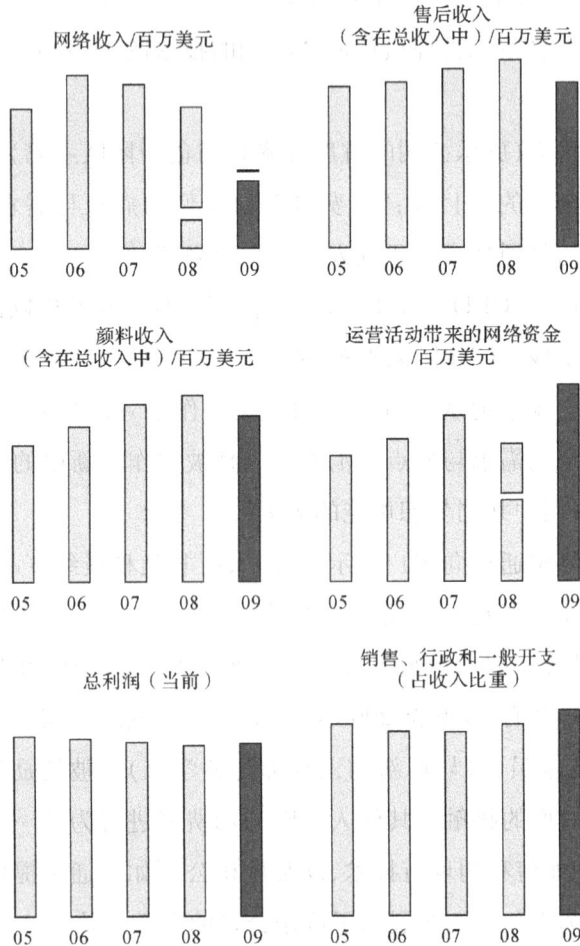

图 7.1　施乐公司财务数据

来源：http://www.xerox.com/annual-reoport-2009pdfs2009_Annual_Report.pdf

表 7.2　施乐公司 5 年财务绩效

（单位：百万美元，除了每股数据）

年份		2009	2008	2007[2]	2006	2005
每股数据						
来自持续运营的收入	基本的	0.56 美元	0.26 美元	1.21 美元	1.25 美元	0.91 美元
	稀释后的	0.55	0.26	1.19 美元	1.22	0.90
营业收入	基本的	0.56 美元	0.26 美元	1.21 美元	1.25 美元	0.96 美元
	稀释后的	0.55	0.26	1.19	1.22	0.94
宣布的普通股股息		0.17 美元	0.17 美元	0.0425 美元	—	—
运营						
收益		15179	17608	17228	15895	15701
	销售收入	6646	8325	8192	7464	7400
	服务、外包、租赁	7820	8485	8214	7591	7426
	财务收入	713	798	822	840	875
来自持续运营的收入		516	265	1165	1232	948
来自持续运营的收入——施乐		485	230	1135	1210	933
净收入		516	265	1165	1232	993
净收入——施乐		485	230	1135	1210	978
财务状况						
工作资本		5270	2700	4463	4056	4390
总资产		24032	22447	23543	21709	21953
巩固资本化						
短期债务		988	1610	525	1485	1139
长期债务		8276	6774	6939	5660	6139
总债务		9264	8384	7464	7145	7278
附属信托公司发行优先证券的负债[1]		649	648	632	624	724
C 系列强制性可转换优先股		—	—	—	—	889
施乐股东权益		7050	6238	8588	7080	6319
非控制股权		141	120	103	108	90
合并总资本化		17104	15390	16787	14957	15300

续表

年份	2009	2008	2007[2]	2006	2005
选择的数据和比率					
年终普通股股东	44792	46541	48261	40372	53017
普通股每股账面价值	8.11 美元	7.21 美元	9.36 美元	7.48 美元	6.79 美元
年终普通股的市场价格	8.46 美元	7.97 美元	16.19 美元	16.95 美元	14.65 美元
年终员工人数	53600	57100	57400	53700	55220
毛利	39.7%	38.9%	40.3%	40.6%	41.2%
销售毛利率	33.9%	33.7%	35.9%	35.7%	36.6%
服务、外包和租赁毛利率	42.6%	41.9%	42.7%	43.0%	43.3%
财务毛利率	62.0%	61.8%	61.6%	63.7%	62.7%

注:[1] 2005 年的数据包含了目前其他债务中的 98 百万美元，[2] 2007 年的结果包含了 GIS 的收购。

来源：http://www. xerox. com/annual-report-2009/financial-performance/five-years-results. html

第二条路径包括了我们研究中心员工中的人类学家，这些研究中心位于法国帕洛阿尔托及格勒诺布尔、印度班加罗尔等地。这些都是实实在在参与公司用户业务工作实践的专家们，他们不仅仅需要利用大量时间倾听用户的工作方式，更需要实实在在的实际观察。最近，我们的专家们在中国与印度展开了一些研究。他们对部分公司客户进行了实时实地的观察跟踪，也只有通过这种方式，我们才能真正地理解他们所处的无法言说的困境并据此为他们提供创新式的解决方案。

第三种路径传统上而言更倾向于被应用于工业中，这一路径需要将用户聚集在一个焦点团队中，团队会针对一些产品开发或解决方案开发中的新创意进行讨论，公司与用户共享现有理念并得到反馈。[6]

帕特里克·马泽以是一名施乐公司的创新经理，她描述了公司应用于法国格勒诺布尔研究中心的梦想环节：

在梦想环节中，我们会讨论某一创新的潜在前景。该环节20％的时间会由我们进行论述，剩下的时间则留给公司客户。我们会简要地对我们希望带给用户的新技术进行介绍。引导员的任务是推动对话的展开，确保所提出的问题都得到解答。我们接受差异化，承认用户较之我们更具多样性的观点。我们会询问用户观点的优先级别。如果他们有100美元会首先选择什么？在最理想的梦想环节中，我通常会有6到8名活跃成员；一半是用户，一半是施乐公司的员工。引导员来自施乐公司。公司代表每次也并不相同——具体人员需要参考进行讨论的技术类型。引导员负责环节中的对话管理，但也需要做好大量的相当重要的预先准备。研究人员则期望获得用户反馈，他们来自不同的技术团队，会展示其正在研发中的技术，以及该技术的前景与应用。对前景的展望越多，向商业团队展示所有技术与创意价值的效果就越好。我们会真正地倾听用户的创意与反馈。[7]

随后，她描述了梦想环节在施乐公司与宝洁公司开展联合创新后的角色：

2008年12月公司与宝洁公司展开了第一次梦想环节，在我们签署协议前，我们已经了解了他们的立场。他们希望我们向他们学习如何使用机器。宝洁公司期望对办公设备的利用方式有更好的认识，他们也想了解这些设备的首要用户。理解这些期望耗费了我们一些时间，最后宝洁公司同意在总部采用这些技术。在梦想环节，很多创意被提出来。这些创意无法在短期得到实际应用，但我们可以将它们逐渐进行测试并形成实际的产品。[8]

苏菲·布鲁克总结了其负责的工程师和技术员所面临的挑战：

有一件大事必须教给我们的研究员和工程师，即不要沉湎在已经得到解决的问题中。快速得到答案的诱惑确实很大，但你必须保留开放式的可能性，能够积极地倾听用户的看法，或者至少过滤掉真正的麻烦。当我们要求研究员这样做之后，更富创造性的解决方案才浮现出来。[9]

关注服务的新施乐公司[10]

数十年来，施乐公司和其他的打印机——复印机公司并无二致，这些公司都推动用户购买更多的办公设备并随后向其销售大量的墨水、碳粉和相关耗材。然而，从 20 世纪 90 年代中期开始，施乐公司及其竞争对手开始推动大客户减少其设备数量并减少打印成本。这些服务举措伴随着办公复印机、传真机和打印机向多功能设备的转变，而这些多功能设备则与企业计算机网络联系起来。尽管这些设备通常需要花费一万至两万美元，投资人还是会选择它们，因为相对于桌面设备，它们更有效率、更加牢靠，同时配件也更便宜。在很多组织中，复印机都由设备经理进行采购；打印机由 IT 部门负责；传真设备则由办公室经理负责。这样的结果是产生了大量的协议和品牌、供应商——尤其是墨水与碳粉盒，它们通常耗费巨大。根据顾能公司对印刷市场的分析，多数组织并不知道它们拥有的设备数量以及由此产生的文件数目。其结果是，提供印刷与文件管理服务作为一项新服务机遇逐渐显现。[11]

在施乐公司开始关注这些服务后，潜在的战略优势随即而来。首先，服务业务较之产品业务提供了更加稳定的收益来源，从而减弱了经济危机带来的影响。其次，服务业务强化了公司与用户间的联系，并带来了更高的利润率。[12]

为推动这一战略的进一步发展，在 2001 年末，公司启动了施乐公司全球服务来帮助消费者提升其密集文档工作流程的效率。施乐公司全球服务的关键部分之一就是对于办公的关注。为了帮助提升办公环境生产力，施乐公司引入了办公文档评估(ODA)工具，这一工具能够分析不同文案工作产生的总成本。一个典型的 ODA 报告会提供一系列提升办公效率、工作效率和缩减成本的建议。通常这类建议的核心都是通过整合减少设备数量，这能带动碳粉、纸张和其他耗材使用量的减少。这些缩减加起来可能数量相当大,可能会从不止人均一台设备变为至少十人一台设备的比例。施乐公司将这项服务作为提升其代理人生产力、缩减成本的一种方式。但随着公众对于环境问题的逐渐了解,公司客户认识到并逐渐重视减少材料使用方面的收益。正如施乐公司一名客户提及:"我们的印刷系统不仅是一项巨大的开支,同样也影响了我们的垃圾处理方式。我们每年甚至可以节省下一小片森林!"施乐公司总结道,将其服务定位为一种在环境与财务两方面有益的方式是对大量消费者极富吸引力的价值前提。[13]

对于施乐公司而言,这一战略使公司从关注逐渐商品化的产品转向了关注提升收益的混合产品与服务。2005 年,施乐公司全球服务为公司带来了大约 22% 的收益。作为该战略的结果,施乐公司得以构建了紧密的客户联系,其益处有三。首先,用户更倾向于不更换供应商。第二,通过这些紧密联系,施乐公司能够扩大销售给服务代理人的产品份额。第三,施乐公司能够利用这一商业模式吸引新的客户,这些用户通常对公司的社会意识、环境友好服务和产品供给印象颇深。

施乐公司的打印管理服务

在打印管理服务(MPS)合同中,一家服务提供商,例如施乐公司,对满足消费者的办公打印需求承担主要责任。这包括了打印设备(加上用户可能需要的现有的第三方设备)和对消费者打印机、多功能外设(MFP)资产的综合管理。MFPs 是能同时作为打印机、扫描仪、传真设备与复印机的一种多功能印制设备。施乐公司这类 MPS 供应商提供的首要服务包括评估客户的打印服务需求,硬件和新/现有硬件运转所需的服务、部件、配件的筛选或全面更替(最优化)。供应商同时会追踪设备使用情况、关联打印服务资产、识别相关问题并满足用户需求。MPS 提供商会分析搜集追踪中得到的信息,并推荐客户做出相应改变以确保总体效率和用户需求得到满足。

施乐公司的 MPS 服务对不同大小规模的企业都是开放的,其价值是帮助客户缩减成本,提高雇员的生产力,提供数据与文件安全,以及实现环境可持续目标(减少碳排放量、能源消耗和固体污染)。MPS 服务会进行如帮助客户缩减打印硬件设备和采购消耗配件(纸张、墨水)等工作,而这看起来似乎与施乐公司打印部门的销售目标背道而驰。然而,这些 MPS 联系带来的服务合同收益更应被视作一种更为持续性的长期合作关系,这确保了更为长期而稳定的未来收益来源。

施乐公司是这样描述其 MPS 价值主张的：

> 通过提供细致严谨的、数据驱动的、基于精益六西格玛方法的服务,施乐公司的 MPS 服务帮助客户更好地管理公司内的文件流动量,以及在文件打印、共享和升级中所产生的成本。从小型企业到国际企业,施乐公司将多供应商输出设备的利用最大化,例如打印机、传真机和复印机,同时扩散了变革管理支持,因此客户得以成功地适应新技术与工作流程。与此同时,施乐公司也帮助客户通过减少纸张使用、能源消耗和垃圾实现环境保护上的目标。[14]

到 2008 年底,施乐公司内部已经完全准备好引入其企业印刷托管服务(EPS),这也是公司首次利用其全球印刷设施——包括从办公室到内部打印中心再到虚拟工作间——帮助客户更好地实现文档管理。企业印刷托管服务将施乐公司的业务从传统 MPS 进行了拓展,现在它们提供企业层面的印刷与文档流程管理服务。"通过将 MPS 拓展至办公室范围之外,组织取得了对企业层面的印刷业务的全面控制,"肯·维勒斯坦,顾能公司的副董事长说道,"这是非常明显的,内外部打印开支通常要超过办公打印的花销,因此整个印刷环境的优化将覆盖更多的成本缩减项。"[15]施乐公司向 EPS 的发展帮助公司将其业务组合从一项成熟、低利润的硬件业务(复印机与打印硬件及配件)转换为包括了不断增长的服务部门的组合,后者提供了长期的客户关系和经常性的收益机遇。大多数 MPS 和 EPS 合同时长为五年。EPS 战略在整个客户打印业务上的广阔视野为施乐公司提供了额外的机遇,帮助公司在其客户的业务与功能领域开发更深、更广的相关关系,这也使得公司提供后续的组合服务成为可能。尽管关于减少成本的价值主张和利用外部资源是非强制性的,大型企业也不断在全球范围及其外包服务中寻求创新,但它们也更倾向于将这些联系视作战略性合作。

2009 年的打印管理服务市场

根据光子集团在肯塔基州列克星敦的一名市场研究人员的说法,世界范围的印刷管理服务在 2009 年达到了 20.3 亿美元市值,较 2008 年增长了 47%。[16]这看起来对于打印机、复印机和多功能设备制造商的吸引力越来越大,尤其是这一年中硬件的出货量降低了 7 个百分点,降到了 49.8 亿美元。在经历 2008 年的两位数增长后,MPS 市场在 2009 年出现了增长放缓,这主要是因为全球经济形势的恶化。MPS 市场就算得到完全开发,供应量也低于成熟水平。在很多新兴国家,MPS 所需的整合已经形成,因为那里的组织考虑到成本从来就没有引入大量设备。而 MPS 在西方市场中推广的改良服务对于新兴国家也并无吸引力,新兴市场中的劳动力相对而言更为廉价。然而在活跃而高速发展中的发展中国家,例如巴西、墨西哥与中国,新的业务机遇仍然存在,这些国家的增长来自标志性的地区组织。[17]

2009 年的 MPS 市场有三个显著的供应商层级:

• 层级 1——佳能、惠普、利盟、理光、施乐:占有约 84% 市场份额的全球 MPS 供应商;

• 层级 2——戴尔、富士施乐、HCL、京瓷美达、柯尼卡美、奥西、冲电气、皮特尼伯斯、三星电子、夏普、东芝:占有约 15% 的市场份额,主要在美国、欧洲、中东与非洲地区或亚洲、大洋洲地区提供服务;

• 层级 3——占有约 1% 市场份额的地区性和全国性供应商:计算中心、立思辰、马克斯办公用品、脉冲科技、SCC、圣度公司、Technoset、Wep Peripherals。

到 2009 年,第一级别的办公设备制造商(佳能、惠普、利盟、理光、施乐)开始在各自价值主张上展开竞争,它们争相向客户宣传其通过减少办公设备数量、代之以多功能打印/复印/扫描/传真设备进而带来的成本缩减。到 2009 年时,施乐已经引领了全球印刷市场,公司占有约 40% 的市场份额,其后是惠普的 19％、理光(包括爱康)的 13％、利盟的 7％以及佳能的 5％。施乐公司 2009 年的全球收益达到 1.985 亿美元。在北美,施乐的收益即达到了 1.252 亿美元,占有约 45％的北美市场。[18]

宝洁公司(P&G)

威廉·波克特,一名蜡烛工人,詹姆斯·甘波尔,一名肥皂商人,两人在 1937 年成立了宝洁公司(P&G)。公司首先成立于俄亥俄州的辛辛那提,并在日后逐渐成长为一家世界五百强企业(参考 CNNMoney. com,2007)。"在 2007 年初,宝洁公司是美国收入排名第 25 位的大型企业,其利润排在第 18 位,公司共有 138000 名员工和在 180 个国家超过 300 种子品牌。公司在《财富》全球最受敬仰企业中排名第 10 位。宝洁公司的企业标语是'亲近生活,美化生活'。"其 2005—2009 年财务绩效如表 7.3。

表 7.3 宝洁公司财务绩效 2005—2009 年

项目	财务总结(未审计的)				
	2009	2008	2007	2006	2005
净销量(百万美元)	79029	81748	74832	66724	55292
运营收入(百万美元)	16123	16637	15003	12916	10026
净收入(百万美元)	13436	12075	10340	8684	6923
持续经营业务净收益率(美元)	14.30％	14.40％	13.40％	12.70％	12.00％
持续经营业务每普通股净收益(美元)	$3.58	$3.56	$2.96	$2.58	$2.43
每普通股净收益(美元)	4.26	3.64	3.04	2,64	2.53
每普通股股息(美元)	1.64	1.45	1.28	1.15	1.03

来源:http://www.pgxom/fr_FR/downloads/annual_reports/PG_2009_AnnualReport.pdf。

在公司的大部分历史中,宝洁一直是美国的杰出消费品企业,旗下的品牌包括汰渍(一种洗衣粉)和帮宝适(第一种一次性尿布)等。宝洁通过创新性营销技术,包括全国性的宣传,来打造其品牌。但到 20 世纪 90 年代末,宝洁公司似乎陷入要让位于其竞争对手的危险境地,这些对手包括了金佰利克拉克和高露洁公司。宝洁公司维持利润增长的选择之一就是削减成本。然而,公司面临的主要挑战还是如何实现业务的增长。在整个20世纪90年代,市场要求从类似宝洁这样的制造商转向类似沃尔玛的零售商,其结论是宝洁的利润必须依靠全新的战略。

为应对这些经济与竞争性的挑战,宝洁公司在1999年将杜克·杰格任命为新的CEO,在他短暂的17个月任职生涯中,公司的处境没有得到好转,这也导致了他最终的离职。2000年6月,艾伦·拉夫雷成为新一任CEO。为了更好地关注于公司客户的需求,拉夫雷对公司的品牌进行了前所未有的强调。他在描述公司的未来时谈道:"我们现在的任务是创造与打造品牌。"同时,他也推动公司的每个员工都更具创造性地参与到这一过程中。"人们会依赖于经验,"拉夫雷解释道,"而非贡献或是收益。"[19]宝洁公司保有一系列高质量产品生产的长期追踪记录。消费者希望以合理而可接受的价格获取高质量的产品,这也是为什么宝洁公司在世界范围都开设了消费者—产品工厂。作为CEO,拉夫雷同样也对公司的研发业务权威提出了挑战。公司固有的要求是一切必须都来自宝洁公司内部,与之相反,拉夫雷强调公司一半的新产品应该来自公司外部。从公司外部引入新创新的比例最终从10%升至2009年的50%。

拉夫雷和他的团队构建了宝洁研发能力的核心部件——对整体和个人关照业务起到核心技术关键作用的世界级技术员——同时也将更多非宝洁公司的员工涵盖到这场创新游戏中。他们致力于创造企业层面的社会系统,借此强化公司人员的技能,扩大其视野,并促使其关注公司客户。对于创新的关注同样也对宝洁公司的业务组合产生了直接影响。公司将很多一般性的业务销售出去,转而将精力集中于由公司最熟悉的创新类型所驱动的产品生产上。这样做的结果是,由于业务范围的缩小,公司得以将资源和精力都集中起来构建组织创新文化。

宝洁公司还关注创造开放式创新的实践,利用公司人员的能力和兴趣,在公司外部寻求合作。这类举措包括内部知识产权利用和对外部开发资产与知识的应用。

　　从历史来看,宝洁公司始终依赖于内部能力和信任的网络供应商进行发明、开发,以及将新产品与服务引入市场。起初,公司并非在主动地寻求与潜在的外部伙伴进行联系。同样的,宝洁技术与知识也仅仅被用在公司自身的产品上。除此之外,公司很少将它们以许可的方式交给其他公司。到 2000 年,全球联系已经越来越紧密。在宝洁的业务领域中,涵盖了世界上几百万的科学家、工程师和其他企业。宝洁公司改变了战略,决定与外部的专家展开协作,主动寻求开放式创新,并于 2001 年启动了其"联系与开发"方案。

　　联系与开发包括了一个全球团队,团队会通过外部联系网络在不同行业、科学、业务领域中针对其业务需求搜寻解决方案。同时,团队还运行着一个创新网站(pgconnectdevelop. com),网站通过五种语言征求对特殊问题的创新性想法。这一实践成为后来众筹信息技术(以及相关创新服务)的雏形,这些措施被用来从在线供应者提供的建议中搜集、筛选并决定理想的针对创新挑战的解决方案。此外,宝洁公司也鼓励通过不同创新实践实现创意的跨界传播。这类实践之一是与非竞争性企业进行员工共享。2008 年,谷歌与宝洁实现了二十多个员工的交换,这为宝洁提供了更好的在线模型,而谷歌也学到了品牌的打造方式(Brown 和 Scott,2011)。

　　宝洁的开放式创新以两种方式起作用——输入的与输出的——并涵盖了从商标到包装、营销模型,再到工程、业务服务设计的全部内容。宝洁承诺将成为创新协作的合作伙伴。这一目标不仅仅针对用户—产品提供的合作伙伴,同样也包括了希望创新管理其内部业务流程的合作伙伴(Brown 和 Scott,2011)。正是在上述这种增进创新协作承诺的框架之下,宝洁公司开始了对 MPS 伙伴的搜寻工作。

宝洁的合作伙伴搜寻

　　宝洁公司在全球 80 个国家拥有 135000 名员工,每年产生的文件打印与复印量要以百万来计,在 2008 年初,这些文件产生于 45000 台个人设备——复印机、打印机、扫描仪,以及传真设备——平均每四名员工就拥有这样一台设备。每个部门都能够购买其单独的设备与配件。"这是一种完全没有效率的方式。"卡洛琳·贝森,宝洁公司全球业务服务的主管说道。她提出将所有两百个宝洁网点的印刷工作都外包给一家 MPS 供应商。她在当时谈道:"这就好像是只有一台印刷设备,但它管理了整个的印刷工作。"

贝森描述了宝洁公司搜寻伙伴的过程:

> 宝洁公司从 2008 年初开始调查其文档与印刷系统的效率。我们共有 45000 台个人设备——复印机、打印机、扫描仪,以及传真设备——我们发现,平均而言,每一台设备仅仅供应了四名员工。此外,每一工作点都单独进行印刷工作管理,公司并未形成对配件与设备采购的持续管理制度。因此,我们开始寻求优化这一流程的方法。我们知道,印刷管理服务(MPS)能够整合设备并有助于文档印刷方式与时间的控制,这能够简化与数字化我们的全球印刷体系。另外,MPS 也有助于成本外转和持续稳定收益的获取。我们也想借助这样一种战略,在公司中加强对员工生产性和活跃性的宣传。

在 2008 年 9 月,宝洁开始了与施乐公司的合作,这帮助它们对 MPS 执行设立了相应的目标。这些目标包括:

• 通过减少员工在打印与输出相关工作上的时间支持宝洁公司的"收回5 亿分钟"项目;

• 利用相关战略实现纸质业务向数字化的转变,以利于资料移动和使用、提升安全性、实现更优化的积累和获取;

• 减少 20%到 25%的运行成本;

• 每年减少 30%的打印用电量与 20%到 30%的纸张消耗量。[20]

表 7.4 宝洁—施乐合作时间节点

2007 年	卡洛琳·贝森为新任务前往美国
2008 年 6 月	宝洁为打印服务战略合作创建 RFP

续表

2008 年 6 月	苏菲·布鲁克与卡洛琳·贝森首次见面
2008 年 9 月 15 日	施乐 CEO 与宝洁 CIO 会面并详细阐述了施乐在合作中将做出的贡献
2008 年 9 月	拟定合同
2008 年 12 月	签署合同
2008 年 9 月到 2009 年 1 月	开始合作
2009 年 1 月	开始项目/部署
2009 年 1 月	首次创新会议/流程开始
2009 年 2 月	法国格勒诺布尔的施乐 R&D 中心设置梦想环节
2009 年 4 月	第一轮工作完成
2009 年 5 月	梦想环节
2009 年 7 月	梦想环节

资料来源：萨克福大学对苏菲·布鲁克的个人访谈，2010 年 11 月 15 日。

在当时，施乐公司只是与宝洁公司在打印与文档服务外包上有合作关系的众多企业之一。考虑到其对于宝洁曾赞助的外包打印合同的共享，施乐确实是一个相对相似的伙伴。然而，宝洁的战略是成为完全数字化的服务供应商，这不仅仅需要将打印服务外包，还需要宝洁在公司内部以及整个行业中找到创新性的解决方案。宝洁的 CEO 鲍勃·麦克唐纳曾宣布公司的目标："我认为我们能够成为世界上第一家完全将工作数字化的企业。"[21]麦克唐纳确认了五种使印刷管理硬件与软件服务得到优化的数字化方式：[22]

- 扫描文档添加到邮件；
- 在全球宝洁站点实现文档的同步打印；
- 提升安全性；
- 避免广告；
- 双面打印。

为实现数字化的目标，需要在数字打印创新技术与服务上进行持续投资。这也同时完成了供应合同中的第二项目标。宝洁公司全球业务服务的

CIO 与董事菲力波·帕瑟里尼，这样描述供应合同中的第二项目标："全球打印结构的简化帮助我们提升了可信度和效率，并转变了我们的工作方式。"[23] 与这一目标相关的特定目标包括减少宝洁公司使用的设备数量，实现使用设备的标准化，以及筛选一个单独供应商提供支持。

这两种在效率和创新上的双重目标旨在转变宝洁公司的业务模式，实现这一点需要获取一位合作伙伴，合作伙伴必须能够有利于现有打印与文档服务的高质量优化，同时又能提供有助于公司信息与文档数字化管理转变的创新技术。由于施乐公司在提供创新产品与服务问题解决方案方面的杰出的行业领先成就，宝洁公司最终在众多可能的供应商(包括惠普、佳能和其他公司)中选择了这家公司。在顾能公司 MPS 供应商(见印刷管理服务筛选)的排名中，施乐公司经常处于行业领先地位。此外，这两家企业似乎拥有相适应的合作创新文化与技术及业务能力。但卡洛琳·贝森也承认在与施乐公司的合作中还存在一些潜在的障碍：

> 我那时正在寻求拥有全球活动能力的合作伙伴。施乐公司本身并没有这样的业务，但它与富士施乐拥有合作关系。我们必须知道我们之间的合作关系有多紧密，是形如一体还是各自为政。富士施乐 75% 的所有权归属于富士公司，另外 25% 属于施乐。我们最终了解到了富士施乐在亚洲所提供的服务——通过施乐公司和富士施乐——二者在事实上形为一体。
>
> 另一项挑战是，宝洁公司与惠普还保持着一份大合同。惠普为我们提供各站点计算机和打印机的全部技术支持和人员支持。施乐公司能为我们的用户提供整合与无缝支持吗？
>
> 第三个问题或挑战是，宝洁公司拥有例如在日内瓦和新加坡等地的大型站点、大型工厂与类似在尼日利亚的小型站点。对于这些小型站点而言，推动它们接受新业务与流程改造是否在财政上可行呢？
>
> 我们想创造一种转换平台：所有不同类型的打印机与设备都联系在一起，这样无论终端用户在哪里，他们都很容易使用这些设备。无论从生产力、持续性或稳定性的角度来看，这样做都是非常有价值的。[24]

宝洁公司的战略合作伙伴

在 2009 年 8 月 7 日，施乐公司宣布与宝洁公司展开全球印制服务合作，其目标为削减公司 20% 到 25% 的成本。施乐宣布赢得了管理宝洁公司的"打印店、办公室和家用工作设备"的五年长约（Dignan，2009）。同时，施乐公司提出将削减宝洁公司 30% 的印制能源用量及 20% 到 30% 的纸张消耗。达成这些目标不仅需要利用施乐公司的全球服务，还需要采用一种跨企业战略以节省下宝洁公司全球约 170000 名员工所耗费的大量时间。另外，施乐也需要提供帮助宝洁员工管理新印制系统的在线训练，这包括如何减少耗费在印制相关行动上的时间。这一变革管理程序将关注如何在转变中最好地支持员工，以便将不适应最小化。施乐公司也将构建一个网站，为宝洁员工提供相应的在线学习和设备、耗材等方面的介绍。"我们相信，与宝洁公司的这一协议将成为所有企业从它们所投资的印制架构中——从专有印制店到外部场所——解放出来的基点。"施乐全球服务的总经理斯蒂芬·克罗宁如是说。[25]

这一合作为施乐公司扩展其 MPS 业务供给提供了重要的机遇，现在其业务已涉及组织多部门的印制管理和控制——包括桌面的、家用的或来自其他外部场所的，或者是内部印制室中的设备。更广泛的企业印制服务（EPS）系列代表了施乐印制服务供给的扩展和深化的新阶段。此外，与宝洁联合开发创新印制服务的机会也与施乐合作项目的研究投资目标相一致，这些项目通过联合开发模型直接支持了它们的业务伙伴。然而，施乐尚未将这种模型完全应用于与宝洁公司这类的全球伙伴的合作中，这类公司已经在自身的创新中达到了非常优秀的水平。因此对于施乐来说，通过成功的联合创新项目来为这类客户创造价值就要冒相当大的风险。

苏菲·布鲁克描述了这一合作关系，以及成功所需要的条件："这确实对两家企业都是一个真正的战略承诺。对于我们而言，我们需要完美地提供基础服务给客户。这就是游戏的入场券。只有做到这一点，我们才能接下去考虑双方的联合创新。"[26]

卡洛琳·贝森提到了这一合作的一些创新点:

> 赢得这一合约的部分原因不仅在于它们(施乐公司)拥有相应的MPS,更在于通过该合同能够展开持续的创新合作。大多数合约期都在3到10年内。在招标书中我们也坚持包含持续创新的内容。我认为它(施乐—宝洁合作)非常具备创新性和特殊性。我们过去也有合作伙伴,但这却是第一次创造一个创新委员会。一旦我们签署了招标书,我们就将展开持续的创新工作。你会怎么做?这是联合管理,因此你需要季度性的回顾总结。这些事项必须被定义清楚,否则就很难办好。我们都很忙,但好的项目和项目管理非常重要。在季度性的回顾总结中,我们会在早上进行业务总结,下午则是创新委员会会议。对于相应的执行进度和财务缩减情况,我们也有顶层的常规总结。我们会讨论:这些是我们的项目,这些是它们的进展情况。[27]

卡洛琳·贝森分享了她对于这类联合创新的看法:"参与这一合作能巩固拓展宝洁公司的办公能力,同时又不对我们的服务业务造成干扰。每个人都觉得非常意外。我们想和我们信任的合作伙伴共同工作并展开长期合作。我们也非常希望这一合作能够成功,这样双方都能获益,我们也能从这次成功中继续前进。成功会带来更大的成功。"[28]

创新委员会的成立

卡洛琳·贝森确认了三条指导目标,它们是创新委员会成立的关键:

> 苏菲和我决定从三个方面构建我们的合作关系:
>
> 1. 可持续性——关于如何减小印制产生的实体资源耗损和环境压力;
> 2. 生产力——关于如何提升终端用户的生产力;
> 3. 机动性——关于如何提升终端用户的机动性。

我们共同确定了章程。我提供了业务知识，苏菲则了解创新和技术能力。苏菲和我非常谨慎地处理该工作。直到我们签署协议，我还与五个关键投资方保持着日常沟通；涉及合作的总体质量、商业方案、运作和项目流程，以及创新。施乐公司很快成了"百里挑一"的合作伙伴。[29]

汤姆·卡瓦萨尔是施乐创新集团战略与同盟部门的总经理，他也谈到了创新委员会组织：

> 每家企业大致会有六名代表参与。确保具有来自价值链上的代表非常重要，这确保覆盖了开发、应用和开展等环节。创新委员会有覆盖整个价值链的代表——包括技术、工程和业务上的领导者。业务领导则来自项目展开可能相关的用户代表。
>
> 苏菲和卡洛琳是联合主席。施乐公司已有一名核心执行官，他负责确保合作关系的紧密、开展正确的交流对话以及总体情况的上传下达。苏菲·布鲁克担任这一要职。
>
> 双方也任命了一名项目负责人，以此确保我们都关注着正确的事项，确保适当的会议展开，以及相应工作得到完成。项目负责人需要与每个人进行对话，按阶段追踪项目进程，并控制项目开展的速度。
>
> 让合适的人参与进来非常重要。提供印制服务等的全球业务服务人员也被吸纳进来。他们会展示其想法：关于如何获取产品和印制设备的新价值，如何将施乐的专业知识融入宝洁的产品。随着合作的深入，我们也将需要规划好其他需要被纳入的人员。
>
> 施乐现任和前任 CEO 计划每年与宝洁进行一次对话。双方的高层管理人员之间也有季度性的回顾总结。[30]

合作的节奏

宝洁是一家消费品公司，习惯于以屏息凝神的节奏进行市场导向的创新,而施乐公司则是一家技术公司,其技术一贯遵循着更为缓慢的科学导向创新的步伐。这两种节奏能够很好地协调,使得宝洁不会对其伙伴不耐烦吗?创新委员会又如何将创新进程与宝洁的时间表保持一致,以实现其自身的目标呢?

苏菲·布鲁克表达了对施乐的创新方式与创新速度需求之间的担忧。她承认,确实存在一种"新的"施乐创新文化,这与其伙伴的用户导向创新相协调,同时还存在一种"旧的"施乐创新文化,这种传统观念深深扎根于技术导向创新的历史中。这类技术导向创新曾经有助于文档行业的转变。但是这两种文化(用户导向和技术导向的)能够以某种方式相协调,并被整合到现有的和未来的施乐公司创新合作中吗?为了完全实现这一合作目标,施乐需要将原有的 MPS 供给服务能力与其开发的用户导向创新能力相整合。[31]

创新委员会负责制定管理联合创新的相关规章制度。委员会现在面对着一个耗时耗力的工作,它需要强调这一合作如何发挥作用:两家企业是否能在合作中协调运作文化,达成双向信任和承诺。这一合作更要满足双方需求的运作体系和管理流程。如何对双方的合作目标是否实现进行评估也是委员会需要考量的一点。

施乐—宝洁联合创新的成果与认同

在合作展开后的一年内,施乐公司宣布与宝洁公司联合创造的第一项创新成果诞生——移动印制方案。这一方案(基于施乐的移动技术研究)允许宝洁员工将文档简易地从智能手机上传到安全的服务器或云端。文档将一直保存在云端,直到员工使用联网的打印设备并输入密码将文档打印出来。移动印制方案是支持宝洁"回收 5 亿分钟"项目的第一项贡献,它大大减少了员工耗费在打印和输出相关问题上的时间。[32]

施乐—宝洁的联合创新同样得到了专业人士的认可。2010 年末,施乐和宝洁的合作获得了"活力搭档"奖项,该奖是第三届年度外包合作管理奖(RMMYs)的一部分。根据施乐的博客内容,RMMY 之所以选择这两家公司的联合创新,是因为其"清晰的沟通,双方超越合同内容的成功的双向投资,双方为强化与调整其量化目标制定了明确标准和进行共同奉献"(Dziedzic,2010)。作者继续写道,这一最佳实践合作的其他特征也得到了该奖项评审的认可:

• 作为一个团队来解决问题:施乐以其与用户展开的"梦想环节"而著称——从合作伊始即打造联合创造和持续改善的精神。宝洁的代表访问了施乐在法国格勒诺布尔的欧洲研究中心,并与施乐的研究人员和科学家讨论了如何提升宝洁员工的生产力、可持续性和移动性,并产生了一系列双方共同努力完成的创新项目。

• 将方案转换为实践:为了迅速解决对宝洁公司真正重要的问题,施乐公司构建了一种"创新委员会"——一个由双方公司代表组成的团体,他们会发掘对宝洁公司有意义的首要创新机遇。宝洁将公司 IT 部门和业务部门的代表送到该委员会,而施乐的代表则为能够设想并实施这些创新的价值链中的成员。

• 各层级达成一致:宝洁将该 MPS 项目列为优先项目,并提供所需资源——包括提供给施乐公司"某团队"并需要施乐反过来提供一支团队。他们需要施乐能够对目标进行测量,这样每个人都得到了工作分配,并且明确相应的工作期望。他们会筛选优先级别——什么是重要的,在哪里需要帮助,什么应该被视作挑战。他们鼓励并期望其伙伴都能实现合作。[33]

后记:施乐公司 2013 年的联合创新与印制服务管理

自我们的案例研究结束之后,2013 年中还有几个趋势非常明显。首先,在其最近针对与宝洁公司的联合创新的室内会议(2013 年 7 月 27 日)中,施乐公司对如下成果做了报告。

宝洁公司将其打印和复印设备从 45000 台减少到了 10000 台。现在,平均 14.3 名员工使用一台设备。典型的终端用户每年平均节省了超过 200 分钟的时间(公司层面的时间节省为每年 138 个工作日)。设备管理人员的收益更为显著:平均每年节省的时间达到 650 分钟。除此之外,宝洁公司也实现了成本削减和可持续性的获益。施乐公司现在管理着宝洁公司的全球印制系统，覆盖点从印制店延伸到办公室。随着 139 个站点都被覆盖，宝洁减少了 21% 的印制成本，30% 的纸张损耗，以及 30% 的能源消耗。另外，宝洁少打印了近八百万张纸。"这些设备非常可靠，我们的员工能够随时随地进行操作。"卡洛琳·贝森说。[34]

2011 年，思科公司和施乐公司宣布组成战略联盟，通过将施乐的印制与云 IT 外包(ITO)服务与思科的无边界网络相整合来帮助思科。这一联盟使得思科公司的 IT 在工作中的应用更加便捷，同时通过移动印制提升了效率——用任何设备，在任何时间、任何地点进行印制的能力。这一综合方案能够监测印制技术，减少操作成本，从任何地点保护敏感数据，同时通过不断改善的移动与云端印制应用提升员工的生产力。[35]这一联合创新为施乐公司在与宝洁的合作中开发出的移动印制方案添加了更复杂的能力，并借此增强了施乐公司为其客户提供 MPS 的能力。

在最近的印制服务企业能力与市场份额排名中，三家的行业领先报告服务(IDC，Forrester，Quocirca)将施乐公司列为全球范围的行业领先者。[36]在 2011 年的调查中，IDC 认为施乐的印制服务战略和能力处于行业领先地位。Quocirca 则根据施乐的市场份额和供给的完整度(印制服务方案)将其列为行业领先的 MPS 企业。

随后在 2012 年的评比中，Forrester 在全球运输、移动印制、技术与方案所有权、IT 外包支持整合、企业印制支持、MPS 市场经验、MPS 战略、组织化承诺、MPS 收益以及企业参与等方面都给予了施乐公司最高得分。[37]

前文中提到，施乐公司利用与宝洁的联合创新增强了其提供印制服务的能力。随后的思科公司战略联盟则创造了新的云运算能力，并提供了将二者进行整合的机会。此后，最近的对施乐公司的评估都持有相当一致的看法，即施乐公司在 MPS 供给上处于行业领先水平。这些特殊能力会直接运用于施乐—宝洁的联合创新中，同时这些能力很显然也被持续运用在施乐与其他公司的后续合作中。

经 验 教 训

施乐—宝洁联合创新同时在理论和实践上提供了有价值的经验教训。从实践的角度来看，这一合作强化了伙伴间持续承诺和信任的重要性。同时，合作也展示了开发有效治理机制与保持良好节奏的需要，这能在合作进程的管理和评估上对企业进行引导。这种管理与评估同时出现在整体联系层面和特定项目承诺层面。这一案例研究进一步强调了，选择具备技术知识与亲密关系的领导者来对合作中的挑战、不确定的转变与转化等关系进行引导，这一点同样必要。作为联合领导，苏菲·布鲁克和卡洛琳·贝森在文化和教育背景上非常相似。两位女性都在一个以男性为主的科学与技术世界中不断得到晋升。此外，她们还都与比利时具有文化联系。苏菲在比利时出生长大，卡洛琳则在那里获得了硕士学位。从理论的角度来看，施乐—宝洁联合创新是 B2B 联合创造的典型代表（Roser，DeFillippi 和 Samson，2012）。B2B 文献倾向于关注联合创造的"联合—创造"。这种视角在历史上有两股源头：供应链创新和战略联盟创新。供应链创新源关注联合创新企业与用户之间的垂直关系，并将之作为战略外包的一种更独立更互惠的价值创造选择（Hoecht 和 Trott，2006）。同样，战略联盟文献也从更具协作性并基于信任的联合模式的培育上对联合创造进行考量，这种联合来自两家或更多的企业，无论是基于合同或是基于股份（Doz 和 Hamel，1998）。施乐—宝洁的合作是一种两者的综合体，如同供应链合作，该合作中有明显的供应方—用户关系，但也像战略联盟一样，该合作也是一种更具协作性的基于信任的联合创新模式。施乐—宝洁的关系超越了供应商间基于合同的关系，因为两家企业联手创造了这些创新项目，因此，价值是被双方联合创造出来的（Prahalad 和 Ramaswamy，2004）。

注　释

1. 我们衷心感谢施乐的首席技术官，苏菲·布鲁克，以及施乐委员会对案例研究行动与成果推广的支持。我们也同样感谢战略与国际业务部门办公室协调员伊丽莎白·麦戈文,对本研究进行修正使其符合发表要求,以及发现了一些要点,完善了本研究。

2. S. Vandebroek, personal communication, November 15, 2010.

3. Xerox Corporation. (June 14, 2007). "Xerox Receives the National Medal of Technology." Xerox Business Wire News Release. Xerox Company History and Xerox Milestones. mht. Http://finance. boston. com/bostonnewsread/2338851|/xcrox_receives_the_national_medal_of_technology (accessed April 25, 2011).

4. Kelley, B. (October 26, 2009). "Optimizing Innovation-Francois Ragnet of Xerox." Business-strategy-innovation. com. http://www. business-strategy-innovation. com/optimizing-innovation-francois-ragnet. html (accessed July 5, 2010).

5. S. Vandebroek, personal communication, November 15, 2010.

6. S. Vandebroek, personal communication, November 15, 2010.

7. P. Mazeau, personal communication, September 28, 2010.

8. P. Mazeau, personal communication, September 28, 2010.

9. S. Vandebroek, personal communication, November 15, 2010.

10. Rothenberg, S. (January 1, 2007). "Sustainability through Servicizing." Sloanreview. mit. edu. http://sloanreview. mit. edu/the-magazine/2007-winrer/48216/sustainability-through-servicizing/2/(accessed April 25 2011).

11. Weilerstein, Ken, Drew, Cecile, and Li, Yulan. (2010). "Magic Quadrant for Man-aged Print Services, Worldwide." Gartner Research ID Number: G00206095.

12. Lohr, S. (September 29, 2009). "Xerox buys Affiliated, Fueling Shift to Services." *The New York Times*. Technology Section, page B1.

13. Rothenberg, S. Sustainability through Servicizing.

14. Xerox Print Services overview brochure. "Xerox Print Services

Control Costs and Increase Your Office Productivity. " http://www. xerox. com/downloads/usa/en/gdo/brochures/XPS _ Cost ControlBrochure-USEng. pdf (Feb 3, 2011).

15. Xerox Newsroom. (October 29, 2009). "Xerox Launches Enterprise Prim Services. " http://news. xerox. com/news/NR_2009Oct29_ Xerox_Enterprise_Print_Services (please include an access date accessed Feb 3, 2011).

16. ZD Net. (June 28, 2010). "Managed Print Services Now Worth over $20 Billion. " http:// www. zdnet. comblogdoc/rnanaged-print-services-now-worth-over-20-billion/1478 (accessed Feb 3, 2011).

17. Dummy.

18. Xerox 2009 Annual Report, http://www. xerox. com/annual-report-2009pdfs2009_ Annual_Report. pdf (accessed April 25, 2011).

19. Lafley, A. G. January 2005. "Lafley on P&Gs's Gadget 'Evolurion. '" Business Week, http://www. businessweek. com/stories/2005-01-27/laflcy-on-p-and-gs-gadget-evolution (accessed February 4, 2011).

20. Basyn, C. (October 15, 2010). "Optimizing a Global Print Environment. " Base-linemag. com. http://www. baselinemag. com/c/a/Printers/Optimizing-a-Global-Print-Environment-434200/(accessed February 3, 2011).

21. Caroline Basyn, Global Business Services, P&G Presentation on Managed Print Services: "Beyond Cost-Out... To Break Through Top and Bottom-Line Growth. "

22. Caroline Basyn, Global Business Services, P&G Presentation on Managed Print Services: "Beyond Cost-Out... To Break Through Top and Bottom-Line Growth. "

23. BizCommunity. com. (2009). "P&G Awards Global Print Contract to Xerox. " May 6, 2009. http://marketing. bizcommunity. com/Article/196/188/35649. html (accessed February 3, 2011).

24. Basyn, C. (October 15, 2010). "Optimizing a Global Print Environment." Base-linemag. com. http://www. baselinemag. com/c/a/Primers/Optimizing-a-Global-Print-Environment-434200/ (February 3, 2011).

25. BizCommunity. com. (2009). "P&G Awards Global Print Contract to Xerox." May 6, 2009. http://marketing. bizcommunity. com/Article/196/188/35649. html (accessed February 3, 2011).

26. S. Vandebroek, personal communication, November 15, 2010.

27. C. Basyn, personal communication, September 28, 2010.

28. C. Basyn, personal communication, September 28, 2010.

29. C, Basyn, personal communication, September 28, 2010.

30. T. Kavassalis, personal communication, September 28, 2010.

31. S. Vandebroek, personal communication, November 15, 2010.

32. Xerox News. (2010). "New Xerox Mobile Print Solution to Allow Procter & Gamble to Print from Smartphones. " http://news. xerox. com/news/new-xerox-mobile-print-solution-158013 (accessed May 6, 2010).

33. Dziedzic, B. (2010). "Xerox and P&G-What It Takes to Be a 'Dynamic Duo. '" http://realbusinessatxerox. blogs. xerox. com-12/13/xerox-and-pg-percentE2 percent80 percent 93-what-it-takes-to-be-a-percentE2 percent80 percent9Cdy-namic-duo percentE2 percent80 percent9D/♯. Udr9ucbD_cd (accessed April 25, 2011).

34. Xerox Corporation. "Procter & Gamble Case Study：P&G Had 45000 Print Devices in 200 Locations Worldwide, Delivered a New, Improved Process. " http://www. xerox. com/ downloads/use/en/gdo/casestudies/P_G_LR. pdf (accessed July 27, 2013).

35. "Xerox and Cisco to Form Alliance to Deliver Cloud Services; Combine Network Intelligence and Print Management. " http://newsroom. cisco. com/press-release-content? type = webcontent&articleId (accessed July 27, 2013).

36. Xerox Corporation. "Leading the Way with Managed Prim Services." http://services. xerox. com/managed-print-services/industry-analysis/enus. html (accessed July 27, 2013).

37. Xerox Corporation. "Xerox Cited as a Leader in The Forrester Wave: Managed Print Services." http://services. xerox. com/managed-print-services/industry-analysis/forrester-wave/ enus. html (accessed July 27, 2013).

参考文献

[1] Brown, B. , and Anthony, S. D. (2011). "How P&G Tripled Its Innovation Success Rate." *Harvard Business Review* HBR Reprint R1106C (http://hbr. org/product/how-p-g-tripled-its-innovarion-success-rate/an/R1106C-PDF-ENG). Accessed June 29, 2011.

[2] Doz. Y. , and Hamel, G. (1998). *Alliance Advantage: The Art of Creating Value through Partnering*. Boston, MA: Harvard Business School Press.

[3] Hoecht, A. , and Trott, P. (2006). "Innovation Risks of Strategic Outsourcing." *Technovation* 26 (5-6): 672-681.

[4] Prahalad, C. K. , and Ramaswamy, V. (2004). *The Future of Competition: Co-creating Unique Value with Customers*. Boston, MA: Harvard Business School Press.

[5] Rothenberg, S. (2007). "Sustainability through Servicizing." *MIT Sloan Management Review* 48 (2): 82-91.

[6] Roser, X, DeFillippi, R. , and Samson, A. (2012). "Managing Your Co-creation Mix: Cocreation Ventures in Distinctive Contexts." *European Business Review* 25 (1): 20-41.

第八章　企业—大学 R&D 协作中的开放式创新

拉维·舍塔与雷费克·卡尔潘

引　言

大学在新知识的开发和转化中所扮演的角色已经得到了广泛的认可。很多前沿科学发现和创新——包括干细胞应用、替代能源、社交网络和云计算——都体现出了大学研究工作的成果，这些大学研究也常常被应用于与市场的协作之中。随着市场企业对开放式创新的逐渐采用，大学已经成为新知识衍生的核心，并已经被结合在了新产品与技术的开发进程中。

多年来，市场和大学间的研究协作一直是比较普遍的现象，通过这种协作对知识进行拓展并借此带动新产品和技术的开发是非常有效的。因为近年开放式创新(OI)的逐渐普及，这类协作也得到了更多的关注。随着市场逐渐认识到内部 R&D(封闭式创新)的局限性，企业开始寻求来自其他方的资源和能力，而大学则扮演了更具活力的角色。举例来说，Gerard George，Shakar A. Zahra 和 D. Robley Wood, Jr.(2002)展示了对 147 家生物技术企业的两千种联盟进行的研究分析，其中与大学关系紧密的企业开支更低，同时创新输出的水平又要更高。接下来，我们将回顾企业—大学 R&D 协作的历史发展，以更好地理解这些关系的演化。

历史发展

从大学创立开始，它们就被包含在与行业的协作之中。尽管大学更多地进行基础知识的研究，但始终有一种实践上的倾向，这种倾向也引导着大学参与到与行业的合作里。1887 年美国《哈奇法案》决定授地设立州立大学，它们的任务是通过学术研究进行知识的开发和转化（Rosenberg 和Nelson，1994）。尽管在 19 世纪晚期和 20 世纪初期，大学的一些创业工作帮助了农民和制造商，但大学—行业协作的步伐直到二战结束时还是相对滞后。Shane(2004)记录了从 1945 到 1980 年大学技术商业化的加速，但这些努力也只限于某些大学，大学—行业间的协作仍不普遍，市场和大学间的研究协作在这些年中只是通过政府规章提供的部分支持得到了有限发展。

1980 年的《拜杜法案》在美国大学—行业协作的历史中是一个分水岭。《拜杜法案》是对美国专利与交易法的一次修改，它重新将联邦基金研究产生的知识产权(IP)授予开展该研究的大学，其意义就是新 IP 政策将大大加速大学—行业间的协作。拥有这些 IP 的大学可以获得版权税，利用这些IP 的企业则需要获得许可并能够更好地利用大学资源。在该法案颁布的10 年内，超过一千家大学—行业研究中心在各大学中成立(Cohen,Florida和 Goe,1994)。从 1980 年开始，《拜杜法案》提供的激励带来了大学专利的五倍增长以及大学副产品的明显增多(Shane,2004)。Shane(2004)提出的"扩散效应"形成了良性循环，加速了大学—行业间知识发掘、转化和应用。为了理解大学与行业的关系，人们必须首先着眼于企业内的创新进程演变。

企业内创新进程

过去，创新来源于企业的 R&D 部门，这些企业拥有大量的协作实验室，例如贝尔实验室、施乐与 IBM；参考文献中封闭式创新的相关内容中很多

R&D 发生在企业内部,尽管很多创意也可能来源于企业外部。主流的看法是,没有完全的控制,企业就不会或不能实现创意的商业化。必然的结论是,采用封闭式业务模式的企业更倾向于不利用外部的技术资源;它们也倾向于不让其他企业利用本企业的知识,它们通常采用一种内部政策以避免核心技术的流出。这种封闭式创新模型可见图 8.1。

开放式创新模型则对内外部知识(和资源)流更为适应,封闭式创新则仅仅关注在企业内部进行知识的发掘和开发(Chesbrough,2003)。开放式创新是一种研究范式,它假设了企业在技术开发中能够也应该同时利用内外部创意以及内外部进入市场的方法。根据一名权威学者,"必然地,集中式 R&D 组织构建的知识垄断在 20 世纪已然不复存在"(Chesbrough,2003,45)。出现这种改变的原因很简单。封闭系统中的创新进程成本和风险都在急速提高,封闭系统不得不转向开放。一个很好的例子是新药物开发中的巨额成本。

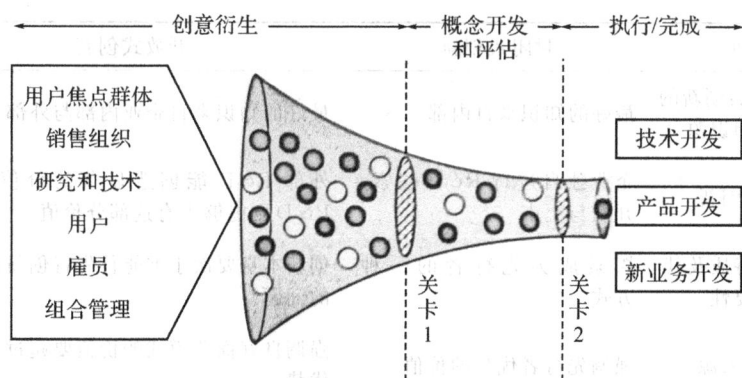

图 8.1　企业内"研究到市场"的过程(封闭式系统)

制药行业中的高额探索成本及开放式创新的浮现

制药 R&D 的成本一直在猛涨。将新创意从实验室转换为市场中的新产品的平均成本要超过一亿美元(Siew,2013)。因此,鉴于制药企业在寻找下一个爆点中动辄上亿的投入,大量企业选择了退出。更令人担忧的是,十家企业中只有不到两家企业的回报超过了 R&D 成本或与之相持平。这意味着，爆点模型正越来越不可持续。不仅是新药物越来越昂贵，公众期望也在推动药价降低，其原因则是微观经济的放缓以及公众对于更加可承担的健康照料的需求。此外，一般药物和来自其他低成本国家如印度的国际公司带来的价格侵蚀也在迫使制药行业减少其 R&D 成本。作为回应，制药行业开始改变其完全依赖于内部 R&D 的现有范式，并开始关注开放式创新。这就是说，创新不再被限制在单个企业的 R&D 部门之中。特别是，信息与通信技术方面的发展使得协作式或参与式创造更为便捷。新的能够带来收益的创意从很多地方产生——比如供应商、大学、竞争对手、消费者等等。将外部知识引入企业不是一个替代选择，而是对内部知识开发的补充，这种做法提升了企业创新的效率。封闭式创新和开放式创新模型的差异可见表 8.1。

表 8.1 封闭式与开放式创新对比

方面	封闭式创新	开放式创新
知识输入：创新的最佳知识源	最好的知识来自内部	最好的知识来自企业内部与外部
衍生创新	企业独自进行 R&D 探索、开发与上市	外部 R&D 能创造显著的价值，内部 R&D 则能够占有这部分价值
创新的特质及其重要性	探索成为先行者的一种方式	创新本身要次于谁能首先将创新商业化的问题
价值来源	强调先行者优势的价值	强调良好商业模式的价值要超过先行者优势
竞争	强调竞争中的创意数量和质量	强调竞争中的内外部创意的最佳应用
知识产权（IP）	IP 得到控制以使竞争对手无法从此获益	IP 被视作收益源，其他方也可以获得许可或购买。同样，企业也乐意购买其他企业看起来有吸引力的 IP

来源：Chesbrough，2003，p. xxvi，以及 Bellantuono 等人，2013，p. 560。

作为对探索成本不断增长的一种回应，开放式创新模型业已实现了成本缩减、新创意的获取和面向多源的 R&D 资金的扩展（Chesbrough，2003；

Sisodiya,Johnson 和 Grégoire,2013)。尽管这种转换正在形塑协作的世界,但大学一直都经历着不同的演化并得到了同样的结果——这就是推动大学转向 OI 模型。这种朝向 OI 的整体趋势也可以在企业—大学协作中发现。为了阐述这种协作,我们将对大学的研究部门的演变进行回顾。

大学研究角色的演变

在大学的使命陈述中,全世界的大学都强调了它们对于研究、教学和服务的贡献。出于本章内容的考量,我们将主要关注大学的研究角色。例如,很多著名学术机构都位于开展前沿研究的大学中。然而,最近却出现了大量大学开始接触外部主体的现象,这种现象也可以通过 OI 模型得到解释。对大学而言,外部参与代表着学术机构在智力、教育、社交、文化、经济和技术开发等方面进行的沟通尝试(Gutteridge,2007)。

已故的卡耐基教学发展基金会前主席恩斯特·鲍尔,在其 1990 年的著作《学术的反思》中重新定义大学的学术角色。Boyer(1990)提出了由四个联动部分组成的新学术范式。新范式的第一领域是学术探索,这部分将研究视作学术的绝对核心。探索外的第二领域是学术整合,这部分对于开发创造性人才也是必需的,这些人能够突破独立的研究,能够构建学科间的联系,并帮助塑造对于知识的更为连贯的看法以及对生活的更为整合权威的观点。第三部分是学术应用,它与将理论研究与现实生活相联系的能力相关。最后一部分是学术教学,它不仅关系到知识探索、整合和应用的能力,而且希望能够在课堂中激发更进一步的研究。随着大学对新知识的探索,专利即可被用以创造知识产权,而这随后即被转移到外部主体进行进一步的开发。大学技术转移进程在图 8.2 中得到了描述。

正如图 8.2 所示,并不是所有的探索都借助了专利,这种方式也为大学带来了归档费用和持续的保留费用。此外,并非全部专利都得到了许可或是为了首付版税或预付款而被售出。回报循环揭示了大学间专利管理系统的动态而复杂的性质,这种系统在大学技术转移工作中得到了制度化。因此,OI模型已通过大学技术转移被结构化地嵌入大学,这种技术转移会在大学衍生知识的转移与实现中寻求或参与外部企业合作。简单地说,大学—企业协作OI模型的活力直接与大学技术转移工作相关。

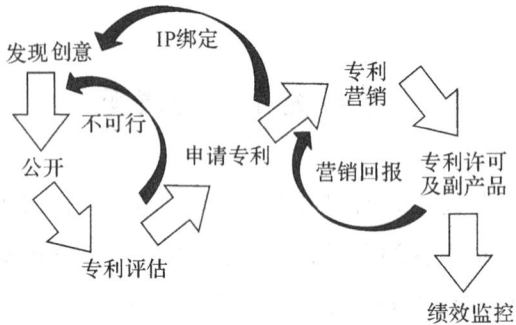

图8.2　大学技术转移流程

产学在R&D协作中的互益

推动开放式创新意味着在给定系统之外或之内形成成熟的网络、创意交换与知识共享。创新网络,例如与供应商和技术机构的联系,对于组织化的创新努力正越来越重要(Dankbaar,2003;Colin和Ja - Shen,2013)。企业不断地试图使其核心市场和产品线内外的创新更为快速而高效。这也引发了开放式创新实践,即企业意识到创新成本不需要完全来自内部,通过从外部获取所需技术,企业能更好地加速其工作或是扩展这些工作的领域。大学—企业在这些知识探索协作中的收益由Delphine及其同事(2012)进行了描述,我们在此做出了进一步的完善。这些收益可以被归为:大学—企业协作(1)利用了来自其他方的资金,(2)利用了大学的先进科技和设备资源,(3)缩短了进入市场的时间,(4)降低了R&D项目成本,(5)降低了创新的失败风险,(6)向参与方明确了知识产权所有权,(7)允许了R&D项目更广泛的组合,(8)提升了企业的创新效率,(9)构建了更多的联盟网络,(10)提升了相对竞争优势。

尽管这些收益非常明显,但其中还暗藏着一些问题,其中一些问题在下文得到了描述。

产学 R&D 协作中的潜在问题

尽管大学—企业协作可能在任何地方都适用,但其中还是存在着一些问题、担忧和不可预见的后果。首先,随着这类协作的增多,现在大约 10% 的美国学术资金都来自行业,而这一比例还在上升(Auranen 和 Nieminen,2010)。这一趋势导致大学对商业组织的严重依赖,赞助公司可能影响大学的优先选择。这也是为什么商业化 R&D 得到了一些将研究视作主要使命的大学的质疑。其次,在公司对某个其发现的商业潜能的检测中,对可能存在的发布延迟还存在长期性担忧。现有立法允许发布前有 60～90 天的合理等待时间。第三,将商业兴趣整合至大学使命可能带来与教学和研究使命之间的冲突。学院企业家可能无视其学术职责而从经济活动中争取个人利益。Powell 和 Owen-Smith(1998)发现,一些学者将其努力和创造力从学术工作转向了他们的公司。第四,在"基础权利"的模糊区域还存在一些问题,即大学被迫允许或协作企业利用其核心技术,而这些技术是在早前由其他方(包括联邦政府)赞助的协作项目中得到开发的。只有在大学给予公司核心创新的全部利用价值时,企业的资金投入才会增加。总而言之,核心联系可以在将来对推论关系构成明显的限制。第五,大学—企业中的研究成本变化跨度非常大,这主要是因为研究大学差异非常大的成本结构。尽管大学技术管理协会(AUTM)引领了将这些研究成本标准化的努力,但目前还未产生任何标准。现有的建议是大学推动改变间接成本的联邦储备利率。第六,与持续的研究项目相关,当大学研究人员试图开发受专利 IP 保护及其应用受到限制的材料或技术时,矛盾就会产生,因为企业希望更自由地使用这些技术而很少或不必支付版税费用。伊利诺斯大学(UI)和网景公司就是很好的例子。UI 希望限制其马赛克技术的使用,而网景则希望自由地利用这一技术。双方的冲突愈演愈烈,以至于当吉姆·克拉克成为网景公司的 CEO 时,公司完全清除了原有 UI 马赛克技术使用的全部代码。同样,网景公司的创始人及 UI 校友马克·安德生,公开声明他将不会捐赠给该学校一分钱（Reid，1997）。公共利益和私人利益之间的分歧使得大学—企业协作变得更为混乱，研究产出的结果也很难进行先验计算，常常只能是回溯性的。总之，大学—行业协作空间是企业的联盟，也是产生动态进程的网络之一，之前的历史（路径依赖进程）即通过这种进程对参与协作空间的大学的行为产生明显的影响。第七，考虑到企业间知识流的重要性，正如在开放式创新文献中看到的，伙伴上的不确定性总是存在的（即一种知识不完全问题，一方无法确定是否找到了合适的伙伴），这点只能在事后得到确认。加剧这一问题的是事前关系（社会资本）会对 OI 模型中的事后关系的潜在多样性产生消极影响。社会资本是社会结构联系中的价值，企业借此来实现特定的目的，这些目的也仅仅在社会资本得到维系时才能实现（Colemen，1990）。

但是除了上述问题，大学—企业协作中的长期性积极成果（包括学术知识外溢性）将在下文得到展现。

学术知识溢出

大学—企业协作，作为大学知识外溢的承载方式之一，引导了区域性经济增长。一些经验研究发现了这一现象存在的证据（总回顾可见 Doring 和 Schnellenbach，2006；创新案例可见 Fritsch 和 Slavtchev，2007）。确认这些知识外溢是可以区域化（在本地）或超区域化的（跨越长距离），的确非常重要。

人们假设大学是重要的知识外溢源和驱动器，因为大学主要关注知识的衍生和传播。为了更好地理解这一现象，下文给出了三个分别来自美国、英国和法国的著名案例。

美国，斯坦福与加州大学伯克利分校

正如人们所公认的，斯坦福大学和加州大学伯克利分校都在硅谷的成功发展中扮演了极为关键的角色。斯坦福大学成立于 1891 年，从其诞生伊始，大学—企业协作就得到了强调。例如在 1908 年，斯坦福将真空电子管商业化以增强电子信号。惠普、太阳微系统公司、瓦里安公司、利顿公司、半导体公司和思科公司都诞生于斯坦福大学。拥有多位诺贝尔奖获得者的加州大学伯克利分校则同样是世界的知识创造前沿。加州大学伯克利分校的校友,安迪·格鲁夫与戈登·摩尔成立了英特尔公司。在1951年,斯坦福大学开放了斯坦福工业园区——这在当时是独一无二的创造性做法。

英国,剑桥大学

剑桥大学是世界上谨慎选择培育大学—企业协作的最为有名的大学之一。一系列高端技术副产品和咨询公司都来自剑桥大学的电子、设备开发和计算机领域。不仅很多投资人青睐这所学校,很多来自英国其他地区的创业者也选择与剑桥进行协作。剑桥大学因其知识外溢产生了强大的吸引力。

法国,索菲娅·安提波利斯大学

1965年,索菲娅·安提波利斯大学在法国尼斯成立。1974年,一个孵化器促成了大学—企业协作,索菲娅·安提波利斯科技园即得以成立。法国电信、IBM 和德州仪器公司等企业也都位于该区域。在这些企业中,信息、计算机和电子通信(ICT)企业占了 65%,健康科学企业占 20%,而来自该大学的副产品要超过 50%(索菲娅·安提波利斯大学,2013)。今天,大学园区作为开放式创新的主要驱动器,该大学从与附近超过 1300 家企业的协作中获益匪浅。索菲娅·安提波利斯大学是 21 世纪企业的实验室,同时也是一处杰出的知识社区。

需要注明的是,虽然上述案例强调了借助 OI 模型的大学—企业协作,它们也同样得到了政府强有力的支持。我们在下一部分将对包括大学、行业、政府在内的 OI 模型扩展进行讨论。

开放式创新中的政府角色与三螺旋模型

三螺旋模型是描述大学、政策机构和行业之间协作的最为著名的架构(*Etzkowitz* 和 *Leydesdorff*,2000;*Leydesdorff* 和 *Meyer*,2006)。开放式创新的三螺旋模型代表了三个机构部门——政府、行业和大学间的复杂关系(Viale 和 Campodall' Orto,2000;Leydesdorff 和 Meyer,2006)。基于三螺旋模型的一系列研究显示,区域"大学—企业—政府互动"并非全新现象。三螺旋是对大学—企业—政府关系的一个模型描述,其中三者相对平等、独立并在机构上相互支持。举例来说,战后的"128 号公路"高科技带可以追溯到 20 世纪 30 年代的政策安排,甚至可以追溯到 19 世纪中期为将新技术引入行业而设立的麻省理工学院(MIT)。新颖的技术政策向几乎所有区域传播,无论是研究还是行业密集的地区。这种三螺旋模型可见图 8.3。

　　三螺旋模型的意图是塑造区域创新环境,这就需要通过设立政策的、行业的和学术的机构,以设计的或不可预料的结果来改善本地创新状况。大学、行业和政府间的协作安排来源于远远超出大学研究资金的社会资本和网络关系。下一部分讨论了包含大学、行业和政府的 OI 模型的不同模式。

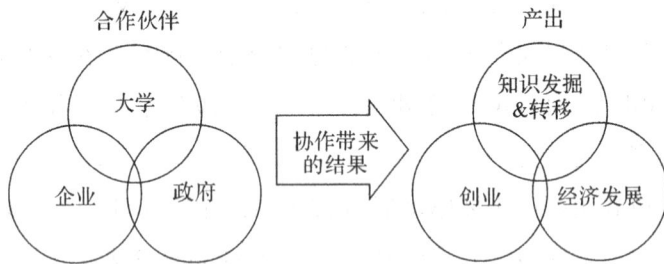

图 8.3　开放式创新三螺旋模型

企业—大学 R&D 协作修正模型

　　大型公司实验室(即创新主要产生于企业内部,如贝尔实验室)的时代已经过去了。本章开始所描绘的封闭创新系统已经为更为开放的系统所取代,即"从创意到市场"的历程发生在大量与外部方的创新合作之中。跨市场部门的研究发现了一系列实践活动,企业通过这些活动识别外部技术并借此强化其自身的创新进程。这些实践可以在区分不同方法论和组织结构的架构中得到描述,目的则是减少在这一历程中利用外部合作的不确定性(Witzeman 等,2006)。尽管不同的 OI 模型都定义了开放式创新实践(Lichtenthaler,2008),Fraser(2008)还是贴切地指出了从创意到市场过程中的多重阶段和赞助人。参与者,至少会出于资金上的目的,在这一历程中发生改变。我们必须指出,大学在头两个阶段——基础研究和概念验证——起到关键作用,而企业通过风投资金参与技术开发和产品开发的早期阶段还是不多见。

知识产权创造及其向产品和市场化的转化之间的差距被称作"死亡谷"(Murphy 和 Edwards,2003)。在新技术开发中利用公共资源减少风险的措施早已经在农业、军事和健康部门得到了应用。在最近的十年,联邦、州和当地政府开始创造多种机制带动基于知识的经济的增长。这些措施包括提供适配基金和拨款,以此支持 R&D 并鼓励参与政府实验室的项目。公共风投是一系列的公共投资,这是一种对强化了公众健康、教育和福利的不同政府措施的理性支持。大学也在更多地参与这一三螺旋结构。一个很好的例子是卡内基梅隆大学与匹兹堡大学参与匹兹堡高级技术委员会。行业和大学间的互动是出于对很多行业中的技术变革提升方面的广泛兴趣。

对于很多面临削减内部研究开支、越来越多的不确定的技术变革和越来越密集的国际化竞争的企业,协作式合作已经成为它们的战略资产。随着创新超出单个组织的边界,跨边界的侧面联系而非等级制官僚结构的重要性在逐渐提高。同时,大学正逐渐寻求外部合作以发现并转移新知识。除此之外还有政府对于区域性经济发展的强调。为了对这些发展进行分析并更好地理解其未来的发展,一旦引入企业—大学协作,我们就需要新的开放式创新模型。从定义上说,开放式创新就是在外部资源和内部含有互补资源的给定系统中不断跳跃。当大学与行业和政府展开合作,这种协作就会通过下列方式展现出来,如表 8.2 所示。

表 8.2　行业、大学与政府开放式创新模型

OI 模型中的流向	行业 ↔ 大学	政府 ↔ 大学
资金流向	行业—赞助的研究	政府研究拨款
天赋流向	设备/学生参与行业	设备/政府代理参与
知识产权（IP）所有权流向	优先取舍权；大学技术转移	《拜杜法案》将权利转给大学
固定基建	实验室资金项目；捐赠的研究设备	科技园资金项目；基于大学的孵化器

　　资金、天赋、IP 和基建都不完全是开放式创新三螺旋模型中所展示的双边机制。专业知识提供者，例如顾问和私人研究组织，也参与到了这类多元混合的开放式协作中。公共科学（大学和政府研究实验室）和私人企业（行业和顾问）之间的区分在 OI 模型的互惠关系中变得模糊。大学正从单纯的发明研究和教育组织转变为提供创新知识的核心，并通过产生新业务的孵化器、科技园和技术中心实现这一点。同时，大学也通过相关的风投基金参与到培育新创企业的业务中。这类基金首次发起于 1974 年，当时波士顿大学成立了社区技术基金以向波士顿大学的衍生企业进行投资（Roberts 和 Malone，1996）。很多其他大学随后效仿了这一做法，构建了独立控制管理的风投基金。1988 年，哈佛大学建立了医药科学合伙人，这是一家针对将哈佛大学开发的技术进行商业化的企业进行投资的基金机构（Matkin，1990）。鉴于风投基金经常与其他基金进行联合投资，这种发展就应仍被视作一种开放式协作而不是大学的投资整合。Shane（2004）详细论述了大学衍生物的内容和深度，并将之作为大学—行业协作领域的一种迅速发展的趋势。大学拓展了协作的领域，现在也积极地参与到学术、教育、创业、风投、行业和公共事务当中。

　　在对企业—大学 R&D 协作的再次评估中，我们拓展了传统的渐进式的企业—大学关系以及三螺旋模型（Etzkowitz 和 Leydesdorff，2000；Leydesdorff 和 Meyer，2003）。此外，我们结合了行业—大学—政府协作，并通过改变其价值链中的两个阶段及涵盖多重合作关系（即除传统三个主体之外的多个大学、供应方和消费者）揭示了从创意到市场模型的过程（Fraser，2008）。通过这种做法，我们在开放式创新语境下对市场—大学—政府参与进行了重新考量。这一企业—大学 R&D 协作模型包含了复杂而多元的初始参与，以及从创意到最终产品或技术的发展过程。与之前的解释不同,我们的模型承认了伙伴间的知识创造和共享,其中包含了非传统的参与者,如供应商、天使投资人、风投家、消费者甚至是竞争对手。这种对市场—大学 R&D 协作的新解释需要新产品和技术上的价值创造,而这又需要多源的贡献,例如企业、供应商、消费者,甚至有时是竞争对手。除此之外,赞助也可能来自企业或部分来自大学、天使投资人或风投家。因此,通过涵盖大学、企业和政府代理这些多重主体,我们提供了对企业—大学 R&D 协作的更广泛的解释,即创新的潜在收益可能受到这些主体的影响、创造和管理。我们必须注明,每一个创新项目并不总是需要所有这些主体的参与,正如企业—大学 R&D 协作所展现的,传统三主体(大学—企业—政府)模型和从创意到市场模型也应得到关注,R&D 进程中的其他资源主体的潜在贡献也应被纳入考量。

美国之外的产学协作

尽管上述大量讨论都针对美国的大学—企业协作,但类似的逐渐增多的协作模式也存在于其他国家。Wengenroth(1995)和 Gustin(1975)追踪了19 世纪德国基于大学研究的化学行业的发展状况。除了一些相似点外,大学—企业协作中还是存在显著的国别差异。在不同国家,存在着两种主要的大学知识产权(IP)所有权关系。在一些国家,像是瑞典和德国(欧洲大陆),IP 所有权归属于技术的发明人,然而在另一些国家如美国和英国,IP 所有权归属于发明所属的大学。Goldfarb 和 Henrekson(2003)指出,当 IP 所有权由大学所有时,其商业化程度要更高。大学中从研究初始阶段(知识探索)到商业化(借助衍生物和科技园)的过程在发达国家非常清晰,例如美国、加拿大和西欧各国。然而在中国这类新兴国家中,演化阶段是相反的。举例来说,中国的科技园主要由当地政府推动建成,以此吸引大学和研究机构参与经济活动,例如在深圳和北京的做法。

产学协作中仍未解决的问题与指导原则

至此，我们已经描述了大学—企业协作的主要特征。但是仍然有一些问题未得到解决，还需要通过一些方法使 OI 模型更有效。在不进行全面论述的前提下，我们接下来对一些特定的因素进行探讨。

大学的独家许可带来了 IP 所有权的有效营销，但也限制了 IP 为更广泛企业群所更好利用的潜力（Lee，2009）。众所周知，IP 协商可能成为初始创新协作的阻碍（Burnside 和 Witkin，2008）。其他的衍生物也必须得到详细的评估。因此，大学在许可转移中应该使用更广阔的分析视野。我们的建议是，对衍生物发放独家许可，对其他许可转移则采取非独家形式。在定义上，开放式创新合同在不断变化，鼓励构建新联系的弹性原则是创新协作的核心原则，另一原则是合同法对重新定义与重新工作的限制（Nystén-Haarala，Lee 和 Lehto，2010）。这就是说，IP 所有权的战略治理对于成功的大学—企业开放式创新是一个必要条件。

投资人及其部门与大学间的特权许可费的划分也影响了许可和商业化的进度。经验表明，投资人在这方面的共享越大，商业化活动的进程就越慢（Di Gregorio 和 Shane，2003）。因此我们认为，大学的特权许可费用份额必须得到提高，以加强对于 IP 许可的制度化支持。

大学内部应对大学许可部门提供顾问和支持，这将为大学研究者减少许可活动方面的烦琐程序。共享成功经验并将这些经验整合至大学的规章中必须成为一种常规的行动，以此保持学校里的创业精神。MIT 和哥伦比亚大学的例子展现了先前经验在推动创新方面的重要影响。知识跨组织边界的共享和可信关系是维持协作的关键。因此，大学应投入资源开发并协调创新的跨组织社区（TCIs）。TCIs 不是特定项目，而是促进组织间对话的一种程序。TCIs 能以区域创新论坛或主题会议、社区参与规划的形式参与经济发展。大学已经在基于科学和技术的经济发展中扮演了重要角色，这类经济发展也成为区域开发和引导创新环境的相关要素。佐治亚理工学院作为一处知识中心，是这方面非常贴切的一个案例（Youtie 和 Shapira，2008）。

此外,我们应注明,开放式创新的国际政策也来自经济合作与发展组织(OECD 报告,2008)这类国际组织。然而,关于这类开放式创新国际原则如何在具体国家得到应用的指导原则仍然缺失。同样,我们承认了 OI 模型包含多元伙伴从创意到市场历程不同阶段中的协作参与,我们也提出需要一些指导原则,这些类似"看门人"的原则必须在各阶段的应用中发挥作用(很像长期而复杂的项目管理规划中的里程碑指南)。这里有一群而非单个领导发挥着领导作用。

产学协作的未来展望

很明显,很多过去参与封闭式创新系统的组织如今正开始利用开放式创新。随着传统上对于内部和封闭 R&D 活动态度的改变,至少对于数量可观的业务企业而言,大学—企业协作的前景更为可观了。OI 模型的出现打破了大学和企业在其 R&D 协作中形成的传统角色。正如多位学者的看法(Normann 和 Ramírez,1993;Alexander 和 Martin,2013;Janeiro,Proenca 和 Goncalves,2013),我们在图 8.4 中的修正模型也表明,对开放式创新模型的未来展望包含了传统价值链向动态价值网络的转换。

我们对开放式创新的更广泛的阐述不仅仅是从双边到多元联盟的改变,正如大学—企业协作中展示的,更包含了行业伙伴(甚至是在双边协作中)动态地参与变革。例如,初始业务合作可能与新业务伙伴共同展开,而旧联盟则随之解散。在更深的意义上,我们暗示的是从预先决定的、互利互换的结构化双边价值链向动态、多元,通常不是预先决定的结构类价值网络转变的范式,后者不时会在大学—企业协作中包含不可预料的涡流事件。我们将在下一部分对这些涡流事件进行描述。

OI 模型的多样性表示(1)合作伙伴的数量增多,(2)从创意到市场历程的阶段增多,(3)更多的互补性资产,(4)更多非商业化 IP 的捆绑和再包装,(5)更多对独家专利的应用,(6)更多的产品生命循环周期(PLC),(7)更多的大学在市场中与消费者和终端用户的直接联系。总而言之,之前更容易在大学或企业内部得到自我维系的创新价值链如今已经转变为价值网络,

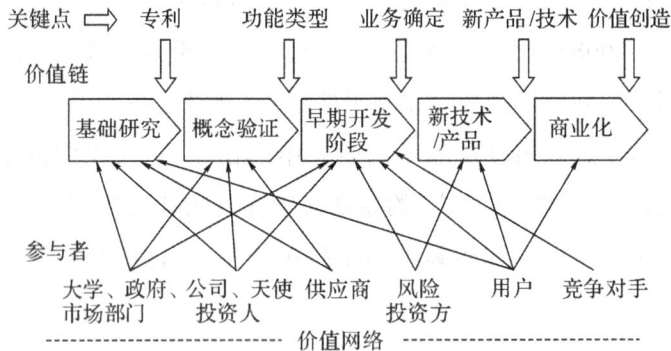

图 8.4　价值网络中的企业—大学协作

注：基于"Sequential model of development and funding" by John Fraser（2008），"Communicating Full Value of Academic Technology Transfer：Some Lessons Learned." *Licensing Journal* 28（1）：4；and the American Association for the Advancement of Science articles.

正如图 8.4 所示。Spithoven（2013）提出（我们也在之前的修正模型中提到过），开放式创新是一个包含多元主体参与的动态进程，这些主体可能有不同的兴趣或不同的治理机制。我们的开放式创新模型要求不同领域的多元主体的参与，以实现从创意到市场的历程。该历程中的阶段数目不再是严格限定或提前决定好的，而是由一些节点特别是失败决定的，无论其是基于技术或市场的。一系列的互补性资产（知识、财务、监管等等）在 OI 模型中汇聚起来；有时这些资产也来自非传统来源（如大学提供基金或是基建，或企业提供 R&D 资源）。随着 IP 的划分和筛选（如独家许可或交叉许可），IP 管理将允许新发掘技术的扩散。随着大学—企业协作在多重方向上的边界拓展，大学正经历着明显的内部适应和改变，这最终带动了网络范式中的多元协作。

我们认为，随着创新源的分散化，大学—企业开放式创新将越来越动态化、复杂化。例如，软件行业中免费开源代码的众筹发展已经成为一种趋势（von Hippel 和 von Krogh，2003）。Bloodgood（2013）提出，当很多企业都暴露在这一问题和解决方案下时，对由此产生的价值的捕获将异常困难。其他利害人的参与——如主要兴趣是创造 IP 而非获取 IP 所有权的公众、个体及其他非合作主体——将迅速动摇上述的 OI 模型,如果得到广泛传播的话,这类模型将 IP 所有权管理作为从创意到市场历程的基础(Benkler 和 Nissenbaum,2006;Howe,2006)。而在网络创新中,正如 Valkokari 及其同事(2009)所提到的,R&D 团体在开放式创新语境中包含了大量大学和企业。为了避免网络绩效达不到最佳——这可能来源于网络中单个企业或公司联盟的潜在投机行为或集体搭便车困境,对创新激励机制的共同认可就需要得到强调,并以此使企业主动利用其协作中的最佳知识而不是将之据为己有(Jarimo,2008)。同样,价值创造网络有时也因缺乏利益激励而使志愿者网络失效(Tapscott 和 Williams,2006)。当人们开始提及开放式创新中的联合创造概念时,传统的大学、行业和其他参与方的角色就更加模糊了。这就是网络创新中的 OI 模型所面临的新挑战。在另一方面,也是我们尚不成熟的一种理解,是我们个体观念中的集体性影响,也被称为"间接通信"。根据 Elliot(2007)的看法,"间接通信协作出现在两个或两个以上主体为其协作创新工作编码而对某些形式的媒体进行利用的过程中"(108)。这与分布式认知,即将环境功能描述为认知系统的一部分的一种概念非常相似。对 OI 模型间接通信的反省能帮助接受 OI 模型需要得到具体分析的事实,而生态系统或伙伴的独立性都可能决定决策模型的有效性。间接通信已被证实可以作为开源软件的成功的解释之一(den Besten,Dalle 和 Galia,2008)。"解决方式革命"(Eggers 和 Macmillan,2013)揭示了这一迅速发展的新经济,即来自大学、市场、政府、慈善业和社会企业的代表聚集起来解决大问题并创造公共价值。通过消除公私部门间的边界,解决方式革命带来了数亿美元的社会收益和商业价值。总之,OI 模型将得到深刻演化,变得越来越多样;因此,开放式创新就需要新的网络,例如实践社区(Snow 和 Culpan,2012;Wenger,1998)。

总结思考

在本章,我们梳理了封闭式创新向开放式创新模型转化的演化途径。封闭式创新模型的核心前提是,控制的重要资源是组织能够掌控的获取竞争优势的最重要来源之一。环境(技术与管理上的)的变化带动了大学和行业间的协作加速，并将双方的传统角色调整为协同共振的。而作为大学—企业协作的方式，开放式创新对重要伙伴间的关系产生了复杂而动态且非等级制的多重影响，这些伙伴则可能给创新进程带来价值。尽管政府在大学—企业 R&D 协作中的角色已经在三螺旋模型中得到了描述，但通过扩展从创意到市场的模型，我们对大学—企业—政府结构背后的其他潜在主体也进行了考量。封闭式创新的特征是对内部资源的高度控制与依赖，而开放式创新是更为开放、重叠而包含多个代理的系统，其中可能包括了内外部的多个知识的外溢性。

我们认为，大学和行业的传统角色正在开放式创新范式中发生着变革。通常简单的假设是，知识在大学中被创造出来并经常被转移到企业以进行更进一步的开发与商业化。更为细致的解释则强调了市场和大学与其他重要主体如政府、供应商甚至是竞争对手之间的互动，正如我们在图 8.4 中所展现的。市场的知识管理侧重于创造和识别(研究与寻找)、转译和共享(开发)，以及知识开发(商业化)，其目的则是价值创造与价值捕获。大学的知识管理则关注于知识创造(研究与开发)、知识转移(教学)和知识应用(服务)，而付款方网络(如企业、政府、供应商、天使投资人、风投家)则对此提供支持。在概念上，封闭式创新向开放式创新的转换主要是在看待资源方式上的改变，即从企业内部资源到"网络资源"的变化(Gulati，2007；Normann 和 Ramírez，1993)。网络资源被定义为企业从与外部世界——包括(但不限于)合作伙伴、供应商、消费者和大学——的联系中获取的存在于企业外部的资源。然而，企业间联系网络将不可避免地使大学—企业协作更为复杂。知识管理重要性的逐渐增加，以及大学在基于技术的企业孵化中的特殊角色，使得企业—大学协作在开放式创新语境中的位置更为突出。

大学衍生物(即学术创业)、研究公会(即多个大学共同工作，如基因定位图项目中的做法)、要求不同 IP 所有权的产品生命循环周期缩短、弱化了对 IP 所有权需求的开源代码、带有开放架构的云计算以及由很少或不借助价值捕获而进行价值创造的大学成立的社会企业等，这些都是定义了大学—企业协作的开放式创新新范式的特殊表征。对 OI 下的大学—企业协作进行观察将帮助我们更好地理解并管理这类协作,更有效地进行对未来的新技术、产品与业务模式的开发。然而,为了达到这个目的,我们需要更为复杂的 OI 模型,需要超越现有的解释模型,需要更好地解释经济环境和网络在知识创造、转移与应用过程中的改变。这类模型应能详细说明这一过程中的网络成员(如市场、大学、政府、消费者、供应商、天使投资人、风投家)的角色。在有了对这类知识网络更好更有效的理解与管理之后,我们在前文中提出的建议也将更有效。此外,我们也期盼着在未来能出现对企业—大学 R&D 协作更进一步的研究和阐释。我们希望,我们所提供的研究架构能对这类研究有所助益,我们的建议也能在很多方面有助于这类主要主体——R&D 协作中的企业和大学的发展。

参考文献

[1] Alexander, A. T. and Martin, D. P. (2013). Intermediaries for Open Innovation: A Competence-Base Comparison of Knowledge Transfer Offices Practices." *Technological Forecasting and Social Change*(80): 38-49.

[2] Auranen, O., and Nieminen, M. (2010). "University Research Funding and Publication Performance-An International Comparison." *Research Policy*(39): 822-834.

[3] Bellancuono, N., Pontrandolfo, P., and Scozzi B. (2013). "Different Practices for Open Innovation: A Context-Based Approach." *Journal of Knowledge Management*(17): 558-568.

[4] Benkler. Y., and Nissenbaum, H. (2006). "Commons Based Peer Production and Virtue." *The Journal of Political Philosophy*(14): 394-410.

[5] Bloodgood, J. (2013). "Crowdsourcing: Useful for Problem Solving, but What about Value Capture?" *Academy of Management Review* (38): 455-457.

[6] Boyer, E. L. (1990). *Scholarship Reconsidered: Priorities of the Professoriate: Special Report*. Princeton, NJ: The Carnegie Foundation for the Advancement of Teaching.

[7] Burnside, B., and Witkin, L. (2008). "Forging Successful University-Industry Collaborations." *Research-Technology Management* (51):26-30.

[8] Chesbrough, H. (2003). *Open Innovation: The New Imperative for Creating and Profiting from Technology*. Boston: Harvard Business School Press.

[9] Cohen, W., Florida, R., and Goe, W. R. (1994). "University-Industry Research Centers in the United States." Unpublished paper, Carnegie-Mellon University, Center for Economic Development, H. J. Heinz III School of Public Policy and Management, Carnegie Mellon University, Pittsburgh, PA.

[10] Coleman, J. S. (1990). *Foundations of Social Theory*. Cambridge, MA: Harvard University Press.

[11] Colin, C. J. C., and Ja-Shen, C. (2013). "Breakthrough Innovation: The Roles of Dynamic Innovation Capabilities and Open Innovation Activities." *The Journal of Business and Industrial Marketing* (28):444-454.

[12] Creative Commons website, http://creativecommons.org.

[13] den Besten, M., Dalle, J. M., and Galia, F. (2008). "The Allocation of Collaborative Efforts in Open-Source Software." *Information Economics and Policy* (20):316-322.

[14] Dankbaar, B. (2003). *Innovation Management in the Knowledge Economy*. In Series on Technology Management, vol. 7. London: Imperial College Press.

[15] Delphine, M., Kaltenbach, P., Line, B., Valérie, M., and Fabbri, J. (2012). "Open Innovation: Putting External Knowledge to Work." *Supply Chain Management Review* (16):42-48.

[16] Di Gregorio, D. , and Shane, S. (2003). "Why Do Some Universities Generate More Startups Than Others?" *Research Policy* (32): 209-227.

[17] Doring, T, and Schnellenbach, J. (2006). "What Do We Know about Geographical Knowledge Spillovers and Regional Growth? A Survey of the Literature." *Regional Studies* (40):375-395.

[18] Eggers, W. D. , and Macmillan, P. (2013). *The Solution Revolution: How Business, Government, and Social Enterprises Are Teaming Up to Solve Society's Toughest Problems.* Boston: Harvard Business School Press.

[19] Elliot, M (2007). "Stigmergic Collaboration: A Theoretical Framework for Mass Collaboration." PhD diss. , Centre for Ideas, Victorian College of the Arts, The University of Melbourne, http://www. springerlink. com/content/2538k675375g4337/fulkext. pdf. (Accessed March 25, 2014).

[20] Etzkowitz, H. , and Leydesdorff, L. (2000). "The Dynamics of Innovation: from National Systems and 'Mode 2' to a Triple Helix of University-Industry-Government Relations." *Research Policy* (29): 109-123.

[21] Fraser, J. (2008). "Communicating the Full Value of Academic Technology Transfer: Some Lessons Learned." *The Licensing Journal* (28): 1-10.

[22] Fritsch, M. , and Slavtchev, V. (2007). "Universities and Innovation in Space." *Industry and Innovation* (14): 201-218.

[23] George, G. , Zahra, S. A. , and Wood, Jr. , D. R. (2002). "The Effects of Business-University Alliances on Innovative Output and Financial Performance: A Study of Publicly Traded Biotechnology Companies." *Journal of Business Venturing* (17): 577-609.

[24] Goldfarb, B. , and Henrekson, M. (2003). "Bottom-Up versus Top-

Down Policies towards the Commercialization of University Intellectual Property. " *Research Policy* (32): 639-658.

[25] Gulati, R. (2007). *Managing Network Resources: Alliance, Affiliations, and Relational Assets.* Oxford: Oxford University Press.

[26] Gustin, B. (1975). *The Emergence of the German Chemical Profession*, 1790-1867. PhD dissertation, University of Chicago.

[27] Gutteridge, T. (2007). "Outreach and Engagement: Afterthought or Strategic Priority. " *Mid-American Journal of Business* (22): 5-6.

[28] Howe, J. (2006). "The Rise of Crowdsourcing. " *Wired*, June 14. http://www. wired. com/ wired/archive/14. 06/crowds. html. (Accessed March 29, 2014).

[29] Jarimo, T. (2008). "Innovation Incentives and the Design of Value Networks. " DSc thesis, Espoo, Helsinki University of Technology.

[30] Janeiro, P. , Proenca, I. , and Goncalves, V. C. (2013). "Open Innovation: Factors Explaining Universities as Service Firm Innovation Sources. " *Journal of Business Research* (66):2017-2023.

[31] Lee, N. (2009). "Exclusion and Coordination in Collaborative Innovation and Patent Law. " *International Journal of Intellectual Property Management* (3):79-93.

[32] Lee, Y. S. (1998). " University-Industry Collaboration on Technology Transfer: Views from the Ivory Tower. " *Policy Studies Journal* (26):69-84.

[33] Leydesdorff, L. , and Meyer, M. (2006). "Triple Helix Indicators of Knowledge-Based Innovation Systems (Introduction to the Special Issue). " *Research Policy* (35):1441-1449.

[34] Lichtenthaler, H. (2008). "Open Innovation in Practice: An Analysis of Strategic Approaches to Technology Transactions. " *IEEE Transactions on Engineering Management* (55): 148-157.

[35] Matkin, G. (1990). *Technology Transfer and the University*. New York: Macmillan.

[36] Murphy, L. M., & Edwards, P. L. (2003). *Bridging the Valley of Death: Transitioning from Public to Private Sector Financing*. Golden, CO: National Renewable Energy Laboratory.

[37] Nystén-Haarala, S., Lee, N., and Lehto, J. (2010). "Flexibility in Contract Terms and Contracting Processes." *International Journal of Managing Projects in Business*(3): 12-22.

[38] Normann, R., and Ramírez, R. (1993). "From Value Chain to Value Constellation: Designing Interactive Strategy." *Harvard Business Review*(4):65-77.

[39] OECD Report. (2008). *Open Innovation in Global Networks*. OECD Press.

[40] Powell, W., and Owen-Smith, J. (1998). "University and the Market for Intellectual Property in Life Sciences." *Journal of Policy Analysis and Management*(17): 253-277.

[41] Reid, R. (1997). *Architects of the Web*. New York: John-Wiley and Sons.

[42] Rosenberg, N., and Nelson, R. (1994). "American Universities and Technical Advances in Industry." *Research Policy*(23):323-348.

[43] Shane, S. (2004). *Academic Entrepreneurship: University Spin-Offs and Wealth Creation*. Northampton, MA: Edward Elgar.

[44] Siew, A. (2013). "Pharma Embraces Open Innovation." *Pharmaceutical Technology*(25): 6-8.

[45] Sisodiya, S. R., Johnson, J. L., and Grégoire, Y. (2013). "Inbound Open Innovation for Enhanced Performance: Enablers and Opportunities." *Industrial Marketing Management*(42):936-948.

[46] Snow, C. C., Culpan, R., (2012). "Open Innovation through a Collaborative Community of Emerging Organizational Design." In T.

K. Das (ed.), *Strategic Alliances for Value Creation*, 279-300. Charlotte, NC: Information Age Publishing, Inc.

[47] Sophia Antipolis. (2013). "Garbejaire, the Inner Residential Community." Wikipedia. http://en. wikipedia. orgwikiSophia _ Antipolis. (Accessed March 30, 2014).

[48] Spithoven, A. (2013). "Open Innovation Practices and Innovative Performances: An International Comparative Perspective." *International Journal of Technology Management* (61): 254-273.

[49] Tapscott, D., and Williams, A. D. (2006). *Wikinomics: How Mass Collaboration Changes Everything*. New York: Penguin Group.

[50] Valkokari, K., Paasi, J., Luoma, T., and Lee, N. (2009). "Beyond Open Innovation—The Concept of Networked Innovation." In Proceedings of the 2nd ISPIM Innovation Symposium, New York City.

[51] Viale, R., and Campodall' Orto, S. (2000). "Neocorporations or Evolutionary Triple Helix? Suggestions Coming from European Regions." Presented at the Third Triple Helix Conference, Rio de Janeiro.

[52] von Hippel, H., and von Krogh, G. (2003). "Open Source Software and the Private Collective, Innovation Model: Issues for Organization Science." *Organization Science* (14): 209-223.

[53] Wengenroth U. (1995). "Natural Sciences and the Chemical Industry in Germany-Preconditions and Mechanisms of Their Rise in the 19th Century." *Historishce Zeitschrift* (260): 922-924.

[54] Witzeman, S., Slowinski, G., Dirkx, R., Gollob, L., Tao, J., Ward, S., and Miraglia S. (2006). "Harnessing External Technology for Innovation." *Research-Technology Management*. 49: 19-27.

[55] Wenger, E. (1998). *Communities of Practice: Learning, Meaning, and Identity*. Cambridge: Cambridge University Press.

[56] Youtie, J. , and Shapira, P. (2008). "Building an Innovation Hub: A Case Study of the Transformation of University Roles in Reginal Technology and Economic Development. " *Research Policy*(37): 1188-1204.

第九章 战略联盟的大数据层面分析

玛丽安·杰琳克,史蒂夫·巴尔,保罗·穆格,与理查德·库里

全球化、创新与"大数据"

从 20 世纪 90 年代中期开始,很多美国公司开始正式将内部活动进行外包,同时一些学者如达特茅斯的 J. 布莱恩·奎因则断言,企业应致力于世界级能力的开发以获取核心竞争力,同时也应当寻求世界级的外部方来完成其他方面的事务。首先是零配件制造,其次是更依赖于基础知识的业务,最后则是创新本身,这些不同层面的事务都可以进行外包以获得战略优势(Quinn,1999;Quinn 和 Hilmer,1994)。长期的功能内部化以实现更强控制的管理手段开始于 19 世纪(Chandler,1977),这一做法在 21 世纪则为越来越多的非核心活动外部化所取代。

外包由一系列的活动和组织形式构成,包括了一次性交易到长期合作参与等。"简单的"战略联盟伙伴、多主体联盟、合资、联合 R&D 开发、投资组合、联合行销安排、许可、少数股东权益联盟以及供应链合同都是很好的例子。这类活动需要对创新产品、进程或市场准入方面的特别强调:这些都明显超出了焦点企业的初始活动能力,也因此具备了相当的不确定性和风险。与不熟悉的专家在缺失环节进行合作也因此看起来很有前景——但也同样冒险。

选择合适的伙伴本身就是一个挑战:"世界级"是一个动态目标;技术变革和企业家精神在广泛的区域带来了新机遇,即便是新发现也会带来很大影响。创新能帮助发展前沿技术和战略领域，或是新地理区域的伙伴（Culpan, 2002; Doz 和 Hamel, 1998; Doz, Santos 和 Williamson, 2001）。此外，鉴于这些联盟都是"战略上的"，企业也必须保持类似的战略活动与互动——例如对现有伙伴和对手的影响。

这样，开放式创新决策就不仅重要而且非常不确定；它们同样将决策方不熟悉的决策领域隐藏起来。在这些领域里，理性决策理论所包含的对无所不知和信息完备的高度假设前提充满了误导性。行为决策研究揭示出，实际的人类决策根本无法具备这样的理想条件（March 和 Simon, 1959; Simon, 1950, 1957）。相反，在充满高度不确定性和风险的战略决策开放式创新需求中，人类决策方通常缺乏必要的信息。时间和成本都限制了信息的获取，决策方处理信息的能力同样有限，这都限制了他们评估复杂选择的能力和效果。作为解决方式，决策方则会选择满足了他们最重要合作方最低需求的最佳可选方案。

决策方更依赖于走捷径，因为不确定性和预期风险提高了，或是因为决策方所需的资源和努力在逐渐升级（Maule, Hodgkinson 和 Bown, 2003）。这些捷径通常被专家和新手共同使用，并反映出关于关键决策要素关系的假设。这些捷径体现的是降低了对决策质量的探索和偏差，也就是说，"简化战略"实际上减少了所需的认知上的努力（D. Kahneman, Slovic 和 Tversky, 1982; Tversky 和 Kahneman, 1974）。

行为决策研究文献[1]揭示了一系列决策短板，以及大量可能降低决策质量的决策工具。但还没有研究将行为决策理论与理解战略决策进程的描述性途径相整合，更加没有文献考虑到开放式创新这一主题。大数据分析（BDA）可以被看作是对决策必要阶段的分析支持，这些阶段包括问题识别、信息获取、信息处理、替代方案分析，以及方案筛选。

但除开"大数据"研究的理想的一面，很多人仍然对大数据质疑，同时也对于决策无益的、海量的、明显的或不相干的数据感到失望。更多的更好的数据，以及对此的精确分析，可以提供优先战略和新视角——前提是与主题相关的专业知识可以被转移，而这些认知短板又可以得到消解，同时决策陷阱也得到了强调。

本章将描述 BDA 的一种直接形式，这一形式系统性地创造了特定领域研究的模板，并有助于更好地理解问题识别、更好地进行信息获取和处理以及展示更清晰的可选项。这些技术帮助克服了探索和偏差带来的影响。此外，相关数据的结果处理库可以得到迅速升级，或是在大范围的相关域问题中迅速获得答案，以及有助于改善特定主题知识（SMEs'）分析。在与结构决策模型结合后，例如通过技术、教育与商业化（TEC）程序（Markham 等，2000；Markham 等，2002）或层次分析法（AHP）（Saaty，2012），能够提供精细的、基于现实证据的决策支持。

我们所描述的直接 BDA 平台进程可以显著提升五个决策阶段的质量，并由此加强战略联盟决策。这在采取战略联盟以实现开放式创新的决策中尤为重要，因为不确定性和风险将缺乏足够且有效支持的决策进程暴露在充斥着探索与偏差的环境之中。

我们首先对开放式创新战略挑战进行讨论，并将行为决策理论与人类决策限制相结合。随后，我们将描述由北卡罗来纳州立大学创新管理研究中心（CIMS）开发的直接 BDA 平台进程的相关细节，以及它如何消解了战略风险和行为决策陷阱。借助一些企业应对真实问题的实际数据，我们对此进行了进一步的阐述。这些案例对相关概念进行了生动说明，它们也对未来研究提供了相应的经验和教训。

开放式创新与大数据

尽管我们正处于一个全球经济体中，但长达几个世纪的从外部获取原料、商品或部件的旧交易网络与协作系统仍然占据着主要地位。无论外包或协作，精确地说，甚至大数据都不是全新的事物；它们都有其早期实例。例如，外包的定义是将某些业务流程通过合同交给其他个体或组织，这虽与从外部购买零部件和专业知识有所不同，但也有相同点。

企业始终与特殊专家们保持着长期合作关系，这种关系包括了从咨询和法律到设备识别与安装监管，以及创新扶持等多个方面。博思艾伦汉密尔顿控股公司是首批正式业务咨询服务提供方之一，活跃于 20 世纪头 10

年和 20 年代;麦肯锡联合公司成立于 1926 年,至今仍服务于"三分之二的财富 1000 强企业"。主要的咨询公司起初都提供关于咨询方面的专业服务,而一些其他的专业服务——如 UPS 的思维逻辑;三角航空公司的飞行器引擎维护;类似通用或惠普公司的发动机制造;或是像克罗马罗依这样的专家——则能帮助企业拓展业务线和代理,并以此获取更强的能力。部件或零配件也可能含有紧密的协作关系[尤其可见于 Womack,Jones 和 Roos (1990)所描绘的自动工厂中],而对于技术的强调则引发了在化学和生物制药行业中的协作浪潮(Culpan,2002;Rabinow,1996)。

"开放式创新"包含一系列协作模式,包括合伙关系、合资、协作式 R&D、联合营销、许可协议、少数股权联盟与多供应链配置等等(Culpan, 2011)。企业可能在价值链的任何一点引入外部的创意、部件、产品或专家,以实现某些或甚至全部所需的联系——而它们在一些时候也确实是这样做的。现在有什么不同呢? 越来越复杂的产品与越来越丰富的知识紧密结合,使得协作非常必要——尤其是在快节奏的创新环境中当真正的创新面临裁决时,我们处于可能因此失败的节点。此外,伙伴也可能处在世界的任何一处。

大数据是相当特殊的,并需要一个定义。什么是"数据"可能因语境不同而不同,"大"同样如此。因此,一篇长期研究"大数据"的文章指出:开普勒的详细天文记录对于他所处的时代而言就是"大"的,而非常大的语言学数据集则可以回顾到近 800 年前(Arbesman,2013)。在现在的用法中,"大数据"强调了通过网络、数字记录设备和硬盘、迅速发展的电脑分析能力获取的大量而多样的具有广泛与持续性用途的数据。当然,现在很多对于大数据的使用主要集中于确定已有用户(以向他们发送更多的邮件)或是分析企业的内部数据并进行优化(Manyika 等,2011)。很难从未经处理的大数据中获益。而除了"认为大数据都是夸张的宣传? 这样想的不止你一个人"这样的标题外,BDA 似乎也能够吸引用户(Hesscldahl,2013)。

但是,现在的大数据真的不一样了吗? 首先,它"更大"了,需要以艾来计算(IDC 估计到 2020 年可能达到 13000 艾字节——1 艾字节表示 1024 太字节)。[2] 在线购物产生了大量与关键词搜索相关的用户习惯信息,这些信息帮助亚马逊这样的公司推断出用户的不同喜好。谷歌每天仅在美国就产生了超过一亿次搜索次数,并被公司储存起来进行后续挖掘。可能更重要的是,尽管可用数据通常意味着"数量",新型的传感器、更大的存储和记忆设备、更快的电脑正将大量的、非结构化的数据类型数字化——包括文字图像等,以及定位信息、音乐、颜色等等。在 2000 年,世界上仅仅四分之一的信息被数字化了;今天,"仅有少于两成的储存信息不是数字化的"(Cukier 和 Mayer-Schoenberger,2013)。

数据类型及其可用性都在不断提升,产生了被称为近乎一切的"数字化"(Cukier 和 Mayer-Schoenberger,2013)浪潮,并为"将一切数字化"提供了创新应用视角。这类案例包括分子层面的传染性病原体染色体数据,这些数据有助于识别耐药结核病(TB)(Young,2013)或癌症(Williams,2013)中不同的变动的基因;或者是从欧洲原子能机构的大型强子对撞机获取的海量数据,它们帮助确认了希格斯玻色子(Boisot 等,2011);以及例如餐馆获取的消费者定位数据;等等。在这些方面,大数据即提供了并非"完全一样"的功效,而是从新的数据类型中产生了全新的战略能力。

但是,很多企业仍然重点关注着内部数据:用户在酒店登记的视频,或者是对呼叫中心音频数据的分析,或是针对能源应用效率有效提升的微管理(Davenport 和 Dyche,2013)等。这些操作上的提升确实有所帮助,但外部数据则能支撑更为重要的决策,包括在变革环境中的战略再定位——尤其是在开放式创新的语境下。

宝洁公司以其 50%的新产品创新都来源于公司外部而著称(Huston 和 Sakkab,2006;Sakkab,2002),这帮助公司进一步利用内部开发和消费市场的能力,并震惊了那些认为创新应该得到严格限制的人们。但是宝洁的决定代表了目前的技术现实。很多复杂产品(像 iPhone、新数字诊断产品,甚至是 VISA 信用卡系统)都需要有超出任意一家企业之外的复杂先进能力:除了宝洁公司杰出的内部能力外,还需要有公司外部的大量科学家、研究人员和创客。

新市场对新知识的需要太过频繁。战略联盟(包括合作、合资、联合 R&D、联合市场、许可协议、非股权联盟、供应链合同等)可以提供所需要素。

对于营利企业、NGO和非营利组织,甚至政府,它们在不断地通过协作(包括外部资源、合同和能力)实现其目标。通过获取缺失的部分,或是让外部来开展"下游"活动(如营销或分销),公司能更好地利用内部资源与能力,但这同样不简单。

在不同的案例中,为了展开合作或是获取潜在技术与市场,焦点企业都必须寻找遥远而陌生的合作参与方。合适的要素和信息可能很分散,而一旦展开创新,决策者就必须利用独立的知识域。这都不是新问题:十多年前,宝洁公司就总结道,全球技术转移高度无效率,这一过程太过局限在"'你知道什么?'和'你的Rolodex怎么样?'"(Sakkab,2002,43)这类问题中。

基于互联网的跨媒体看起来是对开放式创新的一个很好的新资源,这类形式最初从Yet2.com(1999年时,宝洁公司是其中一个创始投资方)和InnoCentive(成立于2001年)这样的网站开始。到2005年,《连线》杂志的两位编辑使用了"众筹"这一字眼(Safire,2009),来指代新的协作可能。到2013年,一个创新网站列举了25个提供从技术到市场智能等众筹服务的跨媒体网站。[3] 问题解决了吗?可能没有。有效的外包管理仍然面对着这类挑战,因此它们有助于构成"复合能力"(Kogut和Zander,1992;Zander和Kogut,1995)式的竞争优势,同时也常常依赖于关键的企业能力(Ellonen,Wikstrom和Jantunen,2009)。

既非市场,也非层级组织

发掘创新潜力需要对创新资源进行适当的定位,以此获取企业外部的专业知识和知识产权。即便是非常大的企业,现在也需要转向许可、众筹和越来越多的战略联盟来实现开放式创新(宝洁公司、苹果和IBM是仅有的三个案例)。很多现有产品都依赖于:高度复杂的部件,例如消费电子产品(Hagel III,Brown和Jelinek,2011);难以管控的生产活动,例如平板设备(Murtha和Lenway,1994);持续的新产品创意流,如宝洁公司(Huston和Sakkab,2006);或是可利用的正式的未开发市场,如大量进驻中国的外国企业(可见Doz和Hamel,1998;Doz等,2001),这些企业进行协作,实践着开放式创新的不同形式。

即便是对部件或原材料的采购，也可以得到典型的合约式管理。其中，交换的产品和价格都是相对确定的，外部也存在大量的来源。各方针对合约协商一致，明确了彼此权益（尽管特定内容可能不同，例如在长期的商品运输中，价格和质量都可能发生变化），合约也可以进行无限的扩展。在这些简单的交换之外，关系构建可能更为复杂，因为这一概念很可能是模糊的、不确定的，或是全然未知的。

丰富的理论提供了一些管理上的选择。行为控制理论确认了必要的行为，通过紧密的监管和行为评估进行整体把控（Cheng 和 McKinley，1983）。输出控制理论对结果进行监测，但需要明确的标准（Thompson，1967），并进而对可测量的产出进行观测（Eisenhardt，1985；Ouchi，1979）。而当产出无法测量、行为很难监测时，输入控制理论即依赖于社会联系与团队压力（Ouchi，1979）、资源共享和社会化（Govindarajan 和 Fisher，1990），以及细致的雇佣、训练和筛选管理（Snell，1992）。

强调"战略"的共享式活动开展时发生了什么呢——例如在核心产品或流程上的创新，这类项目的失败可能导致企业破产，若是成功则可以推动全新的技术创新。在这种情况下，很多针对风险的传统控制手段都很难产生效用，因此，决策者的认知局限就成了焦点。管理者如何在其合法权威之外对各种活动施加控制，在其能力之外对超出其（或者，通常是其他人的）知识的输入或输出行为进行控制？他们怎样在人类的认知局限中避免决策失误呢？早期的决策失误对后期构建和维系战略联盟的控制系统所需的要素产生了重大影响。开放式创新联盟构建时期的失误甚至能导致彻底的失败。

这类战略协作活动不应局限于合约：无论是输入、过程、产出，或是市场价值，它们都应得到合理的预判。同样，这一点也适用于焦点企业的重要雇员，那些负责人不应对协作企业的员工发号施令，对待关键人员（或他们的企业）也是如此。此外，各方不能退回到共享式公司文化——它们的决策模式可能极为不同。构建这类联盟是开放式创新战略不确定性和风险的主要来源，有效管理的定向 BDA 则可以摆脱上述战略决策困境。

实施开放式创新的定向 BDA：变量和流程

有三类开放式创新形式已经得到了证实：由内而外的，即通过许可或出售将内部创意引入市场；由外而内的，即将外部知识或能力与内部能力进行整合；以及混合模式，即同时实施由内而外与由外而内的模式，例如，借助战略联盟（Gassman 和 Enkel，2004）。IBM、德州电子和其他很多企业强调了数十年之久的许可形式就是由内而外的：利润产生于企业选择不去关注的技术或知识产权。宝洁广受赞誉的"联系与开发"途径则是典型的由外而内式的：它将外部产品创意、包装选项和新技术引入企业自身的开发与营销体系。IBM 的"独一无二"（FOAK）协作开发项目则是混合式的，其特征是一次性的（Frederich 和 Andrews，2010）。长期的网络联盟，例如苹果公司，则是随时间、多种创新项目而持续演化的混合模式。

由内而外的开放式创新可能与营销问题相协调：通过已有联系或是类似 Yet2.com 或创新交换（它自称为一个"在线开放式创新市场"）的网站，将已有的可用技术产品出售给潜在的买方。但更为定向的针对相关市场或技术的搜索则可能带来更有利的结果，即识别出更具兴趣和能力的合作者。由外而内和混合式的开放式创新都无比清晰地强调了合适的合作方的重要性——关系可以更紧密，利益和风险可能更高，专利技术和核心市场则可能更具争议。

认知局限、探索与决策困境

决策者很少遵从于纸面上的决策模型，也很少享受这些模型带来的无尽的信息与资源。相反，他们会做出牺牲（March 和 Simon，1959；Simon，1956，1957），选择达到了最低需求的第一可选项。我们有选择地将讨论集中在这些探索和偏差上，它们与高度不确定的、非结构化的开放式创新环境中的战略联盟信息紧密相关。我们的目标是推进定向 BDA 进程来克服这类困境以提升决策质量。

面对高度不确定的、模糊的、海量的无法完全浏览的信息，战略决策者

201

会将开放式创新简化,将非管理问题转化为他们能解决的问题。有意识或无意识地,他们常常会控制需要处理的信息数量。如果所需的信息无法得到,决策者会使用他们已有的信息、相似或相关的经验来评估事件发生的可能性(可能性偏差)。他们可能偏好更加熟悉的内容,而选择不看反常的或不期待的事件(Bruner 和 Postman,1949,50)。他们可能"提前决定"或固定已有的决定,而只是寻找或选择相应的信息来进行验证(Maule 等,2003;Svenson,1999)。这反过来又促成了某种"认知惰性",即面对战略处境,仍维持旧有的、可能是完全凭头脑设想的决策模式。

在实现更好的战略决策的关键问题中,所需信息的缺失尤为关键;时间和成本限制了信息搜集;有限信息储存和处理能力的缺乏则使得选项评估更为困难——这些都是人类面对复杂、陌生环境下的天然的认知局限。行为决策文献中有两类主题:决策者会试图减少决策过程中已有的不确定性以将可接受的风险最小化,也会试图减少数据搜集、处理和解释所需的认知困难(Kahneman 等,1982;Tversky 和 Kahneman,1982)。决策者会隐藏其"有限理性",即他们搜寻全部相关信息、持续处理,以及给予完全客观、符合逻辑的结论的能力是有限的。开放式创新决策尤其如此,因为即使进行简化的尝试也提升了不确定性和风险。

可用性探索依据对过去相似"可用"经验的研究,从而减少决策者对某个事件重要性或可能性的误判。无论记忆是否反映了真实事件的重要性或可能性,高度个人化的情绪、体验发挥了重要作用。可用性探索同样也需要关注所考虑的是何种信息。

决策者的信息搜集和处理能力常常是有限的。一个偏差就会影响他们对现有某个数据问题的关注,因此在风险决策中就可能,例如,过高估计了成功的可能性而忽视了现实。而另一种偏差则会使他们习惯性地忽视样本规模,即便数据样本处理反映出(更小数据集中的情况)发生的可能性更高。第三种偏差是对机会的错误认识,即对机会性质和可能性的忽视。第四种偏差是无视数据信度:犯这类错误的决策者会假设暂时的、不寻常的产出会一直持续,而不是关注应有的长期平均值。这些失误使得决策者仅依赖于少数特殊的数据,而认为这些数据代表了总体。人类决策者在利用数据进行事实判断上实在是受限很大。

锚定与调整探索发现：最终决策会与初始决策相差无几。锚定似乎通过为后续信息评估提供参考点，降低了不确定性；但由于获得了数据支持，调整幅度会小很多。此外，探索间的相互影响也会进一步制约决策进程，尤其是在不稳定的、陌生的、复杂的环境中，典型的开放式创新即具备这类特征。

认知局限通过风险界定和建构的初始模型对决策产生影响，后者则尤其可能会出现在开放式创新中。决策者极易将风险，或是将他们的决策界定在未精确研究的相关架构里，面对着未经确认的信息、锚定和对风险与失败的误判，而无法重新获取精确数据和对可选方案的重新评估。因此，一旦基于不精确信息或潜在收益的第一印象被确立，后续的选择也就偏于固定，尽管损失会有各类形式，但其逻辑是一样的（Kahneman 和 Tversky，1979）。这些决策陷阱制约了线索的影响，从而导致了决策失误。

结构良好的、定向的 BDA 则很好地纠正了开放式创新中的偏误，包括架构偏差。计算机是对人类信息搜集与处理能力的拓展（Donald，1991），定向 BDA 则是这类联合的一个范例。BDA 产生了"更多的信息"，但是风险也随之急剧提升，我们先前提到的偏差和试误也就都随之而来。为了有效处理认知局限，还需要其他办法：一种有关注点的、定向的、有目标的 BDA，会产生高度相关的数据，以及相应的评估、整合和将数据转换为可用信息的方式。

战略联盟发展的时间表——从发现所需资源到评估和方案筛选阶段（见图 9.1）——可以系统性地展示出定向 BDA 平台流程对开放式创新的支撑。存在的挑战和问题则是：潜在伙伴和技术可能仍需要某些尚未得到开发的能力（Hagel Ⅲ 等，2011；Hagel Ⅲ 和 Brown，2005），而这些能力也可能存在于尚未涉及的领域（Culpan，2002；Doz 和 Hamel，1998；Doz 等，2001）。"你的名片盒里都有谁？"起不到多大作用。战略联盟不是大海捞针；它是要找到合适的针，然后围绕这一点评估和筛选合适的伙伴。

问题定义	信息收集	信息处理	识别替代者	选择
识别兴趣领域潜在的合作伙伴、技术和市场	收集与问题相关的高度可信信息	决定分析工具和数据输入：数据反映了哪些问题？	可能做什么？要利用新技术，可以和谁合作？	根据先前识别的问题和标准，哪一个方案是最好的？

决策陷阱				
●问题识别 ●框架约束	●对新创意/方法开放	●认知限制	●可获得方案的启发性和代表性	●锚定偏差与调整

定向BDA元素				
●联合项目团队 ●外部专家 ●决策模型 ●PESTEL	●数据科学家 ●包容性搜索 ●关键词	●高绩效计算机云 ●NLP算法	●高相关领域的数据 ●精确查询 ●迭代	●联合项目团队

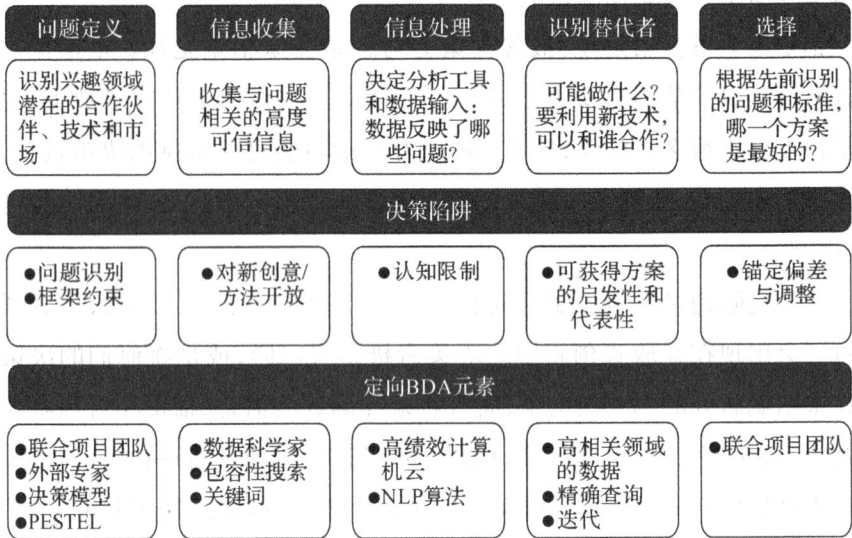

图 9.1　决策阶段：战略联盟形成的时间节点

CIMS[4] 大数据分析流程

从 2008 年开始，CIMS 使用了自然语言处理程序来强化技术和市场搜寻工作，以及分析非结构化数据，即那些存在于互联网网站、博客、维基、研究报告等中的信息。很多公司的内部信息(例如用户满意度报告、工程笔记、项目管理报告、呼叫中心记录，以及其他的操作化数据)同样也以非结构化数据的形式储存着。通过使用依赖于北卡罗来纳州立大学高性能服务器的 IBM"华生"软件技术和强有力的分析平台，帮助公司将海量数据——在处理之前是无法操作的——转换为战略问题的答案。

计算机可以将非结构化文本复制、过滤和记录，将意义和文本转换为数据，并依据特定的规则对数以百万计的文本进行精确"阅读"。与人类不同，计算机不会有偏差或短板；其认知能力显然也是不受限制的。但首先，需要人确定关键词和语词之间的联系，尤其是在个体化的研究工作中，需要应用标准化途径来处理人类决策进程中的已知限制。

发现所需的资源:借助定向 BDA 平台流程

大数据首要的,也是最明显的应用就是发现所需的创新资源"在哪里"。随着世界上的大部分信息都以数字形式出现,文本识别技术、流程、材料和实践都越来越简单、快捷,也比"你的名片盒里都有谁"的时代更为广泛。定向 BDA 研究针对特定的搜索关键词在全网搜索特定的信息,探索可用的最新数据。这种搜索同时也利用了最新出现的资源,无论这些资源是存在于设计和制造行业、大学研究项目还是公私合作关系中。但广泛的互联网互通性一定要与针对性的搜索关键词相结合,以从大量的信息中筛选出重要的部分,剔除无关或没有研究价值的信息。针对性的搜索则利用了海量数据向潜在可操作信息的关键转换。

合作可能性

如果缺乏所需资源(或是仅拥有低效的内部资源),企业会寻求外部资源以展开开放式创新。谁拥有企业所需的技术或专业能力呢? 合作方在哪里呢? 利用特殊的软件[5],CIMS 定向 BDA(DBDA)使用特定的搜索术语词典,包括姓名(例如相关的大学、公司、NGO 或研究者)、技术术语、技术特征、相关期刊和企业等,从初始问题进行 URL 限定,从而展开搜索。这些词典可以通过代理 SMEs 构建、与外部方进行协作,或是起初即从少量高质量的期刊文献中自动提取出来,这些文章中的关键词、参考文献和主题都可以作为初始的检索词。基于这类词典的搜索工作会形成一个具备高度潜在价值的、精确的索引库(包括网站、会议流程、发表文献、摘要、研讨会等等)。SMEs 可以进行迅速的关键词组合检索,以发现更细小的、结合度更高的问题。

确认可能资源的方法可以很直接(例如直接搜索研究者在某个主题发表过哪些成果),但更重要的搜索可能不那么明显,也因此具备了更高的战略意义。软件工具可以帮助 SMEs 发掘早期的开发技术,判断市场可能性,以及识别新兴的发展趋势。这些搜索利用了相关域数据挖掘工具,这些数据来自定向搜索——跨主题与概念检索,以及发掘它们出现的位置——而不只是现有产品/用户搜索、内部信息处理或是将 BDA 错误理解为"仅仅是谷歌搜索"。基于特定关键词(无论是 SMEs 的建议或是从相关的前沿作品中提取出来的)的广泛互联网搜索迅速纠正了决策偏差和试误，显著地减少了风险和信息过载。这类搜索也推动了研究问题的解决，因为对高度相关的数据的重复检索占用了大量时间和精力。现在，我们转向特殊的、详细的案例分析，从中观察有针对性的、高度专业化的 BDA 检索如何降低了风险，加强了开放式创新决策。

解决肺结核

克林顿健康倡议组织(CHAI)是一个关注健康保障的非政府组织，它与其他 NGO、制药公司和政府开展协作，以开展生命健康保障方面的服务。CHAI 也将目光战略性地投向了 TB 诊断和治疗领域。一个合作项目团队(JPT)——包括 CHAI 和外部 SMEs，其中一些来自 CIMS——参与了一个工作坊，确认了初始研究问题："新肺结核(TB)诊断与治疗服务在特定 CHAI 国家的市场前景如何？"JPT SMEs 由跨国家和跨学科(例如营销、公共健康、治疗、信息科学、战略)的人员组成，从而减少了重复思考的可能性。同时，他们一起制定了检索词词典和 50 个初始搜索 URL，依据则是按国家来分的 TB 诊断市场规模和潜力。网页爬虫[6] 被用来进行网站之间的扩展搜索和定位，最终搜集到 800000 份文档，每一份都包括 10 到 200 个网页。

随后，ICA 爬虫会基于 JPT 开发的 39 个一般词典，对数据进行"复制、编制、索引和筛选"。词典包含了相关领域的具备高潜在价值的检索关键词(在这里，关键词与 TB 诊断、治疗、事件、并发症、研究问题等相关)。最终产生了 280000 份文档，它们都与研究问题高度相关。这一在专用服务器上的精确搜集整理成果对于研究人员来说是随时可用的。[7] 广泛的、索引化的文档库很好地避免了"名片盒问题"，即个体知识资源和社会联系的有限，但它仍然需要专家的专业分析能力进行处理。DBDA 分析工具帮助 SMEs 迅速挖掘相关性更高的关键词并进行检测，以获得更紧密的样本和更有针对性的检索。

根据 2013 个筛选词，TB 诊断的检索数据库样本会缩减，因此文档的数量会缩减至 263000(这一少量缩减说明大多数关键词是更近时期的)。通过词典的联合检索,类似疾病基金会[8](一系列研究基金组织)和生物指标(一系列疾病或健康相关的生物指标)文档的数量会进一步缩减,降至 23000,同时也展示出授权制造组织正在哪些方面获得资金支持。软件对现有样本的检测表明了关键词间的高度相关性,对关键词的可信度测试共获得 15000 个文档(可信度测试是现有的一项很受关注的针对微 RNA 的研究)。

微 RNA(miRNA)的一种形式是"气体呼出",也是 TB 扩散的一种模式:对"气体呼出"的检索显示出 76 份相关的文档。其中头十份文档中的八份都提到了同一篇文章,"针对阿尔茨海默病……",这是另一种极难诊断的病症,目前只能从事后的组织样本进行诊断。对该文摘要的快速阅读表明,作者发现了阿尔茨海默病病人独有的血液传播外体中的 12 列微 RNA。

对于一名专家而言,这一发现意味着微 RNA 可能成为疾病诊断和 TB 诊断(尤其是潜在 TB 更难检测)的重要生物特征。由于 TB 可以通过空气中的病菌进行传播,作为中介的呼出气体——细胞囊出现在很多生物产物中,包括血液、皮肤、汗液、唾液以及呼出气体——可能成为诊断 TB 的潜在途径。SMEs 同时也发现,通过对呼出气体的 TB 微 RNA 检测可以避免传统诊断方法的很多缺陷(例如,婴幼儿和儿童患者很难处理痰,免疫力低下的病人也很难产生抗体)。

随后的研究也发现了另一些采取同样方法检测肺癌和慢性阻塞性肺疾病(COPD)的文章。然而,没有文章强调了呼出气体中的 TB 微 RNA,这揭示出一个很有前景然而尚未开发的研究领域,同时也将微 RNA 作为一个新的关键词。这些文章也都发表在最近四个月内,其中一篇则刚刚在网上发表,尚且无法打印——而这一非常及时的搜索工作仅仅需要不到十分钟。

此外,另一项对数据库的检索同样发现了与肝炎相关的接近 6000 篇文献,进一步证明了利用这类技术和生物性影响的效用:miRNA 可以"识别"多种疾病,为疾病诊断开辟了一条广阔的道路。更广阔的、更具普遍性的针对特定疾病的视角强调了 DBDA 是如何支持 SME 进行"深潜",并获取相关的、详尽的信息图景的。

定向 BDA 研究利用了 SMEs——并在其中担任了关键角色,以此确保了具备高度针对性的检索工作，而这类工作从合适的词典构建开始，随后是进一步的搜索，数据库索引编纂，最后确定进行操作的相关信息。其他SMEs对同一数据库的检索也发现了其他方面的问题，例如在撒哈拉以南非洲的 TB-HIV 新兴流行病（很重要，因为 TB 和 HIV 会相互影响）、南非矿工中的流行病根源（背井离乡的移民矿工会经常去性交易场所，这导致他们容易染上 HIV，而他们对硅尘的直接接触则使他们更容易感染 TB）以及传播的途径（例如移民矿工返回家乡）。这些发现也强调了跨区域协同研究的重要性，以此共享信息资源并确定研究问题——借助 CHAI 内部组织和信息共享、战略伙伴的能力。

上述针对性极强的检索（miRNA）和更文本化的检索（如撒哈拉以南非洲的 TB-HIV 病症的增长）都利用了同样的筛选、复制、索引库的支持，由此证明 SMEs 也可以进行持续性检索。这些搜索可以发现 CHAI 的潜在战略伙伴，例如关注 TB 的 NGO、在该地区从事健康照料的 NGO 和其他组织，以及关注外体和 miRNA 的研究人员（包括大学和机构，以及制药公司的研究人员，其中一些已经是 CHAI 的合作伙伴了）。在有关国家或部分地区进行健康服务与信息系统组建的组织众多，包括了最近活跃在 TB 与 HIV 疾病区域的协作政府组织。

战略选项评估

另一个 CIMS 客户需要确定潜在研究目标的优先级别。考虑到资源限制，他们的 R&D 应集中在哪方面？他们应怎样利用病毒性疾病疫苗开发方面的专家？他们的搜索工作需要包含流行程度数据、DALY 指标这类应用型工具[9]，以及被感染地区的传播流行程度，疫苗进入市场的时间和成本。一旦搜索关键词和 URL 得到确定，对于最初数据的讨论即可以确定差异化的权重因素，这对于中小企业具有重要意义。对于登革热和登革出血热、西尼罗病毒、基孔肯亚出血热、黄热病、乙型脑炎疫苗市场前景的分析显示出这五种病毒的疫苗市场具有良好的发展前景。基于这种市场研究和市场时机、定价、成本假设，决策制定者认为登革热疫苗是发展的首选。市场上不存在登革热疫苗，这对于中国、印度、澳大利亚、加勒比地区是一个非常重要的问题。近来,位于佛罗里达的美国疾病控制与预防中心列举了本土的案例。[10]气候变化可能会超越地理边界和相关的市场区域,进而强化其重要性。致力于登革热疫苗研发,并取得临床前成功的企业宣称将于 2013 年成功研制登革热疫苗。

战略选项识别

另一个客户需要对来自中国的、对中枢神经系统(CNS)遗传药理学感兴趣的公司进行识别和排序。潜在的合作伙伴需要研究大量的生物标记物,因此决策制定者需要依据特定的指标识别所有的生物标记物,同时识别中国所有从事遗传药理学工作的组织。定向的大数据搜索识别出目标,通过突出研发活动来做出优先性排序,使用无痛 CNS 指标的生物标记物进行排序最终获得了 46 家具有高度合作可能性公司的联系信息,这些无痛 CNS 指标包括肿瘤、炎症和营养评估。由于搜索可以用非英文的方式进行,因此对于非英语网站的搜索也非常方便。

由于定向大数据搜索在信息定位上高度聚焦,因此能够帮助识别出战略选项、目前活动的逻辑延伸(称为邻接体)以及一些其他关系更远的事物。由于电脑和通信技术的发展,当技术融合使得一些形式上分散无关的研究和开发区域意外相关时,包容性的、无偏好的搜索显得尤为重要。事实上,智能手机就是电脑,但是现在智能手机又包含了电视、音乐、工具媒体、照相机,以及更多其他功能。苹果的 iPhone 取代了以前手机市场上的领导者诺基亚和摩托罗拉,即使苹果是一家电脑公司,而不是一家手机公司,也不是一家音乐公司(虽然现在 iTunes 占领了全球音乐市场的大部分份额)。在生物学的世界里,医药、化工,以及向分子和原子层面分析的演化使得原先一些不相关的学科开始变得紧密相关,正如 miRNA 的案例显示的那样。

讨论与总结

认知偏差和试误构成了有效决策的主要障碍,尤其是在具有不确定性的、复杂的、信息化的以及混合的环境中,正如为实现开放式创新而参与战略联盟。很容易理解,过去的专业术语中的不精确信息或问题架构可以导致"最后一战",导致无法确认最终信息及其重要性。

这些无针对性决策上的局限可以通过定向支持进行弥补,拓展人类能力,就像记笔记对人脑记忆能力的拓展一样。认知局限可以借助搜索工具和决策支持手段突破。CIMS 定向大数据分析(DBDA)同样拓展了 SMEs 的专业能力,引入定向大数据搜索和分析方法,从而减少了人类进行战略决策的约束,正如表 9.1 所描述的。

识别新技术、伙伴、市场、材料或生产技术部件的远大前景要求有更主动出击的战略——只要判断新可能性的认知局限和试误得到克服。BDA 和网络搜索明显提供了更多的数据;跨领域 SME 团队推动的定向 BDA 则提供了更好、更精确的数据。SMEs 同时评估并利用了这些数据库进行挖掘,并借助软件工具进行深度筛选和重要领域切入。这些工具很轻松地扩展了 SMEs 在相关领域所能进行的搜索工作,由此提升了其能力。

创建合作项目团队以进行搜索流程管理和评估很有帮助,他们能有效协调不同观点,将之整合在更宏大的架构和搜索关键词词典中。客户视角是第一批通过层次分析方法(AHP)所描绘的战略框架搜索到的主题,AHP可区分出影响客户战略的主要原因(Saaty,2012)。[11]初始搜索关键词可以从用户网站、相关有代表性的期刊等方面提取出来。随后 SMEs 会对 AHP 结果进行评估。

构建强大的合作项目团队

如果最终决策者没有重视,再优秀的建议都会无用。合法性和被接受不仅仅是外部专家的功能;相反,公司内部相关人员的信誉和声望更为根本。因此,合作项目团队(JPT)绝不应仅仅由外部专家组成,无论他们有多专业,也绝不能过度由外部专家进行组建。相反,由跨领域、跨经验和 SMEs 用户代表组成的重量级团队(Clark 和 Wheelwright,1992)才能受益于外部 SMEs,并确保合法性与信誉。例如,一名外部 TB 控制官员加入了 CHAI 项目。由于战略联盟和开放式创新决策本质上就是大型的、混合的、复杂的,信息专家也应被纳入相关研究。随后,JPT 会选择研究问题。

表9.1 决策阶段:战略联盟构成时间表

步骤	要素	描述
1. 项目选择	a. 合作项目团队	所有的八步流程需要由一个重量级团队负责,即合作项目团队(JPT)。JPT 的"重量级"表现在两方面: 首先,团队成员都是地位很高的经验丰富的代理经理。因此,在其专业能力之外,他们还具备相当大的组织影响力。其次,重量级团队领导对决策极为负责,能对团队施加直接控制,也能够将多方的输入进行整合以施行决策。一致同意是可取的,但不是必需的。〔Kim B. Clark 和 Steven C. Wheelwright,*California Management Review*,1992,34(3).〕
	b. 外部专家	为了帮助 JPT,CIMS 提供了参与 BDA 项目的外部专家。这些人在各自领域的地位都相当,并可以给组织提供无偏向的客观的观点。
	c. 数据科学家	CIMS 也为项目开展提供了数据科学家(尤其是接受过训练的 MBA 和博士生)。数据科学家帮助进行准备和操作 CIMS 大数据分析平台。
2. 决策架构（及再架构）	a. 初始决策模型（未赋值）	决策模型是对问题(或决定)的图形展示。它描绘了主要主体及其在不同情景下的联系,以及利用其分析做出决策。初始决策模型捕捉了"公司"在开始时所处的"位置"——它的战略承诺和行为,如同 CIMS 从代理网站上导出的那样。
	b. PESTEL 分析/决策模型工作坊	PESTEL 分析发展出了组织在六个方面运作所需的外部观点:政治、经济、社会文化、技术、环境与法律。数据检测推动工作坊讨论以开发共享式认识和视角,这些视角则与对组织、客户、竞争对手及利益相关方而言是潜在的,也可能是最重要的影响。这些外部市场主体应始终作为决策模型的一部分。
	c. 复杂决策模型（赋值）	赋值决策模型技术,即层次分析法(AHP),代表了复杂决策模型,与 JPT 知识和专家的初始研究结果并不协调。AHP 使得 JPT 可以对决策要素设计不同的重要性或权重。通过思考、讨论和图解,它能帮助团队将问题可视化;它组织起战略争辩,这类讨论则帮助 JPT 就什么是重要的达成共识。 复杂决策模型为 BDA 确立了方向。它被用来构建决策点、词典、信息源和规则(步骤3、4 和 5),再通过 NLP 计算机进行搜索、爬取、复制、过滤和数据索引(步骤6);它被用来确定数据充分性(步骤7);同时,它也被用在最后以将进行决策的成果可视化(步骤8)。 注:很多软件都可以构建决策模型(这些相应的软件可见 http://en.wikipedia.org/wiki/List_of_concept_and_mind-mapping_software)。

续表

步骤	要素	描述
3.创建关键术语词典	术语搜索	词典包含与特定领域相关的关键术语（单词或词组）。一些术语是普通同义词，另一些则是特定专用的"专业语言"。例如，肺结核诊断可能包含"传染性疾病"和"肺部疾病"这类术语，也可能包含"分枝杆菌""隐性结核""共病"等等其他术语。NLP项目将使用所有这些术语进行信息搜索和分析。 注：初始词典词条可以使用 NLP 计算机自动进行"语法分析"（即分解为名词、动词、形容词等），可将著名作者的某篇文章"阅读"分解为需要处理的问题，或是针对一个代理网站。随后，筛选出作者描述某个情景最常使用的词语就非常简单了。而 JPT 成员则可以补足缺失或可替代的搜索术语。
4.确定来源	信息源	信息源包括了决策相关可信信息的定位。这些信息可能存在于企业网站、学术网站、政府网站、会议流程、博客、维基、社交媒体网站中，相关信息可能在呼叫中心、产品质量报告、用户满意度报告等类型的数据库中。 初始信息源是 NLP 计算机开始爬行的"种子"地址。NLP 计算机会通过种子地址，进一步搜索其他网址。这种"深度网络"爬行技术提供了在相关知识领域的复杂信息。
5.搜索（自动化）	数据搜集	步骤 4 中提到的多种数据源搜索引擎和技术创造了一系列数据，其规模可能超过 1 亿字节文本。NLP 算法随后进行复制、过滤和编制索引，将数据依据步骤 3 中的词典进行整理。最后的数据集被展现给 JPT 以进行实时分析和报告。 注：搜索整理可以通过编程按设计好的频率（例如每秒或每年一次）进行自动爬行。一次爬行只会获取新的或改变了的数据，随后形成一部大数据"电影"。使用前沿的分析功能，如时间序列或趋势分析，NLP 计算机可以观测数据和传播问题，并提醒 JPT 注意实时数据中的某种趋势，以此将 BDA 从广告活动转向其他方向。
6.规则设计	查询规则	使用信息搜索科技，数据科学家可以指导搜索分析工作，设计 NLP 计算机分析数据所依据的查询规则。规则可以匹配整个词典，或是单个关键词、词组。丰富的布尔功能集可以让数据科学家更"聚合地"整合问题的规则，以此从先前数以亿计的相关文本中发掘出"混合"数据。 规则代表了分析背后的"逻辑"，因此可以进行储存、共享和转换。更多搜索词或词组的连接点之间的规则使得数据库可以进行深入研究，也就是"挖掘"。

步骤	要素	描述
7. 数据获取	a. 数据与决策充分性检测	JPT 和数据科学家通过检测数据来判断其决策的充分性,标准是数据的数量、时间性和与初始问题相关度等方面的打分。更复杂的模型可以检测这些指标,以及数据的类型和来源(例如政府、学术机构、社交媒体、商业报刊,以及公司内部的数据等等)。这种检测可以引出更深的研究途径:新的搜索术语和新数据源等。
	b. 循环	如果搜索整理被证明是失效的,就必须重复进行步骤 3～7 以发掘出对解决初始问题有帮助的线索。这一判断也可能识别出复杂决策模型本身的问题,因为从 BDA 模型变化中获取的新视角可能会带来全新的决策要点。在最低程度上,这可能迫使 JPT 对要素进行重新赋值。在这种情况下,步骤 2～7 都必须重复进行。更严重时,这会推翻 JPT 对初始问题的理解,因而不得不重新展开全部工作。
8. 数据标准得分	a. 决策支持	JPT 会了解兴趣项目,讨论相关信息,支持或否定决策模型中的各个要素。各个要素的对比分析会持续展开,直到决策结果与经验相符。不同观点的真实差异也得到注明。而尽管一致性是可以追求的,但 JPT 领导仍然会进行独立决策。
	b. 可视化	决策——以及相关要素——可以在屏幕上进行图像化展示。很多图像包都可以做到这一点,数据科学家也可以完成这一工作。CIMS 建议将复杂战略决策制作成图,这样 JPT,更大程度上是整个组织,可以更流畅地应用这些数据做出决策。

用物理图(决策模型)制定"决策架构"(步骤1)

花时间进行决策架构绝对是值得的,因为不精确的架构仍然是关键的决策障碍。将跨领域 JPT 成员的讨论对话在结构化的、层次化的决策模型中进行应用,可以简单地区分出影响决策的要素——技术、资源约束或常规需求等等。这些要素指向了可以进行相关搜索的关键领域。良好结构化的决策模型有助于调和 JPT,同时有助于新的相关数据经验的发掘。以这种方式严格进行而形成的决策架构会为决策引入规则,并进一步规避锚定偏差,尤其是考虑到收入数据可能会改变该模型。决策架构的要素,以及从中提取出的 URL 和搜索关键词,可以指导自动 DBDA 搜索流程,并进一步创建新的数据库。

BDA 不是线性流程——需要重复迭代(步骤 2～7)

大数据最大的优势就是从数据中提取出的新视野。这些视野可以挑战JPT 原有的判断,改变他们的决策模型,加入全新的决策变量或是对原有的要素进行重新评估,因为未预测到的要素从数据中被提取了出来。这些内容对基于经验的战略决策来说至关重要,同时也阐明了认知偏差如何能在充满不确定性的风险决策中得到克服。JPT 成员完全可以更加自信,相信他们的决策是基于更广阔的、有目标的搜索,因而相比于没有方向的决策者,他们更好地协调了其中的关联和经验事实。

决策的建构和绘制可以通过很多软件包实现,我们更偏向于 AHP,一种赋值决策模型技术,它帮助 JPT 将复杂决策降维为不同的要素。通过系统性的、两两比较的方法,初始偏好或权重会被分配给这些要素。AHP 对DBDA 尤其有效,因为它整合了定性和定量方法。同时,AHP 也通过实时的计算机讨论推动了对变动要素权重的检测。

开放式创新战略联盟的不确定性和风险与信息紧密相关:在什么地方寻找伙伴或可能性,怎样与他们进行接触,怎样从战略兴趣上对他们进行评估等。定向 BDA 提供了更多更好的与特定决策兴趣域相关的数据,由此提升了决策质量。通过 SME 制定的检索关键词词典和 URL,自动搜索进程会把搜索结果整合起来,进行具备合法性的、有目标的、总括的、相关域的搜索。DBDA 产生的数据库则可以支持 SMEs 的深度分析。

这些流程帮助战略决策者在日新月异的数据、相关的有针对性的经验中形成其选择,克服质量和数量上的信息不完备。检索是总括性的,因此代表性偏差得到了克服;它是有针对性的,因此锚定、调整和可能性偏差得到了消解。有规划的决策模型演化会更好地与检索中发掘出的新数据相契合,并帮助规避过早结束架构的错误。将数据与结构化决策模型相结合,决策者的决策限制和不确定性即可以得到消解。总而言之,BDA 直接减少了SME 专家在战略联盟决策架构上的不确定性和风险,由此更好地支撑了战略决策。

注　释

1. 对战略决策认知局限的现有总结可见 Bazerman, M. H., and D. A. Moore, *Judgment in Managerial Decision Making*, New York: Wiley, 2012.

2. 见 http://www. emc. com/leaclership/digital-universe/iview/big-data-2020. htm (accessed September 8, 2013).

3. 见 http://www. ideaconnection. com/outsourcing/,该网站列出了 25 种"开放式创新中介",即基于网络的联系资源,包括 InnoCentive, Yet2. com, NineSigma 与 Chaordix。

4. CIMS,创新管理研究中心,位于纽约州立大学普尔管理学院,作为 NSF 基金企业—大学协作研究中心已成立 30 年,CIMS 至今仍在开展企业—大学研究协作。

5. IBM 的内容分析(ICA)软件会在网页上爬取数据,搜索与关键词相关的结果,沿着网页链接(特定层级数目)捕获内容;随后进行复制、筛选、粘贴、编码等工作,将结果储存于一个数据库中。

6. IBM 内容分析 (ICA)软件。

7. 位于纽约州的高效计算机实验室。

8. 搜索参数都加粗了。

9. 伤残调整期望寿命(DALY)是对总体伤残情况的测量,表现为由于疾病、伤残或早亡导致的寿命损失年数(Wikipedia)。

10. 见 http://miami. cbslocal. com-08/31/more-cases-of-dengue-fever-in-south-florida/。

11. AHP 捕获高频度参数(如"技术"),随后在更详尽的讨论和确认后进行筛选和剔除(如基因组学或微 RNA)。

参考文献

[1] Arbesman, Samuel. (2013). "Five Myths about Big Data." *Washington Post*. http://articles. washingtonpost. com/2013-08-16/opinions/41416 362_1_big-data-data-crunching-marketing-analytics. (Accessed August 16, 2013).

[2] Boisot, Max, Nordberg, Marcus, Yami, S., and Nicquevert, B. (2011). *Collision and Collaborations: Organizational Learning in the ATLAS Experiment at the LHC.* Oxford: Oxford University Press.

[3] Bruner, Jerome S., and Postman, Leo. (1949-1950). "On the Perception of Incongruity: A Paradigm." *Journal of Personality* (18): 206-223.

[4] Chandler, Jr., Alfred D. (1977). *The Visible Hand: Life Managerial Revolution in American Business.* Cambridge: Harvard University Press.

[5] Clark, Kim B., and Wheelwright, Sreven C. (1992). "Organizing and Leading 'Heavyweight' Development Teams." *California Management Review* 34 (3): 9-28.

[6] Cukier, Kenneth Neil, and Mayer-Schoenberger, Vikror. (2013). "The Rise of Big Data: How Its Changing the Way We Think about the World." *Foreign Affairs* 92(3):28-40.

[7] Culpan, Refik. (2002). *Global Business Alliances. Theory and Practice.* Westport, CT: Quorum Books.

[8] Culpan, Refik (ed.). (2011). *Multinational Strategic Alliances:* Haworth Press, Binghamton, NY.

[9] Davenport, Thomas H., and Dyché, Jill. (2013). "Big Data in Big Companies: International Institute for Analytics." Research report, SAS, URL: http://www. sas. com/reg/gencorp 2266746).

[10] Donald, Merlin. (1991). *Origins of the Modem Mind：Three Stages in the Evolution of Culture and Cognition.* Cambridge, MA：Harvard University Press.

[11] Doz, Yves L., and Hamel, Gary. (1998). *The Alliance Advantage.* Boston, MA：Harvard Business School Press.

[12] Doz, Yves, Santos, Jose, and Williamson, Peter. (2001). *From Global to Metanational：How Companies Win in the Knowledge Economy.* Boston, MA：Harvard Business School Press.

[13] Ellonen, Hanna-Kaisa, Wikstrom, Patrik, and Jantunen, Ari. (2009). "Linking Dynamic-Capability Portfolios and Innovation Outcomes" *Technovation* 29 (11)：753-762.

[14] Frederich, Mary Jo, and Andrews, Peter. (2010). *Innovation Passport：The IBM First-of-a-Kind (FOAK) Journey from Research to Reality.* Upper Saddle, NJ：IBM Press-Pearson PLC.

[15] Cassmann, Oliver, and Enkel, Ellen. (2004). *Towards a Theory of Open Innovation：Three.* Paper presented at the *R&D Management Conference*, Lisbon, Portugal.

[16] Hagel III, John, Brown, John Seeley, and Jelinek, Mariann. (2011). "Relational Networks, Strategic Advantage：New Challenges for Collaborative Control." In S. H. Sitkin, L. B. Cardinal, and K. Bijlsma-Frankema (eds.), *Organizational Control.* Cambridge, UK：Cambridge University Press, pp. 251-300.

[17] Hagel III, John, and Brown, John Seely. (2005). *The Only Sustainable Edge：Why Business Strategy Depends on Productive Friction und Dynamic Specialization.* Boston：Harvard Business School Press.

[18] Hesseldahl, Arik. (2013). "Think Big Data Is All Hype? You're Not Alone." All Things D. http://allthingsd.com/20130819/think-big-data-is-all-hype-youre-not-alone/Accessed June 9, 2014.

[19] Huston, Larry, and Sakkab, Nabil. (2006). "Connect and Develop: Inside Procter & Gambles New Model for Innovation." *Harvard Business Review* 23 (3): 58-66.

[20] Kahneman, D. , Slovic, P, and Tversky, A. (1982). *Judgment under Uncertainty: Heuristics and Biases.* Cambridge: Cambridge University Press.

[21] Kahneman, Daniel, and Tversky, Amos. (1979). "Prospect Theory: An Analysis of Decision under Risk." *Econometrica* 47 (2): 263-292.

[22] Kogut, Bruce, and Zander, U. (1992). "Knowledge of the Firm, Combinative Capabilities and the Replication of Technology." *Organization Science* 3 (3): 383-397.

[23] Manyika, Chui, M. , Brown, B. , Bughin, J. , Dobbs, R. , Rosburg, C. , and Hung Hycrs, A. (2011). "Big Data: The Next Frontier for Innovation, Competition, and Productivity." *McKinsey Global Institute*. McKinsey & Company, New York, 1-143.

[24] March, James G. , and Simon, Herbert A. (1959). *Organizations.* New York: John Wiley and Sons.

[25] Markham, S. K. , Baumer, D. , Aiman-Smith, Linda, Kingon, Angus, and Zapata, Michnd. (2000). "An Algorithm for High Technology Engineering and Management." *Journal of Engineering Education* 89 (209):209-218.

[26] Markham, Steven, Kingon, Angus, Lewis, R. , and Zapata, M. (2002). "The University's Role in Creating Radically New Products." *International Journal of Technology Transfer and Commercialization* 1 (1-2): 163-172.

[27] Maule, A. John, Hodgkinson, Gerard P. , and Bown, Nicola J. (2003). "Cognitive Mapping of Causal Reasoning in Strategic Decision Making." In D. Hardman and L. Macchi (eds.), *Thinking: Psychological Perspectives on Reasoning , Judgment and Decision*

Making, 253-272. Chichester, UK: John Wiley&Sons.

[28] Miller, G. A. (1956). "The Magic Number Seven Plus or Minus Two: Some Limits on our Capacity to Process Information." *Psychological Review* 64 (2): 81-97.

[29] Murtha, T. P., and Lenway, S. A. (1994). "Country Capabilities and the Strategic State: How National Political Institutions Affect Multinational Corporations' Strategies." *Strategic Management Journal* 15 (Special Issue): 113-129.

[30] Quinn, James Brian. (1999). "Strategic Outsourcing: Leveraging Knowledge Capabilities." *Sloan Management Review* 44 (4): 9-22.

[31] Quinn, James Brian. (2000). "Outsourcing Innovation: The New Engine of Growth." *Sloan Management Review*, 41(4): 13-28.

[32] Quinn, James Brian, and Hilmer, Frederick G. (1994). "Strategic Outsourcing." *Sloan Management Review* 35 (4): 43-55.

[33] Rabinow, Paul. (1996). *Making PCR: A Story of Biotechnology*. Chicago: University of Chicago Press.

[34] Saaty, Tliomas L. (2012). *Decision Making for Leaders: The Analytical Hierarchy Process for Decisions in a Complex World*. 5th ed. Pittsburgh, PA: RWS Publications.

[35] Safire, William (February 5, 2009). "Fat Tail." in On Language. *New York Times Magazine*, p. MM24.

[36] Sakkab, Nabil Y. (2002). "Connect & Develop Complements: Research and Development at P&G." *Research Technology Management* (45): 38-45.

[37] Simon, Herbert A. (1950). *Administrative Behavior*. New York: Macmillan.

[38] Simon, Herbert A. (1956). "Rational Choice and the Structure of the Environment." *Psychological Review* (63): 129-138.

[39] Simon, Herbert A. (1957). *Models of Man: Social and Rational*.

New York: Wiley.

[40] Svenson, O. (1999). "Differentiation and Consolidation Theory: Decision Making Processes before and after a Choice." In P. J. H. Montgomery (ed.), *Judgment and Decision Making: Neo-Brunswikian and Process-Tracing Approaches*, 175-197. Mahwah, NJ: Erlbaum.

[41] Tversky, Amos, and Kahneman, Daniel. (1982). "Judgments of and by Representativeness." In D. Kahneman, P. Slovic, and A. Tversky (eds.), *Judgement under Uncertainty: Heuristics and Biases*, 84-100). New York: Cambridge University Press.

[42] Tversky, Amos, and Kahneman, Daniel. (1974). "Judgement under Uncertainty: Heuristics and Biases." *Science*(185):1124-1131.

[43] Williams, Ruth. (2013). "Different Cancers, Same Mutations: Scientists Document Common Genetic Alterations in Cancers of Different Origins." *The Scientist*. URL: http://www.the-scientist.com/? articles. view/articleNo/37661/title/DifFerent-Cancers—Same-Mutations/; accessed June 9 2014.

[44] Womack, James P., Jones, Daniel X, and Roos, Daniel. (1990). *The Machine That Changed the World*. New York: Rawson Associates.

[45] Yong, Ed. (2013). "Genomes Reveal Roots of TB Drug Resistance: Tuberculosis Strains Evolve by Gradually Acquiring Subtle Mutations." *Nature Nature News*. doi: 10.1038/ nature. 2013.13645. (URL: http://www. nature. comnewsgenomes-reveal-roots-of-tb-drug-resistance-1.13645; accessed June 9, 2014).

[46] Zander, U., and Kogut, Bruce. (1995). "Knowledge and the Speed of the Transfer and Imitation of Organizational Capabilities: An Empirical Test." *Organization Science*(6):1-17.

第十章 开放式创新与 KIBS 新创企业：基于技术和市场的联盟组合结构

布莱恩·吉姆克,爱德华·德皮,马克·巴尔曼,

阿彼得·德曼,亚历山大·阿列克谢耶夫

引　言

　　企业正越来越依赖于内外部资源的结合以维持其持续创新,这也使得开放式创新对于企业竞争优势的作用越来越受到重视(Chesbrough,2003)。成功的开放式创新能带来先行者优势、更大的财务回报、市场增长及市场共享(Lichtenhaler,2011)。一般来说,知识密集型服务业(KIBS)新创企业——被定义为"为其他公司和组织提供服务的新的专业公司"(Toivonen,2006,2)——非常依赖开放式创新,并将之作为其占领市场的主要的知识输入和输出方式(Gallouj,2002)。然而,KIBS 新创企业更容易遭遇不确定性,它们面临着年轻、规模小和财务上的不确定性带来的风险。这种不确定性可以通过企业的同盟关系组合得到消减(Ozcan 和 Eisenhardt,2009)。

　　企业层面的开放式创新通常有两种直接的过程,即外向开发的和内向开发的创新。关于创新和学习的文献也始终在强调平衡地结合两类进程的重要性(如 He 和 Wong,2004;Jansen,Van Den Bosch 和 Volberda,2006;Lavie,Stettner 和 Tushman,2010)。但是,单独从创新的内向或外向开发进程展开分析会导致误解,因为二者都发生在企业的各个部门(Salinger,1989),包括上游的活动,如 R&D,以及下游的活动,如营销。在上下游的部

门中采用探索式和开发式的学习方式产生了一种特定的细微差别,这种差别一直在探索开发研讨中被结构化地忽视,但它们也能为实现双向的发展提供收效更大的视角(Garcia 和 Calantone,2002;Gupta,Smith 和 Shalley,2006)。

学者们正越来越多地应用联盟组合的观点,以解释企业的众多绩效产出(Lavie 和 Rosenkopf,2006),包括创新。尽管之前的研究已经识别了相关的等价组合——结构维度,但它们也产生了相冲突的结果。例如,Stefan Wuyts 和 Shantanu Dutta(2012)发现联盟组合多样性对创新绩效产生了 U 形的影响,Leon Oerlemans、Joris Knoben 和 Marthinus Pretorius(2013)则提出联盟组合多样性同时和探索式与开发式产出间存在着 U 形影响关系。当试图将联盟组合结构在实现双向的发展(也可被定义为实现探索式和开发式产出上的最理想的平衡)方面所起到的作用进行理论化时,这类相冲突的发现便形成了障碍。这种问题尤其出现在 KIBS 新创企业中,因此企业更应该调整其联盟组合以持续支撑其探索式和开发式创新目标。

为了强调这些问题,现有研究致力于厘清联盟组合结构与双向发展之间的联系,同时要承认 KIBS 的联盟组合主要发生在上游和下游的范围内。这种方法产生了两种开放式创新活动:(1)通过上游的探索和下游的开发寻求双向发展(即成为基于技术的创新),(2)通过上游的开发和下游的探索寻求双向发展(即成为基于市场的创新)。这一结果表明,如果最理想的绩效可以在两种类型的创新上游实现,那么特定的联盟组合结构参数——特别是联盟组合多样性——就必须得到考量。

本研究展示出,通过考量下游和上游的部门,关于 KIBS 联盟组合子类型的研究调和了同步的探索和开发之间所谓的不相适。这样,我们克服了简化上的问题,例如一维的和聚合的组合结构(Wassmer,2010)。先前的研究同样丰富了对联盟组合的认识,它们强调了在多样性和规模上不同的组合结构如何在 KIBS 语境中推动基于技术或市场的创新。

本章的结构如下。我们首先从理论背景开始,回顾了相关的研究内容与核心逻辑,并对本研究中的概念进行了解释。其次,我们描述了研究方法,包括研究设计、操作定义、数据搜集和分析。第三,我们给出了案例分析的结果和相关的假设。最后一部分提出了相关的讨论、研究的应用、未来的研究方向和结论。

理论背景

开放式创新、探索与开发

行业中越来越多的企业开始接纳开放式创新的概念（Chesbrough，2003），我们将此定义为"系统性地依赖于企业……在创新过程中……开展主要技术任务的内部和外部能力"（Lichtenthaler，2008，148）。开放式创新的应用可以视作对传统创新路径的一种突破，后者更倾向于在组织内部进行（Ahlstrom，2010；March，2009）。这样，创新的概念就可以被转换成一个连续体，其中一极是更封闭式的途径，另一极则是相当开放的途径（Trott 和 Hartmann，2009）。因此，开放式创新应被理解为内外部创新活动的结合体（Chesbrough，2003）。

在开放式创新文献中，上述区分已经作为由外而内的（或输入的）进程与由内而外的（或输出的）进程的区别而为人熟知。由外而内的创新途径包括通过从外部伙伴那儿获取新知识的探索式学习创新进程。采用由内而外路径的企业则会与外部伙伴参与到开发式学习中，例如借助许可方面的技术（Lichtenthaler，2011）。跨组织关系，例如联盟，构成了企业开放式创新实践的首要来源，它们能够让企业拓展其内部知识库（Grant 和 Baden-Fuller，2004）。因此，开放式创新概念应被视作一种涵盖在跨组织创新中的趋势（Vanhaverbeke，Van de Vrande 和 Chesbrough，2008），同时它也依赖于跨组织创新进程，并以此确保相应能力得到充分吸收（Cohen 和 Levinthal，1990）。

现如今，很多企业都同时依赖于输入的探索式创新进程，以及输出的开发式进程（Lichtenthaler，2011）。同时成功地参与探索式与开发式学习是一项困难而关键的工作（March，1991；Gupta 等，2006）。另一方面，知识开发帮助组织获得了"经验上的可靠性"，进而引导了"现有经验的生产力、精炼、程序化、生产与细化等方面"(Holmqvist，2003，99)的提升和改善。与此同时，知识探索则通过实验和创造帮助组织开发了"经验上的多样性"，并因此与知识开发形成了互补。过去的文献一直在倾向于将探索—开发二分法作为"非此即彼"的选项(He和Wong，2004)，开放式创新研究则将二者进行整合。基本上，为了同时加强输入的探索式和输出的开发式创新，企业必须面对构建联盟组合方面的挑战(Wassmer，2010)。

联盟中的开放式创新：一种联盟组合的视角

联盟组合帮助企业通过联盟伙伴获取外部资源，将重心放在其核心竞争力上(Wassmer，2010)，同时消减战略上的不确定性(Eisenhardt和Schoonhoven，1996)。企业可能会因此主动对其联盟组合进行调整，以实现其战略目标。相当多的文献都关注于组合规模(Ahuja，2000；Hoffman，2007)、组合结构(Ahuja，2000)，以及二者相关部分和伙伴特征(Hoffman，2007；Lavie，2007)。近来，另一种新方法被纳入相关研究中，这种方法关注了联盟组合的多样性及其与企业绩效的关系(Jiang，Tao和Santoro，2010；Wuyts和Dutta，2012)。

实现联盟组合多样性需要考虑哪些类型的伙伴与该组合不协调，以及本地企业要实现其开放式创新目标需要何种组合。按照Ruihua Joy Jiang等人(2010)的观点，我们一直将联盟组合多样性作为多维结构进行处理，将其定义为合作伙伴的种类、专业目标及联盟的治理结构。伙伴多样性考量了知识与技能上的资源和能力种类，专业多样性则考量了价值链活动中的联盟专业背景多样性，而治理多样性则关注了联盟中的管理样态多样性(Jiang等，2010；Goerzen和Beamish，2005)。这三种类型的联盟组合多样性都天然而独立地呈现在各个联盟组合中，我们也发现它们能同时对输入的探索式创新和输出的开发式创新进程产生影响。

输入的探索式学习本质上致力于实现非连续的学习和实验(Simsek，2009)，这暗示了一种在变化度和多样性上的依赖性而非一致性。因此，探索式学习可能发生在多样性水平非常高的联盟组合中。多样性在探索式学习方面的潜在价值主要有以下两点。首先，对一家以伙伴多样性为其联盟组合主要特征的本地企业而言,其问题处理工具库需要具备更大的异质性(Simsek,2009),这帮助企业在寻求处理方式的过程中能运用多重视角。其次,这将帮助组织在处理不同的观点时开发出更多的前沿能力。一系列不同的合同(即包含不同社会定位和特征的合同)能开拓可用知识的范围。这与由非常相近的组织构成的联盟组合非常不同,例如那些在同行业中非常活跃的企业。这种组合不会帮助本地企业在某个问题上从多个视角进行观察,联盟组合成员会发现他们看待环境的方式都是相似的(Simsek,2009);这也将限制本地企业的探索式学习潜力。

开发式学习与探索式学习差异很大,二者也应该分别得到强调。如前所述,开发式学习的主要特征是程序化、标准化,它致力于更新并拓展现有的技术或能力。谈到开发式的输出式创新的特征时,意识到"开发的有趣的观念通常出现于承诺而不是沉思、深度而非广度、内聚性而非开放性中"(March,1991,280)非常重要,也因此,其实也需要一个拥有集聚而紧凑文化的高效组合组织(Jansen 等,2006)。高水平的联盟组合多样性似乎与致力于开发式学习的高效组合的生产相冲突,相应的解释可以在这类联盟组合的治理困难度及复杂性中找到。输出的开发式进程可能受到程序差异上的限制(Simsek,2009),它也更难在网络中被监控和管理。同时,知识整合的成本也倾向于随着组合多样性的增长而提高,这也表明实现特定组合效率水平上的转换需要成功的知识开发。

寻求上下游领域的双元发展

考虑到企业所有的学习行动都能够被归结为探索式和开发式的,其全部部门也因此可以被划分为两大核心类别:上游的与下游的(Kwok 和 Reeb,2000)。上游企业部门被定义为"包含物品生产的"(Salinger,1989,374)部门,而物品在广义上被定义为"稀缺经济资源"而不是通常意义上生产的产品。下游企业部门是指"包含了购买方—销售方关系"的部门,包括营销、销售和分销等。这两种分类帮助我们区分了两种创新类别:基于技术的和基于市场的(见图 10.1)。

与输入式探索和输出式开发的概念相类似,基于技术的创新结合了上游探索式学习和下游开发式学习(Garcia 和 Calantone,2002)。上游部门的探索式学习需要复杂的基础研究。同时,尖端科技的创造也需要显著的投资,创新成果也并不稳定(Damanpour,1991)。一些基于技术的创新可以为新技术平台打下基础,另一些则走向终结。那些成功成为新平台基础的技术最终可能成为主流的设计,并被行业标准广泛接纳(Anderson 和 Tushman,1990)。上游基于技术的创新通过市场推动战略得以实现,企业借此得以进入相应的市场并接触到该市场中已有的用户与可商业化的市场工具。

基于市场的创新包含了新市场的创造(Garcia 和 Calantone,2002),以及下游探索和上游开发的结合。下游探索比包含了基于技术创新的上游探索要简单,它包括联结价值链中非关联方的供给与需求(Bresser,Heuskel 和 Nixon,2000),这与经常是混乱、隐性、复杂、不确定、不稳定而成本颇高的新技术开发进程形成了鲜明对比。基于市场的创新风险较高,企业仅仅能够估计新市场的规模(Hamel 和 Prahalad,1994),只有在新市场能带来与成熟市场相对的新领域时,新市场才是成功的。上游开发通过市场牵引战略得以实施,它以一种相对直接、技术全面而应用现有技术的方式得到创造。

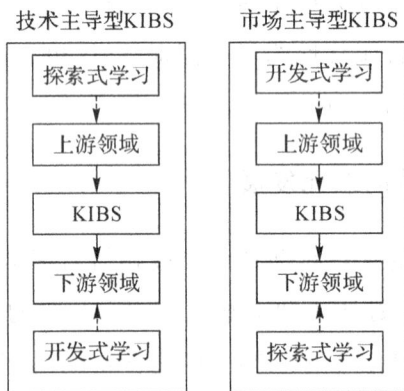

技术主导型KIBS　　　　市场主导型KIBS

```
探索式学习          开发式学习
   ↓                  ↓
上游领域            上游领域
   ↓                  ↓
 KIBS               KIBS
   ↓                  ↓
下游领域            下游领域
   ↑                  ↑
开发式学习          探索式学习
```

图 10.1　基于技术和市场的 KIBS

上述内容提到,上下游创新的区别在为企业的学习均衡(即双向发展)提供稳定性的同时也为其带来了多种优势。第一种优势是,对于借助上游或下游的探索式学习获取新知识的企业而言,它们可能会体验到先行者优势。其次,基于技术或市场的创新比激进创新(即探索式上下游学习)能够更快速地得到开发和商业化,二者同时包含了单方面的探索活动。这一点似乎与企业绩效和创新的联系频率相关(Soni, Lilien 和 Wilson,1993);持续的创新流帮助企业保持其竞争力。这些方面在 KIBS 中尤其明显,由于服务的传统特征,服务创新很难通过知识专利保护得到应有的维护(Fitzsimmons 和 Fitzsimmons,2006)。

输入式探索与输出式开发学习是如何通过主动且有目的的对联盟组合结构的强调而进行同步生产的尚不明确。在同一企业的联盟组合(即上下游部门)中区分二者,使企业追求双向的创新类型成为可能。相比于单一的整体联盟组合的方式,双向发展更可能在上下游两个领域中实现。为了进一步探索这一点,我们提出了如下的研究问题:

KIBS 是如何调整其上下游的联盟组合以实现双向发展,以及成功地开发并将基于技术或市场的创新商业化的?

方法与案例描述

为了回答上述研究问题,我们采取了一种探索式案例研究方法。依据 Kathleen Eisenhardt(1989)与 Robert Yin(2003),这种研究方法在三个层面上非常适合理论构建和回答这一问题:(1)这种方法帮助回答了"为什么"的问题;(2)它推动了对完整过程中的大量案例的观察;(3)它从研究的一系列相关联的层面中提炼出意义。我们遵循了案例研究程序以确保研究设计的可信度(Eisenhardt,1989;Yin,2003)。更确切地说,基于我们的研究问题,我们发展出一种半结构化访谈提纲(即指标),并按照案例研究指导进行了从数据发展到理论构建工作的访谈设计。

研究背景

我们展开了四个 KIBS 案例研究。每家公司都是荷兰的新创企业,其核心竞争力都建立在信息和通信技术(ICT)以及国际化运作上。这些企业都相对较小且非常年轻(运作时间在 6 个月到 2 年之间)。与很多联盟研究一样,相关的敏感信息被省略,即便这样做可能会对我们的研究产生消极影响。同样因为隐私方面的考虑,企业的真实名称在我们的研究中也不会被提及。

这四个案例在四个主要方面非常适合本研究。首先,在于我们对于KIBS 的定义符合程度上,每家企业的业务服务知识都在输入与输出上相对平衡。其次,遵循我们对 KIBS 的分类,这些企业中有两家参与了基于技术的创新,它们借助最新开发的技术(即软件技术)在现有市场中展开竞争;另外两家企业则参与基于市场的创新,它们通过现有技术的沟通和联结创造了新市场。第三,我们针对每种创新类型各选择了一家高绩效的企业代表。最后,这些案例企业都非常便于研究团队与之接触。

数据搜集

相关的数据来自对基于半结构化访谈提纲(见附录)的访问的回顾(见表 10.1)。这类回顾性数据搜集降低了数据过量和无效数据搜集的影响(Poole 等,2000)。然而,文档案例回顾也有其劣势。例如,回顾倾向于过滤掉一些似乎不那么相关或是会让故事不那么连贯的事件。为了提升这些回顾报告的可信度并减少偏差,我们采取了如下策略。首先,使用访谈和文档资料对这些数据进行了三角测量。其次,相关人员被要求提供具体化的情境(即组合维度)而不是概述,以此减少认知偏差和印象管理上的风险(Miller,Cardinal 和 Glick,1997)。第三,我们通过对不同对象询问类似的问题对个人报告进行了核实。

表 10.1 被访问者总体回顾

序号	编码	企业*	职位
1	A1	VC3world	创立人/CEO
2	A2	VC3world	CTO
3	B1	H&L	联合创立人/CFO
4	B2	H&L	业务开发经理
5	B3	H&L	购买方

序号	编码	企业*	职位
6	C1	FINFAST	总经理
7	C2	FINFAST	业务开发经理
8	D1	FINLEG	业务开发 & 市场监管领导
9	D2	FINLEG	业务开发 & 市场监管领导

* 企业真实名字得到保密处理。

每一次访问都采取了面对面的方式,并且使用了被访问者的母语,以此确保其思维、情绪和观念上的表述能力得到最大化。被访问对象都对企业战略有比较深刻的认识,这些人包括了企业创办人、CEO、CTO 和业务开发经理。访谈的平均时长为 90 分钟。所有的访谈都进行了录音和转译,以此提升研究的可信度,同时也通过系统化方法使得对搜集数据的分析成为可能。在这一阶段,我们重新检测了所有可用的文档资料,以确保所有访谈内容都与文档相符,并表达了我们对被访谈者看法可信度的支持。当数据源出现差异时,我们会与相关人员接触以获得进一步的信息。

数据分析

本研究包括两个阶段。在第一阶段,我们开展了半结构化访谈,目的是构建联盟组合。我们同样搜集了相关的文档资料来确保数据的一致性(Yin,2003)。随着被访谈者对联盟组合进行描述,我们会额外询问"为什么"和"怎么样"的问题来获取对组合结构更好的认识。表 10.2 回顾了相关指标和案例回答。为了确保结构上的可信度,Robert Yin(2003)提出用二手数据对数据进行三角测量;只要有需要,研究人员都会重新借助网站和外部资料对数据进行检查。

在第二阶段,我们检测了数据并进入理论构建阶段。按照案例研究指导的要求(Yin,2003),我们采取了两步数据分析方法。第一步,研究团队成员单独对数据进行分析。各结果间的对比揭露了一些初步差异,这些差异可以通过回归数据、联系被访问者和开展讨论进行处理。第二步,我们进入更理论化的层面,根据第一步得到的数据和结果构建起一个解释框架,它能够帮助我们回答之前提到的研究问题。随着数据分析的进行,我们同时也将结果与之前的文献进行对比并提出特定的假设。

表 10.2　关键变量指标

变量	指标	回答案例
绩效	企业的成功,包括创新,通过增长、收益、回报等进行测量	"我们并不是自给自足的……如果我们不能控制好成本,我们就无法生存……随后这一社区可能也会随之消失。"(A1)
联盟组合规模	用焦点企业的联盟数目以及规模等指标来反映联盟组合规模	"要做到这一点,你需要一定数量的玩家。"(D1) "这是我们的业务工作,因为我们积极构建并对伙伴进行投资。"(B1)
行业多样性	企业联盟组合的行业多样性;由伙伴的主要行业重心决定	"要实现这一点,我们需要与(上游)伙伴进行合作,他们需要在财务上有相关经验,否则事情就太复杂了。"(D2)
国籍多样性	企业联盟组合的国籍多样性;由企业总部所在地的国籍确定	"你的伙伴是一家跨国公司的可能性要大过是一家国内企业。一些大型的厂商在荷兰运作,但是关键的商家还是在伦敦。"(D1)
组织多样性	企业联盟组合的组织规模多样性;由伙伴的相对规模确定(回报、雇员数目)	"(上游)供应商规模越大,其能力就越大。我们打破了行业习俗,大型供应商因此不是很愿意与我们合作。"(B3)
部门多样性	企业联盟组合的部门多样性,联盟是上游的还是下游的	"我们在室内开发我们的基础性技术,也得到了一些外来的帮助,但现在我们主要与两家财务机构(上游)和一家代理商(下游)合作。"(C1)
治理多样性	企业联盟组合的治理多样性;治理形式包括合同制或股份制的	"我们与(下游)供应商关系基于信誉。尽管如此,我们还是意识到了债务诉讼方面的风险,我们仅仅有一张简单的合约。"(B2)

来源:Jiang 等(2010);Oerlemans 等(2013);Ozcan 和 Eisenhardt(2009);Wassmer(2010)。

研　究　结　果

本节描述了每家企业的背景、业务服务创新与组合结构。图 10.2 详细阐述了各案例中的联盟组合结构。

基于市场的创新案例

案例 1：VC3world

VC3world(第三世界风投)正式成立于 2011 年,主要为非洲的投资人和企业家提供在线媒体和沟通平台。尽管小额贷款业务已经在非洲成功展开,但 VC3world 的所有者还是发现了新创企业持续的财务需求,于是该公司在风险投资人和需要 1 万到 100 万美元投资的非洲创业家之间扮演中介。该公司被我们界定为开展了基于市场创新的 KIBS。它借助了现有的商业化了的技术,例如 LinkedIn、WordPress 和 Ning,来为非洲创业者提供全新而有创意的服务。正如一位被访者强调的:"我们基本上从社交媒体渠道开始构建网络,如 LinkedIn、Facebook、Twitter 以及其他这类平台……我们也尽可能利用了开源的 WordPress 和各种平台……投资者是那些愿意成为一家新公司的指导人员或合作伙伴的人。这在非洲还是刚刚发展起来的业务。"(A1)

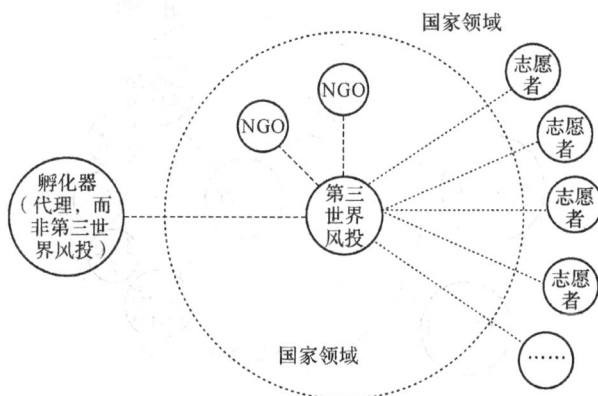

a　VC3world:基于市场创新的 KIBS/低绩效

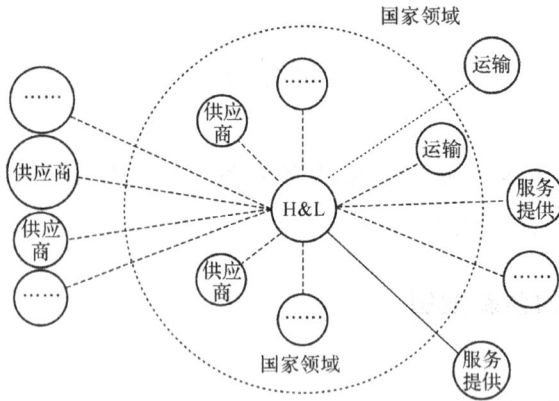

b H&L：基于市场创新的 KIBS/高绩效

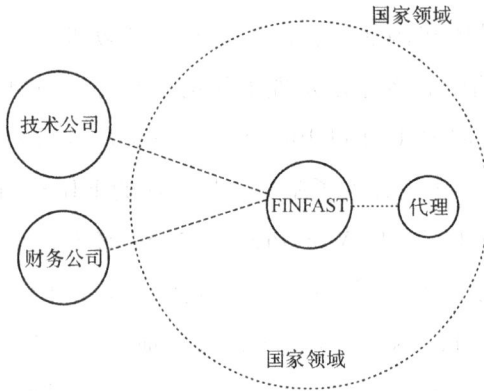

c FINFAST：基于技术创新的 KIBS/低绩效

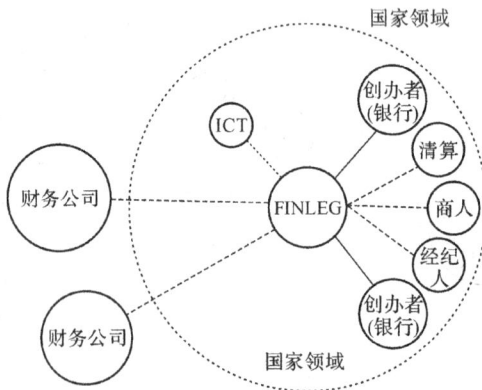

d FINLEG：基于技术创新的 KIBS/高绩效

图 10.2 联盟组合调整

在线媒体技术已经被转换为提供给潜在用户、创业者和风险资本的业务服务概念。然而，尽管它已经进入了市场，初步表现仍然不如预期。更确切地说，公司仍然依赖于外部资金。就像公司 CEO 谈道："我们每月的资金消耗仍然太高，我们还不够独立。"(A1)

图 10.2a 将 VC3world 的联盟组合视觉化。三家上游伙伴联盟帮助该公司开发并销售其在线媒体技术。其中的两个同盟都属于非政府组织(NGOs)并通过简单的非股份协议进行合作。这些联盟推动了关于非洲合约和本地协议方面的知识的普及，以及 VC3world 起步资金的获取。在跨国领域，公司与一家提供风投的孵化公司达成了非股份协议，这样公司即可为非洲创业者提供启动资本。

联盟组合的下游主要包括了积极接触代理人的志愿者和职员，这些伙伴在本地市场中代表 VC3world。尽管 VC3world 承认创造大量潜在创业者的重要性，非洲大陆的规模还是太大且难以覆盖；各个国家都有不同的特征，"一以贯之"的方法很难奏效。除此之外，VC3world 将其代表和用户(即代理人)网络作为重要的信息源。通过志愿者提升其在线服务以进入市场的决策逻辑可表述如下："你知道，我们尝试尽可能多地覆盖到所有的非洲国家，去挖掘话语并创造动力。我们是一家年轻的新创企业；我们只能承担有限的关注点。于是，我们利用了职员、代理人和志愿者。"(A2)

结果，VC3world 在市场拓展中经历了多重困难。有前景的下游伙伴认为技术工作应该是完美的，并认为与新创企业的联盟风险太高。因为面临很难与其他(大型)企业合作的困难，VC3world 决定设立一个新平台并进行拓展。一位被访者谈道："我认为我们尝试去做的事情之一就是避免早期的某些合作关系，因为如果它们与你要做的核心事情不相符，就会给你带来很大的麻烦。我曾经与乌干达一家组织开展了类似的合作(风险投资)，结果很糟糕。"(A1)

总之，VC3world 成功地在非洲开发出了一种新的在线媒体技术。其上游同盟帮助它获取了用以强化这一平台所需的知识。然而，借助非正式下游关系开发该技术限制了它的表现。这说明公司战略中的组合调整是间断的，而这可能限制公司推动联盟组合结构和服务营销双向发展的努力。

案例 2：H&L

H&L(罗素有限公司)由一名风险投资商创立于 2011 年,他将创新网络观点付诸实施,而这种观点已经被其他企业在区位市场及其谨慎的筛选过程中得到了成功应用。H&L 为对家用生活产品感兴趣的消费者提供了在线商店,这种想法借鉴了基于美国本地的在线网站商店。H&L 采用一种"限时抢购"的业务模式,即产品只会在一周内有售。从其成立以来的迅速发展情况看,H&L 可以说是非常成功的;公司现有大约 300 万名活跃会员,而且会员数量也有稳定的增长预测。H&L 最适合被描述为基于市场的 KIBS,它参与了下游的探索式学习(设立在线网页商店)和上游的开发式学习(利用现有的网站商店技术)。下列对话来自公司的两名被访者:"H&L 擅长使用碎片化的市场来创造新的业务模式,并通过社交媒体和强烈的基于社区的感情不断进行强化……有一些时髦的企业也会出售家用生活产品,但我们是最先专注这一领域的。"(B2)"我们使用了成熟的系统 XCart (现有的网站商店);它有一些特定的缺陷,例如它是为小企业设计的,因此对大企业并不适用。我认为 HQ 需要完善该软件包。"(B3)

图 10.2b 展现了公司的联盟组合。本地的联盟组合包括了通过非股份协议联系起来的多个上游点(供应商)。H&L 的成功来源于采购产品的数量和质量,以及大量的供应商。H&L 试图远离传统业务模式;因此,它采取了弹性的非股份协议关系。同时,公司还试图避免复杂的合同,以便能够迅速对竞争对手的行动做出反应。在国际关系上,H&L 希望能同时从本地和非股份协议中获取资源。正如一位被访者所说:"比利时市场也得到了 H&L 荷兰公司的重视;这具有协同效应,因为双方是邻国,都相对较小,而且使用同样的语言。你可以在很多国家看到类似的状况,包括在一些斯堪的纳维亚国家——瑞典、挪威和芬兰——以及瑞士,他们的服务正来源于德国。"(B1)

H&L 的联盟组合在其伙伴的组织规模上非常分散,尤其是在上游中。H&L 未与大型供应商保有合作,公司意在成为最大的在线家用产品商,并试图打破传统的行业话语体系。现有行业的供应商更喜欢传统的渠道,而不是参与到新的相对未知的基于网络的零售业中。

　　在本国范围内，H&L 同样拥有两家中等规模的下游同盟。公司与一家运送大型物件的运输公司保持着非股份协议关系，与另一家风投公司则持有股份协议。合同的部分内容是服务方面的，即伙伴公司需要帮助 H&L 获取例如办公空间、用户服务、咨询支持、技术支持和后勤等方面的服务。在国际方面，H&L 与多家其他公司的子公司保有非股份协议关系。H&L 还与一家专注于小产品的运输公司展开了跨国联盟；该公司承担了 H&L 80% 的运送量。

　　总之，H&L 的在线商店非常成功。与其重视的国际化战略一起，公司的联盟组合调整也支撑起了其基于市场的创新。与供应商的非股份上游合作帮助公司强化了技术，同时保证了公司内容（即产品）的供给。另一方面，与分销商（跨国的）的下游联盟帮助 H&L 灵活而有效地将其服务引入市场。大规模的联盟组合推动了 H&L 的成功，公司平衡上下游活动的能力同样很重要。一位联合创办人谈道："我们都希望成为最大最先发展的企业。如果你是最大的，你就可以与供应商（上游的）签署更好的协议，你也可以吸引更多的成员（下游的）。吸引了更多的成员，你又可以签署更好的协议，二者是相互促进的。"(B1)

基于技术的创新案例

案例 3：FINFAST

　　FINFAST 为协作的小型企业引入"一以贯之"的财务方案。其基于技术的服务提供一种云计算方案，帮助客户利用任何联网设备（如智能手机、平板电脑、笔记本电脑等）随时随地使用其财务管理系统。通过这种方式，FINFAST 使公司的支付、现金管理和财务决策工作更加便利。这种新开发的"现有"程序能够处理大量的财务工作，并能够快速实施。但由于该技术的开发工作主要由一些大型供应商和有限的技术伙伴提供，因此它进入市场的速度非常缓慢。FINFAST 的业务服务最适合被描述为基于技术的创新，它包含了有限的探索式上游学习和开发式下游学习。如一位被访者所述："我们的附加值在于我们能够顺利运行大量的工作；这是我们的独特销售点……因此我们不适用任何像其他应用的中间软件，同时移除中间软件也是我们工作的关键……我们面临着很强的竞争，我们正领先于世界支付手段市场。"(C1)

图 10.2c 展现了这一战略组合。FINFAST 的联盟组合规模较小，因为它们的技术创新开发主要集中在内部。这有两方面的原因，首先，该系统的基础早在很多年前就由其他拥有该程序的公司开发完善，FINFAST 是在内部对此做更进一步的开发。其次，FINFAST 面对着与之竞争的财务机构的抵制，这些机构将新技术视作一种行业威胁，因此公司要求联盟对该技术进行强化的能力就受到了限制。

在本国范围内，FINFAST 与一家能源行业的大型企业展开非股份合作。这就是说，该伙伴是这一程序的代理人和应用者。在国际领域，FINFAST 与两家大型技术企业成了非股份上游同盟，其中一家在财务行业有非常充足的经验。这些伙伴在专业和保持正当化上都非常有代表性。一位被访者谈道："在(公司网页)底面左侧，你可以看到'支持来自'(某家伙伴公司)；这类与一家现有企业的联合让我们公司的工作正当化了；没有一家企业是不与日本的这家伙伴公司进行合作的……我们与这家伙伴公司保持着很好的关系，他们拥有相应的财务平台。"(C1)

总之，FINFAST 基于内部开发出了一种新的业务服务概念。在产品开发阶段之后，两家上游联盟即能够获取知识并保持正当化。在下游，公司只有一家联盟，即该公司的代理。尽管这种业务概念已经得到了成功开发，代理之间的传播扩散还是相对缓慢。也因此，FINFAST 无法平衡探索式上游学习和开发式下游学习，公司也同样无法对联盟组合结构做出相应调整。

案例 4：FINLEG

FINLEG 由两家财务服务组织合资成立于 2009 年，它们看到了由所谓"金融工具市场法规"(MiFID)的新法律所带来的机遇，该法律通过规定小型零售投资者对财务订单安置的选择权而解除了对财务市场的管制。这一措施为衍生市场交易(如交易、结算、完成衍生事务)带来了机遇，FINLEG

即开发了一种称为"智能订单路径"的技术,它能进行价格比较并将财务订单交由最好的经纪商或银行来执行。该技术帮助 FINLEG 将最好的价格提供给代理。FINLEG 成功地开发了这一技术,并带来了显著的财务绩效。公司在 2011 年独占了 250 万美元的交易额,同时也正式成为现有财务机构的敌人。FINLEG 依赖于上游的探索式学习,因为这种智能订单路径技术是独一无二的。公司同样依赖着下游的开发式学习,因为财务衍生市场已经有大量竞争者。两位被访者谈道:"经纪商(使用智能订单路径的)会寻求股票的最佳价格;几家公司都可以做到这一点,但对衍生物的搜寻在欧洲就只此一家"(D1),"我们是欧洲第一家在存在了超过 100 年的成熟市场中展开竞争的公司"(D2)。

图 10.2d 描绘了 FINLEG 的联盟组合。该企业在本地和国际领域中有多重上游合作关系。在国际上,FINLEG 与两家类似的金融服务导向组织进行了合作,它们提供了关于构建智能订单路径所需技术的开发与强化的关键知识。这些关键技术同盟都来自荷兰以外,因为 FINLEG 一直在寻求成熟的有效技术,但本地现有企业无法满足其需求。公司还与一家提供财务公司网站设计所必需的知识的企业成了合作伙伴。正如两位被访者指出:"他们(技术伙伴)也是独一无二的;我们研究过谁能提供该技术(智能订单路径)。结果没人可以做到,因为这种技术是全新的,但这家技术伙伴在衍生品上有经验,这很稀缺……我们有软件许可;我们会做出思考,随后他们把它做出来,我们又拿到了许可,于是我们就开始出售它"(D1),"把这一切弄到一起需要一个平台,这就是其他的技术伙伴。尽管他们并不是利害关系人,你还是可以把他们看作非常重要的主体之一,因为他们拥有让交易达成所需的技术,他们带来了适当的动力"(D2)。

在本国范围内,FINLEG 在四家财务机构开展了三种非股份联盟,还与创立伙伴公司有股权上的联系。这些合作对于完成财务交易都是必需的。每家伙伴都覆盖了一个特定的下游部门,这对完成财务交易也不可或缺。下述引文即强调了这一事实:"为了实现这一点(FINLEG 的成功),你需要不同行业的伙伴:你需要一名造市商,一家订单流提供商。这些伙伴是大机构还是零售商都不重要,他们都是你需要的终端投资商,你也需要高质量的

伙伴来进行合作。你还需要一间结算室来检查衍生品交易。"(D1)

总之，FINLEG 成功构建了一种基于技术的创新并将之市场化。这样做之后，公司参与到与多家行业伙伴、竞争者开展的上游探索式学习中。这帮助 FINLEG 将成熟的知识再转化为一种新技术。通过细致地筛选下游同盟，公司同样得以成功地将其服务出售并送交给代理商。这样，公司在开发式上游部门和探索式下游部门中构建了一种平衡。

讨　论

本研究的目的在于探索 KIBS 新创企业如何能够调整其联盟组合结构以实现探索式和开发式学习间的平衡（即双向发展）。四家 KIBS 新创企业（分别有两家基于市场和技术创新的企业）的案例给出了很好的证明。在资源有限的条件下，这些 KIBS 成功地在不同绩效层面开发了各自基于创新的服务。对这些结果的对比进一步帮助我们理解了联盟组合是否有助于KIBS 克服持续探索和开发的障碍，见表 10.3。

表 10.3　跨案例对比

	VC3world	H&L	FINFAST	FINLEG
KIBS 情景				
创新类型	基于市场	基于市场	基于技术	基于技术
服务	在线中介平台	在线网店	在线财务管理	财务交易与订单技术
创新能力	利用外部知识能力	利用外部知识能力	内部开发知识能力	整合外部知识能力
联盟途径	主动合作，封闭式组合	被动合作，开放式组合	主动合作，封闭式组合	被动合作，开放式组合
绩效	低绩效	高绩效	低绩效	高绩效
战略	强制手段，滞后而错误	有重心的方法，系统性	内部手段，滞后而错误	有重心的方法，系统性

续表

	VC3world	H&L	FINFAST	FINLEG
联盟组合				
组合规模	小	大	小	大
行业多样性	中等	高	低	低
国籍多样性	中等	高	中等	高
组织多样性	高	中等	低	中等
治理多样性	低	中等	低	中等
职能领域				
上游	多类型的;补充性伙伴,强烈	单一类型的;补充性伙伴,较弱	单一类型的;补充性伙伴,强烈	多类型的;互补性伙伴,强烈
下游	非正式伙伴过剩	多类型的;互补性伙伴,强烈与虚弱兼有	只有一家正式伙伴(代理)	多类型的;补充性伙伴,强烈与虚弱兼有
双向的	不平衡的联盟组合结构	平衡的联盟组合结构	不平衡的联盟组合结构	平衡的联盟组合结构

跨案例比较

表 10.3 对这些研究结果进行了总结。四个案例的共同特征是,它们的核心竞争力都建立在将内部知识开发与外部知识获取相匹配以推动创新式 ICT 业务服务的开发和运营之上。所有的案例中都有一种在内部开发出来的业务创意;此外,它们还都识别出了市场机遇,并拥有相应的内部知识与接触、获取及利用外部知识的能力。然而,我们同样发现在这些 KIBS 组织上存在的不同。

研究结果表明,两家案例企业(H&L 和 FINLEG)是主动寻求合作伙伴的,它们会基于内部需求仔细地进行筛选,并朝着企业的目标对此进行系统性的管理。这些联盟进程有助于一致的联盟组合的构建。与之相反,另两家企业(VC3world 和 FINFAST)采取了一种被动式的途径,它们在吸引并与其他企业结成伙伴的过程中经历了很多困难。结果,它们构建支援联盟组合的能力受到了限制。这一结果同样指出,高绩效的 KIBS 会采取有重心的战略,它们会系统性地执行该战略,而 KIBS 的低绩效战略则显示出很多滞后和错误点。一种解释是,H&L 和 FINLEG 获取了外部支持来组织其主要的内部进程。例如,H&L 的母公司(一种基于股份上的联系)提供了办公空间和其他(下游)服务。总之,我们认为这些组织资产为高绩效 KIBS 提供了基础,由此公司的双向发展才得以实现。因此,我们提出了下述初步假设:

假设 1 不考虑创新类型,对于一家 KIBS 新创企业而言,其实现双向发展的能力在如下条件下会出现增长:(a) 企业拥有获取、整合、利用外部知识的能力,(b) 主动展开合作,(c) 制定并执行有重心的战略,(d) 获取外部支持以建立内部组织。

一方面通过上下游领域的区分,另一方面通过对绩效高低的区分,我们得以分清实现双向发展所必要的联盟组合维度,同时这一维度对于基于市场与技术的创新的开发和商品化也同样是必需的。

KIBS 中基于市场的创新意味着,一家企业会关注于满足市场需求的新业务的创建。创建新市场能够从大量批发商的暂时性(也因此是探索性的)知识中获得收益,这种收益也带来了对成功创建新市场所必需的资源输入。为了创造出动力与资源的大规模供给,拥有包含了开发式/补充性的上游伙伴和探索式/互补性的下游伙伴的联盟组合就变得相当必要。

在上游,创造基于市场的创新不需要太过复杂的知识,其他企业已经对相关技术进行了开发。这样,补充性上游同盟就是充足的——也就是提供了加强 KIBS 核心竞争力的资源的那些合作关系。举例来说,H&L(一家高绩效企业)与主要由敏感而易变的动机驱动的供应商组成了上游联盟;在对产品的质量和数量的关注之外,就只有有限的知识得到了交换。同样,在更少的内容上,VC3world(一家低绩效企业)组织了上游联盟以强化并向其提供现有技术。这样,在企业使用上游伙伴来改善现有技术方面,知识转移受到了限制。因此,非股份治理结构更为合适,它们需要更少的组织化管理资源。此外,伙伴的组织化整合也不需要更多的关注,因为灵活性也是构建补充性关系的关键动力之一。

在下游联盟中,现有的开放技术(如网站和应用)使用中出现了一种朝向关注创新商品化的转变。这种变化要求基于市场的 KIBS 拥有关于市场动态和机遇的知识，以及如何与和代理商联系紧密的伙伴组成互补性联盟——也就是指，那些提供了有助于 KIBS 提升其核心竞争力以及进入或创造新市场的(营销或销售)资源的合作关系。或者，KIBS 也可能直接接触代理商并获得用户反馈。例如，H&L(高绩效)与本地和欧洲的运输公司发展了高质量的合作关系，借此确保在订购产品的运送方面的可靠性。另外，它们的其他联盟关系还确保了公司能提供高质量的服务支持。相比之下，VC3world(低绩效)的运营方法是一种松散的志愿者和代表组成的非正式网络。这种对比显示出，下游探索式学习需要系统化的(组织化整合的)伙伴组织，它们能够实现并加强企业的核心竞争力。至此，我们提出了第二个假设：

假设 2　基于市场的 KIBS 新创企业实现双向发展的能力会在如下条件下出现提升：(a) 企业拥有一大批的联盟伙伴，(b) 企业组织了一系列补充性上游技术伙伴，它们来自相似或相协调的行业、设立于不同国家并通过非股份合作联系起来，(c) 组织了一系列互补性下游伙伴，它们在创造/进入新市场、提供营销和销售资源等方面经验丰富，并通过非股份和股份合作联系起来。

高绩效的基于技术的 KIBS 需要复杂的信息和扩展的知识，以此构建全新的业务服务。构建新技术会从现有技术的暂时性知识(也因此是探索式的)中获益，明白为什么和是什么提供了技术成功所必要的资源输入。为了创造成功的新技术，拥有包含了探索式/互补性的上游伙伴和开发式/补充性的下游伙伴的联盟组合就变得相当必要。

我们的研究发现表明，得到完善开发的互补性上游联盟(组织上高度整合的联盟)帮助 KIBS 成功地从测试和初始工作进入商品化阶段。也就是指源自与相同或相协调行业伙伴协作的基于技术的创新，它提供了开发新技术所需的独特而稀缺的(技术)资源。例如，FINLEG(一家高绩效企业)与两家熟悉控制财务业务的组织展开合作的决策帮助公司开发出了智能订单路径技术。对比之下，FINFAST(一家低绩效企业)仅仅在内部进行开发，并仅仅利用上游伙伴获得增量。创造基于技术的创新的企业可以在行业中拓展其知识并寻求探索，只要是在尊重这类知识的著作权和专利权的前提之下。基于技术的创新需要大量的复杂知识,这也提升了与看起来更可能拥有所需知识的大型组织进行联盟的可能性。与现有企业的合作也同样可能产生消极影响。

下游的开发式学习包含了商业上可行的营销和分销伙伴,它们倾向于通过非股份协议进行合作。发展实质上的补充性下游伙伴提升了商业成功的可能性——也就是指,那些提供了有助于 KIBS 提升其核心竞争力以及进入或创造新市场的(营销或销售)资源的合作关系。实现这一点需要 KIBS 在下游的投资,而这可能与其在技术开发上的主要关注内容相冲突。然而,远离开发式学习(例如,通过战略伙伴直接或间接地接收用户反馈)可能带来一种技术优先但在商业上不可行的业务。举例来说,尽管 FINFAST 开发了一种技术上可行的创新(一种云计算财务方案),其市场运行还是因缺乏互补性伙伴来主动提升其服务或提供用户反馈而受到了限制。相比之下,FINLEG 构建了系统性的、互补性的、高度组织化整合的伙伴联盟,这帮助公司有效地进入了不同的市场。这种结果表明,联合一系列拥有丰富经验和营销能力的伙伴非常关键,因为市场表现和用户反馈对基于技术的创新非常重要。至此,我们提出了最终的假设:

假设 3 基于技术的 KIBS 新创企业实现双向发展的能力会在如下条件下出现提升:(a) 企业拥有一大批联盟伙伴,(b) 企业组织了一系列互补性上游技术伙伴,它们来自相似或相协调的行业、设立于不同国家,并通过非股份合作联系起来,(c) 组织了一系列互补性下游伙伴,它们活跃在现有市场,提供营销和销售资源,并通过非股份和股份合作联系起来。

启示、不足与展望

在本章中,我们对之前研究的问题做出了相应阐述:KIBS 是如何调整其上下游的联盟组合以实现双向发展,以及成功地开发基于技术或市场的创新并将之商业化的? 我们的研究结果指出,在考虑探索式与开发式学习的同时,上下游间的区分帮助我们更好地理解了有助于实现双向发展的明显的联盟组合特性。

理论启示

从联盟组合结构(如多样性维度)的实验性视角出发,我们确认了开放式创新的相关观点(Chesbrough,2006,2003),在这种结构之下,双向发展可以得到维持,即探索式和开发式学习(两者都是开放式创新实践不可或缺的一部分)都能得到适当的生产。通过分析上下游功能领域的同时,考虑知识密集型服务业的内容和不同的联盟组合结构是如何分别而独立地影响探索式与开发式学习的,我们对传统文献的内容进行了拓展。特别是,一家焦点企业会以与领域分离概念相似的方式面临组合结构设计上的挑战(Lavie 与 Rosenkopf,2006)。这也要求在管理上将焦点企业的联盟组合视作多维的,并从不同的视角进行审视。先前的章节也对此做出了初步努力。

其次,通过展示出联盟组合结构在探索式和开发式学习发展概念中所扮演的复杂而多维角色,我们也推动了联盟组合文献的发展。尽管先前的研究在联盟组合上采取的是单一视角(Wassmer,2010),本章中的案例研究结果还是表明,当 KIBS 在上下游领域做出区分并主动选择及管理和联盟的关系时,创造并保持双向发展的可能性仍然存在。这就是说,KIBS 可能强化上游或下游的补充性联盟——合作伙伴通过这种途径提供类似的资源和反馈——以推动开发式学习进程。或者,它们也可能构建互补性联盟——合作伙伴通过这种途径提供新资源并参与到(协同的)学习机遇中——以推动探索式学习进程。

最后,通过表明 KIBS 新创企业的成功(成功的基于市场或技术的创新)在某种程度上依赖于企业管理其联盟关系的内部组织与能力,我们推动了KIBS 文献的发展(Toivonen,2006)。成功的新创 KIBS 能承受住打造核心竞争力的压力,并利用上下游伙伴对这种能力进行拓展。此外,我们还发现,基础状况也非常重要。有重心的战略、合作与确保外部资金和组织的支持增加了 KIBS 企业成功开发并运营基于技术的创新的机会。

管理启示

Gassman,Enkel 和 Chesbrough(2010)发现,相比于职业管理,企业对开

放式创新的管理过程仍然充满滞后和错误。先前的研究也已经揭露出一些管理者付诸实践的教训。首先，案例研究表明，企业将组合战略与其联盟组合结构相匹配非常重要。更确切地说，如果一家 KIBS 寻求在上下游展开创新，那么构建适当的组合结构以加速这些创新目标的实现就是必要的。正如这些案例中所显示的，忽视这一点很可能导致上下游创新无法达到最佳。

其次，这些案例研究表明，区分上下游活动与联盟伙伴同样很重要。上下游领域为管理者提供了追求不同创新类型的机会，同时在双向发展组合上也能保证理想的绩效。此外，案例研究还暗含了有目的地、主动管理两个领域以保持企业绩效成果（例如回报、市场增长等）的重要性。

最后，这些案例显示出联盟组合整体治理的重要性。上下游领域必须得到平衡，因为二者在某种程度上相互依赖并且有助于实现特定的目标，同时，二者的结合也能帮助企业实现其总体战略目标。但是，单一领域中的多功能联盟仍可能对另一领域的联盟功能产生消极影响。应如何对这种组合进行治理、调整和管理的更深刻的理解仍然有待提出。

研究不足与展望

本研究有明显的缺陷。首先，研究发现 KIBS 新创企业，尤其是那些将 IT 作为关键资源的企业在业务内容上存在限制。这一点限制了研究成果的外部信度（Gibbert 等，2008）。因此，未来的研究可以考虑不同类型的 KIBS 或者其他行业，以此来验证本研究所提出的结论。其次，我们仅仅关注了两种创新：基于技术和市场的创新。未来的研究可以将我们的研究成果与其他类型创新中的 KIBS 进行对比，例如它们是否在上下游活动中展开了探索。或者是，我们的研究发现也可以与在上下游活动中进行了开发活动的 KIBS 进行对比。最后，我们的调查的跨部门特点使我们未能对组合演变进行探讨。依据不同的创新观念发展阶段，不同的合作关系可能得到需要。采取纵向方法可能可以追踪联盟组合的演变。

结　语

在本章中，我们证明了基于技术和市场创新的 KIBS 需要不同的联盟组合结构以成功地开发并将创新商业化。跨组织学习，无论是上游还是下游的，都对企业的成功至关重要。然而，我们并不是让管理者参与到无边界的合作中。KIBS 的管理者也应避免参与开放式创新实践中的短视合作。开放式创新实践应与协作战略相一致，联盟组合战略和结构也应与协作战略相辅相成。

附录：半结构化访谈大纲（缩减版）

创新

市场创新

- 你的组织将一些全新的商品和服务商业化了吗？
- 你的组织经常利用市场上出现的一些新机会吗？
- 你的组织通常会使用一些新的分销渠道吗？
- 你的组织经常会对现有的产品和服务做出一些微小的调整以符合市场需求吗？
- 你的组织会提升对现有顾客的服务水平吗？

技术创新

- 你的组织的绩效取决于新开发的技术吗？
- 你的组织在现有的技术产品和服务上增加了规模经济吗？
- 你的组织使用了新技术来提升对现有客户的服务水平吗？
- 你的组织开发出了对于本企业而言全新的产品和服务吗？

联盟组合

- 你能够描述服务创新项目中的合作伙伴吗？
- 你能够描述公司目前参与联盟的情况吗？
- 在与联盟伙伴的合作中，公司近年来开发出了哪些服务创新？

• 目前的联盟组合在创新和学习上表现如何？

伙伴多样化领域

• 你如何描述联盟组合中的合作伙伴类型(如顾客、供应商、竞争者等)？

职能领域

• 你能够描述创新合作伙伴联盟的目标/职能吗？最终的结果是怎样的？

• 这些联盟给创新过程和创新项目带来了哪些价值？

管理领域

• 你在与联盟伙伴的合作过程中使用了哪些类型的管理形式？

• 为什么选择股权和非股权的管理形式(如控制、知识分享)？

• 你如何判断这种知识是否成功(如产出、过程)？

参考文献

[1] Ahlstrom, D. (2010). "Innovation and Growth: How Business Contributes to Society." *Academy of Management Perspectives* 24 (3): 11-24.

[2] Ahuja, G, (2000). "Collaborative Networks, Structural Holes, and Innovation: A Longitudinal Study." *Administrative Science Quarterly* (45): 425-455.

[3] Anderson, P., and Tushman, M, (1990). "Technological Discontinuities and Dominant Designs: A Cyclical Model of Technological." *Administrative Science Quarterly* 35 (4): 604-633.

[4] Bresser, R. K., F M Heuskel, D M and Nixon, R. D. (2000). "The Deconstruction of Integrated Value Chains: Practical and Conceptual Challenges." In R. K. E. Bresser, M. A. Hitt, R. D. Nixon, and D.

Heuskel (eds.), *Winning Strategies in a Deconstructing World*, 1-21. Chichester, UK: Wiley.

[5] Chesbrough, H. (2003). *Open Innovation: The New Imperative for Creating and Profiting from Technology*. Boston: Harvard University Business School Press.

[6] Chesbrough, H. (2006). *Open Business Models: How to Thrive in the New Innovation Landscape*. Boston: Harvard Business School Press.

[7] Cohen, W. M. , and Levinthal, D. A. (1990). "Absorptive Capacity: A New Perspective on Learning and Innovation." *Administrative Science Quarterly* 35 (1): 128-152.

[8] Damanpour, F. (1991). "Organizational Innovation: A Meta-analysis of Effects of Determinants and Moderators." *Academy of Management Journal*(34):555-590.

[9] Eisenhardt, K. M. (1989). "Building Theories From Case Study Research." *Academy of Management Review* 14 (4): 532-550.

[10] Eisenhardt, K. M. , and Schoonhoven, C. B. (1996). "Resource-Based View of Strategic Alliance Formation: Strategic and Social Effects in Entrepreneurial Firms." *Organization Science* 7 (2): 136-150.

[11] Fitzsimmons, J, A. , and Fitzsimmons, M. J. (2006). *Service Management: Operations. Strategy, Information Technology*, 5th ed. New York: McGraw-Hill Irwin.

[12] Gallouj, F. (2002). *Innovation in the Service Economy: The New Wealth of Nations*. Cheltenham, UK: Edgar Elgar.

[13] Garcia, R. , and Calantone, R, (2002). "A Critical Look at Technological Innovation Typology and Innovativeness Terminology: A Literature Review." *Journal of Product Innovation Management* 19 (2): 110-132.

[14] Gibbert, M. , Ruigrok, W. , and Wicki, B. (2008). "What Passes as A Rigorous Case Study?" *Strategic Management Journal* 29 (13): 1465-1474.

[15] Goerzen, A. , and Beamish, P. W. (2005). "The Effect of Alliance Network Diversity on Multinational Enterprise Performance." *Strategic Management Journal* 26 (4): 333-354.

[16] Grant, R. M. , and Baden-Fuller, C. (2004). "A Knowledge Accessing Theory of Strategic Alliances." *Journal of Management Studies* 41 (1): 61-84.

[17] Gupta, A. K. , Smith, K. G. and Shalley, C. E. (2006). "The Interplay between Exploration and Exploitation." *Academy of Management Journal* (4): 693-706.

[18] Hamel, G. , and Prahalad, C. K. (1994). *Competing for the Future*. Boston: Harvard Business School Press.

[19] He, Z.-L. , and Wong, P.-K. (2004). "Exploration vs. Exploitation: An Empirical Test of the Ambidexterity Hypothesis." *Organization Science* 15 (4): 481-494.

[20] Hoffmann, W. H. (2007). "Strategies for Managing a Portfolio of Alliances." *Strategic Management Journal* 28 (8): 827-856.

[21] Holmqvist, M. (2003). "UA Dynamic Model of Intra-and Interorganizational Learning." *Organization Studies* 24 (1): 95-123.

[22] Jansen, J. J. P. , van den Bosch, F. A. and Volberda, H. W. (2006). "Exploratory Innovation, Exploitative Innovation and Performance: Effects of Organizational Antecedents and Environmental Moderators." *Management Science* 52 (11): 1661-1674.

[23] Jiang, R. J. , Tao, Q. X, and Santoro, M. D. (2010). "Alliance Portfolio Diversity and Firm Performance." *Strategic Management Journal* (31): 1136-1144.

[24] Kwok, C. C. K. , and Reeb, D. M. (2000). "Internationalization and Firm Risk: An Upstream-Downstream Hypothesis." *Journal of International Business Studies* (31): 611-629.

[25] Lavie, D. (2007). "Alliance Portfolios and Firm Performance: A

Study of Value Creation and Appropriation in the U. S. Software Industry. ” *Strategic Management Journal* (28):1187-1212.

[26] Lavie, D. , and Rosenkopf, L. (2006). “Balancing Exploration and Exploitation in Alliance Formation. ” *Academy of Management Journal* (49):797-818.

[27] Lavie, D. , Stettner, U. , and Tushman, M. L. (2010). “Exploration and Exploitation within and across Organizations. ” *Academy of Management Journal* (4): 109-155.

[28] Lichtcnthaler, U. (2008). “Open Innovation in Practice:An Analysis of Strategic Approaches to Technology Transactions. ” *IEEE Transactions on Engineering Management* (55):148-157.

[29] Lichtenthaler, U. (2011). “ Open Innovation: Past Research, Current Debates, and Future Directions. ” *Academy of Management Perspectives*, February, 75-93.

[30] March, J. G. (1991). “ Exploration and Exploitation in Organizational Learning. ” *Organization Science* 2 (1): 71-87.

[31] Miller, C. C. , Cardinal, L. B. , and Glick, W. H. (1997). “Retrospective Reports in Organizational Research:A Reexamination of Recent Evidence. ” *Academy of Management Journal* (40): 189-204.

[32] Oerlemans, L. A. G. Knoben, J. , and Pretorius, M. W. (2013). “Alliance Portfolio Diversity, Radical and Incremental Innovation: The Moderating Role of Technology Management. ” *Technovation* 33 (6-7):234-246.

[33] Ozcan, P. , and Eisenhardt, K. M. (2009). “ Origin of Alliance Portfolios:Entrepreneurs, Network Strategies, and Firm Performance. ” *Academy of Management Journal* 52 (2): 246-279.

[34] Poole, M. , Van de Ven, A. , Dooley, K. , and Holmes, M. (2000). *Organizational Change and Innovation Processes: Theory and Methods for Research.* Oxford:Oxford University Press.

[35] Salinger, M. A. (1989). "The Meaning of 'Upstream' and 'Downstream' and the Implications for Modeling Vertical Managers." *Journal of Industrial Economics* 37 (4): 373-387.

[36] Simsek, Z. (2009). "Organizational Ambidexterity: Towards a Multilevel Understand." *Journal of Management Studies* 46 (4): 597-624.

[37] Soni, K., Lilien, G. L., and Wilson, D. T. (1993). "Industrial Innovation and Firm Performance: A Re-conceptualization and Exploratory Structural Equation Analysis." *International Journal of Research in Marketing* (10):365-380.

[38] Tether, B. S. (2005). "Do Services Innovate (Differently)? Insights from the European Innobarometer Survey." *Industry and Innovation* 12 (2): 153-184.

[39] Toivonen, M. (2006). "Supporting the Development of KIBS with a Research-Based Policy: Activities Initiated in Finland." XVI International Conference of RESER, September 2006, Lisbon.

[40] Trott, P., and Hartmann, D. (2009). "Why 'Open Innovation' Is Old Wine in New Bottles." *International Journal of Innovation Management* 13 (4): 715-736.

[41] Vanhaverbeke, W., Van de Vrande, V., and Chesbrough, H. (2008). "Understanding the Advantages of Open Innovation Practices in Corporate Venturing in Terms of Real Options." *Creativity and Innovation Management* 17 (4): 251-258.

[42] Wassmer, U. (2010). "Alliance Portfolios: A Review and Research." *Journal of Management* 36 (1): 141-171.

[43] Wuyts, S., and Dutta, S. (2012). "Benefiting from Alliance Portfolio Diversity: The Role of Past Internal Knowledge Creation Strategy." *Journal of Management*, doi: 10. 1177/0149206312442339.

[44] Yin, R. K. (2003). *Application of Case Study Research*. Thousand Oaks, CA: Sage Publications.

第十一章　利于突破创新的研发合作组合策略：发展知识交流能力

斯科特·莫迪与本·凯迪亚

在竞争激烈的商业环境中,伙伴关系和联盟为了创新而组建,因为技术、资金和智力资源对于创新研究很重要,其次才是开发复杂的产品、服务、组织,而平台创新很少驻留在单个企业的法律界限之内(Grant 和 Baden-Fuller,2004)。具有影响力且在多平台竞争中领先其他企业的往往是战略中心的众多的联盟和伙伴关系(Kedia 和 Mooty,2013)。从这些中心或焦点企业的角度来看,这些现在和过去的伙伴关系和联盟的聚集,最终形成了联盟组合和互动资源并从中得出了新的理念和知识(Dhanaraj 和 Parkhe,2006;Wassmer,2010)。因此,焦点企业设法开拓创新的管理功能和能力,以确保与联盟组合的合作具备建立一个系列的产品、系统和进行组织创新的能力(Laursen 和 Salter,2006;Maula,Keil 和 Salmenkaita,2006;O'Connor,2008)。这些创新功能和能力包含几个关键和相互关联的任务,其中包括促进、改善和维护,通过相关的研究和开发管理伙伴和联盟之间的关系(Kale,Dyer 和 Singh,2002),以及管理知识产权和知识在合作伙伴之间的流动(Kyriakopoulos 和 De Ruyter, 2004)。其他更复杂的任务,包括识别和建立必要的能力,允许焦点公司及其合作伙伴获取和交流知识资源,允许重点企业联盟组合的成员加强知识流动和理解合作(Fjeldstad 等,2012;Grant,1996;Heimeriks,Klijn 和 Reuer 2009)。这些能力的发展和成熟使公司的合作伙伴关系更加高效,更能有效地响应客户和市场需求(Hoffmann,2007;O'Connor 等,2008)。然而,先进的网络通信技术、平台和论坛允许知识的广泛征集,使其超越了合作伙伴关系、联盟和联盟组合边界的信息和知识(Jeppesen 和 Frederiksen,2006；Jeppesen 和 Lakahani,2010)。所谓的元组织这种新组织形式已经出现并形成(Gulati,Puranam 和 Tushman,2012)。这些元组织正在重塑焦点企业进行开放式创新的做法和联盟组合的方法(Faraj,Jarvenpaa 和 Majchrzak,2011；Fjeldstad 等,2012；Gulati,Puranam 和 Tushman,2012)。

元组织代表可以提供与联盟组合的开放式创新实践相结合的信息、知识和非约束性互动资源网络(Kogut,2000)。元组织以数据和传统的模式存在。数字交流组织包括公司赞助的用户论坛、先进技术领域的公司、独立的电子论坛和"创新的商场",如 Innocentive. com,以及企业寻求解决科学问题的大型参与者(Faraj,Jarvenpaa 和 Majchrzak,2011；Pisano 和 Verganti,2008；Yoo 等,2012)。更传统的元组织包括地理集群,其中中心公司或其合作伙伴可以定位于专业组织和社区,他们尝试将其合作伙伴或员工视为创新组织成员。数字元的组织工具允许中心公司及其用户、组群和其他独立人士(包括其他企业)在其他中心公司论坛发帖、存储、检索、审查和验证思想、观念及创新或与新产品开发有关的解决方案(Baldwin 和 von Hippel,2011；Bogers,Afuah 和 Bastian,2010)。

此外,学者和专业人士已经接受了这个想法,即系统吸收、探索、保持、释放和利用内部和跨组织边界的信息和知识的开放式创新的做法,可在研究和开发管理方面(R&D)寻求有利机会(Lichtenthaler,2011)。在不常见和不熟悉的环境里,当这种广泛而深入的知识被识别并整合时,挑战伴随着复杂性的产生而出现(Carlile 与 Rebentisch,2003)。从焦点公司的角度来看,开放式创新实践创造了联盟、联盟组合和元组织边界之间四个不同的知识流动,如图 11.1 所示。

简单地说,第一个知识流涉及的信息—知识吸收和输入来自合作伙伴、用户和竞争对手获得改善产品的知识产权探索权,以及平台或系统开发(Laursen 和 Salter,2006；Lichtenthaler 和 Lichtenthaler,2009)。第二个知识流是内部的伙伴关系,由加工合成的保留信息组成,知识和知识产权来自外在的合作关系且在内部的合作中发展(Almirall 与 Casadesus-Masanell,

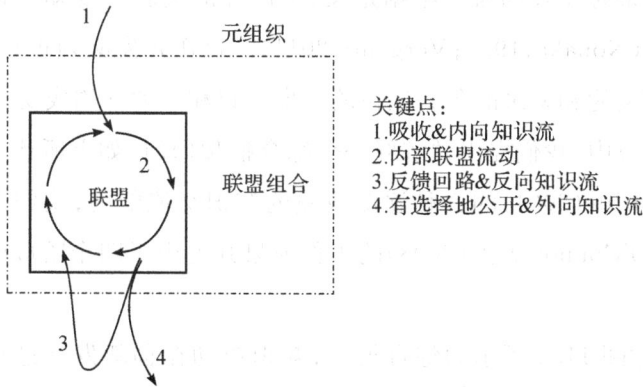

图 11.1 联盟边界相关开放式创新知识流

2010)。第三个知识流与选择性释放的信息有关,知识和知识产权的联盟组合成员和元组织产生回报,而更多的知识和知识产权对推进创新发展有关键作用(Chesbrough,2003;Vanhaverbeke 和 Cloodt,2006;West,2006)。第四个知识流是有选择性地释放和销售的信息、知识,并通过焦点公司及其积极的合作伙伴拓展至其他主要合作伙伴。用户和竞争对手产生的收入来自与产品、平台和系统知识产权相关的合作;来自创建互补产品和创新增强产品、平台价值,以及协作系统;或者创造全新的产品,以更好地满足用户的需求(Alexy,George 和 Salter,2013;Boudreau,2010;Faraj,Jarvenpaa 和 Majchrzak,2011)。

　　本章的目的是探讨:焦点企业如何在开放式创新背景下利用战略伙伴关系和联盟、联盟组合,以及元组织,以提高创新举措的成功性。我们的主要观点借鉴了内向的内部反馈和由开放式创新实践联盟组合和元组织支持的外向信息流。我们认为,选择参与开放式研发联盟的焦点公司可以在突破性创新发展的黄金时机,在企业联盟组合下(Hoffman,2007)以其焦点公司和投资组合为中心,以每个阶段发生的输入、内部结构、反馈、输出的知识流动过程中的创新开发过程为重点(O'Connor,2006;Ahuja,Lampert 和 Novelli,2013)。然而,成功的重要要求,是合作伙伴的创新能力在面对知识的交流与融合所带来的复杂性时,能满足创新阶段和创新项目本身的要求(Carlile,2004;Grant,1996;Helfat 和 Raubitschek,2000)。这在当突破性创

253

新被考虑进来时尤其困难。根据定义,突破性的创新需要知识创造和知识交换并发展(Nonaka,1994;Verganti,2011)。合作开发必须进行知识交换,以实现在相关的和未来的创新项目的开发倡议和一致性的成功。

在下一节中,我们提出并解释一个综合框架(来自如上所述这四个知识流),依据 Carlile(2004)的三种逐渐成熟的知识交流能力,我们修改和扩展了 Gina C. O'Connor 等人(2008)的工作成果并提出了四个阶段的创新发展过程。

总之,如图 11.2 所示的综合模型,知识流动在创新发展过程中的每个阶段是不同的。此外,伙伴关系开始于边界广泛的知识域,然后聚焦于创新开发阶段和商业化阶段。一旦得到商业化,外部输入和与客户的交互就开始侵蚀和拓宽知识域边界,与用户和创新发生相互作用。此外,必要的高效率和有效的知识交流能力十分重要,需要在开始和创新项目商业化之后有更复杂的功能。

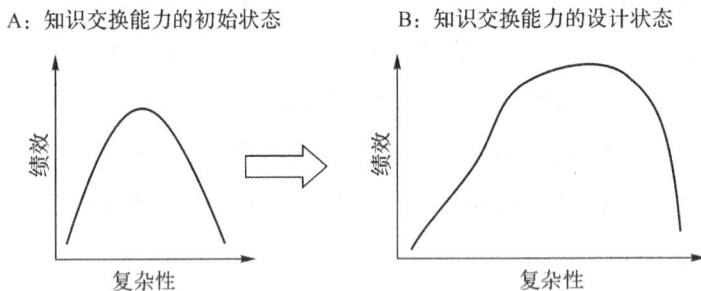

A:知识交换能力的初始状态   B:知识交换能力的设计状态

图 11.2   知识交换能力的开始和设计阶段

注:修改自 Ahuja 和 Lampert(2001)、Laursen 和 Salter(2006)、Sampson(2007)。

接下来,我们简要定义突破式开放式创新,并对这两个结构加以区分。随后介绍我们研究的复杂性在联盟中、联盟组合和元组织环境过程中如何出现。其次确定了知识交换能力,详细说明创新发展过程,并再次强调显示在图 11.1 和 11.2 中的四个开放式创新知识流。最后我们进行一个简短的讨论总结,并提出如何建构扩展开放式创新研究的结论。

明确突破创新与开放创新

创新往往被定义为新的商业上可行的方式或知识的重组(Schumpeter, 1934)。通过这个经典的定义,可以假设存在知识元素和在发展创新时被利用的域。因此,创新的任务集是探索和利用新的方式,使现有的知识域的元素结合,使它们在商业上进行可行且有利可图的合作。然而,这个定义是不够的,因为知识经常作为创新过程的一部分而被创建。突破性的创新是需要知识的创造与其他新的或现有的在商业上可行的方式相结合,并破坏现有的市场或行业,或产生新的市场和行业的知识(Ahuja 与 Lampert,2001;Anderson 和 Tushman,1990;Verganti,2011)。突破创新有两种分类:(1)基于新发明的技术和发明(Fleming 和 Sorenson,2004);(2)将现有技术和知识进行独特和新颖的组合(Henderson 和 Clark,1990)。

基于新的技术和发明的突破性创新是罕见的,它需要概念、发展思路和术语来描述技术,以产生新的知识领域。在概念上,这种突破性的创新类似于 Henderson 和 Clark(1990)提出的四种不同类型的技术创新所描述的激进创新。成功实施这类突破性创新往往会建立新的主导设计和核心产品设计语言(词汇),后者则会产生一个新的用户群(Henderson 和 Clark,1990)。这些新的知识领域往往会取代已有的知识领域,改变现有的联盟、联盟组合和常规的业务实践(O'Connor,2008)。最后,激进的创新轨迹可能存在于传统的研发或焦点公司内部,或传统的和非传统的基础研究机构,如独立发明人、研究机构、大学的合作伙伴(Kedia 和 Mooty,2013)。

突破性的创新将现有的知识和技术结合起来,以独特新颖的方式,改变现有的产品解决方案结构和用户界面,还要求创造新知识(Garcia 和 Calantone,2002;Henderson 和 Clark,1990)。新的知识解释了不同的知识元素如何整合,以及如何配置或如何开发其他产品和系统(O'Connor, 2008)。突破性创新与 Henderson 和 Clark(1990)所描述的建构创新在概念上较为相似。这种类型是比较常见的,强调创造知识的系统联结,不同于现有的知识结构域,以及创新如何产生、分布和被客户理解。因此,这两类突破性创新涉及的新业务创建知识可以是现有的具有高度破坏性的产品与产业。

开放式创新可以被定义为"在内部和外部组织边界之外系统地进行知识探索，在整个创新过程中进行保留和开发"（Lichtenthaler，2011，77）。在这个定义中，边界可以被解释为一个企业、联盟或联盟的投资组合的法律界定的范围。例如，对于焦点公司，问题的边界是其法律边界。对于建立持久的联盟，边界是定义该联盟本身的合同和协议。对一个联盟的投资组合来说，边界是指一个焦点公司的积极和持续的联盟，它过去的盟友有可能在未来成为新的合作伙伴。这些明确的法律定义的边界也可以作为概念的界限，如知识领域。

知识结构域，或一个组织的智力空间，可能与上面描述的三个组织的边界和围绕它们的元组织相联系。在这些知识领域内，特定的组织边界内的知识往往是非常不同的，可以在不同的技术专业知识的基础上发展新产品，展开营销以及创造与创新相关的业务（Gebert，Boerner 和 Kearney，2010；O'Connor 等，2008）。突破性的创新可能会出现，比如这些知识领域的元素以独特和新的方式相结合，来实现新产品和服务的商业价值。因此，与开放式创新相联系的吸收、探索、保留、发布、开发的活动会融合各种跨组织知识领域的传统边界。然而，对突破性创新而言，这些活动可以由需求驱动创造知识。因此我们在这一章修改开放式创新的定义：开放式创新是贯穿内外组织边界和整个创新过程的系统的、综合的知识创造、吸收、探索、保留、流出、开发的行为。

搜索活动、创新绩效、复杂性

了解焦点公司和其合作伙伴之间的开放合作关系并提出挑战有助于了解如何实现突破创新，以及实现这一创新所面临的困难（Duysters 和 Lokshin，2011）。在特定的背景下，知识的交流和整合是困难的，尤其在一个不同的合作伙伴相互合作的背景下（Jiang，Tao 和 Santoro，2010）。尽管面临挑战，交换和整合来自联盟内部和外部的知识仍能实现诸多好处。

这些好处包括但不限于:(1)缩短进入市场的时间,为新产品或服务创新争取先机(Deeds 和 Hill,1996;Eisenhardt 和 Tabrizi,1996;Kessler 和 Chakrabarti,1996);(2)通过准确地匹配用户需求,提高最终创新的有效性(Govindarajan,Kopalle 和 Danneels,2011);(3)降低与创新周期相关的成本(Mansfield,2008),理想的情况下,均衡的知识交流的能力能从知识的交流中获得。

知识领域的整合研究经常发现,知识交流活动的强度和绩效之间呈倒 U 形关系,如图 11.3 所示。

若复杂的知识交流对焦点公司而言是新的、不熟悉的,它会产生对发展创新很重要的信息和知识发展。这种情况发生在不同的条件下:(1)科技的新颖性,在发展的基础上,出现一个不熟悉的技术或新发明;(2)知识领域的差距,创新的发展不是基于一个技术或创新,而是基于新的和独特的信息和知识的组合。因此,从焦点公司的角度来看,当新颖性和差距伴随着不同情况增加时,复杂程度也随之提升。

深度搜索,通常也被称为搜索深度,涉及继续和重复挖掘知识的现有空间用于促进创新(Ahuja 和 Lampert,2001;Katila 和 Ahuja,2002)。在联盟中,搜索深度体现在焦点企业多次利用相同的合作伙伴的过程中,通过几个联盟项目以实现效率提高(Sampson,2007)。然而,随着时间的推移,效率会减少技术上的创新,创新面临竞争挑战(Laursen 与 Salter,2006)。突破性的创新,即实现深层次的组织搜索是罕见的,因为这通常与拥有强大的基础研究能力以及专门的形式结构和系统(例如道康宁、3M、杜邦与巴斯夫)相联系(O'Connor,2008)。反之亦然,当发明或者发现新技术的公司不具备商业化的创新能力时往往依赖于有这样的能力的合作伙伴,其他公司则会强调不同的做法。

已经成立的公司经常会意识到创新绩效得益于广泛的搜索活动,即挖掘和整合新的焦点公司的知识领域(Ahuja 和 Lampert,2001),但对其他公司或其他行业则不然。当广泛搜索的知识之间具有一定的不同时,通过广泛的搜索,或实现搜索范围的最大化,创新绩效点便可能被发现,这种一定程度的新颖性使得知识能够得到准确的转换,提升知识交流的效率并强化

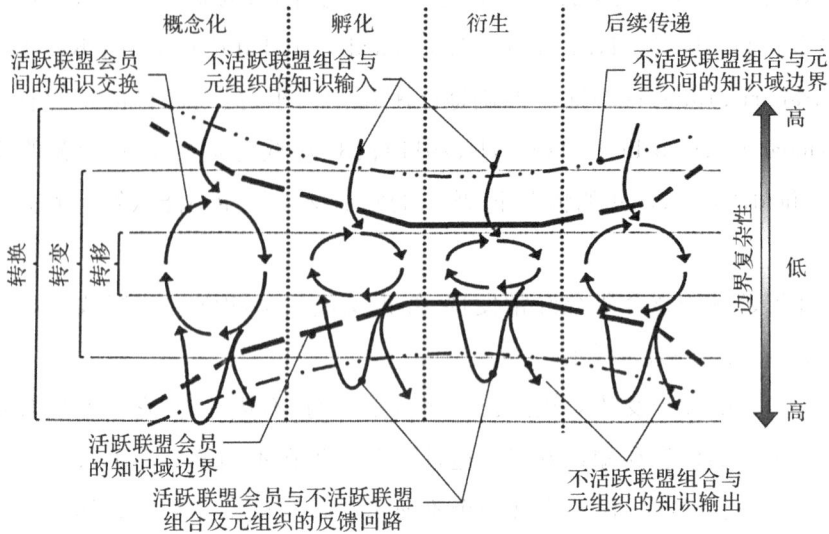

图 11.3　知识交流强度和绩效的关系

效果(Ahuja 和 Lampert,2001;Laursen 和 Salter,2006)。

在联盟组合和元组织的背景下,对这两种形式的开放式搜索的联合与系统化的追求往往导致新知识的创造(Ahuja 和 Lampert,2001;Capaldo, 2007)。搜索范围和搜索深度是分开的,但二者在联盟和联盟组合设置上互补,每一个方面必不可少。当新知识被创造时,深度搜索通常对于突破性创新非常关键。同时,搜索范围的扩大对于激进的技术突破性创新是十分重要的。当需要描述一个新的发明、技术或设备的功能,且其辅助参照超出焦点公司和项目联盟范围现有知识领域时,如在联盟组合和元组织(O'Connor 等,2008),就需要通过搜索深度开发现有知识领域的知识,并结合外部知识,形成新的知识。反过来,搜索深度是重要的突破性的创新,是基于现有的知识领域的独特结合,这需要理解和描述组合整体企业中的应用。在这种情况下,结合独特开发的知识领域是明智的,合伙企业的知识整合和创造新的知识的能力十分重要(Ahuja 和 Lampert,2001)。因此,突破—创新可能会发起搜索深度或搜索范围活动,但在联盟的投资组合环境中,应使用这两个必要的、产生新的知识以获得突破性创新的手段。一些焦点公司拥有或开发能力以形成和保持开放的联盟,或者是通过形成和维护开放的联盟以在创新过程中进行深度搜索。这些焦点企业能够增加收益的范围和幅度,如图 11.2 中的 B(Gupta,Smith 和 Shalley,2006;Raisch 等,2009)。

知识交流能力

在组合情景下,知识是否能够有效移动、组合和整合取决于合作伙伴管理复杂情景的能力,这些复杂性来自跨组织和跨概念边界的知识交流活动(Dhanaraj 和 Parkhe,2006;Ozcan 和 Eisenhardt,2009;Powell,Koput 和 Smith-Doerr,1996)。当处于创新过程中的焦点企业、合作伙伴和元组织搜索到的知识所属领域是不熟悉、不一致的,与企业本身的知识领域不重叠时,复杂性就产生了。当搜索到的知识所属领域不存在时,复杂性也会产生。因此。随着复杂性的增长,企业的知识交流能力也必须提升。同样的,我们借用 Carlile(2004)的框架来管理跨边界的知识交流。该框架描述了三种高端的知识交流能力——转移能力、翻译能力、转型能力——每种能力彼此相互依赖,帮助应对了突破创新中技术和组织边界所带来的日益增加的复杂性。这些知识交流能力是动态的,并且在突破创新开发的整个过程中一起发展。

转移能力

当所获取知识的领域的复杂性或新颖性较低时,转移能力非常重要。在这种情况下,合作者仅需要移动或转移知识,合作者之间通常存在共同的定义和工具。在组合情境下,当知识交流发生在长期的、熟悉的伙伴之间时,伙伴之间共享相同的经验,此时转移能力是最合适的。存在于合作伙伴中的概念和组织领域中的技术和商业知识是非常相似的,并且得到了共享。当与突破创新不相关时,这种合作的形成主要依赖于规模和经济,并且主要集中于与新产品开发、生产和运营相关的渐进和有限模块的创新。此外,合作伙伴可能拥有与产品线和业务相关的精确定义的角色,并且在正在搭建的业务和创新平台上投入了大量的资源。因此,转移能力使得理解和编辑知识成为可能,但是需要发现和整合分散的技术和商务知识时,转移能力就是必需的(Carlile,2004)。

转移能力是有限的,但它在创新发展过程的所有阶段被利用。正如我们将在下面讨论,其他的两种知识交换能力——翻译与转换——的部分目的是操作和合成来自不同领域的知识。在合作伙伴之间,它可以被编纂并且被简单传输。最终,它将传递给客户。这个过程在一体化的框架下,从概念描述到发展阶段,通过整合联盟组合中的活动和非活动知识域来进行创新。此外,如果合作允许分拆知识产权、追求提高突破性创新的价值和可用性的互补产品,一旦最初的和连续的突破创新的概念和业务界限被划定,发展知识转移能力就是必要的。如果知识是不成文的规定,那么其知识产权价值的许可证是很难设定的(West,2006)。但容易编纂和被转移的知识也简化了用户转移手段,这可能造成侵权和滥用技术及商业知识,要注意降低这些知识和信息被转移的风险(West,2006)。

翻译能力

在不同的知识域之间,当存在一个中等程度的局部不一致而产生复杂性时,翻译能力是必要的。在这种情况下,合作者必须解释和翻译知识,因为他们没有充分分享共同的意义、定义和词汇。这些合作者分享的含义、定义和词汇是非常重要的,这使知识的操作和合成成为可能。这种联盟很可能是由长期合作伙伴,以及新的合作伙伴,提供不同的和多样化的技术和商业知识的创新项目(Frey,Luthje 和 Haag,2011)。为达到模块化和构建创新的目的,这种类型的合作主要是针对现有的产品和产品平台。依靠这种类型联盟的重点企业往往通过计划、定期改进来抢夺原属于对手的市场份额,此类公司的例子包括视频游戏机制造商(如索尼、任天堂与微软)、微芯片制造商(如英特尔和超威半导体)和汽车制造商(通用电气、丰田和奔驰)。这些类似的焦点公司所产生的竞争优势取决于代际产品的开发,尤其需要在指定的时间得到成果。每一个连续的产品都是建立在现有知识的基础上,并结合了一些新的知识,再通过增加和增强功能来提高它们各自平台的性能。新的知识和技术并不会显著影响产品的平台或设计;相反,新的知识和技术帮助发展该产品。在某些情况下,进化的步骤是戏剧性的。因此,翻译能力使得探索和消化的知识域超越了现有产品平台的知识域,相对快速地利用所获得的知识。转移能力、翻译能力是必要的,但对于突破性创新来说还不够。

突破性创新要发生,内部和外部的知识领域的联盟组合的技术和商业知识必须被翻译,以产生共同的意义和理解。在内外联盟的投资组合边界和投入的员工之间,这样的知识通过解码来解释含义和交换价值。为了实现这个目标,员工在他们自己和源知识领域之间必须对共享的和通常的元素有一定的理解。这些元素让知识和信息跨越两个知识领域并且使得二者相互之间存在联系。翻译能力贯穿整个创新发展过程,并且在孵化和后期发展阶段是最突出的。

转型能力

技术业务领域间高度不一致或缺乏与新发明、新发现相关的核心知识会造成复杂局面,转型能力在此时尤为重要。为了在上述情况中创新,合作者必须重构自己的技术和商业知识领域,或者创建与创新相关的新技术和新的商业知识领域,因为合作伙伴间现在共同理解的意义、定义及词汇既不足以创新,也不适于创新,或者说这些共同的基础根本不存在。

最佳情况就是合作者之间共享的意义与理解能够为深入理解意义与定义而进行的分析和类比提供基础。而最坏的情况就是现有知识领域阻碍了与创新相关知识和理解的发展。无论在哪种情况下,核心公司与合作伙伴间的现有知识领域都要做出改变,但这极具风险,因为参与者与合作者是否能够维持良好关系都取决于这些存在异议的领域(Carlile,2004)。

为发展转型能力组建的联盟从不同的、差异化的环境吸收成员。这种联盟的成员经常倾向于中心公司的非传统合作伙伴,而不是长期和频繁往来的合作伙伴。这些非传统的合作伙伴可能包括大学和研究机构、发明家、企业家和重要客户。转型联盟也可能依靠元组织中的知识,尤其是蕴含于地理集群、实践社区和中心企业内部讨论板块和精心挑选的数字论坛中的知识。那些能够受邀加入联盟的密切合作伙伴往往能提供获取独特知识、能力和专业技术的途径，以促进合作。

引入新联盟的独特知识、能力和专业技术将不会被应用到中心公司以前创建的联盟中。相反，独特知识、能力和专业技术可能被运用在其他联盟或者合作伙伴研发功能的模糊范围内。发生这种情况时，与非传统合作伙伴相关的风险可以被避免，因为合作伙伴相互熟悉，它们对项目互动如何进行会有一个默认的理解，但是与突破创新相关的知识和信息仍须创建和整合。相反，现有的合作伙伴对转型联盟而言也可能是一个阻碍，因为它们会非常重视现存关系，而这种关系可能会被新的知识和能力颠覆。但是，如果合作伙伴致力于突破和创新，更重要的是，主动应对与它相关的混乱，那么这些合作伙伴可能成为在创新发展过程中不可缺少的盟友。对于转型能力至关重要的独特知识、能力和专业技术也可能源于中心公司的研发功能。如上所述，中心公司能够创造与新知识相关的发明（Katila 和 Ahuja，2002）。在转型联盟范围内，所有深奥难懂的知识都需要寻找其最佳应用途径（Alexy，George 和 Salter，2013；Licthenthaler，2010）。因此这些知识和专业技术常常是突破创新中尚待开发的知识的起始状态。

与突破创新相关的转型能力形成了新兴突破创新中初步的知识领域（Carlile，2004）。初步的知识领域可以与相距较远的领域进行类比，这能够为更深入细致地理解和发展创新应用奠定基础。具有这些特征的知识通常不是具体的，而是概念性的。因此，转型能力与创新发展过程的概念化阶段有很大关系。

此外，转型能力仅为与知识创新相关的三项重要能力之一。创造新知识就必须有突破创新。因此，转型能力是突破创新中必不可少的知识交换能力。但是，仅仅依靠转型并不足以实现突破创新。转型能力必须与翻译和转移能力结合运用才能实现整个创新发展过程的突破创新。

创新发展过程

我们把创新发展过程分为四个阶段：概念化阶段、孵化阶段、生成阶段和后生成阶段。前三个阶段属于吉娜·奥康纳及其同事提出的模型（见O'Connor，2006，2008；O'Connor 等，2008；O'Connor 和 Rice，2013）。我们的后生成阶段是对奥康纳模型的扩展，由 Gulati，Puranam 和 Tushman（2012）在关于元组织的论文中提出，Afuah 和 Bastians（2010）则致力于创新发展中用户角色的研究。概念化阶段包括发明、发现、初步创新以及应用的初步推测。孵化阶段包括创新中各种形式的实验和测试，本阶段只考虑潜在应用途径的探索，不涉及项目应用商业化。生成阶段包括对于之前至少一个探索应用的深入挖掘以及加快促进应用商业化的商业模式的发展。后生成阶段是指创新应用实现商业化和发行后的时间段。这个阶段包括主动和被动的行为：主动行为是指通过用户与市场的相互作用发现创新具有额外应用的潜力，这些额外应用可能在创新发展过程的前期被探索过，也可能没有（Bogers 等，2010）；被动行为是指用户和市场对于特定应用的相互作用可能有所改善，但没有被接受。创新发展过程中每个阶段对知识交换能力有不同的要求，因为它们作为知识领域和突破创新词汇的一部分共同发展。正如我们将在下文中详细讨论的，部署在早期研究阶段的联盟组合策略是不同于部署在创新过程发展和后发展阶段的策略的。

知识交换能力通过注入联盟组合积极知识领域内部的知识，以及凭借在创新发展过程四个阶段中输入、反馈和输出的知识，在元组织积极与消极联盟组织知识领域的边界实现加速发展（O'Connor，2006；O'Connor 等，2008；Ahuja，Lampert 和 Novelli，2013）。分别用两种形式表达积极和消极知识领域界限非常重要，因为联盟组织成员所有的知识来源在创新发展过程中都不是积极和完全实用的。相反，对于企业和合作伙伴实现突破创新非常必要的智能空间和资源必须超越创新中的实际知识（Madhavan和 Grover，1998），并且当不可预知的挑战和机遇出现时能够充当可以利用的宝库（Austin，Devin 和 Sullivan，2012）。此外，各个阶段的隐性总体目标就是为下一阶段创造能够推进突破创新发展的实用知识。实际上，发展的知识必须更加清晰、明确，与各个阶段统一，这样才会更加商业化且易于转化，并且在项目进展中减少复杂的知识。这是通过在框架中缩小发展阶段积极与消极知识领域的差距来说明的。

以下部分描述了创新发展过程中的四个阶段——概念化阶段、孵化阶段、生成阶段和后生成阶段，并归纳在表 11.1 中。

每个阶段都首先简要解释相对于其他阶段的目的和目标，然后讨论与积极联盟成员相关的知识领域界限的边界条件。这些边界条件和影响知识交换能力的因素对于顺利完成每一阶段最为重要。最后，我们讨论了与各阶段对应的四个开放式的创新知识流，并给出了每个阶段与知识交换能力相关的活动的例子。这些例子远不够完整，也不够规范，但是它们强调了突破创新中对知识领域和知识交换能力发展尤为重要的关键特征和可能。

表 11.1 创新发展过程相关活动的总结

	概念化阶段	孵化阶段	生成阶段	后生成阶段
目标	创造一些以前没有的知识，解决产业内没有预料到的或没有解决的问题	创造一个可行的、满足技术和商业可行性的原型；在某些情况下解决方案很新颖，因此市场对创造的可行性也要进行评估	引入和解释一些互补性的创新，这些创新为未来合作提供了一个指导框架，同时保持合作者的兴趣	检测和扫描合作伙伴的反馈、顾客输入、不请自来的想法以发掘未来的商业机遇；展示更多的知识以获得二次租金
积极联盟会员知识领域的边界条件	模糊的和未界定的；高程度的新颖性主要产生于潜在创新的核心技术和商业机会	初步形成框架但未完全界定；较强但减弱的新颖性产生于潜在创新的核心技术和商业机会；日益增加的新颖性来自新的伙伴、互补技术和相关的商业兴趣	形成和界定的；减少的组织内部新颖性，伙伴结构的固化和创新开发知识的熟悉化；用户、合作伙伴和其他实体将创新商业化引入，组织外部商业新颖性增长	可能仍然是完全界定的；随着核心技术的应用和商业模式有时发生于不可预料的情境下，联盟形式可能会扩展，且进一步模糊
知识交流能力	转型能力——高新颖性和复杂性	翻译能力——中等新颖性和复杂性	翻译能力到转移能力——中等到低等的新颖性和复杂性	转移能力(也可能是翻译能力)——低等到中等的新颖性和复杂性

续表

	概念化阶段	孵化阶段	生成阶段	后生成阶段
知识输入活动	吸收来自研究机构、专家、未来学家、创业人士、供应商、新创企业和用户的创意、发明、技术、数据、信息和知识,通过许可、投资、并购、扫描、人力资源招募、合作伙伴/联盟形成、信息吸收等方式	吸纳互补技术和商业专家来解决设计和业务实施问题;组织外部合作者,包括研究机构,与创新不相关的合作伙伴,竞争者,以及非相关企业——可能存在其他产业	吸纳市场知识和最初的用户、合作伙伴、外部企业、行业反馈进入市场;获取获得互补信息、创意和技术的权利,提升创新绩效,提供附加的增长和价值	从用户、合作伙伴、新创企业那里吸纳新兴的信息、数据和知识,合作伙伴成就了创新的延伸、扩展和进一步应用;企业行动应考虑以下一代创新来维持和取代现今创新
联盟组合知识领域的知识交流活动	创造知识词汇来描述和说明新兴创新的技术和商业机会;吸收知识、意义建构、数据和信息内部流动	尝试用一个工作词语来建立可能的技术和商业创新应用边界;将新创技术和商业机会与现有的、捕获的技术和商业机会进行整合,现有的技术和商业机会经过了评估、追逐、分类、消化、清理	编码和部署一个实际的词语来界定最初的技术和商业应用,涉及创新、创新的使用、使用的独占性机制	在市场可行性评估、新机会和联合开发技术的情境下,对现有的应用进行持续评估和精炼;随着技术和知识的出现,创新机会能够实现,可能也会重新采用那些在早期阶段放弃的相关创意和假设
反馈活动	计算的信息和知识流出,选择适当的主体来填补知识领域缺口,解决问题整合	计算的信息和知识流出,选择适当的主体来获得技术和关于商业创新应用的新见解	利用元组织工具征求对现有创新的意见和反馈,以及汇总关于未来创新的见解	利用元组织工具征求对现有创新的意见和反馈,以及汇总关于未来创新的见解
知识输出活动	通过邀请、设计竞争参数和创新大会(获得反馈),选择性地向可能的合作伙伴释放与内部创新的技术和商业机遇相关的知识、信息、创意和新兴的创新知识	释放、销售或者许可非核心技术知识,评估该知识的潜在商业模式;知识的接受者包括专利中间人、供应商、竞争者和其他实体组织	释放、销售或者许可技术和创新知识,以获得财务收益、提高互补效率,创造市场份额和增长,界定其他的商业机会;知识接受者包括供应商、选择的顾客、竞争者和其他企业	选择性地释放创新技术和知识来维持现有的创新,创造更大的增长机遇,或者降低现有创新(预测下一代创新)的价值;接受者包括供应商、顾客、竞争者、产业外其他企业

概念化阶段

创新发展过程的第一阶段即为概念化阶段。这一阶段的目标是提出创新及其应用和商业化潜力的概念（O'Connor，2006；O'Connor 等，2008）。这些概念是与中心公司及其合作伙伴推进科学发明和发现的初始点，或者对不同技术和知识领域进行识别和整合时发展的。这一阶段在表达和阐述新兴的知识领域以及创新和知识交换能力相关的词汇时达到顶峰。

科学发现和发明是指通过研究实现一项新技术、工程和物质的发现。科学发现的例子有新化合物、合金和基因序列。因此科学发现代表了最基本的创新来源。因为在取得科学发现时，它们可能还没有已知的商业应用，或属于极其有限知识领域。而发明是指独特新颖的设备、方法、合成物和过程，这些都是由中心公司、合作伙伴以及其他组织，如客户和研究机构进行的研究或偶尔的机遇造就的。发明比科学发现更完整并且可能以科学发现为基础。不同于科学发现，发明的初始应用可能已经存在，但这些应用程序的商业可行性很可能还未确定。识别和整合是指要将现有产品和技术的理念和要素为了实现创新能够以新颖独特的方式相结合。假定合作伙伴拥有或者能够获得必需的知识基础、技能和专业技术，那么就有实现新颖独特结合的可能。

这些能力也表明合作伙伴知识、技能和专业技术的广度和深度对于创新项目非常重要。资源的智力广度允许合作者考察广泛的可能性，寻找独特创新的可能性。资源的深度让合作者能够实现与目前正在进行的商业实践以及用户和市场需求相关的应用创新。和识别一样，整合假定合作伙伴能够获得必需的知识基础、技能和专业技术，但是这些能力的广度和深度让合作者从不同的新知识领域综合信息和知识，从而描述和定义概念组合。整体看来，为使突破创新概念化而进行的活动创造了与创新相关的新兴知识领域，这在开放式创新四项知识流必需的阶段和知识交换能力的边界条件中也非常明显。

概念化阶段的知识领域边界和知识交换能力

联盟在概念化初始阶段的知识领域边界很可能是非常广泛、模糊并且不确定的。随着该阶段创新、技术规范、潜在应用和商业前景的概念逐渐确定，知识领域也会缩小，并更加明确。图 11.2 说明了积极联盟成员的知识领域边界逐渐缩小和模糊的过程。因此，在概念化阶段，三种知识交换能力都非常重要，但核心还是转型能力的发展。

概念化可能会非常复杂，因为中心公司和合作伙伴可能安排内部和外部两种行为，通过多元知识流（Gebert，Boerner 和 Kearney，2010）达到研究深度和广度的要求。如果发生这种情况，合作伙伴将非常依赖自身知识领域的转型来接收和理解不同来源的信息。只要能成功，中心公司及其合作伙伴将拓宽合作知识领域，提高联盟成员的核心竞争力。并且这些活动的经验可以适用于其他项目或者未来与突破创新项目相关的合作。

概念化阶段的知识输入

概念化阶段通过输入流吸收的信息和知识的质量和类型，在很大程度上依赖合作伙伴取得突破创新的方式。但是，每一项措施的作用都是为联盟引入新知识，并作为创新的基础或者帮助中心公司和合作伙伴消除创新中的模棱两可，创造初步的知识领域和培养相关能力。当通过发现和发明的方式追求创新，输入信息流就很可能涉及理论和基础的研究结果。这可能如同阅读期刊或者购买诸如调查材料、程序的基础研究数据集一样简单。其他的信息可能来自科学家、研究者和专家的商议。这些活动也可能建立起联盟及合作伙伴与科研机构、高等院校、致力于基础研究的企业、发明家和科学家的关系。如果信息或知识源于某家公司，中心公司很可能会邀请该公司加入联盟，如果资源允许，甚至收购该公司。当合作通过发明的方式追求创新时，输入知识流可能包括以上所有与发现相关的信息知识流，以及购买现有技术、知识、参数材料和程序的许可证从而建立与发明相关的概念验证的模型。整合知识领域的创新可能包括购买许可证，对发明家、企业家和未来学家的咨询，以及与之前和联盟不相干的陌生伙伴建立联盟关系。

这一举措的核心是广泛搜索和整合。这涉及可能组合的识别，以及对使概念相结合的知识和信息的研究，这一结合的方式对于致力于项目研究和评估项目进展的合作者来说都是重要的。

概念化阶段的内部知识流通

概念化阶段的内部知识流通主要是指创造知识领域和词汇来描述和界定创新的技术和商业机会，包括意义构建以及合作伙伴和技术知识产品间数据和信息的循环。意义构建是指通过类比和参考不相关的知识领域来描述新的和以前未知现象的能力（Weick，Sutcliffe 和 Obstfeld，2005）。通常当一个行为者遇到不熟悉的现象或技术，从而开始开发语言和意义模式来创造基本认识时会发生这种现象。意义构建与概念化阶段的突破创新密切相关，尤其是在不同知识领域的发现和整合方面。意义构建能够保证合作伙伴新兴知识的密集循环，也有助于创造在概念化和后续阶段对知识流动非常必要的知识交换能力的框架。内部知识流通让具有创新商业潜力初步想法的合作伙伴之间建立起知识交流能力和概念化理解。

概念化阶段的反馈

概念化阶段与输入创新流时的活动和联系都是为了获得反馈。征求反馈意见的目的是获得外界的视角和知识，推进知识领域和知识交换能力的发展。反馈可能包括与输入知识流有关的众多关系。两者的差别在于与创新项目相关的信息和知识有计划地让渡于联盟组织和元组织行为者。这可能会以不同方式出现，主要取决于中心公司和其合作伙伴的目标。离散方式披露最可能发生于联盟组合以前的合作伙伴或聘请顾问，以及受合约约束而不能透露创新发展过程中专有知识的信息研究专家。概念化阶段的开放式披露包括设计竞争式的援助请求（Lampel 和 Bhalla，2012；Terwiesch和 Xu，2008）、征求建议，以及利用创新商业中心（Pisano 和 Verganti，2008）以从元组织获得知识和信息。总体而言，这些活动的目的是熟悉内部知识循环流。

概念化阶段的知识流输出

概念化阶段合作伙伴的知识流输出很有限。正如在创新后期所看到的，输出创新流涉及突破创新中的知识、信息和技术的销售与许可。在初期阶段，知识领域的发展和整合并不足以确保这些活动，但也并不是说销售不可能发生。

孵化阶段

孵化阶段涉及实验、测试和试验的各种形式的创新，让潜在的用途和应用进行无重大承诺勘探。实验和测试的目标是确定至少一个原型，技术上是可行的，如满足要求的重点公司、其合作伙伴和可能的客户的业务（Gronlund, Sjodin 和 Frishammar, 2010；O'Connor, 2006；O'Connor 等, 2008）。这个原型捕获也体现了突破性创新的工作知识域和知识交流能力。此外，原型也意味着创新知识域从概念到有形的、可转让的状态。这个实验和测试的创新中对联盟组合网络和元分散式工具的利用发生在伙伴关系中和边界。在开放式创新范围内，这些早期与潜在的客户和用户订立的合约帮助指导创新发展，探索其潜在的用途，并确定潜在的市场，否则其中一些不会被认识到（Baldwin 和 von Hippel, 2011；Bogers 等, 2010）。这些实验和测试也帮助重点公司确定、建立供应链和价值网络，产生应用程序。因此，孵化阶段的结束代表与研发伙伴关系相关联的大多数研究活动的结束。

孵化过程中的知识域边界和知识交流能力

在孵化阶段，活动联盟成员的知识领域边界，将继续被突出重点，并定义化。在创新发展进程当前和前一阶段，应用程序被确定为不可行时不一定被丢弃，而更可能在焦点公司、其合作伙伴、联盟投资组合或元组织要素中被保存。此外，实验和测试可能会找出互补的创新，将价值添加到突破创新或完全用于创建其他市场。这种进展和凝固过程的知识域如图 11.2 所示，是通过缩小和弱化知识域边界的动态联盟形成的。虽然孵化活动很可能会在早期阶段利用所有三种知识交流能力，但我们的工作重点将是翻译能力。这是因为实验和测试将增强创新理解和定义的潜力，以及其限制和约束。原型和模型制作孵化让技术上领先的第一个用户和客户，通过元组织的工具，影响到创新的发展并获得初步成功。净效应可以降低复杂性交流能力的成熟，允许焦点公司和各种与创新关联的当前和未来合作者之间进行更集中、更具体的活动。

创新过程中的知识输入

通过在孵化阶段输入该类型的知识，吸收焦点公司及其合作伙伴选择的测试和实验活动及方法，合作者可以基于订单优先级，在可行性研究中选择追求创新的应用程序，或合作者可能有足够的资源来建立多个竞争联盟。这些方法产生多个低风险和低承诺联盟，以及来自联盟组合和元组织的知识。第一种方法面临多样化的输入知识的缺少，后者可能创建太多的种类而难以管理。然而，如果合伙企业具有足够的知识交流能力，则允许协作快速过滤和吸收信息进行合成，第二种方法可能加快创新开发过程。

孵化过程中的内部知识循环

孵化期间内部联盟中知识流通主要与发展知识领域，词汇的测试、试验，以及设定技术与创新的业务应用程序的界限及边界有关。不同于概念化阶段，孵化器还包含感受，但在这一阶段的活动的重点集中在应用程序和业务创新这一主题。这样，合作伙伴必须确定追求、确立或驳回何种应用前景，这些被编录并应用的应用程序往往代表尚不合理的机会。被放弃的应用程序可能被出售，内部循环也着重整合与捕获企业的新技术和商业机会。这项活动产生的新知识与企业和创新的应用程序相关联。因此，这些活动作为创新程序的起始点对于原型的发展至关重要。

孵化过程中的反馈

孵化阶段的反馈活动是与概念化相似的阶段。然而，在孵化阶段反馈的目的是获得关于技术和业务应用程序的不断创新的见解和观点。创新主体在这一阶段很可能转变基本研究，合作伙伴开始专注于供应商、制造商，并引导客户。因此,孵化的原型很可能反映了积极和有兴趣的用户和客户的需要。反馈也将有助于该公司和其合作伙伴评估应用的可行性。

孵化过程中的知识输出

在孵化期间的输出知识流动可能属于非核心业务技术知识的销售或许可。这些知识表示成熟的销售创新和迫在眉睫的推广。在孵化过程中,其他对外公布的信息和知识可能包括程序和编程代码,以启发创造互补应用程序的开发者。信息接收者可能包括专利代理、供应商、竞争对手和潜在的合作者。

生成阶段

生成阶段涉及推广和商业化创新。这个阶段的目标是向用户和客户介绍突破创新并解释参数,允许建立互补创新和未来的合作创新。设置正确参数和框架将保护焦点公司的商业利益和最亲密的伙伴,同时建立一个清晰的用户平台,给客户和创新者提供联系(O'Connor,2006;O'Connor 等,2008)。

知识生成阶段的知识领域边界和知识交流能力

活跃的联盟成员的知识域边界将在生成阶段被高度定义并保持稳定。该联盟结构会随着重点从研究和实验到开发和商业化而改变。因此,活跃的合作伙伴关系将会改变,扩大与合作伙伴的合作将有助于给市场带来创新。尽管有这些变化,整体复杂性将继续减小,但知识交流能力得到不断开发并发展成熟。客户和用户可能很难吸收不熟悉的知识创新与突破。

虽然转换和翻译能力被要求解决创新在不同的企业和行业间的迁移带来的问题,但主要用于生成转移知识的能力。在这一点上,焦点公司及其合作伙伴建立了突破创新的常见的词汇的案例、程序和通信。相关的知识领域突破创新将被修改。

生成阶段的输入知识

并不是所有的用户、客户和补充开发人员都会与焦点公司直接沟通和提供反馈，或是对其他董事会发表意见、评论或表达对他们的不满。焦点公司及其合作伙伴经常观察这些数字的交互元组织工具。一些用户和客户将额外讨论使用和应用创新可能会产生的可行的与应用相关的技术创新。

生成阶段的知识流转

编纂技术应用程序简单地定义了创新的限制和性能属性。业务应用程序指的是用户如何利用创新来创收。专用性清楚地定义了收入作为一种创新的结果如何从用户流向合作伙伴。同时，这些活动创造了用户、客户、合作伙伴、竞争对手和其他组织实体相联系的框架，创新在不同的内容中得到应用并生成伙伴关系。

生成阶段的反馈

反馈在元组织中在很大程度上是一个支持服务部署与创新的函数工具。尽管这些工具通常没有明确要求反馈，但这些工具的存在及其关联的创新为用户和客户提供了一个方便的场合来表达意见和评论。对于一个新产品或服务，目前许多公司建立了信息论坛，允许用户发布问题和评论，接着公司收集、编纂和存储用于改进的反馈和见解，以及可能突破创新点。

生成阶段的输出知识

输出知识流在生成阶段涉及创新的许可证和销售。这些销售产生经济利益，创造互补的效率，创造市场份额，并创造商业机会，购买许可证的包括供应商、选择客户、竞争对手和其他公司。

后生成阶段

后生成阶段涉的活动主要用来改善和维持最初的创新和商业环境（Bogers，Afuah 和 Bastian，2010；Gulati，Puranam 和 Tushman，2012）。改进和维持创新活动往往以合作伙伴的反馈、客户输入和其他想法为基础（Alexy，Criscuolo 和 Salter，2012）。阶段的目标相对于创新仍是可行的。而对于合作伙伴关系，这阶段的目标是保持竞争力，但可能不包括创新维护。如果评估发现情况不可持续，在这个阶段的一个选择是创新和知识产权的剥离。

后生成阶段的知识领域边界和知识交流能力

活跃的联盟成员的知识域边界可能随时间的推移而扩大，尤其是当核心技术的应用变得长久，以及不同的用户和应用处在不同的设置和环境里。边界也可以放松，随着焦点公司继续释放曾是专利的信息和知识核心。虽然这可能是逐渐发生的，但累积效应可能会改变创新。用户提出的修改也可能为焦点公司带更大的复杂性，最终需要转换功能。

后生成阶段的输入知识

后生成阶段的输入知识活动可能反映了与观察和收购活动相关的入站知识。然而，可能会有更多的来自用户、合作伙伴、初创企业之外的信息、数据和知识，以及潜在的合作伙伴，使创新扩展、扩张，或替代的应用创新（Alexy，Criscuolo 和 Salter，2012）。虽然受许多因素影响，但此类信息的可用性取决于创新是否成功，是否能获取重要的市场份额，是否被多个用户、客户和其他行业的公司加以利用。这种基于输入信息的行动应该仔细评估后再采用，虽然需求的总量可能很大，但可能对整个创新改进无足轻重。然而，发展客户的需求和当前的架构创新可能不兼容，公司应该仔细评估情况来决定是否应该进行创新突破改进或被下一代创新取代；或者它们可能搜索和确定另一个更适合主动输入知识流和反馈识别问题的解决方案。

后生成阶段的内部知识流通

后生成阶段的内部知识循环评价可以是多方面的，除了主动吸收的信息，合作者可以选择重新应用在早期阶段搁置的创新。这些搁置的应用程序可能会为满足当前的要求和需要提供更好的答案。创新也可以增值和持续补充（Faems 等，2010）。存储应用程序也可能是下一代突破创新的基础，合作者也应该继续评估目前的创新和改进，但在这一点上，评估可能包括可持续性创新和应用剥离。

后生成阶段的反馈

类似生成阶段的反馈，反馈在后生成阶段在很大程度上是一个类似函数的元组织工具，以及部署与创新的支持服务。在后生成阶段，如果创新应用和设计仍然是静态的，反馈工具可能会失去生产大量信息的能力。然而，这些反馈可能很难是最佳的。所以反馈回路可能随着时间的推移失去其有效性，无效地重复访问相同的知识领域，很少产生有效的结果。

后生成阶段的输出知识

后生成阶段的出站流类似在生成阶段的输出知识活动。然而，微妙的策略可能对新兴行业和客户未来创新产生影响。在其他阶段，焦点公司可能会选择失去部分创新技术和知识来维持创新。当这种情况发生时，合伙企业会寻求再生的方法，改变核心竞争力和重新开始创新开发周期。焦点公司可能寻求创新的剥离。在这种情况下，焦点公司可能会退出行业或市场，或者它可能正在开发一种新产品或技术，以取代当前的创新。如果是这样，焦点公司可能不得不改变其知识领域和核心竞争力，以适应和取代创新。

讨　论

在这一章，我们已经表明，单一企业通常不具有实现突破性技术创新的必要的广泛而复杂的知识，因为它们经常需要面对竞争激烈的商业环境（Kedia 和 Mooty，2013）。为了应对这一问题，公司经常与其他实体形成伙伴关系追求创新举措。对这些现象的研究表明，这种方法取得了巨大的成功。公司在多个行业中利用多个平台竞争，常常可以发现自己在联盟组合中的中心位置。这些联盟组合的资源所需的广泛而复杂的知识为突破性创新提供了可能。然而，通过吸引广泛而复杂的知识信息，元组织的突破性创新发展得到了增强和扩大。

开放创新实践允许合作伙伴有效且高效地在联盟的内容组合和元组织

中创建、探索、保留、释放和利用知识（O'Connor，2006；O'Connor 等，2008）。因此，选择参与开放研发联盟的焦点企业可能会发展更加一致的突破性创新，如果这些项目在同一个企业联盟（Hoffman，2007），以及焦点公司及其投资组合集中的元组织（Gulati，Puranam 和 Tushman，2012）中，管理会更顺畅。开放创新实践可能通过创新开发过程的每个阶段的伙伴关系、联盟组合、元组织的跨组织和概念边界的内部反馈、输出知识的知识流来表达（O'Connor，2006；Ahuja，Lampert 和 Novelli，2013）。然而，成功和一致性只可能与在管理知识交流和整合过程中所产生的复杂性的动态能力的要求相适应，并在与之相适应的发展阶段出现（Carlile，2004；Grant，1996）。

根据定义，突破性创新，需要建立在新的知识领域中，是基于新的技术或知识的独特和新颖的组合，具有破坏现有的行业或创建新的行业的潜力。与突破性创新相关的知识交换能力与必要知识领域是共同开发和共同发展的，是通过组织学习的手段建立的；创新发展过程中的过渡过程与建设和参与伙伴关系、联盟、联盟组合和接口和元组织相联系（Heimeriks，Duysters 和 Vanhaverbeke，2007）。如果突破创新是基于新的技术或发明，那么与它相关的知识域和词汇是不完全的且以技术能力和性能参数为中心。在创新之初，与新技术的潜在应用或发现相关联的知识领域和词汇可能不存在，确实存在的创新潜力和商业化方面的知识主要是概念上的、投机性的，以那些难以转移的形式存在。如果突破性的创新是基于现有的知识独特和新颖的组合，原知识域可为创新的应用和商品提供深入的想法。独特且新颖的知识组合可以很明显，但仍必须开发和成熟化。

不管成功或失败，知识生成的相关知识领域的发展和交流能力不与突破性创新项目完全一致。突破性创新发展是企图在联盟、联盟组合和元组织之间利用开放式创新实践。经验教训往往经常被合作参与者通过联盟和元组织捕获、吸收、嵌入（Lichtenthaler 和 Lichtenthaler，2009）。因此，如果一个焦点公司尝试多个突破性创新发展项目，它将随着时间的推移积累这些经验，组织的知识领域可能也会尝试创新，无论成功与否，这些都会被存储以及引用，并被用于未来的连续的创新。

结　论

除了少数例外讨论外，如今的开放式创新研究的重点内容相对较少。然而，竞争激烈的商业环境越来越依赖战略，其中包括通过更多的突破性创新来竞争。在这些环境中竞争的公司正在迅速发展系统化和结构化的能力，以实现这些类型的创新，但在它们的成功中仍然有巨大的变化，在大多数情况下，焦点企业不会仅依赖理论知识来发展这些能力。它们正在通过多方面的试验和试错来学习发展这些能力。我们也认识了，有效和高效的创新所需要的知识并不在一个公司，而是分散在各种组织实体和个人中。在发展实质性和突破性的创新中做到真正的成功和一致，焦点公司必须愿意与这些实体在各方面保持开放创新的过程。我们的讨论说明了此过程，它允许失败作为成功不可或缺的一部分。同时，该模型仍需要更多的研究和资料进行充实。

参考文献

[1] Ahuja, G., and Lampert, C. M. (2001). "Entrepreneurship in the Large Corporation: A Longitudinal Study of How Established Firms Create Breakthrough Inventions." *Strategic Management Journal XI* (6-7): 521-543.

[2] Ahuja, G., Lampert, C. M., and Novelli, E. (2013). "The Second Face of Appropriability: Generative Appropriability and Its Determinants." *Acdemy of Management Review* (2): 249-269.

[3] Alexy, O., George, G., and Salter, A. (2013). "Cui Bono? The Selective Revealing of Knowledge and Its Implications for Innovative Activity." *Academy of Management Review* (2): 270-291.

[4] Alexy. O., Criscuolo, O., and Salter, A. (2012). "Managing Unsolicited Ideas for R&D." *California Management Review* 54 (3):

116-139.

[5] Almirall, E., and Casadesus-Masanell, R. (2010). "Open versus Closed Innovation: A Model of Discovery and Divergence." *Academy of Management Review* 35 (1): 27-47.

[6] Anderson, P., and Tushman, M. L. (1990). "Technological Discontinuities and Dominant Designs: A Cyclical Model of Technological Change." *Administrative Science Quarterly* (35): 604-633.

[7] Austin, R. D., Devin, L., and Sullivan, E. E. (2012). "Accidental Innovation: Supposing Valuable Unpredictability in the Creative Process." *Organization Science* 23 (5): 1505-1522.

[8] Baldwin, C., and von Hippel, E. (2011). "Modeling a Paradigm Shift: From Producer Innovation to User and Open Collaborative Innovation." *Organization Science* 22 (6):1399-1417.

[9] Bogers, M., Afuah, A., and Bastian, B. (2010). "Users as Innovators: A Review, Critique, and Future Research Directions." *Journal of Management* 36 (4) :857-875.

[10] Boudreau, K. (2010). "Open Platform Strategies and Innovation: Granting Access vs. Devolving Control." *Management Science* 56 (10) :1849-1872.

[11] Capaldo, A. (2007). "Network Structure and Innovation: The Leveraging of A Dual Network as A Distinctive Relational Capability." *Strategic Management Journal* 28 (6) :585-608.

[12] Carlile, P. R. (2004). "Transferring, Translating, and Transforming: An Integrative Framework for Managing Knowledge Across Boundaries." *Organization Science* 15 (5) :555-568.

[13] Carlile, P. R. and Rebentisch, E. S. (2003). "Into the Black Box: the Knowledge Transformation Cycle". *Management Science* 49 (9) : 1180-1195.

[14] Chesbrough, H. W. (2003). *Open Innovation: The New Imperative for Creating and Profiting from Technology*. Boston: Harvard Business School Press.

[15] Deeds, D. L., and Hill, C. W. L. (1996). "Strategic Alliances and the Rate of New Product Development: An Empirical Study of Entrepreneurial Biotechnology firms." *Journal of Business Venturing* 11 (1) :41-55.

[16] Dhanarai, C., and Parkhe, A. (2006). "Orchestrating Innovation Networks." *Academy of Management Review* 31 (3) :659-669.

[17] Duysters, G., and Lokshin, B. (2011). "Determinants of Alliance Portfolio Complexity and Its Effect on Innovative Performance of Companies." *Journal of Product Innovation Management* 28 (4) : 570-585.

[18] Eisenhardt, K. M., and Tabrizi, B. N. (1995). "Accelerating Adaptive Processes: Product Innovation in the Global Computer Industry." *Administrative Science Quarterly* 40 (1) :84-110.

[19] Faems, D., Visser, M. D., Andries, P. and Looy, B. V. (2010). "Technology Alliance Portfolios and Financial Performance: Value-Enhancing and Cost-Increasing Effects of Open Innovation." *Journal of Product Innovation Management* 27 (6) :785-796.

[20] Faraj, S., Jarvenpaa, S. L., and Majchrzak, A. "Knowledge Collaboration in Online Communities." *Oragnizational Science* 22 (5): 1224-1239.

[21] Fleming, L., and Sorenson, O. (2004). "Science as Map in Technological Search." *Strategic Management Journal* 25 (8-9) : 909-928.

[22] Fjeldstad, Ø. D., and Snow, C. C. (2012). "The Architecture of Collaboration." *Strategic Management Journal* 33 (6) :734-750.

[23] Frey, K., Lüthje, C., and Haag, S. (2011). "Whom Should Firms

Attract to Open Innovation Platforms? The Role of Knowledge Diversity and Motivation. " *Long Range Planning* 44 (5-6) :397-420.

[24] Garcia, R. , and Calantone, R. (2002). " A Critical Look at Technological Innovation Typology and Innovativeness Terminology: A Literature Review. " *Journal of Product Innovation Management* 19 (2) :110-132.

[25] Gebert, D. , Boerner, S. , and Kearney, E. (2010). "Fostering Team Innovation: Why Is It Important to Combine Opposing Action Strategies?" *Organizational Science* 21(3): 593-608.

[26] Grant, R. M. (1996). " Prospering in Dynamically-Competitive Environments: Organizational Capability as Knowledge Integration. " *Organization Science* 7 (4): 375-387.

[27] Grant, R. M. , and Baden-Fuller, C. (2004). " A Knowledge Accessing Theory of Strategic Alliances. " *Journal of Management Studies* 41 (1) :61-84

[28] Govindarajan, V. , Kopalle, P. K. , and Danneels, E. (2011). "The Effects of Mainstream and Emerging Customer Orientations on Radical and Disruptive Innovations. " *Journal of Product Innovation Management* 28 (s1) :121-132.

[29] Grönlund, J. , Sjödin, D. R. , and Frishammar, J. (2010). "Open Innovation and the Stage-Gate Process: A Revised Model for New Product Development. " *California Management Review* 52 (3) :106-131.

[30] Gulati, R. , Puranam, P. , and Tushman, M. (2012). " Meta-organization Design: Rethinking Design in Interorganizational and Community Contexts. " *Strategic Management Journal* 33 (6) : 571-586.

[31] Gupta, A. K. , Smith, K. G. , and Shalley, C. E. (2006). " The Interplay between Exploration and Exploitation. " *Academy of Management Journal* 49 (4) :693-706.

[32] Heimeriks, K. H. , Duysters, G. , and Vanhaverbeke, W. (2007). "Learning Mechanisms and Differential Performance in Alliance Portfolios." *Strategic Organization* 5 (4) :373-408.

[33] Heimeriks, K. H. , Klijn, E. , and Reuer, J. J. (2009). "Building Capabilities for Alliance Portfolios." *Long Range Planning* 42 (1) : 96-114.

[34] Helfat, C. E. , and Raubitschek, R. S. (2000). " Product Sequencing: Co-Evolution of Knowledge, Capabilities and Products." *Strategic Management Journal* 21 (10/11) :961-979.

[35] Henderson, R. M. , and Clark, K. B. (1990). "Architectural Innovation: The Reconfiguration of Existing Product Technologies and the Failure of Established Firms." *Administrative Science Quarterly* 35 (1) :9-30.

[36] Hoffmann, W. H. (2007). "Strategies for Managing a Portfolio of Alliances." *Strategic Management Journal* 28 (8) :827-856.

[37] Jeppesen, L. B. , and Frederiksen, L. (2006). "Why Do Users Contribute to Firm-Hosted User Communities? The Case of Computer-Controlled Music Instruments." *Organization Science* 17 (1) :45-63.

[38] Jeppesen, L. B. , and Lakhani, K. R. (2010). "Marginality and Problem-Solving Effectiveness in Broadcast Search." *Organization Science* 21 (5) :1016-1033.

[39] Jiang, R. J. , Tao, Q. T. , and Santoro, M. D. (2010). "Alliance Portfolio Diversity and Firm Performance." *Strategic Management Journal* 31 (10) :1136-1144.

[40] Kale, P. , Dyer, J. H. , and Singh, H. (2002). "Alliance Capability, Stock Market Response, and Long-Term Alliance Success: The Role of the Alliance Function." *Strategic Management Journal* 23 (8) : 747-767.

[41] Katila, R. , and Ahuja, G. (2002). "Something Old, Something New: A Longitudinal Study of Search Behavior and New Product Introduction. " *Academy of Management Journal* 45 (6) :1183-1194.

[42] Kedia, B. L. , and Mooty, S. E. (2013). "Learning and Innovation in Collaborative Innovation Network. " In B. L. Kedia and S. C. Jain (eds.), *Restoring America's Global Competitiveness through Innovation* , 3-27. Cheltham, UK: Edward Elgar.

[43] Kessler, E. H. , and Chakrabarti, A. K. (1996). "Innovation Speed: A Conceptual Model of Context, Antecedents, and Outcomes. " *Academy of Management Review* 21 (4) :1143-1191.

[44] Kogut, B. (2000). "The Network as Knowledge: Generative Rules and the Emergence of Structure. " *Strategic Management Journal* 21 (3) :405-425.

[45] Kyriakopoulos, K. , and Ruyter, K. D. (2004). "Knowledge Stocks and Information Flows in New Product Development. " *Journal of Management Studies* 41 (8) :1469-1498.

[46] Lampel, J. , and Bhalla, A. (2012). "Test-Driving the Future: How Design Competitions Are Changing Innovation. " *Academy of Management Executive* 26 (2) :71-85.

[47] Laursen, K. , and Salter, A. (2006). "Open for Innovation: The Role of Openness in Explaining Innovation Performance among U. K. Manufacturing Firms. " *Strategic Management Journal* 27 (2) : 131-150.

[48] Lichtenthaler, U. (2011). "Open Innovation: Past Research, Current Debates, and Future Directions. " *Academy of Management Executive* 25 (1) :75-93.

[49] Lichtenthaler, U. (2010). "Technology Exploitation in the Context of Open Innovation: Finding the Right 'Job' for Your Technology. " *Technovation* 30 (7-8) :429-435.

[50] Lichtenthaler, U., and Lichtenthaler, E. (2009). "A Capability-Based Framework for Open Innovation: Complementing Absorptive Capacity." *Journal of Management Studies* 46 (8) :1315-1338.

[51] Madhavan, R., and Grover, R. (1998). "From Embedded Knowledge to Embodied Knowledge: New Product Development as Knowledge Management." *Journal of Marketing* 62 (4) : 1-12.

[52] Mansfield, E. (1988). "The Speed and Cost of Industrial Innovation in Japan and the United States: External vs. Internal Technology." *Management Science* 34(10): 1157-1168.

[53] Maula, M. V. J., Keil, T., and Salmenkaita, J.-K. (2006). "Open Innovation in Systemic Innovation Contexts." In H. Chesbrough, W. Vanhaverbeke, and J. West (eds.), *Open Innovation: Researching a New Paradigm*, 241-257. New York: Oxford University Press.

[54] Nonaka, I. (1994). "A Dynamic Theory of Organizational Knowledge Creation." *Organization Science* 5 (1) :14-37.

[55] O'Connor, G. C. (2006). "Open, Radical Innovation: Toward an Integrated Model in Large Established Firms." H. Chesbrough, W. Vanhaverbeke, and J. West. (eds.), *Open Innovation: Researching a New Paradigm*, 62-81. New York: Oxford University Press.

[56] O'Connor, G. C. (2008). "Major Innovation as a Dynamic Capability: A Systems Approach." *Journal of Product Innovation Management* 25 (4) :313-330.

[57] O'Connor, G. C., Leifer, R., Paulson, A. S., and Peter, L. S. (2008). *Grabbing Lightning-Building a Capability for Breakthrough Innovation.* John Wiley and Sons.

[58] O'Connor, G. C., and Rice, M. P. (2013). "New Market Creation for Breakthrough Innovations: Enabling and Constraining Mechanisms." *Journal of Product Innovation Management* 30 (2) :209-227.

[59] Ozcan, P., and Eisenhardt, K. M. (2009). "Origin of Alliance

Portfolios： Entrepreneurs， Network Strategies， and Firm Performance." *Academy of Management Journal* 52 (2) ：246-279.

[60] Pisano, G. P. (2009). "Which Kind of Collaboration Is Right for You?" *Strategic Direction* 86 (4) ：78-86.

[61] Powell, W. W. , Koput, K. W. , and Smith-Doerr, L. (1996). "Interorganizational Collaboration and The Locus of Innovation： Networks of Learning in Biotechnology." *Administrative Science Quarterly* 41 (1) ：116-145.

[62] Raisch, S. , Birkinshaw, J. , Probst, G. , and Tushman, M. L. (2009). "Organizational Ambidexterity： Balancing Exploitation and Exploration for Sustained Performance." *Organization Science* 20 (4)：685-695.

[63] Sampson, R. C. (2007). "R&D Alliances and Firm Performance： The Impact of Technological Diversity and Alliance Organization on Innovation." *Academy of Management Journal* 50 (2) ：364-386.

[64] Schumpeter, J. A. (1934). *The Theory of Economic Development.* Cambridge, MA： Harvard University Press.

[65] Terwiesch, C. , and Xu, Y. (2008). "Innovation Contests， Open Innovation, and Multiagent Problem Solving." *Management Science* 54 (9) ：1529-1543.

[66] Vanhaverbeke, W. , and Cloodt, M. (2006). "Open Innovation in Value Network."H. Chesbrough, W. Vanhaverbeke, and J. West. (eds.), *Open Innovation： Researching a New Paradigm*, 258-281. New York： Oxford University Press.

[67] Verganti, R. (2011). "Designing Breakthrough Products." *Harvard Business Review* 89 (10) ：114-120.

[68] Wassmer, U. (2010). "Alliance Portfolios： A Review and Research Agenda." *Journal of Management* 36 (1) ：141-171.

[69] Weick, K. E. , Sutcliffe, K. M. , and Obstfeld, D. (2005).

"Organizing and the Process of Sensemaking." *Organization Science* 16 (4) :409-421.

[70] West, J. (2006). "Does Appropriability Enable or Retard Open Innovation?" H. Chesbrough, W. Vanhaverbeke, and J. West. (eds.), *Open Innovation*: *Researching a New Paradigm*, 109-133. New York: Oxford University Press.

[71] Yoo, Y. , Boland, R. J. , Lyytinen, K. and Majchrzak, A. (2012). "Organizing for Innovation in the Digitized World." *Organization Science* 23 (5) :1398-1408.

第十二章 企业集团与开放式创新：
日本松下公司案例

曳野孝,中园宏幸,阿斯利·科藩

引　言

本章考量了一个日本企业集团从其最初采取封闭式创新,一直到最终转向开放式创新的艰难转变历程。本章分析了该集团的组织特征,即一种大型日本公司的操作模式特征,并以之作为影响组织选择的关键中介变量。该集团经由企业的组织化设计成立,意在采取多样化的结构与认可运营部门战略及运作独立性的同时,实现企业的多元化战略目标。

我们选取了松下公司作为分析对象,是因为松下公司是日本最为杰出的企业集团之一,尤其是在其商业活动多样性以及海外市场拓展等方面。该公司同时设置了分散化的结构设计,很多运营部门都是独立的产品部门或是法律上独立的子公司,它们在战略和管理上都相对独立,好似组成的是一个自由企业股权联盟或网络结构,而这正是典型的日本大型企业的做法。

松下公司,之前的名称是松下电器产业公司(直到 2008 年)[1],是一家复杂的电子生产商和该领域最大的全球企业之一。日本电子产业面临着经济环境的巨大变革,同时也经历着日趋激烈的国际竞争。2000 年,该行业开始接受电子技术的数字化转变,松下开始进行结构和运营变革,公司经历了整个企业集团的彻底再组织化。这一阶段对资源的集中化和整合是必要的,以此改变过去资源分散在不同的部门和子公司的不利局面。公司内部资源

285

的总体整合与利用最终意味着一种转变,即重新构建基于个体运作单元的封闭式创新模式,以此在市场竞争和财务绩效上得到改善。

但是,公司在市场环境变动,尤其是 2008 年金融危机之后,失去了原有的竞争力。由于坚持封闭式创新模式,整个公司很难适应转变的市场与技术环境。尽管公司从 2008 年开始致力于将现有的模式与开放式创新 R&D 相整合,但这一转变过程最终没有成功。为什么松下无法有效转向开放式创新模式?组织结构和企业集团设计在这一尝试中的角色如何?本章即尝试对这些关键问题做出解答。

本章内容如下:第一部分总结了日本企业集团与技术创新方面的概念框架和研究内容。第二部分描述了松下企业集团组织结构与 R&D 流程的转化过程。基于上述关键内容,第三部分分析了松下的创新模式的发展历程。最后,本章通过构建一个超出企业边界的开放式创新市场提升系统,对松下公司的失败做出了解释。

概念框架和研究内容

企业集团结构与技术创新

对企业集团结构与技术创新的研究近来一直都是学术研究的主流内容之一,它将后工业化经济中的企业组织作为关注的焦点。这类企业组织包括日本的企业集团、韩国财阀、印度的商行,以及拉丁美洲的经济集团。企业集团是典型的通过股份或非股份方式(例如管理连锁)联系起来的独立公司的合并体。企业集团在上述新兴经济体中的一般特征是技术上的多样化,同时也常常——但不总是——在家族的控制之下(Colpan 和 Hikino,2010;Khanna 和 Yafeh,2007)。

在当代日本,有两类不同的企业集团,但它们所代表的组织却是相关的。其一是企业网络,即大型公司持有其他公司股份,但不对其拥有控制权,类似一个总部或在最上层掌控整个公司。三菱企业集团是这类公司的典型代表。有学者认为,这类企业近些年在日本逐渐弱化,尤其是在 20 世纪 90 年代日本进入长达二十多年的经济衰退之后(Lincoln 和 Shimotani，2010)。第二类是所谓的企业集团，即有着股份和其他联系的所有公司都是围绕核心母公司构建起来的，其业务也都与母公司相关。这类集团的一个例子就是松下集团，其母公司主营电器业务，而其超过六百家独立子公司和隶属公司则在相关的技术业务领域进行运作，母公司松下集团持有其不同股份份额的所有权。这类集团构成了当代日本企业集团中的多数(Lincoln 与 Shimotani，2010)。因此，这类集团将被作为本章研究的关注点。

那么，这类集团结构对集团企业的技术创新进程有什么影响呢？Michael Hobday 和 Asli M Colpan(2010)认为，企业集团通过提供"创新基本结构"[Mahmood 和 Mitchell (2004) 提出的概念]而加速创新，这一概念由关键资产组成，包括财务和人力资源、知识源和垂直整合。企业集团中的公司为实现集团成员的成功创新而进行资源开发。集团成员，举例来说，则允许集团公司进入跨公司的资本市场。最后，集团可以轻易地将资源分配给创新项目，尤其是当外部资本市场不那么发达时(Khanna 和 Tice，2001；Mahmood 和 Mitchell，2004)。在一项关于欧洲企业的研究中，Sharon Belenzon 和 Tomer Berkovitz(2010)表明，集团式公司比单独的公司更具有创新力。

集团式公司也可能在获取所需创新资源上具备更大的优势，因为集团成员在集团内部提供技能、设备和其他资源可能更为简单(Chang，Chung 和 Mahmood，2006；Hobday 和 Colpan，2010)。尽管 Masatoshi Fujiwara(2007)发现了日本相关多样化经营集团和不相关多样化经营集团之间的不同技术转换模式，但这类差异的实际性质仍然不那么清晰。此外，集团网络中的技术转换以一种类似于开放式创新的方式发生，即独立自主的部门与子公司为焦点企业或从属于集团的其他运作单元提供必要的知识。松下集团的案例，如上所述，显示了在追求开放式创新的过程中，这类集团内技术知识流动为什么有时能导致组织冲突。

日本的机构设置与开放式创新

想要描述大型日本公司的一般特点，应该将之与其试图构建与开放式创新相适应的发展模式的机构背景相联系。开放式创新代表了一种理论框架，外部知识通过这种方式得到利用，并与企业的内部 R&D 活动相结合以实现商业化产品或流程(Chesbrough，2003；Lee 等，2010；Takeishi，2010)。它通常基于美国的经济环境和结构(见图 12.1)。美国经济以充斥着丰富的投资资本、新创企业、移动与天使资本这类转换资源而著称(Chesbrough，2003；Chesbrough，2006a；Nakazono，2013)。在日本，尽管新创企业一直都在发展，有才能的创业家也在不断增加，但他们的数量、级别和特点都相对美国经济而言处于更有限的水平，后者无疑对开放式创新更具可实现性(Chesbrough，2013；Motohashi，2008)。关于开放式创新无法有效适应日本环境的争论仍然在日本学者中持续，特别是日本独特的机构环境与美国截然不同(Itami，2009；Niwa，2010)。此外，随着日本企业通过对内部资源的整合及其有效利用而实现的增长，之前的研究也谈到，这样下去，即便当条件成熟的时候，企业也不会主动地利用企业外部的资源(Odagiri，1992；Yoshihara 等，1981)。

因此，日本企业一直都通过企业内的技术资源和能力开发，遵循着严格的封闭式创新模式。然而，它们在某些开放式创新方面却超乎寻常的活跃，例如在采用企业外部的某些开发技术资源等方面。大型日本企业常常会建立子公司或是合资企业，以此将某些资源商业化而非将未开发资源出售给市场的外部方。日本大型企业的一大共同特点就是从母公司分立和分化出数不尽的子公司(Shiba 和 Shimotani，1997)。Chesbrough(2006b)事实上将这类方式认可为进入新市场的准入战略，也即日本企业开放式创新流程的基本形式之一。

这样，在理论上，当一家生产子公司从致力于实现相关性多样化的母公司的 R&D 活动中分离出来时，它仍会与母公司有着股份或技术上的紧密联系(Kikutani 和 Saito，2006b)。但是在日本，同一次交易中母公司和子公司的股份通常都可以出现在列表中(Colpan 和 Hikino，2010)。母公司与生产子公司的关系常常有某种意义上的疏远，因为子公司开始有其独立的公共利益方，它们的声音也需要被子公司的管理层听取，即便这有时候会与母公司发生冲突(Kikutani 和 Saito，2006a)。

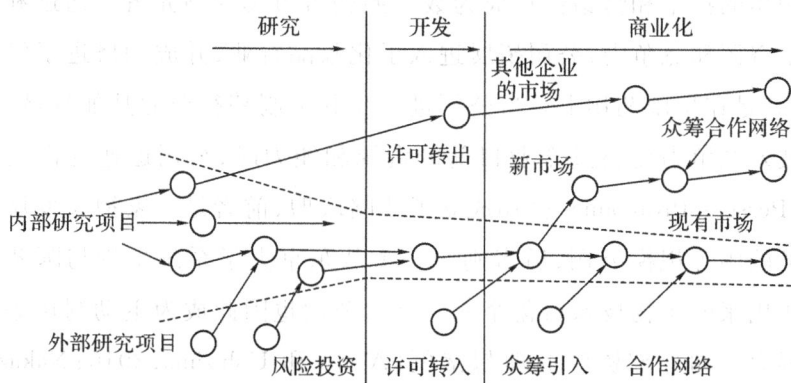

图 12.1　开放式创新流程

这类生产部门与子公司的战略与运作独立机制构成了集团式创新的基本基础。集团式创新可以被看作是半开放式的创新形式,其中的技术流动对集团成员保持开放而对外部保持封闭。然而,一些日本企业也在尝试主动实现完全的开放式创新,尽管这一创新形式仍然相对很少,正如 Chesbrough(2013)所得到的结论。

为了与我们关注的松下集团案例形成对比,我们还展现了大阪燃气公司和富士胶卷公司的例子,它们体现的则是少见的开放式创新形式。大阪燃气公司是日本首批采取开放式创新的企业之一,公司于 2008 年在技术战略部下成立了开放式创新办公室,同时在独立的 R&D 部门中安排专人负责开放式创新。为了帮助公司与可能的关键技术提供商达成会面,开放式创新办公室负责确定外部供应商,也提供不同 R&D 部门所需的技术。大阪燃气公司通过广泛而积极的公开宣传,在致力于开放式创新发展上获得了普遍赞誉;也因此,在公司举办的会面上,大量可以提供有效潜在技术的外部公司蜂拥而至。结果,举例来说,2011 年,公司的独立 R&D 部门有 54 项不同的技术项目都需要从外部方引进,最终开放式创新办公室成功完成了上述所有任务(Kawai,2010)。

另一个例子是富士胶卷公司,一家在摄影胶卷和设备领域的主要竞争者之一,此外还有伊士曼柯达公司,该公司一度在该领域称霸全球。像日本摄影相关行业的企业惯常的做法那样,富士公司成功通过其在常规业务中积累的技术和营销优势成为数字照相机市场的领先者。通过利用精细化工资源和竞争力，公司拓展进入了化妆品行业，并成功挤进了制药行业，尤其是在抗菌药物上。当公司进一步盯上制药行业的其他领域，但所需的技术竞争力要超过企业目前的资源和能力时，公司迅速与富士化工公司、Perseus Proteomics公司成立了战略联盟，前者是一家擅长发展抗生素业务的中等规模公司，后者则是一家从东京大学系统生物与医药实验室衍生出来的生物技术新创企业。富士公司也因此成为主动利用集团企业边界之外的外部资源的理想案例（Asaba 和 Ushizima，2010；Nakazono，2012）。与这两家公司相比，松下公司向开放式创新模式的转变就显得问题重重，这些过程中的内容、根据和挑战都将在下文中得到阐述。

对松下公司案例的发展分析

松下公司管理与 R&D 组织概况

松下公司的案例是一个非常值得分析的案例，尤其就其在集团结构变革与R&D组织转换之间的复杂互动而言。松下是一家成立于1918年的多元化电器生产商，在很长一段时间都以松下电器产业公司广为人知。2008年，公司采用了现在的松下集团名称，以确定其全球品牌名称"松下"。通过1933年的多元化结构转换，公司成为日本采取这类结构形式的开拓者。到1992年森下洋一成为集团总裁时，松下已经确立了多样化发展管理组织原则，各组织独立负责战略规划与应用。为了达成这一目标，各管理层都需要持续进行 R&D 投资以推动新产品开发，由此推动了产品多样化发展（Kodama，2007）。松下集团与运营部门、产品子公司和联盟的组织图可见图12.2。随着20世纪90年代早期国内与国际市场需求的增长，各运营部门的发展同时强化了整个松下集团的竞争力。然而，从那时开始，独立运营部门对各自内部 R&D 活动的技术知识保护就开始产生消极影响了。当然，各单元对技术知识的专有利用及其拒绝与其他单元进行共享的想法与整个集团的意愿相悖。由于集团的主要竞争优势来自各运营部门在知识和品牌商的资源方面的共享，这样的非协作行为导致了竞争力弱化和整个集团盈利的减少。

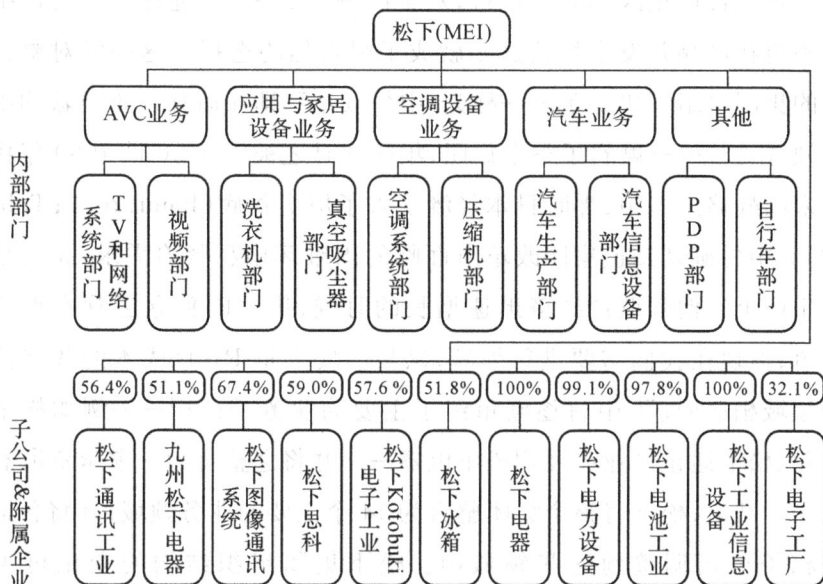

图 12.2　松下集团组织结构图（1999 年）

来源：整理自 Kodama（2007），p.51，以及各类松下公司。

持续电器数字化的技术环境逐渐改变了分散 R&D 及其财务绩效的复杂性，集团内部各单元间的消极产出结果变得非常明显。当开发资源在整个集团内部大范围流动时，集团领导却很难对这些资源进行有效整合。因此，在 1992 年，集团领导尝试开展"整体松下集团总裁项目"，以将至少部分 R&D 组织集中化。这一项目由集团领导负责，他们掌握了之前被运营部门和子公司控制的部分产品的开发权。集团领导在技术部分负责中长期的项目，这些项目在信息技术设备部门进行商业化生产需要超过一年时间，而这一部门也继续负责在一年中可能带来商业化产品的其他项目（Kawai，1996）。然而，只要子公司，像是松下通讯产业和九州松下电器，仍然能够实现足够的盈利，集团领导推动集中化的尝试就很难在整个集团产生有效影响（McInerney，2007）。

但是，转折点在 2001 年到来，其时，IT 泡沫破裂严重影响了公司的财务基础,迫使公司对分散在集团内的技术资源进行整合利用。这一措施意在通过控制过度的 R&D 和其他方面的投资以缩减成本。随着 R&D 流程的整合与合理化改革如期进行,对集团领导层来说,进行基层的再组织化而不再在产品开发上耗费过多就成了很自然的选择。这一针对整合和统一的集团再组织化链条——称为"中村改革",即由时任松下总裁的中村邦夫领导进行——席卷了整个集团,集团此时还被困在 20 世纪 90 年代早期以来的战略困境中,那时日本经济跌入了历史谷底(Itami,2007;Tobita,2010)。中村确切知道集团改革所面临的困难环境和紧迫需求,尤其是在产品生产上。他强调:"经济迅速增长的时候,集团的独立运营实现了良性竞争,但现在我们需要进行缩减,以与需要大量 R&D 成本的数字消费电器领域相适应。"² 中村逐渐重组了主要的业务子公司——例如松下电器产业、松下通讯产业和九州松下电器——并将之整合为一家全资所有的子公司。结果,松下将整个集团整合为 14 个主要的业务领域,并将各运营部门和子公司调整到这些领域中。松下集团组织结构的变化可见表12.1。集团的核心 R&D 实验室被取消,随后被分为不同领域的独立 R&D 部门,各部门接受集团 R&D 管理部门的领导协调(Kodama,2007;Nishiguchi,2009)。

需要强调,中村构建的在理论上对整个集团保持开放的 R&D 模式十分关键,这是突破独立运营部门和子公司下属 R&D 组织模式走出的一大步。至此,R&D 系统的变革最终没有涉及集团外部的资源。

表 12.1　松下集团结构变革

年份 CEO	成立	全资(独立的)子公司	合并与内化
1995 Morishita			松下家用设备
2000 Nakamura	松下等离子显示器	松下冷藏设备	
2001			松下电器
2002	东芝 松下显示器技术	松下通讯产业,九州松下电器, 松下精工,松下 Kotobuki 电器产 业,松下集成通讯系统	

续表

年份 CEO	成立	全资(独立的)子公司	合并与内化
2003	松下 东芝图像显示器	松下电器部件, 松下电池产业	
2004		松下电器工厂(独立),家族 (独立)	
2005			松下产业信息 设备
2007 Otsubo		松下东芝图像显示器	
2008			松下冷藏,松下 电池产业
2009		三洋电机(独立)	
2011		松下电器工厂,三洋电机	
2012			松下电子设备

来源:信息来自松下集团各年报告。

　　整个企业集团的重组是为了推动技术在整个集团内的整合。松下总部将领域层面的 R&D 实验室重新设计为"核心技术平台",并将其重新构建为在独立问题与其他领域运作部门之间进行协作的 R&D 组织,所有这些单位都受到集团总部 R&D 管理部门统一协调(Kodama,2007)。在"核心技术平台"中,技术部分主要是将集团技术重新识别并呈现为不同领域的技术表现。受益于中村改革,分散技术的整合与调整最终建立起一个有效发展的组织,也即集团领导层面发展战略与运作部门层面技术政策的清晰整合(Nishiguchi,2009)。松下也由此能够将集团层面的发展资源集中在名为"V(成功)产品"的特定技术产品中。得益于 R&D 模型的这一轮重组,松下成功地开发出包括 Lumix 数码相机和 Viera 等离子电视在内的多种产品。人们同样普遍认为,中村开启的重组在推动这个在 21 世纪前 10 年举步维艰的集团的转变上取得了显著的协调和财务成果(Kishimoto,2007;McInerney,2007)。

　　然而,松下在 21 世纪的第二个 10 年中再度陷入困境,尤其是从 2008 开

单位：元

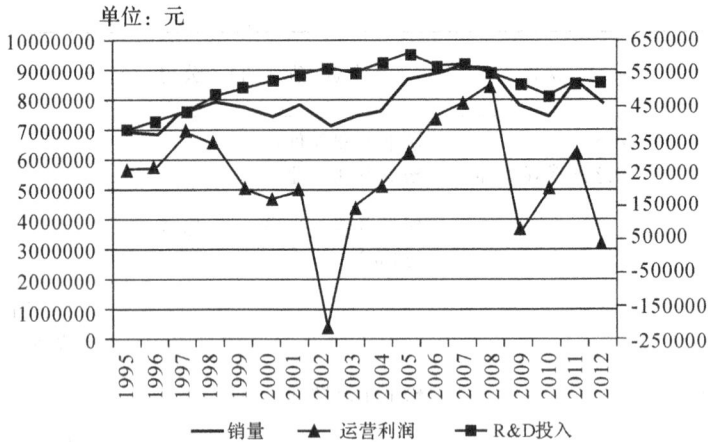

图 12.3　松下集团财务绩效和 R&D 投入（1995—2012 年）

始的雷曼事件开始（公司自 2008 年起的财务绩效可见图 12.3）。[3] 宏观经济和微观经济因素都造成了这种困境，日本的整个电子消费品行业同样深受其害。首先，日本经济的持续倒退，发达工业国家需求的不稳定，以及新兴市场的迅速扩展，都给日本大型制造商（如松下）的发展带来了很大的困难。在微观经济方面，东亚大型企业，尤其是韩国的三星和 LG 的竞争力迅速提升，开始对松下和其他日本企业（如索尼和夏普）的一元地位形成挑战，在日本和国际市场中皆是如此。

为了回应经济环境中的这类冲击，松下在中村强力而负责的领导下，于 2003 年开始构建"全行业协作推广中心"。在那个时代，核心领导层的 R&D 部门在应用开放式创新模型中扮演着核心角色。2008 年，为进行前沿技术开发，松下连续成立了与政府与学术研究机构进行协作的"东京 R&D 中心"，以及在 2010 年成立的在核心领导层面 R&D 部门之下的"创新推广中心"。鉴于这些组织的成立是对环境变革的应对，在集团跨行业层面的协作建立中，它们在整个集团结构与运作中发挥着基础性的促进作用。新的集团层面组织的任务被界定为进行引致全球创新的技术开发（Motohashi, Ueda 和 Mitsuno, 2012）。而为了开发新的开放式创新模型，松下主动参与到类似"九西格玛日本"公司举办的"日本开放式创新论坛"的跨企业组织中，该公司是一家擅长多种创新推广的独立公司。松下同样接触了 NEDO

成立的开放式创新论坛,这是一家由新能源与行业技术开发组织法规确立的独立政府代理公司(Chesbrough,2013)。通过参与到私人和政府引导的开放式创新项目中,松下逐渐获得了从其原有的封闭式创新模式中转换出来所需的知识。尽管如此,就像在下一部分中将指出的那样,公司的开放式创新进程仍然受到了制约。

集团 R&D 组织向开放的转换

在松下集团,正如在前文中所描述的,在独立管理负责的原则下,运作部门和业务子公司长期负责着各自独立的 R&D 规划和执行。因此运作部门很难彼此协调,各自也会实现本部门增长和获益的最大化。多样化由此被引入,集团内跨部门的组织也得到建立以克服这类运作困难。讽刺的是,旨在克服部门间冲突的整个进程最终推动了整个集团层面 R&D 组织的发展。

1982 年,松下成立了"新媒体战略委员会",即一个包含了所有产品部门和子公司的集团组织,其目的是为新媒体业务创造一个有益的环境。不只是为了协调集团内部部门和子公司的 R&D 工作,同时也为了主动对与之相关的 R&D 项目进行开发匹配,松下公司在 1988 年将"新媒体战略委员会"重组为"关键业务领域推广办公室"。在强调这一 R&D 模式的角色之后,整个 R&D 组织都进行了重整。被取消的部门是原先依据 R&D 进程设置的,例如"技术总部""半导体研究中心""业务推广总部"等等。新成立的部门包括"信息与沟通研究""视频与音频研究""半导体研究"这类的 R&D 组织(Kawai,1996)。

随后,松下在 1990 年启动了"集团新产品项目规划",其定位是作为松下集团的相关运作单元间的技术资源中介。为了有效利用集团内运作单元间的技术资源,公司在 1992 年同时还引入了"集团总裁项目",这也体现了公司在运作部门和子公司上传统的独立负责原则。此外,松下进一步推动了领导层引领的技术战略规划,以此带动主要在"集团研究与开发委员会"控制之下的技术资源分配(Kawai,1996)。而在转向 R&D 集中化之前,技术战略始终保持着产品部门和子公司负责制,而集团领导则负责集团层面的总体战略决策(Nishiguchi,2009)。集团研究与开发委员会即需要解决集团内部的一般在技术战略责任方面的不协调。

此后，松下在 1995 年进一步引入了开放式创新，公司开始参与和 Plasmaco 公司的联合开发项目，后者是一家在拉里·韦伯领导下成立于 1987 年的纽约公司，以此开发出可以替代现有电子产品的等离子显示器嵌板（AC-PDP）。松下本身通过定向现有电子产品（DC-PDP）开发出了等离子显示屏，从技术上来说，前者面临着更大的工程困难。随着问题逐渐被解决，松下决定与 Plasmaco 公司组成联盟以跟上 AC-PDP 的开发，而这种技术要领先于 DC-PDP。最终，松下—Plasmaco 联盟在 1996 年演变成松下对 Plasmaco 的并购（Shibata，2012）。

但是，森下洋一从 1992 年起担任公司总裁，试图将主要工作放在更紧密地控制整个集团上。他最终放弃了开放式创新原则与集团的技术开发，只是将少量闲散时间用在集团 R&D 委员会中，最终这个委员会也被放弃（Tateishi，2001）。松下集团整个 R&D 组织改革在森下洋一引领下退回到了 1988 年之前的模式，由此，整个基于 R&D 流动的组织进程从"技术与基本属性总部"开始，经过了"研究总部"，最终终结于"开发总部"（Kawai，1996）。

集团从 2002 年开始的重组表明了清晰的原则，即消除产品部门和集团子公司之间的业务重叠，整合管理资源（尤其是在产品开发中），以及整合、调整所有与开发、生产、营销和销售相关的功能。[4]可以理解，在战略与管理问题和组织上的混乱得到解决后，面向流程的 R&D 系统将在这一轮整合与集中化后，再一次被转化为基于产品的 R&D 组织。

然而，松下仍然维持了无法保证集团内资源获取与业务水平的 R&D 组织。"全行业协作中心"成立于 2003 年，成为行业社区与集团间的中介。随后在 2008 年，松下成立了"东京 R&D 中心"，负责与外部研究机构进行协调——例如相关领域的第三方，政府部门或办公室、大学——以提升高新技术开发。[5]此后，公司则在 2010 年通过资助"创新推广中心"这一极为重要而紧迫的前沿开发项目而更进一步。这一机构在一般产品开发之外，还承担着整合原有子公司和竞争方（如松下电子工厂和三洋电子）的特殊任务，并将之整合在整个松下集团组织之中，以及将分布在各运作部门和子公司的 R&D 资源进行结合。[6]

从 2011 年开始,松下开始了集团领导层的 R&D 组织改革。为了达到这一目的,"设备系统开发中心""材料与进程开发中心"等组织在总部成立。建立这些组织的主要目的是将三个主要运作单元的协同效应最大化:松下电子产业,掌控整个集团的总部;松下电子工厂;以及三洋电子。后两家也是重要的运营公司,规模较大,已经上市。这样做之后,技术竞争力得到了加强。公司的目的是通过创造新业务,开发新创意产品,进一步利用集团部门和子公司的资源共享发展研究开发工作,由此实现公司目标。[7] 在 2012 年,松下在集团总部成立了"开放式创新推广部",同时推出了发展开放式创新模型的链条,如图 12.4 所示。[8]

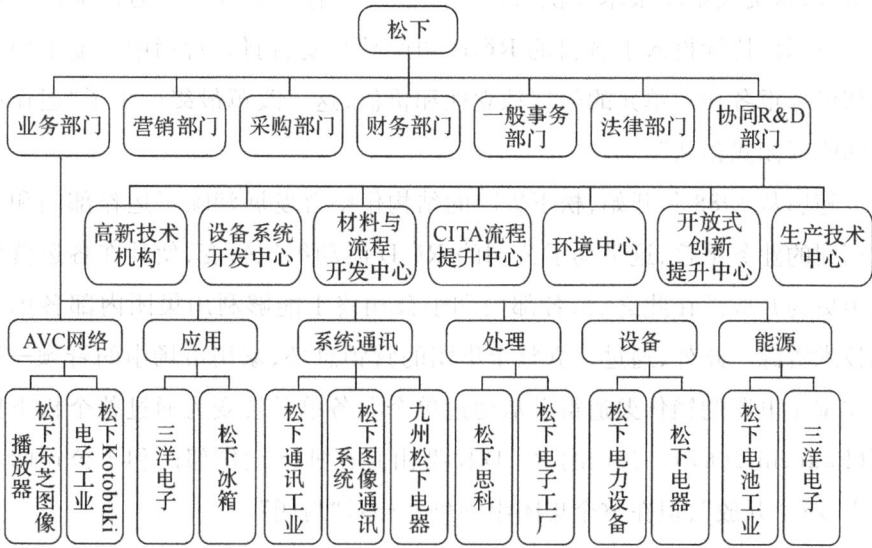

图 12.4　松下集团 R&D 组织(2012 年)

企业集团机构中的开放式创新

创新进程变革

松下集团整合及其对 R&D 组织的变革在企业创新进程上造成了什么样的影响呢? 我们从三个方面进行分析:(1)企业集团和分散化管理与

R&D 组织的传统结构,(2)企业组织和从 2000 年开始的 R&D 工作向整合程度更高的模式转变,(3)产生了集团资源整合和集中程度更高的组织和管理结构。

首先,松下长期演化的分散化管理结构导致了运作单元间的业务和产品重叠。在产品市场中,独立部门和子公司很容易彼此进行竞争,而各自的目的都是将自身的市场份额和财务绩效最大化。这些运作部门和子公司会占有技术和相关信息,尤其是涉及产品时,这些资源会得到严格限制,而其他运作单元则根本无法靠近(Kodama,2007)。为了解决这一困境,松下决定引入多元化措施来改变 R&D 组织,但只要运作单元对产品发展享有最终决策权,这类改革就根本无法带来集团想要的有效整合。各运作部门和业务子公司仍持续投入于各自的 R&D 和产品开发、销售、营销中。鉴于松下总部仍尊重各独立单元的管理独立性和价值,这一改革最终产生了"运作单元间的封闭式创新"。

随后从 1988 年开始,松下集团的结构化整合发展消除了运作部门和子公司间的业务重叠,这带动了公司的 R&D 活动组织转变,使其在各运营单元中更为开放。在此之后,各部门和子公司终于能够利用集团内部各单元的技术资源。此外,通过建立整个集团的营销总部,家用市场中的音频—视频和家用电器的销售渠道得以从通过单个业务单元转变为通过整个松下集团(Fukuchi,2007)。公司的 R&D 模型由此在独立运作部门和子公司间基本上变得"开放",但在整个集团中则仍然相对"封闭"。

最终,松下集团开始各集团运作部门和子公司间的全面创新,即开始主动寻求集团边界之外的资源。这一趋势在松下集团将松下电子工厂和三洋电子进行整合后进一步得到加速,这两家是松下集团中的全资制造商巨头子公司。与此同时,对集团外部技术的实践性应用同样逐渐拓展到了新业务领域,例如机器人,松下集团及其所属运作部门在这一领域始终没有掌握关键的竞争资源。

松下企业集团与创新进程

松下向开放式创新转换的基本原则始终都是寻求尚未在集团中得到开

发的技术资源。一个典型案例是，松下介入机器人业务这一新领域。2009年，松下总部成立了"开放实验室"，它可以接触到外部方，例如媒体专家、大学和科研组织、研究机构、零部件供应商以及其他对此感兴趣的组织。每一家外部组织都可以利用松下的设备进行各自的零部件工程开发和技术改良。通常外部方会访问开放实验室，在这里，技术信息会得到交换，而松下和外部方也会就产品商业化进行交流。[9]

在构成松下主要业务部分的私人电子产品业务中，相比之下，创新活动主要是基于集团协同，同时相对于对集团外部开放式创新进程的利用，这种业务仍然更为普遍。举例来说，在空气过滤器业务上，松下电子产业（集团主要的运营单位）所有的"Alleru-Buster"抗过敏技术和其主要的重量级设备子公司（松下电子工厂）所有的"Nano-E"技术得到了成功整合，并带来了技术和商业上的成功。[10]对于重组后的松下集团，协同效应下的创造对集团总部及其子公司同样关键。中村对此总结道："松下电器产业拥有网络和半导体技术，而松下电子工厂则具备生产高质量产品的杰出能力。如果这些公司联合起来，我们可以创造出更好的东西。"（Kodama，2007, 82）

然而，创造集团内技术共享的实际过程最终被证明是困难重重的。试图实现集团协同效应的失败案例数不胜数。在将新合并的三洋电子转化为新的运作子公司以产生协同效应的案例中，电池方面的技术体现了战略和运作整合的困难。尽管松下旨在与三洋电子实现锂离子电池上的协同产出成果，但在电池技术的基本原则和实际运用途径及商业化上，两家公司差异很大，这导致双方对技术的共同利用看起来很难实现（Okumura，2012）。

最终，在松下长期以其典型的技术和产品开发方式进行的核心业务中，公司与其他外部组织的协作，尤其是那些在其他行业和业务领域的企业，很少真正取得成功。对于集团总部的顶层管理者而言，在整个集团内部的运营整合调整已然成为紧迫的、耗时而困难的任务。考虑到这种紧迫性，通过开放式创新进程获取外部技术知识与资源就成为次要的考虑。[11]由于对集团内创新和产品开发的强调，松下并未大力利用外部资源。

其结果是,公司无法以一种主动的姿态发掘出其与九西格玛这类技术源的关联。[12]

总之,正如图12.5所示,松下集团仍然主要坚持着半开放式的R&D模式。它在非核心业务上部分利用了开放式(由外至集团内部)创新进程,但集团仍未在其主要业务领域中进行精确的能力开发。

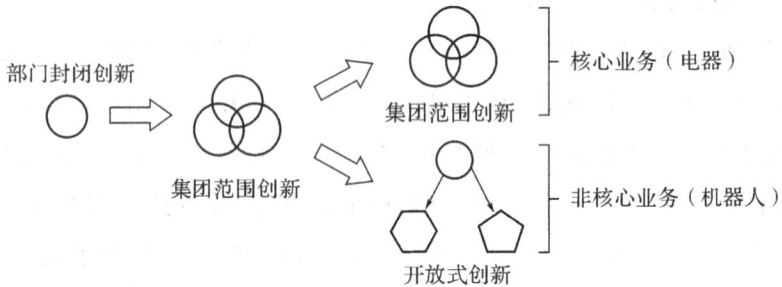

图12.5 松下创新流程转化

阻碍开放式创新的集团创新

如前所述,松下集团真正开始朝向开放式创新的实践应用是在2008年的巨大经济冲击之后。宏观经济和竞争环境的剧变,尤其是在电子产品业务部门中,极大地改变了市场需求,同时新兴市场中的竞争对手不断出现。一般而言,电子技术的数字化降低了市场准入壁垒,引发了新的竞争,这就带来了新旧企业间的价格竞争(Nishiguchi,2009;Suzuki,2008)。

随着松下集团逐渐认识到日本市场作为供应库和产品出口的价值,它并没有很好地利用在国际尤其是新兴市场中的竞争性资源。这样,即便松下之后逐渐关注于新兴市场,尤其是在具备大量产品生产能力和低附加值的市场中,松下集团仍然面临着营销竞争上的短板,而这主要来自集团边界外部。集团的首要目标仍然是在分布在不同产品领域的运营单元间建立联合关系,以此通过集团内部资源创造出协同效应(Motohashi等,2012)。正如Campbell和Goold(1998)所指出的那样,追求运营部门和子公司间的协同始终都是最直接的目标,而非追求其他的战略选项。事实上,松下电子工厂和三洋电子间的协同发展成果就是首要的目标,这两家公司随后则被转变为全资子公司。[13]尽管松下自认为已经转向了开放式创新，但它仍然是在集团内部应用半开放式模式(Niwa,2006)。

相反，随着新业务与技术的兴起，例如机器人，公司的产品部门本可以利用从外部源获取的前沿技术来创造新产品并缩减成本。讽刺的是，它却既无法利用松下集团内部的其他成员公司的技术，也无法保证来自集团总部的精确资金支持(Sekiya,2012)。由于集团成员对机器人业务并不感兴趣，松下的业务部门最终终结了这一原本可以从外部方获取必要技术资源的业务(Christensen,1997;Spithoven,Vanhaverbeke 与 Roijakkers,2012)。

结　论

针对从 20 世纪 90 年代开始的技术和市场环境变革，日本企业集团重新调整了它们在产品组合和地理视域上的战略，同时重新设计了其组织结构以在各运营单元中实现更紧密的整合，由此将已有资源的效用最大化。尽管这一战略与组织变革过程在竞争愈加激烈的环境中是必要而适当的，但独立部门和子公司带来的分散化经营进程还是使其不合时宜。

本章描绘了松下 R&D 组织创新进程变革的主要特征，这一变革在整个集团层面的复杂重组中成为问题焦点。在众多的战略和运营改革选项中，松下总部将主要精力放在了集团层面的技术资源的集中与整合上，这些资源过去则分散在独立产品部门和子公司的分散化 R&D 模式里。

结果，集团外部的实用或有效资源很难得到利用或是根本被忽视了。考虑到所需内部资源的可用性，松下集团将主要精力投入内部重组而非外部资源利用上。最终，松下总部不得不利用整个集团的 R&D 工作投入开放式创新，此时的 R&D 即超出了主要运营公司的原有边界。

总之，我们的分析表明，松下陷入了结构分散化与运营整合之间的矛盾——这是两种在整个集团层面的对立组织进程，并最终阻止了集团对开放式创新模式的应用。当公司需要通过集团结构整合实现集团内资源利用的最大化时，这一困境呈现出一种封闭机制。这反过来也阻碍了松下向开放式创新转换，它在原则上就是与由紧密网络组成的集团内功能相悖的。

总体而言，尽管松下在组织内设置了一系列开放式创新机制，但集团仍然在构建从外部获取开放式创新的进程中失败了。当企业将大量财务和人力资源投入集团层面和独立的运营单元时，这种事实上将集团内部技术资产效用最大化的一致性政策可能是对变革中的宏观经济与竞争性环境的合理回应。尽管这种做法看起来是一种短期行为，但由于新的有效而有用的技术仍然分散在日本和全球公司中，更为复杂而协调的对集团外部资源的利用还是可以带来更具竞争性和运营上的优势。

松下的案例所阐释的是，尽管大量日本公司从 2000 年开始已经显现了朝向开放式创新的发展趋势，但组织功能 R&D 集中化与分散化之间的冲突和矛盾仍然显著。在考量了这些要素过后，我们可以得出结论，开放式创新潮流也应被界定在适当的国家文化与经济环境之中。由此，我们认为，开放式创新展现了企业定位的综合特征，而这也带来了开放式创新应用上的诸多差异，相对于西方公司，开放式创新在日本企业集团中的缓慢发展就是一个很好的案例。

注　释

1.本文中，如无特殊说明，松下电器工厂即指代"松下"。

2. Hara, Yoshiko, "Japanese Giant to See Red Ink for First Time in over 50 Years," *Electronic Engineering Times*, January 14, 2002(12).

3. Sekiya (2012) 认为，松下在 2000 年至 2010 年的集中投资陷入了一个受限的业务领域，而已有的业务则失掉了额外的投入。这在松下的国外子公司中尤其明显。公司的视角始终被缩小，而忽视了对整个松下集团的长期关注。

4. "Reorganization of MEI Groups," Panasonic News Release, April 26, 2002.

5. "Reorganization and Staff Reassignment," Panasonic News Release, March 31, 2008.

6. "Fourteen Heads of R&D Talk on the Secret Plan That Will

Challenge New Fields," Nikkei Electronics, August 23, 2010, 48-49.

7. "Reorganization and Staff Reassignment," Panasonic News Release, December 27, 2011.

8. "Reorganization and Staff Reassignment," Panasonic News Release, September 28, 2012.

9. "Opening Up the Inner Shrine," Nikkei Business, March 29, 2010, 24-25.

10. "The Craftsmanship beyond the Wall of the Operating Division," Nikkei BP Net, April 18, 2006. http://www.nikkeibp.co.jp/style/biz/feature/panasonic/060418_5th/. (Accessed 3/11/2013)

11. 对松下集团 R&D 研发人员的访谈,2013 年月 8 日。

12. 对松下集团 R&D 研发人员的访谈,2013 年月 8 日。

13. 对松下集团 R&D 研发人员的访谈,2013 年月 8 日。

参考文献

[1] Asaba, S., and Ushizima, T. (2010). *The Essentials of Management Strategy*. Tokyo: Yuhikaku (in Japanese).

[2] Belenzon, S., and Berkovitz, T. (2010). "Innovation in Business Groups." *Management Science* (56): 519-535.

[3] Campbell, A., and Goold, M. (1998). "Desperately Seeking Synergy." *Harvard Business Review* 76 (5): 131-143.

[4] Chang, S. J., Chung, C. N., and Mahmood, I. P. (2006). "When and How Does Business Group Affiliation Promote Firm Innovation." *Organization Science* 17 (5): 637-656.

[5] Chesbrough, H. W. (2003). *Open Innovation: The New Imperative for Creating and Profiting from Technology*. Boston: Harvard Business School Press.

[6] Chesbrough, H. W. (2006a). "Open Innovation: A New Paradigm for

Understanding Industrial Innovation." In H. W. Chesbrough, W. Vanhaverbeke, and J. West (eds.), *Open Innovation: Researching a New Paradigm*, 1-14. Oxford: Oxford University Press.

[7] Chesbrough, H. W. (2006b). "The Open Innovation Model: Implications for Innovation in Japan." In D. H. Whittaker and R. E. Cole (eds.), *Recovering from Success: Innovation and Technology Management in Japan*, 129-144. Oxford: Oxford University Press.

[8] Chesbrough, H. W. (2013). "Open Innovation: Implications for Japanese Innovation." *Annual Report on Japanese Silicon Valley Innovation Forum* 2013. http://ww. info. com/ searchw? qkw＝annual ＋report＋on＋japanese＋silicon＋valley＋innovadon＋forum＋ 2013&cb＝34&affid＝19&cmp＝4063. (Accessed 10/1/2013)

[9] Christensen, C. M. (1997). *The Innovators Dilemma: When New Technologies Cause Great Firms to Fail*. Boston: Harvard Business School Press.

[10] Colpan, A. M., and Hikino, T. (2010). "Foundations of Business Groups: Towards an Integrated Framework." In A. M. Colpan, T. Hikino, and J. R. Lincoln (cds.), *The Oxford Handbook of Business Groups*, 15-66. Oxford: Oxford University Press.

[11] Fujiwara, M. (2007). "Toward the Research on Innovation Mechanism of Diversified Firm: Integrating Resource-Based-View and Innovation Research." *Kyoto Sangyo University Social Science Series* (24):139-151.

[12] Fukuchi, H. (2007). "Consumer Electronics Sales and Marketing Reform." In H. Itami, K. Tanaka, T. Kato, and M. Nakano (eds.), *Management Revolution at Matsushita Electric Industrial*, 96-132. Tokyo: Yuhikaku (in Japanese).

[13] Hobday, M., and Colpan, A. M. (2010). "Technological Innovation and Business Groups." In A. M. Colpan, T. Hikino, and J. R.

Lincoln (eds.), *The Oxford Handbook of Business Groups*, 763-782. Oxford: Oxford University Press.

[14] Itami, H. (2007). "The Significance of Nakamura-Reform." In H. Itami, K Tanaka, T. Kato, and M. Nakano (eds.), *Management Revolution at Matsushita Electric Industrial*, 1-20. Tokyo: Yuhikaku (in Japanese).

[15] Itami, H. (2009). *Promoting Innovation*. Tokyo: Nikkei (in Japanese).

[16] Khanna, T, and Tice, S. (2001). "The Bright Side of Internal Capital Markets." *Journal of Finance* (56): 1489-1531.

[17] Khanna, T., and Yafeh, Y. (2007). "Business Groups in Emerging Markets: Paragons or Parasites?" *Journal of Economic Literature* 45 (2): 331-372.

[18] Kawai, K. (2010). "Salaried Entrepreneurs and the Internalization of Technology Market: A Case Study on Open Innovation by Osaka Gas." *Hitotsubashi Business Review* 60 (2): 56-71 (in Japanese).

[19] Kawai, T. (1996). *Strategic Organizational Innovation: A Comparison of Sharp, Sony and Matsushita*. Tokyo: Yuhikaku (in Japanese).

[20] Kikutani, T., and Saito, T. (2006a). "Economic Analysis of Becoming Wholly-Owned Subsidiary." Working paper, Graduate School of Economics, Kyoto University, 1-53 (in Japanese).

[21] Kikutani, T., and Saito, T. (2006b). "Reorganization of the Business Structure from the Perspective of Business Groups." Working paper, Graduate School of Economics, Kyoto University, 1-54 (in Japanese).

[22] Kishimoto, T. (2007). "Nakamura-Reform from the Perspective of Profit Margins." In H. Itami, K. Tanaka, T. Kato, and M. Nakano (eds.), *Management Revolution at Matsushita Electric Industrial*,

229-256. Tokyo: Yuhikaku (in Japanese).

[23] Kodama, K. (2007). "Reorganization of Business Structure." In H. Itami, K. Tanaka, T. Kato, and M. Nakano (eds.), *Management Revolution at Matsushita Electric Industrial*, 49-94. Tokyo: Yuhikaku, (in Japanese).

[24] Lee, S., Park, G., Yoon, B., and Park, J. (2010). "Open Innovation in SMEs: An Intermediated Network Model." *Research Policy* 39 (2): 290-300.

[25] Lincoln, J. R., and Shimotani, M. (2010). "Business Networks in Postwar Japan: Whither the Keiretsu." In A. M. Colpan, T. Hikino, and J. R. Lincoln (eds.), *The Oxford Handbook of Business Groups*, 127-156. Oxford: Oxford University Press.

[26] Mahmood, I. P., and Mitchell, W. (2004). "Two Faces Effects of Business Groups on Innovation in Emerging Economies." *Management Science* 50 (10): 1348-1365.

[27] McInerney, F. (2007). *Panasonic: The Largest Corporate Restructuring in History*. New York: Truman Talley Books.

[28] Motohashi, K. (2008). "Growing R&D Collaboration of Japanese Firms and Policy Implications for Reforming the National Innovation System." *Asia Pacific Business Review* 14 (3): 339-361.

[29] Motohashi, K., Ueda, Y., and Mitsuno, M. (2012). "The New Trend on Open Innovation in Japan." RIETI Policy Discussion Paper, P-015 (in Japanese).

[30] Nakazono, H. (2012). "Strategic Function of the Platform in Open Innovation." MBA dissertation, Osaka University, Japan.

[31] Nakazono, H. (2013). "Chesbrough's 'Open Innovation': Survey Study towards the Development of Open Innovation." *Doshisha Business Review of Graduate Students* 47 (2): 76-107 (in Japanese).

[32] Nishiguchi, Y. (2009). *Open Integrated Business Management*

System. Tokyo: Hakuto Shobo (in Japanese).

[33] Niwa, K. (2006). *Technology Management*. Tokyo: University of Tokyo Press (in Japanese).

[34] Niwa, K. (2010). *Innovation Strategy*. Tokyo: University of Tokyo Press (in Japanese).

[35] Odagiri, H. (1992). *Growth through Competition, Competition through Growth*. Oxford: Oxford University Press.

[36] Okumura, H. (2012). *Panasonic to an End?*. Tokyo: Toyokeizai (in Japanese).

[37] Sekiya, N. (2012). "Corporate-Level Strategy of Panasonic." In T. Numagami (ed.), *Strategic Analysis Vol.* 2y 153-190. Tokyo: Toyokeizai (in Japanese).

[38] Shiba, T., and Shimotani, M. (1997). *Beyond the Firm: Business Groups in International and Historical Perspective*. Oxford: Oxford University Press.

[39] Shibata, T. (2012). "Building Parallel Development for Technological Transition." *Organizational Science*(2): 53-63 (in Japanese).

[40] Spithoven, A., Vanhaverbeke, W., and Roijakkers, N. (2012). "Open Innovation Practices in SMEs and Large Enterprises." *Small Business Economics* 41 (3): 537-562.

[41] Suzuki, Y. (2008). "Digitalization of Product Technology and Time-Based Competitive Strategy: Organizational Capability Building in Matsushita Electric Industrial Co., Ltd." *Doshisha Business Review* 60 (1-2): 18-43 (in Japanese).

[42] Takeishi, A. (2010). "Open Innovation: Mechanisms and Challenges for Success." *Hitotsubashi Business Review* 60 (2): 16-26 (in Japanese).

[43] Tateishi, Y. (2001). *Sony and Matsushita*. Tokyo: Kodansha (in Japanese).

［44］Tobita, T.（2010）. "An Analytical Viewpoint of Management Control System to Increase Corporate Value: The Change of Corporation View and the Influence of Management Accounting in 2000s." *The Journal of Professional Accountancy*（1）: 37-52（in Japanese）.

［45］Yoshihara, H., Sakuma, A., Itami, H., and Kagono, T.（1981）. *The Diversification Strategy of the Japanese Firm*. Tokyo: Nihon Keizai Shinbun Sha（in Japanese）.

第十三章　软件行业中的开放式创新生态系统

穆罕默德·简恩瑟与贝萨·奥巴

引　言

在我们的个体生活和工作活动中可见的每一个方面，计算机都已经越来越成为不可或缺的部分。孩子们很小就开始玩平板上的游戏，老奶奶们在用小型数字设备追踪其血压情况，而家长们则在工作中使用智能电话和笔记本电脑。计算机的一个普遍特征就是，在很大程度上，它们都依赖于软件以实现不同的用途。

电脑软件是一串位和字节，它们实现了电脑软件中的信息运作并根据任务做出反应。现在，人们可以在一个小型设备中存放数千兆字节；这样，即便是一个通用软件产品也可能相当复杂。[1]除此之外，软件产品本身都是数字，因此产品及其功能都能相对快速地进入全球范围的市场。软件产品背后这些大规模、大范围的复杂的、相互联系的工程展现了其与其他行业不同的特征。软件行业不仅为相当大量而多元的用户生产产品，同时也组成了复杂的"大"信息处理设备，这类设备需要不断而迅速地更新以适应瞬息万变的市场和用户需求。因此，电脑硬件和软件的性质，以及它们背后的工作在很多方面形塑了这一行业。

该行业的特殊特征也深刻影响了实现创新的途径。一家软件生产商（可能包括需要在其产品中嵌入家用软件的硬件企业，或是通过自家生产的软件提供服务的企业）通过对大型复杂系统中某个部件的设计和制作创造额外价值,而实现整体的功能运转则还需要来自其他生产商的其他部件。现如今,这类系统同样必须通过互联网或是无线连接的方式与其他电脑系统和设备进行互动和兼容。这种需求通常使该行业中的企业抱有一种"开放"的态度,企业在各自产品的创造和功能运转上的垂直性相互依赖也促进了这一点。开源软件是实现创新的最早案例,它揭示了我们现在称为"开放式创新"术语的特征,该术语已在整个行业中得到明确定义与广泛实践。

本章对软件行业中的开放式创新案例进行了回顾:开放式创新为什么以及在何时是合适的,开放式创新出现的历史,以及在今天的应用。我们首先参考了软件行业的历史和演变,总结了该行业的特征。该行业的一些方面在今天与开放式协作创新非常相适应。我们将这些特征一般化,进而通过相应的产品案例,对这些特征如何产生了适应于开放式创新实践的特定内容进行讨论。随后,我们回顾了开放式创新在软件行业中发展的历史阶段,提取出了典型的战略联盟案例,并在这一背景中展示出阶段性开放式创新实践的普遍性。最后,我们讨论了软件行业和战略联盟阶段与实践在不远的未来发展演化的可能途径。

软件行业:特征与演化

在20世纪90年代末,软件行业受到两大主要世界的影响,Eric Raymond(2001)将其称为"教堂式的"和"集市式的"。这两种典型代表着完全独立的世界,它们有不同的甚至是相对的生产模式、哲学、治理机制和创新实践。在这一早期阶段,像IBM、太阳和微软这样的大企业更倾向于封闭式创新实践,即在内部通过本公司员工开发软件并将之商业化。通过这种方式,它们得以实现经济价值的创造与占有。在这种生产模式中,初始开发成本相当高,而软件复制的成本则非常低。大企业能实现规模上的供应方经济(West和Gallagher,2005),这又导致了知识产权保护实践措施上的僵化。该模型中,企业回报要基于一个完整软件产品的生产,这使得用户的转换成本被最大化。随后企业从产品的再生产中提升回报,这种回报得到了专利上的保障,并收获了对以相似产品不同部件的重复购买为特征的市场的占有。这类生产、产品、占有和商业化的途径引发了企业间的合并，最终形成了大份额的市场占有和大企业的不断发展。正如在其他固化行业中的相似案例，关于产品和市场的知识生产与共享都被限制在单独的企业之内。这种知识生产和联结上的封闭即构成了封闭式创新的框架。

在同一时期，Apache 和 Linux 这类开源软件（OSS）项目已经开始利用不同形式的生产模式和开放式创新实践。OSS 项目与大企业利用其生产模式、哲学和知识生产方式的模式截然不同。开源生产基于分散的开发者/用户间的协作。此外，软件的生产也是模块化的，并不局限在单独的企业之中。作为一种将用户和开发者交叉的理念，这种生产模式支持在生产模式、质量保障、业务功能实现和成本/收益结构上的差异。首先，一个软件包（及其应用）的生产并非从头到尾都集中于一家企业，这样最终产出就不属于某个单独的生产者；而为了软件的生产，源代码也必须被共享。这类合作使得源代码的共享成为可能，而反过来又消解了版权的限制作用。同样，因为软件包由不同企业进行规划、设计和生产，质量检查也由不同企业开展；这样，这些工作最终随着用户/开发者的程序开发而完成。这种方式产生了持续的创新环境，软件包也得以依据用户需求进行开发、改善和重新设计。在OSS 项目中，软件生产成本主要涉及知识而非经济上的规模。

全球软件行业的迅速发展（1996 至 2000 年的增长率超过了 50%）为大企业的市场扩张和运作提供了机遇（UNCTAD，2012）。然而，大企业的现有业务模式如果不变，要适应需求结构和组合上的变化就几乎不可能；这些企业面临的主要问题之一即缺乏技术熟练的开发者（UNCTAD，2012）。除了迅速扩张之外，该市场的特征还包括软件成分/补足物的迅速改变以及开发循环周期的缩短（尤其是要提高 OSS 项目的绩效），这也需要可靠软件包对此的迅速反应。另外，随着互联网的传播和万维网（www）的出现，一些与交互性标准相关的缺陷也显露出来。大企业对此的反应是将其原有的运作转向系统整合方和供应商。这样的结果是，一些传统上以其封闭式系统为荣的大型玩家（例如微软、IBM、太阳和苹果）开始接触 OSS 开发者。与 OSS项目不同形式的战略联盟为实现这类再定位提供了资源和能力，也有助于其接近更多的用户和开发者，以及缩短新发布周期和对质量保障过程的再安排。这样，在 2000 年早期，软件行业已经出现了由大型协作支撑的联盟项目（如 Linux、Apache 和 Eclipse）。但这一战略转向的过程并不轻松：

> IBM、苹果和太阳的问题是，有了源代码的公开和调试，针对对手的准入壁垒和用户的转换成本都被降低了。这样，除了共同对手上的明显逻辑（"敌人的敌人就是朋友"）之外，完全的开源战略将消除企业特质及其所有权的历史源头。每家企业都面临着一种困境，即如何找到一种与其特定核心竞争力和资源相适应的开源战略。（West，2003：1269）

现如今，软件行业仍然保持着大约每年 10 个百分点的高增长率（UNCTAD，2012），同时也为即便是最完善的行业玩家创造了高风险；企业的存活和发展都与迅速而持续的创新相关。除了高增长趋势，软件产品行业中的工作性质、竞争与创新还与另一些特征相关：

• 软件产品完全是数字形式的。在产品运输和营销方面，本地或全球市场对于各类规模的新参与者都展现出相对低的壁垒。

• 软件产品相对更难得到专利保护。因此，市场定位较之先行者优势更能带来持续创新。

• 软件系统正日渐复杂（Sommerville 等，2012），可行系统由来自多个生产商的不同子系统构成，每种子系统都可能独立发生变化，即便是在发布时。这种情况正将软件 R&D 转变为逐渐发展而非有规划的、线性的过程。它同样通过很多方式迫使行业玩家相接近。

• 即便软件本身并不用于销售或分配，上述内容仍然是有效的。此外，这也是增值产品或服务的基础，正如服务软件（SaaS）或是服务平台（PaaS）业务模式所展示的那样。

与软件产品及该行业本身的变革相一致，新的战略阶段也已经出现并得到了构建；除了大型企业和 OSS 项目外，上个十年出现的模式之一即这两个世界间的战略联盟。通过结合二者的优势，引导一种组织、生产和治理的新模式，联盟还为开放式创新提供了环境。

　　计算机行业,无论是硬件还是软件部分,都有完善的协作传统,这是开放式创新实践的重要成功因素之一。考虑到软件行业的交互性,这类不同生产商(企业或独立开发者)间的相互依赖比在很多其他行业中压力更大。Langlois(1990)关于微型计算机行业的研究提供了一个典型案例,该案例对相互依赖的企业如何促成以新方式将竞争和协作相结合的战略做出了很好的说明。Langlois(1990)提到 IBM 如何产生出 PC 架构方面的创意,这是一种让用户能通过标准接口与 IBM 电脑相联系的设计,其部件则来自与该接口相适应的多个生产商。这项架构对用户非常实用,它意味着来自世界各地的不同部件生产商能够提供更低价格的可选配件,依据特定需求进行设备组装也成为可能。IBM 的战略与苹果和阿塔里公司相反,它在 1980 年的决策"并非因为对其强大内部能力的关注,而是源于放弃对外部网络主体有益的能力"(Langlois,1990:97)。这类战略创新带来的影响是,20 世纪 80 年代和 90 年代的人们见证了无数行业协作的案例,它们通过协作创造了标准化的硬件和软件接口,也进一步促成了行业中的相互依赖。

　　相似的案例在软件行业中也并不少见。从计算机发展的早期开始,软件一直是受到极大关注的应用产品。在这些年中,企业从与 UNIX————一种操作系统————的协作中获益良多,这种系统构成了所有软件系统的核心,并使得增值软件的生产和运转成为可能(McKusick,1999)。随后在 20 世纪 80 年代,像 VisiCalc 这样的软件产品的成功证明了软件本身即一个重要的价值来源(Grad,2007),而软件生产也可以被整合在其他生产战略之中。上述发展的结果是,垂直整合战略支配了软件行业,尽管硬件行业中仍然是以垂直性的相互依赖为主导。结果,不同的投资方提供的软件、数据和文档格式都不兼容,可信赖软件包的开发因此变得必要。从 20 世纪 80 年代开始,计算机行业开始采取竞争与协作的混合战略。这些战略一方面受到投资方在价值捕获优势上的横向与纵向控制倾向的影响(如微软),另一方面则受到更为开放的途径和标准(如 PC 标准)的影响,这些内容激发了创新的价值创造。

开放式创新的软件背景与案例

　　环顾整个行业,企业知识创造能力及与此相关的创新绩效的来源都被视作与同一业务生态系统中的其他企业紧密相关。根据战略管理方法,同行业中的企业必须彼此相异,以此将其经济回报最大化;这种差异的主要来源是市场的不完善,这种不完善应该通过消除高壁垒和减少成本的战略得到改变。同样,提升特定资源和能力发展的战略也能在企业中创造差异性,并最终带来持续的竞争性优势。然而,根据企业的知识主导理论,这种差异也可以被解释为战略选择的结果(Nonaka 和 Toyama,2005);差异性是经济能力的来源。只有通过对这些差异进行谨慎探索和管理,企业才能够在资源有限的条件下拓展其能力(Langlois,1990)。知识由彼此互动的企业和个体创造出来,无论是在企业边界之内或之外,无论企业是作为竞争对手还是协作伙伴。这种关于企业如何以及为什么变得不同的观点在知识密集型产业中更加明显,特别是知识创造被看作一种互动的进程(Nonaka 和 Toyama,2005)。这样,在类似软件的知识密集型产业中,企业的部分价值要追溯到其和其他企业的合作的网络中(Kogut,2000)。

　　大量研究始终集中在单个企业内的知识互动方面,以及带动了这种联合创造的组织化和空间上的战略。最近,一项研究取得了突破,将虚拟的在线空间囊括在基于"ba"的抽象概念内(Tee 和 Karney,2010;von Krogh 和 Geilinger,2014)。这项研究突破很大程度上基于这一概念:这是一个跨组织或跨部门的空间,在其中强调内部/跨组织化知识生产的互动得以发生(Nonaka 和 Konno,1998)。这类跨组织化空间在今天被称作"生态系统",用以强调企业的联合发展以及产品和服务的联合创造。

　　软件行业提供了多个从企业与个体的联合创新运作中获取战略优势的案例;其中的大部分案例都和开源软件相关的创新战略的应用联系在一起(West,2003)。举例来说,苹果公司已经开始应用 OS 操作系统来开发外部创新并更好地在市场中竞争;IBM 则迅速调整了战略(Capek 等,2005)并与开源社区构建起战略联盟。大致到 2005 年,开源战略的潜在价值已经广为人知,其中最重要的则是它作为与开放式创新类似的实践却要更早出现。

开放式创新中的主要假设是"可用信息的广泛分布"(Chesbrough,2006)。如先前章节描述的那样,软件行业的多数特征都与该假设相符。软件产品大量输入使得小企业(在大型企业中)创造显著的创新成为可能。同样在另一方面,软件专利本质上的差异(如缺乏专利保护)也与开放式创新的重心相对,并带来了有助于保持行业地位的更为短暂而指令式的持续创新上的成功。因此对于软件行业中的企业而言,外部源中存在着大量的可用信息。这一要点的传播相当广泛,同时也代表了一类对为什么要参与开放式创新的判断。参与开放式创新实践包括了在生产中如何得到分配、共享与产品复杂性等方面的考量。

今天的软件行业以分布式生产模式为特点;与相似的复杂产品(如飞机)不同,软件系统并非被设计为一个整体,甚至是得到广泛测试的。设想一下在你的电脑上浏览网页,你的实体电脑有无数的可用模式。你可能在上面运转一个可选操作系统(带有一系列软件库),并使用其中一个网页浏览程序。每一个软件系统都包含多种版本和发布号。你的电脑可能是独一无二的组合。你将要浏览的网页也包含有多种软件代码,它们被用来向用户提供持续而可靠的体验。这种需要不同独立制造商提供的部件间互动的复杂系统的稳定性,要归功于行业协作带来的标准产出。至此,在提供产品稳定性和塑造行业竞争性环境方面,标准起到了很重要的作用。引导创造了行业标准的企业具有市场优势,可以避免市场缠斗。

在多数案例中,有助于协作和产品稳定性的标准都来源于单个企业或企业联盟的战略与技术上的成功。很多电子或通信标准来自非营利组织,例如工程任务组(IETE),它们也在计算机行业的运作中扮演着重要角色。然而,其中大多数标准的设定都是由某企业或公共组织设立的硬件或软件平台成功推动的。微软的 Windows 操作系统和太阳的微型系统 Java 语言是在私人企业方面很好的案例;伯克利的 UNIX 和国家超级计算应用中心(NCSA)、Apache 网站服务器则是来自公共组织或大学的案例。

在软件行业,平台[2]是主要的标准延续工具。成功的标准平台包括赞助商和第三方贡献者的参与贡献,并且推动了创新活动的模块化(Baldwin 和

Woodard，2009）。如果得到有效开展，技术手段和平台的知识产权安排就能促进相互发展，并使得经济生态系统中的循环利用成为可能（West 和 Wood，2013）。对于这类生态系统中的参与方而言，"寻求机会常常包括了识别和结合有助于支持其业务的相互评价"（Teece，2003：59）。一旦积极的经济回报从互补性中产生，其中的优势就变得非常明显，也带动了平台的进一步支持。

一些软件平台标准来自公共组织，如 UNIX 操作系统、Apache 网页服务器或 GNU 编译器。这些平台都在非经济环境中得到创造、赞助和初始支持。然而，改变行业环境也可能为希望从这类平台获得价值的企业带来机遇。在很多案例中，平台都处于协同治理之下，它们为非营利参与者提供了合适的软件许可规划，也实现了知识转化和联合资助（Gençer 和 Oba，2011a）。其他标准平台则由创新企业创立。这一类平台的开放层级和形式与企业如何看待借助生态系统中协作和相互评估的价值创造及价值捕获机遇紧密相关。在很多案例中，平台的"开放"都是程序性而非临时性的，这一过程一直延伸到生态系统中的潜在伙伴反馈（Gençer 和 Oba，2011a 和 2011b）。

决定企业在软件创新战略中的开放层级、程度和形式要基于其知识产权和产品复杂性。行业主导企业对开源创新的挑战和机遇的回应各有不同，"这要看它们是否将软件作为竞争优势源，以及它们是否拥有其他的竞争优势源"（West，2003：1277）。IBM 对开源的利用和微软远离开源的做法都可以通过这一逻辑得到解释（West，2003）：在 IBM 的案例中，UNIX 这类的开源技术促进了其硬件或系统产品的应用，而在微软的案例中，开源与作为其主要业务收入的软件许可费相冲突。开源创新的问题在于，软件专利及其许可可能产生更加深入的限制（Heller 和 Eisenberg，1998；de Laat，2005）。

卡佩克关于 IBM 开源战略的报告（2005）进一步明确了开源战略在软件行业中的适用性。这种战略看起来着眼于更低层面的软件技术栈[3]，其中兼容性（而不是附加值）是主要的系统要素。相反，像特定域应用的更高级层面则创造附加值，它们比封闭式的、所有权创新战略更具可兼容性。最近有关安卓在移动设备市场迅速崛起的案例同样阐明了这一点，即在以更低层面的软件技术栈为重心的行业里,开放式创新战略更为可行。微软在 PC 市场上的长期主导地位看起来就是其并未在移动设备平台选择安卓的原因。

除了软件技术栈上的适应性外,还存在其他因素与特定企业的开放式创新战略适用性相关。在很多案例中,整个公司文化及其战略视角都可能与开放式创新及开放式创新协作相冲突。当开放技术得到应用时,很多企业并不具备保留用户的管理能力。在多次成功与失败过后,企业开始利用一些新方式应对这一问题,即主要关注于通过管理上的方法保持并界定开放程度。一些企业在特定市场中尝试不同的开放层级和程度。其他企业则根据软件技术或双重许可展开创新,这些使它们能够开放软件部件及追求开放式创新、吸引合作伙伴,同时也能防止其核心竞争力受到限制。无论如何,与普通对手而非一般企业、强大的竞争对手(如苹果、IBM 相对于微软)发展协同关系,或是在行业生态系统中重构新的软件平台,企业都有足够的动力推动开放式创新。

在一个很重要但并不显著的方面,开放式创新在软件簇的特定层面的适应性与软件包的复杂特质相关。复杂系统中产品的互通性要求大量的技术工作,企业必须学习并利用来自其他方的技术。企业外部存在大量的开放或可用的软件。软件系统的高度复杂性提供了类似于在一片黏稠的海洋中游泳的经历。简单地说,要发掘周围存在的事物和可用的组合需要大量的竞争和努力。从开放式创新的驱动因素来看,这一特征揭示了开放式创新实现的关键。确实存在着特定的软件行业环境,其中构建创新开放生态系统带来了分担创新成本的巨大优势,而同时这些优势也更容易为新创者和新参与方所利用。因此,创新的前景在于开放式创新实践上的程序性竞争与特定技术隐性知识,而不是简单地关注许可协议。

与开放式创新不尽协调的子环境

在软件簇的更高层面,创新的情况发生了变化。在这些层面的软件产品典型地处于利基市场而不含有众多的基础用户,它们相较于更低层面产品也拥有更高的附加值。举例来说,一家企业试图通过开放所有或部分的软件技术,进行 ERP 软件生产以发掘经济机遇就变得异常困难。同样的逻辑也可以用于销售云端或提供社交网络服务的企业。这类企业通过锁定供应商和对附加产品或服务的控制而得到市场占有增长。鉴于软件簇的更高层面似乎与开放式创新实践不尽协调,战略联盟和相互评估即在不同案例中得到了不同的处理。

然而,一些为更高层面提供产品和服务的企业看起来仍然在探索开放式创新战略并尝试从中获得机遇。这些企业案例表明了在这一层面界定好开放与封闭式创新的重要性。近期关于众包的概念也很好地描述了由该软件簇层面开放式创新带来的机遇。以开放式创新的根本假设即"可用信息的广泛分布"为例,很多企业都在利用大量的潜在创新者为其产品或服务做出贡献。很多用户带来了创新,而其目的仅仅是解决自身面对的某个问题。这种情况向服务或产品提供商显示了从大众或是被 Hippel、Ogawa 及 de Jong 称作的"消费创新者"中获取价值的机遇。为了探索这些机遇,提供商需要通过类似开放其接口、公开其接口规格、开放其开发者训练材料等方式为创新者提供便利。谷歌地图和 Facebook 是很好的两个案例:两者都允许来自第三方的参与和重复利用,这也为消费者创造了更多的附加值,并因此提升了协助平台的认可程度。

通过类似的方式,Gonçalves 和 Ballon(2011)就移动运营商的开放平台收益进行了研究,这种业务基于软件服务(SaaS)或平台服务(PaaS)模式而非传统上的软件许可出售。该经济子环境的开放式创新战略似乎涵盖了类似开放网络接口以及文档的实践。这种做法使消费者和第三方提供商创造具有创造性的附加品,例如通过 GSM 服务运营商的网络接口使用自己编写的小程序发送 SMS。类似的实践也可以在多个案例中见到,如 Facebook 或 Twitter 会为应用开发员提供开放的应用程序编程接口(API)。因此,在软件簇的更高层面,企业边界外仍然存在明显的创新能力,但它们也非常稀缺;这些能力的实现需要特定的策略,并通常出现在某个产品的创造之后。

软件业的开放式创新实践：战略与模式

像在很多行业中一样，计算机和软件行业中的创新交换或联合创造远早于系统性的经济战略核心而出现。在今天，开放式创新研究将这些实践区分为"由内而外的"与"由外而内的"（Chesbrough，2003；Enkel 等，2009；Spaeth，Stuermer 和 von Krogh，2010）模式或战略。由内而外的战略通常是将创新转移到企业的边界之外，无论是通过产品许可出售以捕获价值或是通过设置独立公司以加速产品开发（Spaeth，Stuermer 和 von Krogh，2010；West 和 Gallagher，2006）。由外而内的战略通常采取购买产品许可或向小企业购买已经开发出（或正在开发阶段）的创新产品的方式。这两种战略都在企业中得到了广泛的应用。除了这些传统的做法外，最近的研究也强调了基于产品和技术的联合开发战略的重要性（Chesbrough 和 Schwartz，2007），这些研究似乎超越了传统开放式创新文献中对以企业为中心的强调，并且同时显示出了基于技术的联合创造的多方参与逻辑。与此同时，它还与软件行业的开源产品非常相适应。我们在此展示了一小部分这类实践，并指出了已经从软件行业历史中逐渐显现的战略模式。

在第一部我们已经讨论过，今天的软件境况受到三种主要的业务与创新类型的影响：封闭式创新（主要发生在企业内部），开放式创新（包含了开源项目），以及混合式的（企业和开源社区间的战略联盟）。然而在实践中，这三种类型的区分却并不那么明显；以大企业为例，开源社区、利用多种联盟和混合创新战略（开放式和封闭式的）产生了相当多的开放式创新战略。

创新的联合开展选择——关于实现的方法、达到什么技术级别，以及和谁一起——是由管理团队做出的战略决策，并考虑到了相关的风险和机遇。尽管免费开放程序（如免费软件）是一种由开发出更大用户群需求（其价值可以借助应用产品或更丰富的产品功能设计进行捕获）推动的传统做法，IBM 仍是首次探索将这些实践用以带动创新的企业之一。Capek 等（2005）描述了 IBM 在 1997 年的早期经历："我们与 OSS 的最早也是最值得留念的经历之一是在 Jikes 源代码公布之后。在发布后的 8 小时之内,加利福尼亚的一名程序员给 Jikes 作者发送了一封电子邮件,其中包含了对原编译的卓有成效的改善,即便是原编译者也用了一些时间和努力来理解这些代码。"(250)

这个案例很好地体现了企业利用开源实践在价值创造上具备的潜能。从这些经历中得到的收获促使 IBM 与其他企业更加注重企业与专家联合开发创新所带来的收益,并开始构建开放式创新生态系统以实现这一目标。基于这类生态系统的逐渐增长的规模、协作和参与的成功,形成了包括特定战略与组织化的模式及治理结构的制度(Gencer 和 Oba,2011a,2011b)。我们在这里讨论了开放式创新的战略选择,这些选择与需要开发什么(如产品和服务)、如何进行开发以及和谁一起开发等问题密切相关。

如前所述,软件技术栈的更低层面为开放式创新战略提供了更多的适应性环境。事实上,产生了高回报的开源项目似乎都处于这一层面,如Linux、Apache 和安卓(Fitzgerald,2006)。因此,这一层面的协作是与"是什么"问题相关的模式构建。这一层面中有大量的创造力,它们似乎都能够吸引创新。

然而,在软件技术栈的更高层面,参与开放式创新实践存在更多的困难,尤其是考虑到该层面的软件开发设计目的是与特定应用的功能相符。这些层面更多地应用了传统的开放式创新实践,例如许可。但正如Fitzgerald(2006)写道,开源正越来越成为一个有价值的"品牌",很多拥有不同软件技术栈层面产品的企业也正对利用该品牌非常有兴趣。像Eclipse 项目(旨在生产开发者工具)和 jQuery(一个网页应用工具包)这类案例表明,整个行业也在逐渐发展更高层面的开源创新实践,尽管相比于更低层面的实践仍然要相对滞后。最近,很多产品或服务都位于更低层面的企业开始在开放式创新战略中应用众包以向用户(包括个体或小企业)扩展创新活动,甚至是在企业内部应用这种方式(Spector,Norvig 和Petrov,2012)。

在如何应用开放式创新上,一系列问题都需要得到解决,如控制共享、许可规划、治理、协作决策制定以及信任。软件行业的开放式创新经验已经显示出,强调了这些要素的特定战略模式已经出现(Gencer 和 Oba,2011a)。正在出现的一般主题似乎包括了:(1)在类似基金会或指导委员会结构之下的治理和决策实践的具体化,这与基于社区的开源项目的精英风格相反;(2)通过使用更自由的许可推动价值捕获,并与相关贡献参与方的更紧密结合以避免法律诉讼。在起源于社区的案例中,例如 Linux 和 Apache,企业参与带动了基金会和指导委员会的成立,并将这些模式和指令的转化应用在这类结构里。例如 Java 和 Eclipse 这样以协作导向的案例朝着同样的方向在演进,只不过双方的出发点不一样。这一模式在大规模的非结构化软件技术开发中很适用,这些技术更多地处在软件技术栈的更低层面。在以协作为导向的案例中(如安卓和 Eclipse),运行规则通常都由投入主要贡献的某家主导企业发起。

　　和谁一起实现开放式创新以平衡内部 R&D 投资回报与外部创新潜能是另一个需要谨慎处理的决策。开放式创新战略在借助协作贡献改善产品方面提供了资源,同时也在为市场拓展打下基础方面带来了机遇。用户和开发者——个体的或协作的——共同开发了可以被广泛使用的产品,软件共同生产的过程同时还推动了产品质量的持续提升。此外,用户在生产过程中也实现了市场拓展:产品的知名度提升了,并且像在独立子公司的案例中一样,非商业化技术也得到了传播与扩展。

　　模式选择看起来是由市场动力、企业文化相关要素及其是否与开放式创新实践相冲突等问题驱动的。以 Linux 为例,行业中的相关主体都进行了广泛参与,企业文化似乎并没有发挥作用,微软公司是个例外,因为 Linux 与公司的市场定位恰好相冲突。在这类生态中,朋友和敌人都在同一条船上。再以安卓技术(该技术已在行业中得到了广泛支持)为例,诺基亚——一家非常熟悉开源实践同时也是具有领先移动设备技术的企业——选择不引入该技术,但随后,诺基亚自家的技术最终无法与安卓相抗衡,并被迫与微软进行合作。大体上,特定市场中某个强大玩家的主导地位就是其他大量玩家参与开源创新生态协作的原因。

未来发展方向

软件行业的开放式创新已经进入了我们所说的"确立"阶段。强调关键创新要素的特定战略实践已经被证实为是有效的，同时得到了越来越多玩家的采用。这一转变阶段带来了特定的应用。未采取这些战略的企业则期望这一战略失败。另外，开放式创新战略的应用也带来了一些问题，特别是在生产是分散的、产品是复杂的、创新周期很短的非整合行业中，协作通过何种方式和机制得以构建还尚未明确。

随着行业中的战略实践发展"更加开放"，开放式创新的新机遇也随之出现，同时一些其他的方面也失去作用。这一前进方向似乎和 Nalebuff 和 Brandenburger（1997）提出的"竞合"概念相吻合：协作以创造价值，竞争以捕获价值。有一点很重要，即在说服协作伙伴参与开放式创新联盟的过程中，对新战略开发的积极观点是成功的重要因素。同样非常重要的是这一现象在可选战略上创造的真空与竞争压力。最近的案例是谷歌的安卓技术与微软或其他公司产品的对比。尽管这些可选产品看起来在"技术上"同等竞争，但由于所采取的特定战略，其他产品的吸引力就没那么大。

采取经济战略以利用由开源带来的机遇是一个演进中的目标。除了微软的显著案例之外，计算机和软件行业中的所有大企业似乎都在认真探索开源战略。同时，关于企业开发或将开源技术（如 Apache、Unix、Java）转化为产品与服务，并反过来从这些创新中创造并捕获了显著价值的成功故事也被铭记在个体化社区的回忆中（Behlendorf，1999；Geer，2005；Fitzgerald，2006）。

对于行业中的大企业而言，开放式创新战略的挑战似乎来自受欢迎度和市场覆盖间的平衡问题。如果产品很受欢迎，其需求就会增加，从主流战略逻辑来看，企业通过专利与许可保护该产品免受竞争，并进而获得更多收益。但是产品得到的保护力度越大，其用户群就会越小，这又将削弱它们与开源产品竞争时的适应性。

软件行业开放式创新的一个独特而永恒的特征可能是用户与开发者社

区的过程参与。开源创新正创造出强大的回馈效应,并吸引年轻而独立的天才们(学生、创业者)参与到创新进程中,他们所需的工具通常在一台笔记本电脑上就能够使用,并且常常是免费的。这一特征与例如喷射引擎或生物技术行业中的创新需求形成了鲜明对比,在这些行业中,开启开发进程需要大量的资金。人们可以预期,这种基于社区的前景会在可预见的将来继续对软件行业的开放式创新实践产生影响。

与大企业相反,小型与中型企业(SMEs)如何应用开放式创新,以及通过何种经济模式类型进行创新仍然并不明晰。一些关于国家创新系统的案例,如芬兰的做法,提出这类应用方式可能与当地环境而非大企业高度相关。同样,关于公共领域和非营利组织的经验案例也相对缺乏。

注 释

1. 举例来说,谷歌为平板电脑设计的安卓系统有超过 100 万行的程序代码(截至 2013 年 8 月 19 日)。

2. 平台是保持附加值软件流畅运转与互动的硬件、软件或二者的结合。它们构建了特定产品开发的标准。操作系统(Linux、Windows 等)和编程系统[Java、GCC (GNU Compiler Collection)]都可作为平台。

3. 软件技术栈可以通过与类似电子技术的对比得到更好的理解。在电子工程中,类似电力转化方面的低级问题会导致其他问题的产生,如通过马达将电力转化为物理能。同样,举例来说,电脑间的数据转化也关系到转化的具体内容。在这个例子中,互联网数据通信标准就处在技术栈的较低层面。你正在浏览的网页可能有更复杂的特点(在技术簇的更高层面),它们也是更低标准化的,并在不同电脑上会有不同的工作效果。

参考文献

[1] Baldwin, C., and von Hippel, E. (2011). "Modeling a Paradigm Shift: From Producer Innovation to User and Open Collaborative

Innovation. " *Organization Science* (22): 1399-1417.

[2] Baldwin, C., and Woodard, C. J. (2009). "The Architecture of Platforms: A Unified View. " In A. Gawer (ed.), *Platforms, Markets and Innovation* (pp. 19-44). Northampton, MA: Elgar Edward.

[3] Behlendorf, B. (1999). "Open Source as a Business Strategy. " In C. DiBona, S. Ockman, and M. Stone (eds.), *Open Sources: Voices from the Revolution* (pp. 171-188). Sebastopol, CA: O'Reilly Media, Inc.

[4] Capek, R, Frank, S. P., Gerdt, S., and Shields, D. (2005). "A History of IBM's Open-Source Involvement and Strategy. " *IBM Systems Journal* (44): 249-257.

[5] Chesbrough, H. (2006). "Open Innovation: A New Paradigm for Understanding Industrial Innovation. " In H. Chesbrough, W. Vanhaverbeke, and J. West (eds.), *Open Innovation: Reaching a New Paradigm* (pp. 1-15). New York: Oxford University Press.

[6] Chesbrough, H. W. (2003). *Open Innovation: The New Imperative for Creating and Profiting Technology*. Boston: Harvard Business Review Press.

[7] Chesbrough, H., and Schwartz, K. (2007). "Innovating Business Models with Co-development Partnerships. " *Research-Technology Management* 50 (1): 55-59.

[8] Enkel, E., Gassmann, O., and Chesbrough, H. (2009). "Open R&D and Open Innovation: Exploring the Phenomenon. " *R&D Management* 39 (4): 311-316. doi: 10. 1111/j. 1467-9310. 2009. 00570. x.

[9] Fitzgerald, B. (2006). "The Transformation of Open Source Software. " *MIS Quarterly* (30): 587-598.

[10] Geer, D. (2005). "Eclipse Becomes the Dominant Java IDE. " *IEEE Computer Society Press* (38): 16-18.

[11] Gençer, M., and Oba, B. (2011a). "Taming of 'Openness' in Open Source Software Innovation. " European Group of Organizational

Studies Colloquium in Gothenburg, Sweden.

[12] Gençer, M. , and Oba, B. (2011b). "Organizing the Digital Commons: A Case Study on Engagement Strategies in Open Source." *Technology Analysis & Strategic Management* 23 (9): 969-982.

[13] Gonçalves, V. , and Ballon, R. (2011). "Adding Value to the Network: Mobile Operators' Experiments with Software-as-a-Service and Platform-as-a-Service Models." *Telematics and Informatics* 28 (1): 12-21.

[14] Grad, B. (2007). "The Creation and the Demise of VisiCalc." *IEEE Annals of the History of Computing* 13 (3): 20-31.

[15] Heller, M. , and Eisenberg, R. S. (1998). "Can Patents Deter Innovation? The Anticommons in Biomedical Research." *Science* (280): 698-701.

[16] Von Hippel, E. , Ogawa, S. , and de Jong, J. P. J. (2011). "The Age of the Consumer-Innovator." *MIT Sloan Management Review* 53 (1): 27-55.

[17] Kogut, B. (2000). "The Network as Knowledge: Generative Rules and the Emergence of Structure." *Strategic Management Journal* (21): 405-425.

[18] von Krogh, G. , and Geilinger, N. (2014). "Knowledge Creation in the Ecosystem: Research Imperatives." *European Management Journal* 32 (1): 155-163.

[19] de Laat, P. B. (2005). "Copyright or Copyleft? An Analysis of Property Regimes for Software Development." *Research Policy* 34 (10): 1511-1532.

[20] Langlois, R. (1990). "Creating External Capabilities: Innovation and Vertical Disintegration in the Microcomputer Industry." *Business and Economic History* (19): 93-102.

[21] McKusick, M. K. (1999). "Twenty Years of Berkeley Unix: From

AT&T-Owned to Freely Redistributable." In C. DiBona, S. Ockman, and M. Stone feds. J, *Open Sources: Voices from the Revolution* (pp. 31-46). USA: O' Reilly Media, Inc.

[22] Nalebuff, B. J., and Brandenburger, A. M. (1997). "Co-opetition: Competitive and Cooperative Business Strategies for the Digital Economy." *Strategy & Leadership* 25 (6): 28-35.

[23] Nonaka, I., and Konno, N. (1998). "The Concept of 'Ba': Building a Foundation for Knowledge Creation." *California Management Review* 40 (3): 40-55.

[24] Nonaka, I., and Toyama, R. (2005). "The Theory of the Knowledge-Creating Firm: Subjectivity, Objectivity and Synthesis." *Industrial and Corporate Change* 14 (3): 419-436.

[25] Raymond, E. S. (2001). *The Cathedral and the Bazaar: Musings on Linux and Open Source by an Accidental Revolutionary*. Sebastopol, CA: O'Reilly.

[26] Sommerville, I., Cliff, D., Calinescu, R., Keen, J., Kelly, T., Kwiatkowska, M., McDer-mid, J., and Paige, R. (2012). "Large-Scale Complex IT Systems." *Communication of the ACM* 55(7):71. doi:10.1145/2209249.2209268.

[27] Spaeth, S., Stuermer, M., and von Krogh, G. (2010). "Enabling Knowledge Creation through Outsiders: Towards a Push Model of Open innovation." *International Journal of Technology Management* 52 (3): 411-431.

[28] Spector, A., Norvig, P., and Petrov, S. (2012). "Googles Hybrid Approach to Research." *Communications of the ACM* 55(7): 34-37. dx.doi.org/10.1145/2209249.2209262.

[29] Tee, M. Y., and Karney, D. (2010). "Sharing and Cultivating Tacit Knowledge in an Online Learning Environment." *International Journal of Computer-Supported Collaborative Learning* (4):

385-413.

[30] Teece, D. J. (2003). "Capturing Value from Knowledge Assets: The New Economy, Markets for Know-how, and Intangible Assets." In *Technology Management and Policy*; *selected Papers of David Teece* (pp. 47-75). USA: World Scientific Publishing Co.

[31] United Nations Conference on Trade and Development (UNCTAD). (2012). *Information Economy Report: The Software Industry and Developing Countries.* United Nations Publications. http://unctad. org/en/PublicationsLibrary/ier2012_en. pdf (accessed April 26th, 2013).

[32] West, J. (2003). "How Open Is Open Enough? Melding Proprietary and Open Source Platform Strategies." *Research Policy* (7): 1259-1285.

[33] West, J. , and Gallagher, S. (2008). "Patterns of Open Innovation in Open Source Software." In H. Chesbrough, W. Vanhaverbeke, and J. West (eds.), *Open Innovation: Researching a New Paradigm* (pp. 82-106). USA: Oxford University Press.

[34] West, J. , and Wood, D. (2013). "Evolving an Open Ecosystem: The Rise and Fall of the Symbian Platform." In A. Ron, J. E. Oxley, and B. S. Silverman (eds.), *Collaboration and Competition in Business Ecosystems (Advances in Strategic Management, Volume 30)* (pp. 27-67). UK: Emerald Group Publishing Limited.

第十四章 基于战略联盟的
开放式创新挑战与展望

雷费克·卡尔潘

引　言

　　距离开放式创新(OI)的概念被首次引入管理文献,以及开始在组织中得到应用已经经过了相当长的一段时间。尽管它在新产品、流程和技术等方面为超出公司边界的创新管理提供了新视角和可用的指导,但研究人员和实际工作者还是面对着很多需要得到强调的困难。在过去的管理文献中,不同的流行趋势、途径或技术(如社会技术系统或全面质量管理)都在持续得到推出;但在今天,我们很难再听到它们。因此我们也可以问一问:OI是一种事实还是心血来潮? (Chesbrough 和 Brunswicker,2014;Trott 和 Hartman,2009) OI 的 开 拓 者 们 (Chesbrough, 2003, 2006; Gassmann 和 Enkel,2010;West,2003)坚定地认为,企业在产品和流程上严重依赖于 OI 的开发和使用以获取竞争性优势或更高的平均回报。我们今天处在一个依赖程度不断加深的全球经济环境中,几乎没有单个企业或是个人拥有数不尽的资源,也无法仅仅停留在企业边界之内而无须任何外部帮助或协助即实现其全部 R&D 目标。尽管 OI 在理论上听起来很令人向往,但一个关键的问题是企业是否能够通过分配其资源、时间和精力实现 OI,尤其是它们如何通过有价值的知识产权共享与其他潜在企业展开合作。如果企业也将 OI 看作将随时间消逝的管理潮流,它们就会很谨慎地将其传统战略方式和工具(即封闭式创新)投入到竞争性产品与技术的开发中。然而,现有业务环境(即技术进步和业务全球化)与实践业务的竞争实际已经教导我们,企业再也不能完全依赖于其自身的创新源。例如,默克公司是一家美国制药公司,它宣布公司在随后的两年中将减员81000人,或是说20%,这些缩减尤其影响其R&D活动。Joseph Walkers 和 Peter Loftus(2013)在《华尔街日报》上指出,近些年来对于基因和生物认识的不断加深推动了药物开发的进程,其中很多是针对利基患病人群的有前景的新药物。这些新药物一直都由前沿科技领域的小型生物科技公司进行开发。此外,默克 R&D 部门的缩编意味着公司将会采取合并活跃在前沿研究中的新创公司的战略,而非从事内部药物开发或是与这类外部公司进行新药物开发协作。不管怎样,默克正在向一家生物技术风投公司转变。公司将重点关注从外部获取实验性药物,这帮助公司将研究开支和不成功的新药物运作成本最小化。对于默克而言,这代表了一种战略转变,即从内部药物开发转向从外部寻求机遇。公司同时还在寻求新药物开发方面的跨企业合作。除此之外,默克并不是唯一一家发生这类转变的企业。

另一个跨企业协作以实现 OI 的典型案例是 Blade. org,它由 IBM 和其他六家企业创立,旨在促进叶片技术的开发与创新,以满足用户在信息技术系统上的计算机服务器需求(可见第二章注释)。Blade. org 是一个企业协作社区,包括管理成员(即 IBM 和其他六家创办公司)和一般成员(终端用户企业)。社区的目的正如 Snow 和 Culpan(2011)所描述的,在于强化叶片问题处理技术的发展,以能够及时进入市场并提升用户对于系统的满意度。Blade. org 社区为会员提供项目设计、方案开发、独立测试程序、行业方案与营销事件汇总,以及将会员注意力与偏好和社区扩展提升的战略设计相匹配,由此来达到社区目标。

Blade. org 的案例表明,IBM 及其他创立公司选择组建关注于推动叶片服务器方案开发与应用的企业协作社区,而不是试图独自进行叶片 IP 开发(Snow 和 Culpan,2011)。

上述案例及早前的研究(Chesbrough, 2003;Enkel, Gassmann 和 Chesbrough,2009;Gassmann 和 Enkel,2010;von Hippel 和 Krogh,2003)显

示，企业会通过多家互补企业间资源与竞争的协调加速创新，并带来符合用户需求的新产品和流程。由此，与内部创新不同，OI 应被视作将会为用户持续带来空前回报的可行战略工具。很多公司都承担着寻求新产品、新服务或新技术的巨大压力，正如本书前几章所表述的。开放式创新不仅是克服内部 R&D 自满的有效范式（Gassmann，Enkel 和 Chesbrough，2009），它同时也能引导企业利用创新生态系统中的分散因素进行新价值创造。在很多方面，开放式创新范式都创造了一种环境，企业由此能够通过战略联盟、协作合伙或知识与技术中介进行外部创新源的探索与开发。

除此之外，在企业完全利用 OI 之前，还有很多关键的战略问题需要回答。例如，West 和 Gallagher（2006）发展了三种基本的 OI 挑战：发掘创新的内部创新开发方式，外部创新与内部开发的协调，以及推动外部方持续提供外部创新。这些都指出了一种矛盾，即当这类项目产出可能使其对手获益时，企业还是否会将其资源投入 R&D 项目。传统上，公司倾向于对 R&D 活动持保守和谨慎态度，它们将这类工作看作可能为其对手带来竞争优势的活动。然而，正如 Culpan（2002）、Hamel 和 Prahalad（1989）所指出的，与对手的协作可能带来双赢的结果。此外，这种保守态度也确实在改变，这点我们将在后文进行阐述。

在本书所提到的研究中，我们发现了一些关于 OI 概念和应用的关键问题，现在我们将进行描述与讨论。

挑战 OI 的关键问题

一些关键的战略问题引起了创新研究者和管理者的关注。未来应将 OI 置于哪些合适的视角并理解其重要性即有效应用，我们需要解决这些问题。因此，本章将在战略联盟的架构下，从知识创造与开发流程的角度看待 OI 概念与应用。首先，有一些在新型技术、产品、服务和市场等方面的问题需要强调，随后将在概念框架中进行相应分析。

1. 经济与管理文献怎么认识 OI? OI 的理论基础是什么？

对于 OI 有几种理论解释；但是，从战略管理出发点来看，我们认为基于资源的视角、基于知识的视角和基于企业动态能力的视角提供了最相关的概念解释。依据战略管理文献，企业的竞争性优势与企业及其所掌握的资源、能力或知识资产有关。同时，正如第二章所述，创新与企业战略的协调很大程度上也决定了企业的盈利（或成本），由此业务战略和创新也被联系在一起。现在我们将着重探讨 OI 的理论基础以理解其特征与动力。

企业资源观视角与动态能力

Grant(2008)提出，在 20 世纪 90 年代，企业战略资源和能力、竞争性优势与盈利的主要来源被看作一种新视角，并以企业的资源视角著称。从这一特定的视角来看，Barney(1991)、Collis 和 Montgomery(1995)以及 Peteraf(1993)提出，企业的竞争优势来自企业对其资源与能力独特组合的占有与应用。这些重要资源包括实体的（即财务和实体上的）、隐形的（即技术、文化）及企业的人力资源，能力则帮助企业将这些资源转化为良好的应用。借助类似的方式，Prahalad 和 Hamel(1990)将这些关键能力界定为"核心竞争力"，它对最终的用户价值或价值效用做出合适的分配，并为企业带来优于其对手的竞争优势。此外，依据 Teece(2009)，"动态能力是组织有目的地创造、拓展或修正其资源库的能力"(4)。另外，动态能力的概念还包括识别变革需求或机遇的能力、回应这类需求或机遇的能力以及投入实践应用的能力。通过这些方面，Dyer 和 Kale(2007)这样界定相关能力：通过强调创造资源与能力的理想结合，企业能从其战略联系中创造价值。他们认为，相关能力的驱动因素通常是通过合作中的系统性投入日积月累形成的特定相关资产（如日本汽车生产商与其供应商之间的协作）、互补性能力（如一方拥有很强的 R&D 取向，另一方则有很强的商业化技巧）、企业间知识共享路径（如建立有效的知识转移流程），以及有效治理（如通过合约和所有权结构形成的联盟，可以有效地保护彼此抵抗外部的敌对行为）。因此，这四个带来优势的要素为资源视角提供了一个相关的思考角度。

企业知识视角与知识的探索及开发

知识视角将企业对知识资产的占有看作是将知识进行应用以创造价值。这种途径可以视作企业资源视角的一种延伸,但它对于企业间知识的创造和共享则更为强调。从战略角度看,Grant(2008)认为,企业的知识是有价值的、有效用的,同时也是格外重要的资源。知识有特定的属性,例如分散广泛,因此很难进行转移,同时形式也很复杂,因而很难复制。此外,企业的能力也可以被视作组织知识的一种表达。由此,知识管理为组织能力的创造、开发、维持和复制提供了有价值的工具。但是,知识的类型——隐性的(知道为什么)或显性的(知道是什么)——在从一个组织到另一个组织的传递过程中非常关键。隐性知识包含通过管理、绩效等技能,而显性知识则包括事实、概念和制度。显性知识可以被编码,因此更容易进行转移。但隐性知识则只能通过实践中的观察和应用进行观测;因此,它在人群(企业)中的转移是缓慢、需要大量成本而充满不确定性的(Grant,2008)。这样,隐性知识的转移就成了战略联盟中的不确定性因素,也应在 OI 的架构下得到有技巧的控制。

知识管理的一个重要部分是对知识转移与获取流程的认识。March(1991)发现了两种主要的流程——知识探索和知识开发。他从组织学习的角度考虑了二者的关系,前者是对新可能性的探索,后者是对旧有确定性的开发。此外,Spender(1999)将知识探索称为"知识衍生",而将知识开发称为"知识应用"。前者包含知识的创造和获取,后者则涵盖了知识的整合、共享、应用、储存、组织、测量和识别。在 OI 语境下,企业可以进行这类资产的联合创造、转移与利用。事实上,开放式创新的特性(Chesbrough,2003;Enkel 等,2009;Gassmann,2010)本身就包含了对这类流程的认可,而新产品、技术和业务模式也由此得以开发。

学习与整合知识对于企业的创新能力提升是必不可少的。开放式的范式使得企业能够从孤立的企业中心创新模型转向探索外部创意与网络的模式。此外,保持开放使企业能接近新知识和创意,有助于加强企业的能力与竞争力。新知识和创意引领了组织学习,由此为组织带来了创新与竞争优势来源。

　　总之,上述理论强调了开放式创新的概念基础,对于理解 OI 的合理化及其与企业的业务战略、竞争优势之间的关系非常有帮助。然而,公司资源、竞争力和知识库同样有其局限性。换句话说,几乎没有公司占有所需的全部竞争力与知识资产,这些资源能导向创新产品和技术,为企业提供所寻求的利益(或租金)。因而,企业越来越多地需要有资源有能力的合作伙伴来展开知识探索(或衍生)与开发(或应用),以在今天的竞争世界中获取新产品与技术,即强调了开放式创新模型与模式。

　　尤其是,为了开发创新所需的组织能力,组织寻求探索式与开发式学习之间的平衡就非常必要。在不断变化或不稳定的环境里,企业面对着探索新选择、重新利用已有资源和开发新能力及路径的种种挑战。没有持续的组织学习,开放式创新就不可能实现,组织也很可能会停滞然后失败。

2. OI 会替代封闭式创新吗?

　　封闭式与开放式创新的问题以及两种范式之间的选择一直是学界争论的话题。Almirall 和 Casadesus-Masanell(2010)曾提出问题,开放式创新在什么时候要优于封闭式创新呢? 为了回答这个问题,他们总结道,开放式的创新途径使企业能够发掘在封闭式环境中很难发现的产品的特征。但是在与合作伙伴目标不一致时,开放式创新则限制了企业控制产品技术路径的能力。他们认为,发掘带来的收益和分散带来的成本之间的博弈决定了对开放式与封闭式创新的选择。

　　总之,我们相信两种范式都将得到持续应用,事实上二者也是互补的,而不是彼此取代的。随着知识逐渐在全球甚至是跨行业的分布,企业可能会依赖于内部知识的衍生与创新,它们还是会通过开放式创新和与其他知识源的协作寻求利益。考虑到不同行业主体(即互补的角色——杰出的企业、财务机构、技术供应商、竞争对手,以及用户)的技术、市场变化和相互依赖的发展,我们将在一个开放式生态系统中,见证 OI 在企业间的广泛应用。

　　在《敏捷企业》一书中,Pal 和 Lim(2005)提出,协作创新使企业能够回应用户需求,适应市场变革,通过与外部伙伴的协作确保资源能够满足复杂挑战和业务流程的需要。此外,敏捷的企业能够采取最为有效的业务流程来协调从外部获取的信息与知识,并在持续的组织学习中推动开放式创新的动态适应性开发。除此之外,Chesbrough 和 Brunswicker(2014)表明,欧美的大型企业在其业务实践中也正越来越多地应用开放式创新。

另外,在对德国化学行业的经验研究中,Herzog(2011)发现,随着创新力度在过去 20 年间的减弱,很多化学公司开始应用 OI 战略。他提出,德国化学公司通过设置独立的组织单元(如 Degussa 的"创新技术与创新办公室"或 BASF 的"联合创新实验室")进行开放式创新概念运用,这些单元负责焦点企业 R&D 部门无法单独展开的创新项目。同时,他还提出,封闭式和开放式创新包含了两种不同的企业文化,"别在这里发明"(NIH)症状可能成为开放式创新战略应用的主要障碍。在早期的研究中,Chesbrough(2006)得出了这一结论:这类症状部分是源于惧外,不喜欢或者不信任外部创意。这种内部对外部创意的抗拒态度是 OI 应用的主要困境;因此,组织文化需要得到变更以更为接纳外部创新。

开放式创新范式的概念与封闭式创新极为不同,在后者中,公司对所有流程保有完全的控制,各种发明也非常秘密地进行。此外,社会和行业的变革、信息和通信技术的发展以及不断发展的全球化,引导了知识流动性的增加与财务结构的新发展,例如风投——这些都使得创新的边界逐渐开始被打破(Chesbrough,2003)。

除此之外,由于开放式创新已经展开了很长时间,我们也许需要更近期的经验研究,将封闭式和开放式创新实践及其产出(如竞争优先性和可能性)进行对比,观察其流程与结果的核心变量的测量差异,同时这些变量也还需进一步的界定。同时,相关的概念和经验研究也在逐渐增多(Chesbrough, 2006;Chesbrough 和 Brunswicker, 2014;Christensen 等,2005;Lichenthaler,2011;van de Vrande 等,2009;West,2003),包括了本书中的一些研究,这些研究就开放式创新的价值展开了引人入胜的争论,这也能与内部 R&D 相结合。

3. OI 仅仅对特定的行业适用吗?

我们还需要判断开放式创新是否仅仅对特定行业适用——例如计算机与信息技术(CIS)、生物技术、生物化学,正如本书前几章所进行的讨论——或者可以在更广泛的行业范围上进行应用。尽管 OI 的概念对每个业务部门都适合,但它可能还是在软件开发和生物化学等领域更为普遍,如第四章和第十三章所述。Matzler 等(2014)提出,随着组织越来越多地采用 Web 2.0 技术,更多的协作机遇随之出现,也带来了更开放的战略模式,也即开源战略(Matzler 称之为"开放式战略")。同时,Chesbrough(2006)指出,开放式创新的概念是否可以应用在低技术或更成熟的行业,或是仅适用于高新技术行业还有待观察。而 West(2003)则认为,计算机平台提供了硬件与软件标准整合工艺,可以以此作为互补性资源开发的基础。他认为最成功的平台是由控制了平台发展与相应回报的资金赞助商所有的,但在研究了三个传统的投资商后,他发现他们使用了混合式战略,也就是在维持控制和差异性的同时试图结合开源软件的优势。

事实上,Chesbrough 和 Crowther(2006)强调早期的 OI 应用者并不属于高新技术行业,而是在传统的制造业中。此外,通过从行业一动态的观点对 OI 概念进行分析,Christensen、Olesen 和 Kjær(2005)提出,对于新型技术的 OI 的协同管理代表了在尚不成熟的创新系统中的企业不同定位、技术系统的成熟状况和阶段,以及公司提出的特定价值定位。

因而,新的 OI 在 CIS、制药行业、生物化学等领域应用更为普遍,但它们也有很大的潜力被应用于其他行业,尤其是在跨越了传统行业边界的新兴行业中,如第四章所强调的。对 OI 应用的需求很可能在将来迅速增长,尤其是考虑到电子信息技术的迅速发展、环境与社会开放性的不断提升、技术与行业边界的不断模糊以及社交媒体与众筹的迅速成熟与普及。

4. OI 仅仅与西方企业(如美国公司)相适应吗?

我们认为,环境上的考量,包括国家和企业文化环境与组织范式,会影响 OI 的采取和应用。正如第十二章的作者在日本企业集团尤其是松下集团的案例中所展示的，OI 在组织和国家中的应用受到了国家和组织上的干扰。松下集团的案例表明，OI 的渐进式运用对日本这类国家更为合适，其经济系统和企业集团的影响并不非常鼓励与外部方的协作。从封闭式向开放式创新的战略转变可能是由于这种环境中的企业逐渐认识到开放式创新的收益，同时它们的内部 R&D 工作被证实无法带来理想的结果，由此导致企业在产品创新与技术开发上落后于全球竞争。此外还需要注明，OI 一直都在获取新的要素，也受到很多国家组织的欢迎，但创新工作上的这种转变需要管理思维和组织范式与环境状况的综合变革。

举例来说，在研究了中国、印度和巴西的跨国企业后，Contractor（2013）发现了新兴市场跨国公司（EMMs）的多种可能特定资产，包括 EMMs 顶层管理者的思维（诸如长期定位、全球或世界性视角、认可向国外对手和用户学习的需求、对差异的包容，以及节俭）和母国文化特点（诸如对关系、家庭控制和私有股权资本的强调）。从这些方面，我们可以发现 EMMs 在产品创新和技术开发上也可能是重要的主体，它们借此在与已经成熟的西方跨国企业的竞争中获取相对优势。

另一个 EMMs 致力于创新的案例是科奇财团的子公司倍科，这是设立在土耳其的"白色产品——冰箱、烤箱、洗衣机"生产商，公司意识到无法持续依赖西方的技术许可来维持竞争性或产品开发，因此公司开始独立的 R&D 开发工作，但同时也与西方企业保持协作，并在本地市场之外，也开始将竞争性产品引入欧洲和北美。

谷歌和一系列的西方公司，始终都认可韩国新创企业在软件开发、社交网络和移动游戏开发上的能力。例如 Classting，一家由前高校教师创办的教育类社交网络软件公司，它帮助教师与学生及其家长进行互动。谷歌将 Classting 的负责人与其他韩国负责人带到伦敦和旧金山与风投家会面。最终，九家公司成功地获得了 4 亿美元的外部投资。尽管谷歌并没有对这些新创企业进行投资，它还是从更广泛的网络使用量中受益了（Cheng，2013），创新式新创企业即推动了这一趋势的发展。这个案例很好地表明了开放式生态系统是如何加速创新的。

除去一般的模仿者形象外,中国也有很多创新公司。例如,腾讯即因其创造式的网络移动设备、极为流行的通信系统微信而广为人知。另一家中国企业小米也是一家年轻的公司,从三年前开始,小米依靠低价智能手机对苹果和三星构成了极大的冲击。此外,中国的创新主要集中于构建已有技术而不是开发根本上的创新(Schuman,2013)。

由此,我们可以总结,尽管发展中经济体中的企业可能会偶然地展现出创新行为,但与西方企业进行对比的话,它们还是相对弱势,因为它们缺乏西方企业享有的业务市场和平台中的互补式主体业务生态系统。事实上,发展中经济体的 OI 发展的主要障碍之一就是缺乏跨企业联盟来加速产品或技术创新,尤其是支持新创企业的财务网络的缺失,以及追求迅速投资回报的大企业的常见风险规避行为。

5. 谁是 OI 的合适伙伴,企业怎样创造联盟组合?

在参与 OI 的项目时,企业需要确认拥有互补性资源和能力的合适伙伴。这样,潜在伙伴识别与战略组合构建就成了 OI 应用中的重要阶段(见第三、四、十一章)。因此,我们需要明确其中的关键要素和方式,这样企业能使用其相应的资本进行成功的 OI 投资。为了实现这一点,相关的 OI 驱动要素需要得到界定和强调。

在潜在伙伴的选择中,企业需要考虑下列要素:对象企业的战略意图;企业的资源与组合竞争,可信度,协作经验(OI 经验);企业在价值链中的定位,即对象企业是竞争对手(或潜在竞争对手)或互补方。当然,这是件很烦琐的工作,但它能帮助管理者做出更好的决策。第三章提到,选择加入开放式 R&D 联盟的焦点企业可以对突破式创新的开发更为坚持,尤其是当这些项目被放在企业的联盟组合与元组织之下进行管理时。

在市场中搜索产品、技术和商业模式方面的新创意和新发展为寻求潜在伙伴提供了新的视角。通过这种方式,企业不仅仅需要考虑其自身产业或常见伙伴的发展,更要关注可能产生理想伙伴的跨行业发展。

6. 信任对于企业间联盟意味着什么？

信任始终都被作为企业间联盟研究的基础。一系列学者（Culpan，2002；Das 和 Teng，1998；Gulati，1995；Currall 和 Inkpen，2002）都细致地探讨了合作关系中的信任问题。在联盟构建与管理中，各方互相信任，成功的协作才可能实现。尤其是对于包含产品/服务或技术上创新的联合 R&D 项目，合作方需要确保其伙伴的可信性。在这类伙伴的选择中，与某企业过去的关系是重要的指标，这点我们随后也将进一步说明。Gulati(1995)认为，与伙伴的熟悉程度培育了信任感。由于信任对合作方的重要性，这一要素也将在概念架构中进行单独探讨。

7. 公司如何在与其潜在伙伴进行竞争的同时进行协调？

OI 合作的一个主要困境是"合作竞争"，即企业如何在竞争的同时进行协调（Brandenburger 和 Nalebuff，1996）。在著作《合作竞争》中，Brandenburger 和 Nalebuff(1996)认可了这二者，并提出了四种主体：消费者，供应商，竞争对手，互补方。此外，他们认为，某个主体可以既是竞争对手又是互补方。另外，在半导体行业企业合作竞争关系对创新绩效的影响研究中，Park、Srivastava 和 Gnyawali(2013)发现，竞争和合作强度与企业基于合作竞争的创新绩效不存在显著的正相关关系，而平衡式竞争（即竞争与合作都较为强烈）则对创新绩效有积极作用。这样似乎可以得到结论，当联盟是通过合作与竞争的平衡方式得到细致筛选和管理时，合作竞争会带来更高的创新绩效，公共和私人的收益也能得到最大化，正如 Park、Srivastava 和 Gnyawali(2013)所述。

8. 创新生态系统中会产生新的 OI 应用吗？

传统上，创新产生于关注新设计、技术、材料和产品的内部集中式 R&D 部门，主要针对的是新设计和制造流程。但是，将 OI 引入非传统和多维创新活动——如与不同互补方的协作，或是价值链上下游的合作行动（如营销、供应链,见第六章)——的深刻研究将推动产生该领域的新观点。如第六章所示,开放式创新活动需要在合作关系中进行考量,包括供应链伙伴,主要是消费者和供应商,以及焦点企业知识流入的源头。在这个意义上,Thomke 和 von Hippel(2002)提出,消费者可以成为潜在的创新者,通过提供新创意和建议为企业创造价值。

亚马逊(Amazon.com)和美国邮政服务(USPS)近来就部分美国城市的周日运送服务(即一种增值创新)达成的一致代表了一种有趣的合作关系。通过这一协作,亚马逊将强化其用户服务,而 USPS 将获得额外回报。通过周日运送方案,亚马逊的目标是将送货员整合进自身的运送平台。

传统上,创新产生于企业的 R&D 部门,它们也被看作"成本中心",而在 OI 中,新创意和知识可以在不同价值链节点上的合作方和开放生态系统中传递,其中包括了不同的主体,如供应商、转包商和用户(见第四和第六章)。当然,将这类不同主体协调整合进一个创新行动方案中并不容易,而跨企业协作 R&D 项目仍然面对着社会和技术上的挑战(如跨专业团队和跨部门会议的协调问题)。但是,通过领导层的支持、联合任务团队、改善沟通和激励系统,这些问题同样能得到解决。随后,我们将关注典型 OI 流程在新价值链活动中面临的挑战。

典型创新生态系统的特征是人员、知识和其他资源复杂联系的持续再配置,这些资源促进了生态系统的和谐发展。同时从创新生态系统中收获良好关系的能力也是开放式创新成功的关键决定要素。但是,企业仍需要发掘实现其目标、能力和资源的独特开放式创新途径(Lindegaard,2011)。

此外,Adner(2006)发现了创新生态系统中的三种基本风险类型:初始风险(项目管理的不确定性),独立性风险(与互补方创新者协作的不确定性),整合风险(价值链应用进程中的不确定性)。这些风险的拓展主要与其试图展开创新的目标市场相关。系统性地强调这类风险的企业会设立更符合实际的期望,开发更为完善的环境应对方法,并制定更为健全的创新战略。通过协作,这类行动将产生更为有效的应用和收益更大的创新(Adner,2006)。因此,在创新伙伴的筛选中,将创新生态系统和战略与潜在合作企业的目标进行匹配,以此来判断这些风险,这对于企业同样重要。

9. 企业规模和参与 OI 的相关性有多大?

参与开放式创新企业的规模是另一个值得细致研究的富有争议的问题。对企业规模及其参与开放式创新的关系研究可能会很有意思。大型成熟企业与其他新创企业间的 R&D 协作已经非常普遍,这些企业具备很好的财务基础和创意,但缺乏研究资金和成熟的业务平台来进行研究推广或是终端产品或技术的商业化。一般而言,这种现象在 CIS(包括软件和硬件)、生物技术和制药行业中更为普遍。

第十章展示了知识密集型业务初创公司(KIBS)参与市场和技术导向型创新的现状,通过其在上下游领域中的策略组合调整,它们能够解决所面临的上述问题。

另一种情况发生在新创企业和风投公司中。Gruber 和 Henkel(2006)提供了开源软件业务中的案例。此外,作为小型和中小型企业(SMEs)与大型公司 OI 参与的对比结果,第三章写道,SMEs 在与大型企业的合作中存在着诸多挑战。第三章总结道,SMEs 通常缺乏信任、害怕被不公正对待、对知识过度保护,而大型公司则更关注于将协作研究整合进其战略地图并将其技术向竞争对手进行扩展(见表 3.1)。此外,基于荷兰公司的数据,Van de Vrande、De Jong 和 Vanhaverbeke(2009)展示出,OI 概念和实践同样也被 SMEs 所采用。他们发现,SMEs 主要出于市场相关动机而追求开放式创新,例如为满足用户需求或是与竞争对手保持同步。另外,Verbano、Crema 和 Venturini(2013)解释了参与 OI 的意大利制造 SMEs 的属性特征。

上述解释认为,OI 不仅限于大型公司,当伙伴的资源和能力符合上述提到的关键要素时,新创企业和 SMEs 也可以参与 OI 活动。换句话说,企业规模影响并不大,因为合作企业的知识资产和竞争性可以形成互补。沿着这一思路,Lindegaard(2011)研究了开放式创新为小型和大型企业带来的收益,并特别指出了开放式创新是如何与天然的创新型小型经济体相适应的。

10. 大学—企业协作是如何随着 OI 的出现而改变的？

另一个重要的问题是大学—企业的 R&D 协作(第八章)如何或将如何随着 OI 的出现而发生变动。尽管如第八章所述,大学—企业间 R&D 协作已经持续了很多年,OI 却将这一关系提升到了新的层面。我们可以发现下述大学—企业 R&D 协作现象。首先,越来越多的跨行业技术和知识开发已经提升了企业对大学 R&D 的依赖程度。其次,一系列大学通过设立其风投中心(即一种由内而外的开放式创新范式)而在 R&D 中扮演了更为积极的角色。

在研究了学术和企业 R&D 关系后,Barnes、Pashby 和 Gibbons(2002)开发了一种很好的实践模型,它包含下述原则:(a)对新伙伴和协作环境构建评估,(b)目标设立、流程报告、有效沟通和合格项目管理者任用,(c)构建与变革相适应的动态管理流程,(d)信任、承诺和持续性的构建,(e)合作方兴趣和承诺维系措施的设定,(f)学术目标和行业优先性之间适当平衡的维系。所有这些建议都对 OI 语境下的大学—企业 R&D 协作非常适用,我们也可以拓展三主体模型(包含三个核心主体:大学、企业和政府),对更多的非传统主体进行考量,包括在价值链中进行新产品和新技术从创意到市场开发工作的供应商、用户、天使投资人、风投资本家,甚至是竞争对手(详情可见第八章)。

通过对大学—企业 R&D 协作中的 OI 角色的分析,以及对近来关于研究中心和企业关系协作研究的再评估,我们尤其发现,新材料和技术(即纳米技术、生物多样性、生物技术,以及新能源技术)已经得到了显著发展。

OI 展望

为了回答上述问题,我们构建了一个概念框架,以此分析开放式创新的驱动要素、管理,以及组织要素和形式,同时理解其动态变化,见图 14.1。这一架构假设开放式创新的基本流程包含了创意衍生,即我们所说的"价值构建",同时各创新也从反映了特定市场需求的新创意和设计开始发生价值创造,也就是在该新创意转变为产品、技术或业务平台的过程中价值是如何产生的。最后,部分创造的价值会从所有的工作中提取出来。当这种价值通过战略联盟被创造出来时，联盟伙伴的确期望从中获益。

此外，这一架构包含了：(a)OI 的驱动要素，包括开放式生态系统、新兴产业与技术、知识分散与 R&D 协作的需求；(b)对开放式创新的管理、管理和战略要素的协调，包括管理思维、战略定位，以及将推动创新范式与模式转化和借助战略联盟引导价值创造与协调的伙伴筛选。我们将对该模型的各个部分进行解释。

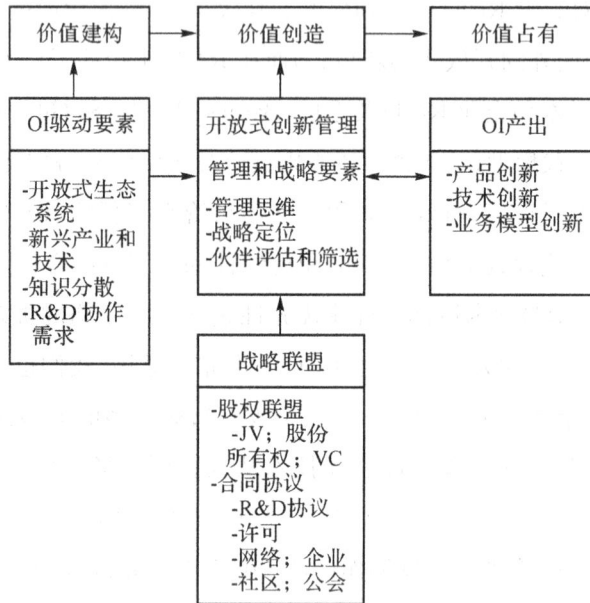

```
┌──────────┐     ┌──────────┐     ┌──────────┐
│ 价值建构  │ ──> │ 价值创造  │ ──> │ 价值占有  │
└──────────┘     └──────────┘     └──────────┘
      ↑                ↑                ↑
┌──────────┐     ┌──────────────┐  ┌──────────┐
│ OI驱动要素 │     │ 开放式创新管理 │  │  OI产出   │
├──────────┤     ├──────────────┤  ├──────────┤
│-开放式生态 │ ─> │ 管理和战略要素 │<─│-产品创新  │
│ 系统      │     │-管理思维      │  │-技术创新  │
│-新兴产业和 │     │-战略定位      │  │-业务模型创新│
│ 技术      │     │-伙伴评估和筛选 │  └──────────┘
│-知识分散   │     └──────────────┘
│-R&D 协作  │            ↑
│ 需求      │     ┌──────────────┐
└──────────┘     │   战略联盟    │
                 ├──────────────┤
                 │-股权联盟      │
                 │ -JV；股份     │
                 │  所有权；VC   │
                 │-合同协议      │
                 │ -R&D协议      │
                 │ -许可         │
                 │ -网络；企业    │
                 │ -社区；公会    │
                 └──────────────┘
```

图 14.1　开放式创新框架

开放式创新的驱动要素

创新或(开放式)生态系统

根据许多学者的研究(Adner 和 Kapoor,2020;Chesbrough,2006;West,2003),开放式创新发生在一系列参与 R&D 活动的行动者组成的网络关系中,无论是直接或间接地,深刻地或边缘地。进行创新投资的焦点企业需要与网络中的其他企业展开互动,这些企业都对完成任务有一定的贡献。例如,Chesbrough(2006)发现了"创新中介"的出现,它"帮助创新者更迅速地使用外部创意,帮助投资方发现更多的市场,同时也使它们的创意可以为他者所用以共同获益"(139)。

除此之外,Adner 和 Kapoor(2010)提出,"创新企业的成功通常要依赖于环境中其他创新者的努力"(306)。在现有的市场环境中,创新者(焦点企业)和价值链上下游中的其他相关企业相互依赖。例如,为了开发将原始设计转化为成功的商业产品的创新式智能电话,苹果公司需要与一家硬件生产商、一家先进的微晶片生产商和其他软件开发商进行协作。

该生态系统中的上游部分常常依附于焦点企业,而下游部分则常常依附于企业的用户,在通过生态系统的输入和输出对二者进行区分之后,Adner 和 Kapoor(2010)指出,外部创新挑战的影响不仅仅决定于其体量,同时也取决于其在与焦点企业相关生态系统中的位置。另外,他们"发现了由焦点企业相关挑战的定位所带来的关键不对称:更大的上游创新要素挑战强化了技术领先方所占有的收益,而更大的下游创新要素挑战则损害了这些收益"(1)。除此之外,理解了生态系统相互依存性的焦点企业会更好地在上下游环境中展开协作项目。

行业与技术聚合

行业和技术之间的边界已然模糊,正如在健康科技、生物技术、材料科学和纳米技术等案例中所见到的。举例来说,现在的汽车生产商需要将电器、计算机和可替代能源机制整合在其最终产品中,以此获得先进的有竞争力的汽车产品。一系列的行业由此产生,如天然气和电力、能源和通信、计算机和电子通信以及生物与化学等。这一趋势为这类行业中的企业同时带来了机遇和挑战。信息和知识的激增、技术和数字化的发展可能是影响这种趋势的主要原因。同样的现象也出现在了能源企业、智能家居和建筑、能源与电子通信等方面的发展中,这些行业也是新兴产业的代表之一。例如,现在的智能手机是技术发展和数字化趋势的产物(即一种电话、计算机、照相机和导航系统的结合产品),尤其是,干细胞、生物能源和生物化学方面的发展已经令人震惊。所有这些行业和技术的发展常常都要求企业间进行创新式产品和技术的开发工作。

知识扩散

Chesbrough(2006)声明，"作为其基础，开放式创新假设有用的知识分散在广阔的环境中，即便是能力最强的 R&D 组织也必须将识别、接近并利用外部知识源作为创新的核心流程"(9)。这意味着几乎没有单个公司占有开启创新产品开发进程所需的全部知识资源。例如在本书中，借助IBM、宝洁公司、飞利浦公司、壳牌公司和施乐公司的案例，我们已经表明公司需要接触潜在伙伴以从联合 R&D 工作中得到相应的资源和收益。同样，正如其他作者在之前章节中的论述，很多起初诞生于初创公司的创新创意最终转化为创新产品和流程。此外，大学和研究机构也带来了可以进行商业化的新知识。基本上，虽然知识源广泛分布在世界上，但由于网络和信息技术的发展(如开源软件、搜索引擎、大数据和数据库)，各方也很容易获取它们。

R&D 协作的需求

考虑到技术和知识开发的现有趋势，如上所述，OI 的基本前提是没有企业拥有独立开展创新 R&D 所需的全部资源或能力(即内向式 OI)，或是企业通常需要外部帮助以开发其自身的未开发知识产权(即外向式 OI)。由此，OI 通常需要企业间的协作，可能是大型企业或 SMEs。同时，潜在伙伴也可能是价值链或开放生态系统中的某个企业。它们可以是供应商，或是消费者，甚至是竞争对手，还可能是来自其他行业的互补企业。

开放式创新管理

管理与组织要素

管理思维

面对变动的环境和市场力量，管理者必须改变对传统封闭式创新的看法,必须理解组织内外知识共享、情报搜集、运用战略联盟智慧与其他方法的重要性,如众筹和第三方软件开发,如第二章所述。通过在新兴的不断发展的大型思维网络中构建一种对创意交流保持开放的文化,组织将有更好的机会迎来急剧增长。因此,管理者应挖掘并利用价值链上下游中的其他企业的知识资源,支持开放生态系统中的互补企业并与其联盟来推动组织创新。通过与雇员交流 OI 的价值、支持并奖励这类方案,以及接触外部源以构建协作式 R&D,企业可以完成上述挑战。正如 Pisano 和 Verganti (2008)强调的,"创新的领先者将是那些理解如何涉及协作网络和开发潜能的主体"(86)。此外,这些领先者应该创造并带动支持 OI 的协同文化,这样企业中的其他雇员就不会犹豫着不行动或不参与到跨企业的协作中。例如,克服"别在这发明"困境(Katz 和 Allen,1982)就可以是一个起点。Gassmann、Enkel 和 Chesbrough(2010)也指出,创造重视外部能力和专业知识的文化对开放式创新实践至关重要。

基本上,无论采取内向式或外向式开放式创新都会带来跨企业协作。传统上,管理者更强调内部新产品和技术 R&D,而现在,由于技术发展、知识的全球化和行业边界的模糊,几乎没有企业可以在创新开发和运作中独自生存。因此,管理者需要寻求其他互补方的帮助,包括新创企业和其他行业中的企业,甚至是竞争对手。

战略重新定位

在第二章对不同 OI 范式或流程(Enkel 等,2009)的解释中,企业可以使用三种核心 OI 范式:由外而内的,由内而外的,以及由二者结合的混合式流程。然而,在开始任何一种 OI 范式或流程之前,还需要强调协作创新开放性战略的重新定位。

与 OI 管理思维相关,组织战略重新定位也应得到重视。这类重新定位代表了一种从单纯的内部 R&D 到寻求外部知识(内向式)并与其他组织共享知识(外向式)的战略转变。结果,通过资源分配来搜索潜在实体(新创企业和成熟企业)、通过构建与外部方合作保持开放的团队、通过构建鼓励与国外伙伴展开协作的协同文化,新协同战略可以实现包含内向式和外向式知识流的目标和方法。这类创新战略将包含明确的 R&D 目标和实现协作目标所需资源的配置。Afuah(2009)声称，"创新战略是通过产品/服务、商业模式、业务流程或对竞争对手定位以提高绩效的改变局面的创新"(4)。在战略联盟的语境下，战略创新与企业优劣势评估，以及随后与有助于企业资源与竞争力发展、克服其缺陷的伙伴发生联系相关。

伙伴评估与筛选

OI 创新战略的应用需要企业开发并有效管理拥有不同资源和能力的潜在伙伴，这些资源和能力会与企业自身的能力形成互补。因此，焦点企业应持续搜寻企业(成熟的大型企业和初创公司)、有前景的基础性互补知识，以及其他可以改变局面的产品、技术或商业模式开发所需的资源。在这个过程中，伙伴筛选是最重要的，它包含了几个部分：伙伴的战略意图、潜在伙伴的互补资源与竞争力、伙伴间的信任、伙伴的协作经验，以及潜在伙伴在生态系统中的位置。我们将对这些部分进行细致的考量。

(a)战略意图：潜在企业的战略意图是关键的，尽管对它的识别很困难。Culpan(2002)强调，"尽管在一开始，发现参与企业的战略意图相当困难，但还是有一些指标例如战略导向、资源配置和领导力特征可以提供相应的线索"(205)。参与企业的现有战略和视野反映了它希望达到的指向，以及愿意采取的创新项目。参与企业的业务平台，包括产品组合、技术变动、用户特征和市场扩展，则表明了其将来的导向。尤其是开放式创新需要伙伴的开放、承诺，以及进行知识共享的意愿，这些可以通过相关要素，如著作权、IP 和 R&D 开支来进行评估。

(b)伙伴的互补资源与竞争力：企业的资源和竞争力的失效是推动企业寻求拥有互补性资源与技能的伙伴来开展 OI 的关键原因。首先，如果企业双方都拥有对称的资源(如充足的资金、有才能的设计工程师，或技术平台)，二者在联合项目中的结合就可以给予双方采取重要而有风险的 R&D 活动所需的额外优势。例如，Pearson(2013)提到，法国雷诺 SA 和日本日产汽车公司(两家已有合作的企业)将日本三菱汽车公司作为潜在的远距离合作方以共享专家和技术，以及通过电动汽车的联合开发来提升双方在北美和新兴市场的销量。作者同时指出,"新合作将不仅仅是将公司作为汽车生产商,合作旨在打造被称为日本 NMKV 的日产——三菱联合投资公司,这两个品牌下已经同时在生产一种轻型车——在日本市场非常有限的小型汽车。NMKV 将扩展为新的联盟,来进行新的小型汽车的生产,包括特定的供电方式,随后将在全球进行销售"(B7)。

　　另一种视角是,合作企业可能拥有不对称的资产或技能。例如,一方可能专长于产品设计,而另一方则在接近用户上拥有独特的业务平台。在这种情况下,这些合作企业的互补资源和竞争力可以促进新产品或流程开发方面的联合创新。一个关键的案例是 Blade. org,其中有三种成员:治理成员(IBM 及其他六家参与了叶片开发的创立公司)、赞助成员(贡献者、硬件和软件开发者,或服务提供商),以及一般成员(终端用户)。每一组成员都将其不同的资源和竞争力带到了企业协作社区中,并加强了叶片平台发展。同时,亚马逊和 USPS 在周日包裹运送服务上的协作表明了伙伴的互补性资源和能力可以如何进行开发。

　　第十一章解释了焦点企业可以如何通过元组织提供的合作组合战略应用获致突破式的创新。它假定通过参与开放式 R&D 联盟,在这类同时包含内向式和外向式知识流的联盟组合中,焦点企业可以实现突破式创新开发。

　　由于伙伴的资源和竞争力对于 OI 的成功至关重要,企业就需要格外关注伙伴的识别和选择。这类资源可能包括实体的、隐性的,以及人力资源。尤其是对隐性的和人力资源的评估需要细致地观察和检测,以此判断它们是否对完成 OI 目标有所帮助。

　　(c)伙伴间的信任:伙伴间的信任始终是联盟研究的中心问题(Culpan,2002;Das 和 Teng,1998;Gulati,1995;Inkpen 和 Currall,1998)。例如,在考察了联盟伙伴协作中的概念自信后,Das 和 Teng(1998)提出,它来自两种不同的源头:信任和控制。另外,Inkpen 和 Currall(1998)发展了一种对于合作项目信任前项及其结果的解释架构。他们在这样一种关系中将下述要素视作信任的前项:原先的协调关系、习惯化、个体依赖、组织适应,以及对伙伴竞争力的评估。他们还提出了合作项目信任带来的结果:宽容、治理结构、关系投入、视野的增长,以及绩效。从这些解释来看,跨企业联盟中的信任是相当复杂而重要的一环。构建或维系伙伴间的信任依赖于宽容、治理结构(控制的程度)和成熟的伙伴沟通与关系,而这些又反过来对合作产出造成了影响。

更特殊的是,在 OI 方面,Lindegaard(2011)强调"信任是开放式创新关系和需要时间与人格化承诺的强关系的构建中的基本要素",由此探讨了"(企业)在展开合作之前需要考虑什么"(13)。对于开放式创新伙伴筛选,以及与其技术特征相对的人员部分相关的创新而言,如何构建信任是一个基本问题。我们必须说明,信任是双向的:企业应不仅仅关注于其他方的信任,同时也关注自身的信任构建。推动开放式沟通和强联系发展有助于促进合作双方信任的构建。

(d)伙伴的协作经验:潜在伙伴的协作经验(也与对伙伴的信任相关)是另一个重要的部分,它可能相对于其他伙伴特征而言更容易识别。参与企业的协作经验可以是一个很好的预测其未来协作中行为的的指标。Culpan(2002)认为,企业过去参与协作项目的记录对其现有和将来的联盟行为有极大影响。同样,Li 等(2008)提出,企业将伙伴筛选作为在 R&D 联盟参与中保护重要技术资产的一种机制。对协同历史的回顾可以发现企业的协作经验,这有助于判断企业对过去协作的把控有多成功。然而,必须表明的是,这个特定方面对过去没有协作经历的企业并不适用,例如初创公司。

(e)潜在伙伴在创新生态系统中的定位:企业在创新生态系统中的定位是另一个考量 OI 项目的关键特征。同一个企业可能在价值创造和占有过程中有不同的定位(如供应商、分销商、消费者或竞争对手)。例如,Gassmann 等(2010)、West 和 Lakhani(2008)认为,企业及其供应商之间的知识流与共享是重要的开放式创新要素。正如 Blade.org 案例中提到的,有时候消费者也可以成为技术创新的贡献者。但是,最复杂的协作关系是与竞争对手构建的合作,这种情况下的伙伴间信任程度可能会更低。此外,正如 Hamel 和 Prahalad(1989)和 Pearson(2013)的论述(参考雷诺—日产—三菱合作),竞争对手可以成为很好的新产品或技术开发的潜在来源。为了构建与竞争对手的合作关系,对其意图、组织资源和能力、联盟绩效的追踪记录等方面的细致考量就非常必要。除此之外,决定需要从竞争对手那里获得何种互补性资产和竞争力同样很重要。伙伴间的不信任(尤其是与竞争对手)似乎是这类开放式创新战略联盟构建的主要挑战。如果合作企业将战略联盟视作学习竞赛,并在达成短期目标后即退出合作,合作就很难维持。从一开始,合作企业就需要明确目标并进行沟通,以在联盟合作中建立信任和支持。

如第四章中的建议,在伙伴筛选中,"企业可以使用结盟指标,例如项目目标的可行性、合作目标、项目期望、承诺、创新与文化学习等"。此外,企业同样需要关注企业间联盟的战略和联盟关系。最后,第四章还提到企业需要注重联盟的期望、承诺和创新文化。

战 略 联 盟

Dyer、Kale 和 Singh(2001)认为,"战略联盟——一种快速而复杂地借助其他企业获取互补性资源和技能的途径——已经成为实现可持续竞争优势的重要工具"(37)。他们还认为,精准联盟功能的开发是知识管理与学习的关键,而这又反过来从改善的实践活动、更高的超额回报,以及构建更多联盟并吸引更好的伙伴的能力中实现了更高的联盟成功率。由于 OI 的基本前提存在于企业间的协作构想中,理解可能产生重要创新产出的不同企业间协作安排形式也就至关重要。

希望通过企业间合作获得 OI 收益的企业已经有了多种方法。从第二章中的图 2.1 和表 2.2 可以发现,潜在伙伴可能参与到股权联盟——有前景的股权联合投资(简称为"合资")或是在产品与技术创新方面的股份所有权(一家企业购买另一家企业的某些股份而产生的重要联系)——或风险资本投资中。另外,企业还可能选择合同协约的方式(非股权方式)。正如前面的章节所指出的,企业间合作构建的战略联盟帮助合作企业将其资源与能力结合起来,并进一步推动创新项目的开展。在这些途径中,股权投资被认为风险更高,相比于合同方式也更难进行管理。

母公司可能出于不同原因而开展合作,但这里我们只对针对创新而开展的合资感兴趣。在这方面，合资的基本原则是设立新产品或流程(以及新技术或商业模式)上的资源与竞争力共享。在这个意义上，合资主要是为了获得竞争力，以及由此转化而来的新产品和流程，合作企业最终从中获益。更确切地说，这类合资的构建主要是为了利用有助于强化项目规模和范围经济的、结合了企业间资源与竞争力的对称性竞争力，或是为了利用不对称的竞争力，即一方的资源效率通过另一方的优势资产得到弥补(Culpan，2002)。为了使这类合资项目有效运作，合作企业必须提供多元而互补的竞争力，主要的 R&D 合资项目就属于这类。

股份所有权代表一家企业对另一家企业的股份参与，这样双方通过有机联系共同开展同一个 R&D 项目。有时候，它也可能是彼此间的一定份额上的相互持股。通过这种方式，合作企业可以针对共同目的控制 R&D 工作。换句话说，这些企业可以在新产品和技术开发中拥有更紧密的关系和更适当的协作，而不用担心处理与陌生企业的关系。举例来说，雷诺公司对日产公司的股份持有，即推动了双方在新 R&D 项目上的协作。

风险投资提供了 SMEs 急需的资本，由此支持了 SMEs 的创新项目，反过来，它们也在创新项目中占有一定的股份。这类协作代表了一种共同获益手段，同时创新创意可以找到资本化和商业化的路径。

合同协议主要包括：双边 R&D 协约；许可，供应商和用户协约；网络组织；企业协作社区；公会；以及大学—企业 R&D 协约。企业可以使用一种或多种合同形式作为实现其创新目标的有效方式。尽管这种方式也包含风险，合同在开展特定的创新工作中还是可以成为基础性手段。合同协议在处理与伙伴的关系上较之股份合作更富弹性，也使其更难被打破。合同协议的另一个优势是，在获得了积极产出后，经过考量彼此的能力与贡献及信任构建，各方还可以转向股份合作关系。

最常见的 R&D 协约形式包括许可、网络组织以及大学—企业协约，但我们的观察是，越来越多致力于开放式创新的企业协作社区正在出现。而每一种特定的合同形式都代表了其在产品或技术开发方面的不同特征。

OI 产 出

基本上,我们将主要的 OI 产出定义为产品/服务创新、技术创新以及商业模式创新。产品/服务创新意味着设立新产品或服务以满足用户和消费者的需求,技术开发代表了创造用户在市场上所使用的产品或服务的方式。一般而言,"技术是工具、设备、手艺、系统和组织方式等方面的制作、修正、应用与认识,其目标是解决某个问题、改善某个问题面临的原有处境、实现某个目标、控制某种输入或输出关系,或是实现某种特定功能。技术同时还可以指代工具的集合,包括机械型、修正型、排列型和程序型工具"("Technology",2013)。因此,技术创新可以定义为一种创造社会所使用的产品与服务的艺术、科学或工艺的新结合(Quinn, Baruch 和 Zien,1977)。商业模式创新表示发掘为市场供给新的或现有产品与服务的新业务平台。随着新知识产权的不断开发,"新的商业模式正在这种新环境(新兴知识产权)中不断产生,而相比于行业中的其他成熟企业,在不同规则下采取不同行动的公司也在增多"(Chesbrough,2006,79)。通过新商业模式,公司可以进入新的特定的业务领域,或是强化其现有的业务。一个绝佳案例是 eBay 的在线竞拍模型,相比于传统方式,它为众多参与者提供基于互联网的竞拍服务,而且这种交易更为有效。另一个被提到次数最多的案例是谷歌的网络搜索引擎,它为公众提供免费的服务,同时又从广告投放中获益。商业模式创新在信息与通信技术(ICT)和社交网络中较为普遍。通过对业务领域、软件领域和 ICT 平台领域的历史发展分析,Aerts 等(2004)发现,一个领域的创新可能会带动或推动另一个领域的创新开发。

我们由此相信,企业的竞争优势和收益有时来自新业务平台(如电子商务、社交网络)的创立而非新产品或服务的开发。沿着这一思路,杰琳克、巴尔、穆格与库里在第九章中建议,大数据的协作管理有助于企业的供应链优化、与用户和伙伴的更亲密关系的开发、快速预测与反映市场转变,或是对运营改良和更精确报告等方面的发掘。

总之,这一概念架构提供了对于不同战略联盟在 OI 语境下的驱动要素及管理与组织上的价值构建、创造和占有的解释。借助 OI 设立应对管理上面临的挑战与企业间合作,针对 OI 的基本动机、流程和动态发展的分析和理解就具备很大的价值。

结　论

与基于封闭式的传统实践形式相比,企业正越来越多地利用战略联盟和协作合作获取创新并开发资源与竞争力,以此在不断变动的全球环境中进行竞争。正如 Pisano 和 Verganti(2008)的看法,协作式的创新途径提供了一系列的选择和复杂权衡,它们依赖于企业在企业间合作下的战略定位、管理思维、资源与能力。开发协作创新的可行途径需要从理解实现竞争优势与高租金的战略定位和总体路径开始。在这方面,开放式创新为维持业务增长和竞争优势提供了明显的战略,正如我们在本书中始终强调的。我们强调了企业间战略联盟的需求,并以此作为实现开放式创新收益的原则性方式。业务毫无疑问是永远在变的;因此必须进行创新以促进业务增长并与竞争保持同步。这样,组织通过企业间合作在开放式创新范式应用中保持灵活、弹性,适应外部环境中的变动。例如,Kanter(1999)提出,"灵活而行动迅速的创业公司能够在三种途径上发展。它们可以与其他公司共同经营资源,可以进行联盟来利用机会,或是在合作关系中将系统联结起来。简而言之,它们可以成为其他组织最好的'伙伴'——无论是投资方、供应商、服务合约方、用户或是协会"(181)。尤其是,公司必须构建鼓励企业家适应开放式创新思维所需的文化、人力资本、价值和流程,正如本书前三章所谈到的。此外,组织的结构化与已有的流程之间需要达成某种均衡和弹性,这对于实现开放式创新和急剧增长是必要的。

本章界定的挑战和概念架构为 OI 协作合作的有效应用和管理提供了清晰的理解与视角,这使企业基于资源的视角、动态能力和知识的视角为开放式创新需求带来更合适的理论解释和调整。除了一些反对意见认为"OI 只是新瓶装旧酒"(Trott 和 Hartman,2009)外,OI 的接受程度已经非常高(Chesbrough 和 Brunswicker,2014)。由此,我们认为,OI 将与开放式创新共同在接下来的多年内为众多组织所应用。为了拓展其知识库,跨行业创新的企业协作合作和对开放式生态系统的广泛接受将会持续增长。

此外,在开放式生态系统中,OI将不仅仅被应用于上下游价值链中,更是存在于多维而多层级的视角中。另外我们观察到,OI的理念已经被很多行业中的企业所采用,而不只限于软件开发和生物化学行业,很多新兴经济中的企业也通过战略联盟或协作合作在接受这一概念。正如我们之前所提到的案例,中国和土耳其的很多公司正通过协作式约定利用OI,尽管目前规模还相对有限。这意味着协作创新伙伴可能包括众多互补方,例如不同行业的变动代理和创客(如社交网络公司、软件开发商或生物技术初创公司)。正如我们先前所指出的,企业规模似乎与创新关系不大;即便是SMEs也可以在新产品或流程引入中扮演关键角色。另外,大学—企业R&D协作也随着OI的普及从跨行业R&D工作中获得了新的增长势头,同时很多大学也开始扮演作为风险投资方的积极角色。

我们的概念架构基于价值建构、创造与占有流程,它确认了OI的驱动要素、组织与管理要素以及基本战略联盟形式。我们已经强调了,这些要素相互作用,这样一个特定的战略联盟形式,无论是股权投资还是合约协议,同样会影响OI管理与组织设计。尽管企业间OI合作带来了一些挑战,但只要焦点企业意识到这些挑战并采取适当的应对办法,这样做就仍是值得的。

在联盟组合的创建中,举例来说,我们认为一些关键要素,包括参与企业的战略意图、伙伴间信任、伙伴的资源与能力资产、协作经验和企业在价值链或生态系统中的定位都是重要的考虑点。事实上,正如之前章节所表明的,对有OI应用经验的管理者的访谈显示,借助战略联盟的OI已经在大型集团(如IBM、宝洁公司、壳牌公司、飞利浦公司、施乐公司)和中小企业(如KIBS初创公司)中同时出现了。

另一个问题,"合作竞争",即在OI中竞争的同时开展合作体现了实践中的主要挑战(Brandenburger和Nalebuff,1996)。但是,三菱公司的案例表明,即便是竞争对手也可能需要彼此的资源和竞争力来创造新产品或技术。合作企业在这里的关键任务是构建彼此的信任,并设计一套协作机制使其能够为各方带来收益。当竞争对手间存在相互依赖时，合作竞争就可以顺利展开。例如，如果在特定行业中制定与用户接受度相关的标准技术或形式，合作竞争即能促成这一标准的达成。Culpan(1993)认为，企业可以彼此学习，强化其知识和技术同时弥补不足。因此，通过合作竞争，合作企业能够从价值创造与共享中获益。

另一个OI应用中的关键问题是对企业创新绩效的量化测量。这仍是一个关键的问题点，因为目前大部分这一主题的研究仍集中于强调协作式R&D战略价值的定性案例分析。但是，我们也需要更量化的模型和方法来测量创新绩效，由此得到更可信的结论。为此，学者仍需要继续开发相应的模型和方法。

总之，面对逐渐增加的竞争、逐渐模糊的技术和行业边界以及知识的全球化分布，企业需要探索新领域，通过其开放式生态系统中的创新战略配置，带动企业产品、技术和业务平台的发展。Adner和Kapoor(2010)一针见血地指出，创新企业的成功依赖于环境中其他创新主体的协作与工作，而外部创新主体所面对的挑战同样也会对焦点企业的创新绩效产生影响。

最后，即便对于传统上依赖于封闭式创新的企业而言，现在它们也需要利用开放式创新在价值创造和捕获上的优势，这些价值则产生于新时代的电子业务转型与社交媒体。众多的战略联盟形式，包括股份和合约联盟，为OI语境下的价值建构、创造和占有提供了业务平台。尽管战略联盟的应用包含了其自身的风险和复杂性，但只要控制得当，这种方式带来的收益仍是可期的。由此，随着将来更多外部(即创新生态系统)和内部(企业的资源需求或闲置资产)环境要求企业间产品、技术和业务平台创造上的协作，OI将成为必要的创新战略而非一种选择。为了实现这个目标，我们希望本书能对理解基于战略联盟的OI概念、研究和应用有所贡献。

参考文献

[1] Adner, R. (2006). Match Your Innovation Strategy to Your Innovation Ecosystem. *Harvard Business Review*, 84 (4):98-105.

[2] Adner, R. , and Kapoor, R. (2010). "Value Creation in Innovation Ecosystems: How the Structure of Technological Interdependence Affects Firm Performance in New Technology Generations." *Strategic Management Journal* 31(3): 306-333. doi:10. 1002/smj. 821.

[3] Aerts, A. T. M. , Goossenaerts, J. B. M. , Hammer, D. K. , and Wortmann, J. C. (2004). "Architectures in Context: On the Evolution of Business, Application Software, and ICT Platform Architectures." *Information and Management* 41 (6): 781-794. doi: 10. 1016/j. im. 2003. 06. 002.

[4] Afuah, A. (2009). *Strategic Innovation*. New York: Routledge.

[5] Almirall, E. , and Casadesus-Masanell, R. (2010). "Open versus Closed Innovation: A Model of Discovery and Divergence." *Academy of Management Review* 35 (1): 27-47. doi: 10. 5465/ AMR. 2010. 45577790.

[6] Barnes, T. , Pashby, I. , and Gibbons, A. (2002). "Effective University-Industry Interaction: A Multi-case Evaluation of Collaborative R&D Projects." *European Management Journal* 20 (3): 272-285. doi: 10. 1016/S0263-2373(02)00044-0.

[7] Barney, J. (1991). "Firm Resources and Sustained Competitive Advantage." *Journal of Management* 17 (1): 99-120. doi: 10. 1177/ 014920639101700108.

[8] Brandenburger, A. M. , and Nalebuff, B. J. (1996). *Co-Opetition*. New York: Currency Doubleday.

[9] Cheng, J. (2013). "Google Fosters South Korean Startups." *The Wall Street Journal*, November 18: 9.

[10] Chesbrough, H. , and Crowther, A. K. (2006). "Beyond High Tech: Early Adopters of Open Innovation in other Industries." *R&D Management* 36 (3): 229-236. doi: 10. 1111/j. 1 467-9310-2006. 00428. x.

[11] Chesbrough, H. W, (2003). *Open Innovation: The New Imperative for Creating and Profiting Big from Technology*. Boston: Harvard

Business School Press.

[12] Chesbrough, H. W. (2006). *Open Business Models*：*How to Thrive in the New Innovation Landscape*. Boston：Harvard Business School Press.

[13] Cheshrough, H. W. and Brunswicker, S. (2014). "A Fad or Phenomenon?：The Adoption of Open Innovation Practices in Large Firms."*Research-Technology Management* 57(2)：16-25.

[14] Christensen, J. F., Olesen, M. H., and Kjzær, J. S. (2005). "The Industrial Dynamics of Open Innovation—Evidence from the Transformation of Consumer Electronics." *Research Policy* 34 (10)：1533-1549. doi：10. 1016/j. respol. 2005. 07. 002.

[15] Collis, D., and Montgomery, C. (1995). "Competing on Resources：Strategy in 1990s." *Harvard Business Review* 73 (4) (July-August)：119-128.

[16] Contractor, F. J. (2013). "Punching above Their Weight：The Sources of Competitive Advantage for Emerging Market Multinationals." *International Journal of Emerging Markets* 8(4)：304-328. doi：10. 1108/IJoEM-06-2013-0102.

[17] Culpan, R. (1993). "Conceptual Foundations of Multinational Strategic Alliances." In R. Culpan (ed.), *Multinational Strategic Alliances*, 13-32. New York：International Business Press.

[18] Culpan, R. (2002). *Global Business Alliances*：*Theory and Practice*. West Port, CT：Greenwood Publishing Group.

[19] Currall, S. C., and Inkpen, A. C. (2002). "A Multilevel Approach to Trust in Joint Ventures." *Journal of International Business Studies* 33 (3)：479-495.

[20] Das, T. K., and Teng, B.-S. (1998). "Between Trust and Control：Developing Confidence in Partner Cooperation in Alliances." *The Academy of Management Review* 23 (3)：491. doi：10. 2307/259291.

[21] Dyer, J. H., and Kale, P. (2007). "Relational Capabilities: Drivers and Implications." In C. E. Helfat, S. Finkelstain, W. Mitchell, M. A. Peteraf, H. Singh, D. J. Teece, and S. G. Winter., *Dynamic Capabilities: Understanding Strategic Change in Organizations*, 65-79. Malden, MA: Blackwell Publishing.

[22] Dyer, J. H., Kale, P., and Singh, H. (2001). "How to Make Strategic Alliance Work." *MIT Sloan Management Review* 42 (4 Summer): 37-43.

[23] Enkel, E., Gassmann, O., and Chesbrough, H. (2009). "Open R&D and Open Innovation: Exploring the Phenomenon." *R&D Management* 39 (4): 311-316. doi: 10. 1111 /j. 1467-9310. 2009. 00570. x.

[24] Gassmann, O., and Enkel, E. (2010). "Creative Innovation: Exploring the Case of Cross-Industry Innovation." *R&D Management* 40 (3): 256-270.

[25] Gassmann, O., Enkel, E., and Chesbrough, H. (2010). "The Future of Open Innovation." *R&D Management* (3): 213-221. doi: 10. 1111/j. 1467-9310. 2010. 00605. x.

[26] Grant, R. M. (2008). *Contemporary Strategy Analysis*, sixth edition. Malden, MA: Blackwell Publishing.

[27] Gruber, M., and Henkel, J. (2006). "New Ventures Based on Open Innovation-An Empirical Analysis of Start-Up Firms in Embedded Linux." *International Journal of Technology Management* 33 (4): 356-372.

[28] Gulati, R. (1995). "Does Familiary Breed Trust? The Implications of Repeated Ties for Contractual Choice in Alliances." *Academy of Management Journal* 38 (1): 85-112. doi: 10. 2307/256729.

[29] Hamel, G., and Prahalad, C. K. (1989). "Collaborate with Your Competitor and Win." *Harvard Business Review* (67):133-139.

[30] Herzog, P. (2011). *Open and Closed Innovation: Different*

Cultures for Different Strategies. New York: Springer.

[31] Inkpen, A. C., and Currall, S. C. (1998). "The Nature, Antecedents, and Consequences of joint Venture Trust." *Journal of International Management* 4(1): 1-20. doi:10.1016/S1075-4253(98)00004-0.

[32] Kanter, R. M. (1999). Becoming PALs: Pooling, Allying, and Linking Across Companies. *The Academy of Management Executive* 3 (3): 183-193.

[33] Katz, R., and Allen, T. J. (1982). "Investigating the Not Invented Here (NIH) Syndrome: A Look at the Performance, Tenure, and Communication Patterns of 50 R and D Project Groups." *R&D Management* 12 (1): 7-20. doi: 10.111 l/j.1467-9310.1982.tb00478.x.

[34] Lindegaard, S. (2011). *Making Open Innovation Work*. North Charleston, SC: CreateSpace.

[35] March, J. G. (1991). "Exploration and Exploitation in Organizational Learning." *Organization Science* 2 (1): 71-87.

[36] Matzler, K., Fuller, J., Koch, B., Hautz, J., and Hutter, K. (2014). "Open Strategy: A New Strategy Paradigm?" In K. Matzler, H. Pechlaner, and B. Renzl (eds.), *Strategies und Leaderships*, 37-55. Wiesbaden: Springer Fachmedien. http://link.springer.com/chapter/10.1007/978-3-658-04057-4_3 (Accessed March 30, 2014).

[37] Pal, N., and Lim, M. (2005). "Emergence of the Agile Enterprise." In *The Agile Enterprise*, 11-32. New York: Springer. http://link.springer.com/chap-ter/10.1007/0-387-25078-6_2 (Accessed March 12, 2014)

[38] Park, B.-J. (Robert), Srivastava, M. K., and Gnyawali, D. R. (2013). "Walking the Tight Rope of Coopetition: Impact of Competition and Cooperation Intensities and Balance on Firm Innovation Performance." *Industrial Marketing Management* 43 (2): 210-221. doi:10.10l6/j.indmarman.2013.11.003.

[39] Pearson, D. (November 6, 2013). "Renault, Nissan Add Partner." *The Wall Street Journal*, B7.

[40] Peteraf, M. A. (1993). "The Cornerstones of Competitive Advantage: A Resource-Based View." *Strategic Management Journal* 14 (3): 179-91. doi: 10.1002/smj.4250140303.

[41] Pisano, G. P., and Verganti, R. (2008). "Which Kind of Collaboration Is Right for You?" *Harvard Business Review* 86 (12): 78-86.

[42] Prahalad, C K., and Hamel, G. (1990). "The Core Competence of the Corporation." *Harvard Business Review* 68 (3):79-91.

[43] Quinn, J. B., Baruch, J. J., and Zien, K. A. (1997). *Innovation Explosion: Using Intellect and Software to Revolutionize Growth Strategies*. New York: Simon & Schuster.

[44] Schuman, M. (2013). "Why China Can't Create Anything." *Time*, November 18: 40.

[45] Snow, C. C., and Culpan, R. (2011). "Open Innovation through a Collaborative Community of Firms: An Emerging Organizational Design." In T. K. Das (ed.), *Strategic Alliances for Value Creation*, 279-300. Charlotte, NC: Information Age Publishing.

[46] Spender, J.-C. (1999). "Making Knowledge the Basis of a Dynamic Theory of the Firm." *Strategic Management Journal* 17 (Winter): 45-62.

[47] Technology. (2013, December 24). Wikipedia. http://en.wikipedia.org/w/index.php? Title＝Technology&oldid＝586617157 (Accessed 3/12/2014).

[48] Teece, D. J. (2009). *Dynamic Capabilities and Strategic Management: Organizing for Innovation and Growth*. Oxford: Oxford University Press.

[49] Thomke, S. H., and von Hippel, E. (2002). "Customers as Innovators: A New Way to Create Value." *Harvard Business Review* 80 (4): 74-81.

[50] Trott, P. and Hartman, D. (2009). "Why 'Open Innovation' is Old Wine in New Bottles." *International Journal of Innovation Management* 73 (4): 715-736.

[51] Van de Vrande, V., de Jong, J. P. J., Vanhaverbeke, W., and de Rochemont, M. (2009). "Open Innovation in SMEs: Trends, Motives and Management Challenges." *Technovation* 29 (6-7): 423-437. doi:10.1016/j. technovation. 2008. 10. 001.

[52] Verbano, C., Crema, M., and Venturini, K. (2013). "The Identification and Characterization of Open Innovation Profiles in Italian Small and Medium-sized Enterprises." *Journal of Small Business Management*, Article first published online: 4 DEC 2013. DOI: 10.1111/ jsbm. 12091.

[53] Von Hippel, E., and Krogh, G. (2003). "Open Source Software and the 'Private-Collective' Innovation Model: Issues for Organization Science." *Organization Science* 14 (2): 209-223.

[54] Walker, J., and Loftus, P. (October 2, 2013). "Merck to Cut Staff 20% as Big Pharma Trims R&D." *The Wall Street Journal*, A1 and A2.

[55] West, J. (2003). "How Open Is Open Enough? Melding Proprietary and Open Source Platform Strategies." *Research Policy* 32 (7): 1259-1285. doi:10.1016/ S0048-7333(03) 00052-0.

[56] West, J., and Gallagher, S. (2006). "Challenges of Open Innovation: The Paradox of Firm Investment in Open-Source Software." *R&D Management* 36 (3): 319-331. doi: 10.1111/j. 1467-9310. 2006. 00436. x.

[57] West, J., and Lakhani, K. R. (2008). "Getting Clear About Communities in Open Innovation." *Industry and Innovation* 15 (2): 223-231. doi:10. 1080/13662710802033734.

译者后记

自从切撒布鲁夫提出开放式创新的概念以来,对于开放式创新的研究已呈现出如火如荼的态势。战略联盟作为一种重要的开放式创新范式,日益受到国内外学术界和实业界的重视和关注。以战略联盟的方式实施开放式创新已经被证实对于组织开发新产品、新技术或商业模式有重要作用,然而目前国内对于如何通过开展战略联盟以推动开放式创新发展缺乏关注。《通过战略联盟开展开放式创新:用于产品、技术、商业模式创造的方法》一书通过对组织间联盟的研究深化了对于开放式创新的理解。卡尔潘向读者详细、全面地阐释了组织如何通过企业间联盟合作来推动创新,这对于企业获得长期增长和竞争优势极其重要。

全书在翻译过程中遵守以下原则。首先,全书在翻译过程中根据"信、达、雅"的总体要求正确地表达原意,对于原书中不易为我国读者理解,某些不符合我国国情的内容,译者都根据具体情况进行恰当处理,使之能够恰当地传达原著的意思并且符合国内读者的阅读习惯。第二,由于译著耗时较长,译者在翻译过程中随时进行研究、协调、统一,在交稿前对全稿进行了统一整理工作。第三,本书在翻译过程中充分尊重原著的体例安排,图表的格式、参考文献的编排统一遵从原文的样式而未进行翻译。

总体来说,本书对于理解通过战略联盟实现开放式创新商业模式具有重要的理论和实践价值。全书在编排上分为 14 章,综合了国际上 32 位学者,研究对象涉及生物化工、计算机软件、教育、能源、消费品等多个产业。

因此，该书对于知识经济背景下中国企业开展合作与战略联盟具有重要的指导意义，同时这种来自国际一流学者的经典研究能够深化国内学者对于开放式创新和战略联盟的理解。

吴 航

华东政法大学商学院